EPIC JOURNEYS

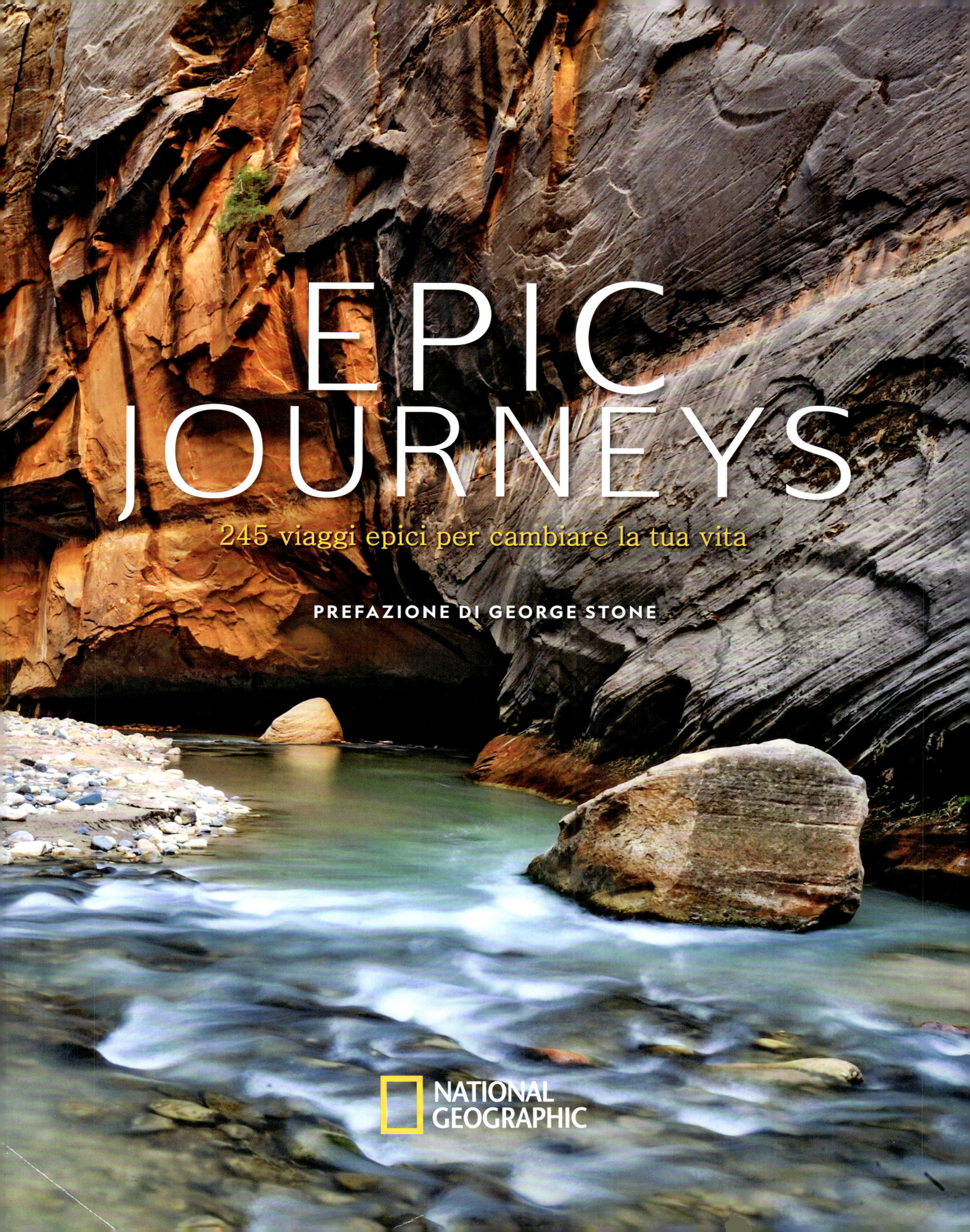

EPIC JOURNEYS

245 viaggi epici per cambiare la tua vita

PREFAZIONE DI GEORGE STONE

NATIONAL GEOGRAPHIC

IN QUESTE PAGINE: Mongolfiere in volo sopra gli antichi templi di Bagan, nel Myanmar.
PAGINE PRECEDENTI: Un escursionista cammina attraverso i Narrows del Zion National Park, nello Utah.

SOMMARIO

PREFAZIONE

SEGUITE I VOSTRI SOGNI

I nostri viaggi sono straordinari quanto le nostre ambizioni. Le nostre ambizioni sono grandiose quanto la nostra immaginazione. Questo libro è per i sognatori dallo spirito avventuroso, persone che immaginano ciò che è possibile e poi si accingono a scoprire che cosa sia realizzabile. In breve, persone che sono spinte dallo spirito dell'esplorazione di National Geographic. Una delle cose più belle del lavorare alla sede della National Geographic è che ogni settimana molti dei più importanti esploratori attraversano le nostre porte.

Non è raro vedere la celebre oceanografa Sylvia Earle che sfreccia nella caffetteria come un pesce angelo che nuota tra gli anemoni di mare. Oppure il famoso archeologo subacqueo Bob Ballard, che ha localizzato il relitto del *Titanic*, intento a cercare invano una sala conferenze fuori dalla visuale. Tutti sono pesci fuor d'acqua di tanto in tanto, ma questo difficilmente spegne lo spirito dei nostri più grandi avventurieri. Al contrario, gli esploratori e i fondi di ricerca di National Geographic, finanziati in parte da lettori come voi, superano con slancio i limiti di ciò che si conosce del nostro mondo. E alla fine tornano sempre a casa con una storia indimenticabile.

Anche voi potete farlo. L'idea di seguire il desiderio di esplorare, indipendentemente da quanto possa sembrare folle al momento, è un modo per onorare i nostri sogni e le potenzialità speciali di cui siamo dotati nella vita. Non è una gara: si tratta di comprendere il mondo a modo nostro.

Una delle storie avventurose più emozionanti raccontate di recente da National Geographic riguarda l'arrampicata in free solo dei 914,4 m di El Capitan, nel Parco nazionale di Yosemite. Un'ascesa compiuta dallo scalatore Alex Honnold nel 2017, senza corde o attrezzature di sicurezza, che è oggi considerata la più grande impresa nella storia dell'arrampicata. Notoriamente modesto, Honnold descrive l'arrampicata come uno sport poco adrenalinico, perché è lento e metodico. Quasi nulla, fama mondiale compresa, può distogliere la sua attenzione dal raggiungere gli obiettivi che lo rendono felice. "Nel complesso, il perseguimento di questo sogno mi ha permesso di vivere la mia vita nel miglior modo possibile", ha detto Honnold subito dopo la sua storica impresa. "Questo fa di me la versione migliore di me stesso, o almeno spero".

Qual è la versione migliore di voi stessi? Forse le 245 avventure che cambiano la vita, con gli innumerevoli boschi, fiumi, barriere coralline, pendii, cime, sentieri, valli, balene e ricchezze culturali presentati in questo libro, desteranno e arricchiranno il vostro desiderio di esplorare il mondo ed esaudire la speranza di essere la versione migliore di voi stessi. Coloro che temono che il mondo stia diventando troppo piccolo non devono avere paura. Dall'Aconcagua all'Everest, da Banff al Borneo, dalla Namibia alla Norvegia e dallo Zambesi allo Zanskar (e ad altre centinaia di luoghi), questo libro ci ricorda che le nostre geografie esteriori e interiori sono in perfetto accordo.

Tutto quel che resta è una storia da raccontare: la storia di come avete trasformato un sogno in un viaggio e la vostra vita nella ricerca di un'esperienza significativa. Che i viaggi straordinari abbiano inizio!

– GEORGE W. STONE

Direttore della rivista *National Geographic Traveler*

Una muta di Alaskan husky, appartenente all'Hey Moose! Kennel di Healy, in Alaska, traina i *musher* nel Parco nazionale di Denali.

IN SENSO ORARIO DALL'ALTO A SINISTRA: Un tucano nell'Arenal, nella Costa Rica; il Tempio del Sole presso le rovine di Ingapirca in Ecuador; la costa di Isla del Sol nel lago Titicaca; un'escursione a cavallo all'alba sull'Isola di Pasqua, in Cile.

CAPITOLO 1

AMERICA CENTRALE E DEL SUD

Nuotate nei mari azzurri, salite su vulcani attivi, attraversate giungle lussureggianti in zip-line e scalate catene montuose innevate.

NICARAGUA

VOLCANO BOARDING E UN VOLO TRA LE NUVOLE

Il Nicaragua offre esperienze per tutti i gusti: escursioni, sport su tavola e nuoto.

Quando il Cerro Negro, il vulcano più giovane del Nicaragua, ha eruttato l'ultima volta nel 1999, lungo il versante occidentale sono rotolate delle rocce creando un sentiero roccioso percorribile. Sul versante opposto, il vento ha depositato della cenere scura e fine, perfetta per scivolare. Nel 2004, quest'accoppiata eccezionale di terreni ha fatto nascere un'idea bizzarra: il *volcano boarding*.

"Questo è l'unico posto al mondo dove puoi stare seduto su una tavola di compensato con le gambe distese in avanti e lasciarti andare lungo il fianco pieno di cenere di un vulcano ancora attivo", dice Nick Porter, un'affabile guida turistica che nel 2013 ha lasciato il suo impiego in una banca di Manchester, in Inghilterra, è partito per un viaggio e non è più tornato.

Ci è voluto un po' di tempo per capire come scivolare lungo i pendii coperti di cenere del vulcano. Daryn Webb, l'inventore del *volcano boarding*, ha fatto i primi tentativi di scivolare lungo il Cerro Negro su una tavola, un materasso e un mini-frigorifero prima di provare una tavola di compensato.

Se un'elettrizzante discesa lungo uno dei vulcani più attivi del mondo (ha eruttato almeno 23 volte nel corso della sua storia lunga 159 anni) non dovesse fornirvi una dose di adrenalina sufficiente, sappiate che il Nicaragua è la terra delle opportunità. Oltre le verdi colline che circondano il Cerro Negro, potrete trovare coste baciate dal sole, città ricche di storia, animali esotici e incantevoli foreste nebulose.

Consigli di viaggio

QUANDO ANDARE: Viaggiate durante la stagione secca del Nicaragua, da novembre ad aprile, quando le temperature sono miti e fa bel tempo.

ORGANIZZAZIONE: Alcuni tour operator specializzati offrono escursioni di *volcano boarding*, lo sport più estremo del Paese. Il Bigfoot Hostel è stato il primo al mondo a proporlo. Anche l'associazione no-profit Quetzaltrekkers, specializzata in trekking e attività outdoor di tutto il Nicaragua, propone l'escursione, donando i profitti a progetti locali che sostengono le persone in difficoltà.

SITI WEB: bigfoothostels.com; leon.quetzaltrekkers.org; vianica.com

Amache appese a Little Corn Island.

COSA FARE

Seguire la corrente

L'avventura inizia con un viaggio in auto su un terreno accidentato passando per piccoli villaggi e fattorie e attraverso il Parco nazionale Cerro Negro. L'arido vulcano, il cui nome significa "collina nera", incombe sulla campagna come uno spettro perenne da quando ha eruttato per la prima volta nel 1850 ed è il parco giochi perfetto per gli amanti delle attività adrenaliniche. I visitatori pagano un biglietto d'ingresso di 5 dollari (USA) e, se lo desiderano, pagando altri cinque dollari, una persona del posto trainerà a monte le tavole. Queste ultime tavole sono fornite dai tour operator, ma si possono anche affittare al parco.
Gli escursionisti quindi affrontano una camminata di un'ora risalendo un sentiero battuto dal vento che curva passando davanti a quattro crateri che sbuffano zolfo e calore secco: un promemoria del fatto che l'eruzione successiva potrebbe verificarsi in qualsiasi momento (non vi preoccupate: il vulcano è monitorato attentamente dal Nicaraguan Seismic Network).
Sulla cima, alta 728 m, gli escursionisti indossano una tuta arancione e occhiali protettivi, e seguono una breve lezione sul modo di manovrare la tavola, che in pratica è una slitta con una maniglia di corda. Usando i piedi, gli escursionisti producono attrito con il terreno per sterzare e controllare la velocità.
Uno a uno, i partecipanti si lanciano oltre il bordo, accelerando quando il pendio si fa più ripido. L'intera discesa dura dai tre ai cinque minuti, a seconda che vi fermiate o che cadiate dalla tavola. Piccole pietre volano da sotto la tavola, mentre gli escursionisti che cadono finiscono per avere gli arti pieni di vesciche e la tuta coperta di fuliggine. Tuttavia, la maggior parte ne esce indenne e, quando stanno per arrivare in fondo, le guide scattano fotografie e misurano la velocità massima con una pistola laser. Il record è di 96,6 km/h.

A FIANCO: Degli escursionisti sfrecciano giù per i pendii coperti di cenere del Cerro Negro a velocità che arrivano a 96,6 km/h. SOPRA: Un escursionista vola in zip-line attraverso il Mombacho, passando in mezzo a un buco tra gli alberi.

Passeggiare a cavallo

Un'escursione a cavallo nella lussureggiante campagna nicaraguense oltre il Cerro Negro è un'esperienza da non perdere. I tour vi condurranno a esplorare le strade secondarie appena fuori dalla città di Granada. La parte migliore di questa esperienza è la visita della Laguna di Apoyo, una riserva naturale che ha avuto origine circa 23.000 anni fa. Offre una piacevole pausa dopo aver cavalcato sotto il sole e vale la pena farci una nuotata, perciò non dimenticate di portare con voi il costume da bagno.

Fare un'escursione tra le nuvole

Situato a 10 km da Granada, il vulcano Mombacho è famoso per una foresta nebulosa che si trova sulla sua cima, dove vivono puma, scimmie urlatrici e molte altre specie di animali. La camminata di due ore non è facile, ma è un'esperienza gratificante e vi farà battere forte il cuore. Potete ammirare la splendida vista di alcuni dei quattro crateri, osservare animali selvatici e godervi temperature più fresche. Si consiglia di chiedere una guida presso il centro di accoglienza turistica della riserva per trarre il massimo dalla vostra avventura.

Sfrecciare attraverso la foresta

Se volete provare una scarica di adrenalina, ci sono moltissime occasioni di volare in zip-line nella foresta nebulosa nicaraguense.
La riserva si trova ai piedi del vulcano Mombacho, che risalirete con un furgone per arrivare alla prima piattaforma. Il Miravalle Canopy Tour, che attraversa 2 km di foresta con 17 piattaforme e tre ponti sospesi, offre l'occasione unica di planare accanto a scimmie urlatrici e a piante e animali esotici.

Prendere un po' di sole

Non tutte le attività devono essere per forza ad alto tasso di adrenalina. Fate una pausa per godervi il sole sulle Isole del Mais, situate a circa 69 km al largo della costa del Nicaragua. Queste isole baciate dal sole e caratterizzate da un clima caldo tutto l'anno sono il luogo ideale in cui rifugiarsi. I visitatori possono fare immersioni, escursioni in kayak, snorkeling e trascorrere le giornate in spiaggia all'insegna del relax vicino alle acque cristalline del Mar dei Caraibi.

DA NON PERDERE

- Una discesa elettrizzante lungo i pendii coperti di cenere di uno dei vulcani più attivi del mondo.
- Un'escursione a piedi e in zip-line attraverso un'esotica foresta nebulosa che condividerete con i puma e le scimmie urlatrici.
- Prendere il sole e le onde sulle Isole del Mais.

Cavalli da trekking aspettano gli escursionisti a un belvedere che si affaccia sulla Laguna de Apoyo.

ECUADOR

IN CROCIERA ALLE GALÁPAGOS

Esplorate il laboratorio vivente dell'evoluzione di Darwin.

Gli incontri ravvicinati con gli animali delle Galápagos sono totalmente diversi da quelli che avvengono in qualsiasi altra parte del mondo. Grazie all'isolamento dalla terraferma (l'arcipelago si trova nell'Oceano Pacifico, 998 km a ovest dell'Ecuador) nessun grande predatore animale ha mai raggiunto le 19 grandi isole vulcaniche attive e le oltre cento isolette minori. Il terreno aspro ha dato origine a curiose creature endemiche, come i cormorani atteri, le tartarughe giganti e le tropidure delle Galápagos. Inoltre, le quattro principali correnti oceaniche di varie temperature che vorticano intorno alle isole hanno prodotto la sorprendente varietà di specie marine native dell'arcipelago, come le iguane marine (l'unico rettile marittimo del pianeta) e il piccolo pinguino delle Galápagos, l'unica specie del suo tipo trovata a nord dell'equatore. Di conseguenza, gli animali che abitano nel laboratorio vivente di Charles Darwin non hanno paura degli esseri umani e sono presenti in gran numero. In molti casi, le specie che si vedono esistono solo qui: circa il 97 per cento dei mammiferi e dei rettili terrestri, l'80 per cento degli uccelli terrestri e oltre il 20 per cento delle creature marine sono specie endemiche.
Per conoscere le Galápagos occorre spostarsi in barca tra le isole, come fece Darwin a bordo della H.M.S. *Beagle* negli anni Trenta dell'Ottocento. Il Galápagos National Park Service regolamenta le rotte delle imbarcazioni, gli itinerari e le escursioni a terra per proteggere l'arcipelago da una delle sue minacce maggiori: gli esseri umani.

Consigli di viaggio

QUANDO ANDARE: Da giugno a novembre per il clima fresco e secco; da dicembre a maggio (la stagione calda e leggermente piovosa) per trovare meno visitatori e per l'ottima visibilità subacquea.

ORGANIZZAZIONE: Non è possibile girare le isole Galápagos in barca per conto proprio. Bisogna appoggiarsi a un tour operator autorizzato come National Geographic Expeditions. Il modo migliore per proteggere queste isole è seguire attentamente le regole del parco (per esempio stare ad almeno un paio di metri di distanza da tutti gli animali selvatici).

SITI WEB: nationalgeographic.com/expeditions; galapagos.org

Una tartaruga verde del Pacifico nuota tra pesci foraggio.

ITINERARIO DI 7 GIORNI

Giorno 1
Da Santa Cruz, l'isola più popolosa delle Galápagos, salpate per l'isola di San Cristóbal, uno dei luoghi più antichi (ha più di 2,4 milioni di anni) dell'arcipelago dal punto di vista geologico nonché la sede di El Progreso, il suo insediamento più antico ancora esistente, fondato nel 1869. Partire da qui è simbolico, perché è la prima isola visitata da Darwin nel 1835. Seguite le orme del naturalista scendendo a terra per vedere tartarughe girovaganti, sule piediazzurri e piedirossi che nidificano, mimi di San Cristóbal e tropidure delle Galápagos. Tenete gli occhi aperti per avvistare il mimo di San Cristóbal e la pianta *Calandrinia galapagosa*, endemici dell'isola, e osservate la più grande colonia di leoni marini delle Galápagos, oltre ad ascoltarne i versi rumorosi.

Giorno 2
Fate rotta verso sud e raggiungete l'isola di Española, un paradiso per gli appassionati di birdwatching con 95 specie registrate. Scrutate il cielo in cerca di mimi di Española, sule piediazzurri, sule di Nazca e gabbiani codadirondine. L'isola è anche la principale zona di riproduzione dell'albatro vermicolato, il volatile più grande delle Galápagos, con un'apertura alare che può raggiungere un'ampiezza di 2,4 m. È possibile vedere questi volatili enormi a terra da aprile a dicembre e nei cieli da gennaio a marzo. La stagione degli accoppiamenti va da aprile a giugno, quando depongono le uova. I piccoli lasciano il nido entro il gennaio successivo e partono verso il mare per sei anni prima di ritornare e scegliere un compagno per la vita.
Percorrete il sentiero che arriva a Punta Suarez, sul punto più occidentale dell'isola, per vedere gli albatri che nidificano, le iguane marine verdi e rosso brillante, e i leoni marini. Lungo la via, tenete il conto preciso delle tropidure delle Galápagos che riuscite a vedere: questi rettili molto diffusi amano prendere il sole sopra le rocce laviche.

Giorno 3
La meta di oggi, l'isola di Floreana, vanta la storia umana più lunga delle Galápagos: il primo residente (1807-1809), la prima isola a essere colonizzata dall'Ecuador (1832) e il primo ufficio postale (1793). L'ufficio postale consisteva di una botte usata dai balenieri del XVIII secolo che si fermavano a Floreana quando attraversavano gli oceani. I marinai che sentivano nostalgia di casa lasciavano le lettere nella botte e i marinai delle navi di passaggio consegnavano a mano quelle indirizzate alle località vicine alla loro destinazione finale. Questo sistema senza francobolli funziona ancora a Post Office Bay. Scrivete una cartolina da imbucare nella botte odierna, poi passate al setaccio le lettere accumulate per vedere se ne trovate qualcuna che potete inviare o, come vuole la tradizione, consegnare a mano quando tornerete a casa. Successivamente, fate snorkeling tra i leoni marini a Islote Campeón, un vulcano a scudo estinto, e fate un'escursione per visitare una spiaggia dove nidificano le tartarughe.

Giorno 4
Nelle fredde acque che circondano l'isola di Isabela guardatevi intorno attentamente per riuscire a scorgere balene, delfini e uno sporadico mola, un pesce luna gigantesco che può pesare fino a 2268 kg. L'isola a forma di cavalluccio marino, la più grande delle Galápagos, si estende per una lunghezza di 119 km e comprende una superficie più grande di tutte le altre isole messe insieme. Scendete a terra per fare un'escursione in uno scenario di giganteschi vulcani a scudo e vedere iguane e tartarughe marine, l'unica specie di cormorano attero esistente al mondo, e gli unici pinguini selvatici che si trovano a nord dell'equatore.

Giorno 5
Fate rotta verso Santiago, la seconda isola visitata da Darwin, e sbarcate sulla costa nordoccidentale nella Baia di James. Seguite il sentiero a nord che porta al sito di nidificazione delle tartarughe marine nella spiaggia di Espumilla (ricordate di tenervi a una distanza adeguata dai nidi come indicato dalla vostra guida), e poi nell'entroterra passando davanti a una laguna dove potrete vedere fenicotteri e codoni guancebianche. Il sentiero passa attraverso una zona arida piena di uccelli terrestri. All'estremità meridionale della baia, seguite il sentiero costiero tra pozze di

A FIANCO: Le scogliere sull'isola di San Cristóbal, parte del Parco nazionale delle Galápagos, proteggono il litorale e le acque. **A DESTRA:** Una turista imbuca una cartolina nella storica botte dell'ufficio postale dell'isola di Floreana.

marea e grotte in cerca di otarie orsine delle Galápagos, iguane e leoni marini, chionidi e granchi della specie *Grapsus grapsus*. Se il tempo lo consente, percorrete il sentiero nella parte meridionale dell'entroterra, che termina sopra il cratere di una miniera di sale abbandonata. Riprendete la navigazione verso la parte orientale di Santiago per vedere il paesaggio vulcanico e camminare sulla nera lava pahoehoe presso la Baia di Sullivan. Al largo della costa si trovano le spiagge di sabbia rossa dell'isola di Ràbida. L'isoletta rocciosa è il posto perfetto per fare snorkeling tra giocosi leoni marini e mante leggiadre che raggiungono dai 3,6 ai 7 m di larghezza.

Giorno 6

Riprendete la navigazione lungo la costa meridionale di Santiago facendo rotta verso Bartolomé, un'isola di roccia lavica la cui superficie è meno della metà di quella di Central Park a New York. Il brullo isolotto è territorio di riproduzione e nidificazione delle tartarughe verdi, ma le due attrazioni principali sono la vista dalla sommità del cono vulcanico (dopo aver salito 376 gradini per arrivare fino in cima) della famosa roccia del Pináculo e lo snorkeling insieme a pinguini delle Galápagos, squali, razze e tartarughe marine nelle acque circostanti.

Giorno 7

Trascorrete l'ultimo giorno osservando la vita delle tartarughe giganti sull'isola di Santa Cruz. Visitate la Charles Darwin Research Station, dove vivono diverse specie di tartarughe giganti, e un centro in cui si svolge il programma di riproduzione in cattività per le tartarughe giganti delle Galápagos, in via di estinzione, del Galápagos National Park Service. Dopo un pranzo a Puerto Ayora, avventuratevi sugli altipiani per osservare e fotografare le tartarughe giganti in natura.

DA NON PERDERE

- Visitare l'isola di Española, un paradiso per gli amanti del birdwatching con mimi, sule piediazzurri, sule di Nazca e albatri vermicolati.
- Incontrare le tartarughe giganti a rischio di estinzione presso un centro per la riproduzione in cattività.
- Fate snorkeling ed escursioni in kayak tra leoni e tartarughe marine, e gli unici pinguini selvatici che si trovano nell'emisfero boreale.

Circa metà di tutte le coppie nidificanti di sule piediazzurri vivono sulle isole Galápagos.

PROSPETTIVE

Il Cammino Inca in Perù fino al Machu Picchu

di Boyd Matson

IL POSTO DEI CONTROLLI DI SICUREZZA dell'aeroporto della mia città, Washington, D.C., non è il luogo in cui mi aspettavo che qualcuno mi ricordasse che sarebbe stato meglio se mi fossi allenato un po' di più per affrontare 19 giornate di trekking nelle montagne del Perù. Prima ancora di salire sull'aereo, l'agente della sicurezza mi dice: "Signore, deve togliere quegli oggetti dalle tasche della camicia", costringendomi a spiegare che quegli "oggetti" si possono togliere solo con dieta ed esercizio fisico.

In effetti, uno dei premi extra che mi aspetto da questo viaggio è lasciare il peso in eccesso nelle Ande, visto che non c'è modo di evitare lo sforzo fisco necessario per camminare sui passi di montagna, alcuni ad altezze che superano i 4572 m.

Gli Inca costruirono 500 anni fa molti di questi sentieri che sono ancora oggi l'unica via per raggiungere tutte le nostre mete: il Machu Picchu e alcuni siti inca meno visitati, ma ugualmente straordinari, come Choquequirao, il santuario dell'acqua Picha Unuyoc e Vilcabamba, chiamata anche Espíritu Pampa, l'ultima città degli Inca.

La nostra guida ha preparato tende, viveri, provviste, muli per trasportare le nostre attrezzature, conduttori di muli, cuochi e, per sicurezza, un paio di cavalli nel caso a qualcuno servisse l'assistenza di un taxi equino.

Nonostante queste comodità, dormiremo per lo più per terra e dovremo sopravvivere senza internet ed elettricità. Ci aspetta anche un'alta probabilità di pioggia frequente, forse anche neve, ad altitudini dove noi abitanti al livello del mare abbiamo difficoltà a respirare. Inspiegabilmente, mio figlio Taylor ha accettato di venire con me. Secondo lui sarà divertente.

SOTTO: **Alcuni visitatori salgono gli antichi gradini del Machu Picchu.**
A FIANCO: **Choquequirao, tre volte più grande del Machu Picchu, si trova al limite della Valle dell'Apurímac.**

Betty, mia moglie, ha una reazione diversa: "Sembra un viaggio da incubo". Verso la fine della nostra prima giornata intera di cammino, ho paura che sarò costretto a confessare le tre parole più difficili da pronunciare in una relazione: "Avevi ragione tu".
Mi ero aspettato che l'inizio sarebbe stato un facile percorso di riscaldamento tutto in discesa, dal villaggio di Cachora fino al fiume Apurímac, e poi una breve parte in salita fino al campo.
Ma dopo otto ore e circa 1524 m di ripida discesa, mi sono ricordato che la discesa è peggio della salita per delle vecchie ginocchia senza cartilagine.

La consapevolezza, sia del punto in cui mi trovo in montagna sia del mio livello di preparazione per affrontare un'escursione ad alta quota, mi colpisce con un tonfo inaspettato. Le mie gambe annunciano che hanno dato per otto ore e per oggi ne hanno abbastanza. Purtroppo siamo a poco meno di 30 m rispetto ai 610 che dobbiamo ancora percorrere in salita fino al prossimo accampamento. Nessuna ghiandola surrenale viene in mio soccorso per produrre adrenalina, perciò mi devo concentrare su ogni passo, sforzandomi di andare avanti come un bambino che impara a camminare, mentre l'aria è calda e pesante senza nemmeno un soffio di vento. Sudo così tanto che devo asciugarmi le orecchie con una bandana per poter sentire, anche se il solo rumore udibile è quello del mio respiro affannato. Anche Taylor ha raggiunto il limite e nessuno di noi due ha più le energie per incoraggiare l'altro. Quando finalmente crolliamo a terra nella nostra tenda dopo undici ore e mezzo di cammino, trova la forza di chiedermi: "Anche tu ti vergogni?". "No", gli rispondo. "Sono solo sollevato. La giornata è finita e noi ce l'abbiamo fatta".
Lo rassicuro, dicendogli che nei prossimi giorni sarà un po' più semplice a mano a mano che ci acclimatiamo. E lo è davvero, almeno per quanto riguarda la condizione fisica, con Taylor che il terzo giorno in pratica si fa i sentieri di corsa. Tuttavia ci sono ostacoli imprevisti, ognuno dei quali, quando in seguito li raccontiamo agli amici, provocano la solita reazione: "Sembra un viaggio da incubo". Sopportiamo 10 giorni consecutivi di pioggia. Il quinto giorno ci fermiamo per pranzo in uno splendido valico, ma il mio ginocchio si blocca e sono costretto a percorrere i successivi 671 m in discesa usando le racchette da trekking come bastoni. Il settimo giorno la pioggia si trasforma in una forte bufera di neve mentre saliamo e superiamo un valico a 4572 m. La neve complica ulteriormente la discesa dei 3500 ripidi gradini di pietra inca.
Eppure, ovunque andiamo, il panorama è così bello da togliere il fiato e, quando le forti piogge intrappolano Taylor e me nella tenda per ore e ore, non abbiamo altra scelta che parlare: un padre e un figlio adulto che parlano di tutto ciò che è successo nelle loro vite. Dopo essere riusciti non solo a sopravvivere, ma anche a ridere delle difficoltà alla fine di ogni giornata, possiamo dire che questo è stato "il nostro viaggio migliore in assoluto".
Ah, sì, ho anche perso 7 kg.

• *Boyd Matson, esploratore e giornalista, ha presentato programmi radio e documentari per National Geographic.*

A FIANCO: **Gradini di pietra sul monte Huayna Picchu portano a un punto panoramico che domina tutto il Machu Picchu.** SOPRA: **Il Queshuachaca, sopra il fiume Apurímac, è l'ultimo ponte di corda rimasto tra quelli costruiti dagli Inca.**

COSTA RICA

PAGAIARE, NUOTARE E VOLARE IN COSTA RICA

Fate un viaggio dalle foreste alla costa nella terra della Pura Vida.

La Costa Rica racchiude tesori di biodiversità ed emozionanti avventure all'aria aperta. Il piccolo Paese, che nel punto più stretto ha un'estensione di circa 120 km appena tra l'oceano Pacifico e il Mar dei Caraibi, ospita più di 2000 specie di alberi e 9000 tipi diversi di piante da fiore. Le foreste pluviali e nebulose ricoprono per un quinto un paesaggio dominato da fiumi e catene montuose.

Leader mondiale nella conservazione e tutela dell'ambiente, la Costa Rica ha istituito il suo sistema di parchi nazionali negli anni Settanta. Oltre a salvaguardare gli spazi naturali dallo sviluppo urbano, i parchi hanno incentivato il turismo sostenibile, con attività come la traversata in zip-line della foresta pluviale e la discesa in corda doppia delle cascate. Tra le meraviglie naturali del Paese, che offrono tante opportunità di vivere avventure uniche, ci sono la Riserva della foresta nebulosa di Monteverde, la più grande del suo genere in America Centrale, e la costa di Guanacaste che vanta le spiagge di sabbia bianca e le acque azzurre del Pacifico.

Scoprite il meglio delle bellezze naturali della Costa Rica con un'escursione dalle foreste alla costa, partendo dalla capitale, San José, verso il Pacifico a ovest. L'ininterrotto percorso avventuroso vi porterà all'interno delle fitte giungle pullulanti di scimmie e uccelli schiamazzanti, attraverso remote gole fluviali piene di rapide dall'acqua danzante e in spiagge solitarie circondate da foreste pluviali.

Consigli di viaggio

QUANDO ANDARE: Dal momento che la Costa Rica presenta diverse regioni climatiche, visitatela da gennaio a marzo o a luglio per trovare un clima relativamente secco per tutto il viaggio. Sul fiume Pacuare si può fare rafting tutto l'anno.

ORGANIZZAZIONE: National Geographic Expeditions propone regolarmente tour per piccoli gruppi. Per un viaggio in solitaria, affittate un fuoristrada e preparatevi alle condizioni notoriamente pessime delle strade della Costa Rica, che includono buche onnipresenti e strade danneggiate.

SITI WEB: nationalgeographic.com/expeditions; riostropicales.com; desafiocostarica.com; arenal.net

Escursionisti fanno rafting tra le rapide del Pacuare.

ITINERARIO DI 7 GIORNI

Giorno 1
Da San José, la capitale della Costa Rica, percorrete il breve tragitto in auto fino al Finca Rosa Blanca Coffee Plantation and Inn, uno dei National Geographic Unique Lodge of the World. Trascorrendo la vostra prima giornata presso il resort, un rifugio che profuma di caffè sull'altopiano sopra la Valle Central circondata dalla foresta nebulosa, potrete avere un'anteprima delle avventure che vi aspettano.
Dalle terrazze, da giardini tropicali e dalle camere della struttura potrete vedere vulcani come il dormiente Barva, che si trova proprio sopra il resort, e il vicino Poás, un vulcano attivo che presenta tre crateri.

Giorno 2
Iniziate la giornata camminando tra migliaia di banani e piante del caffè coltivati all'ombra, durante una visita guidata della piantagione di caffè biologico del resort. Il tour "dal chicco alla tazza" comprende l'opportunità di vedere come le bacche rosse del caffè vengano spolpate per raccogliere i chicchi che poi vengono fermentati, essiccati, selezionati e tostati. Sorbite gli inebrianti aromi e sapori durante una sessione di *coffee cupping*, che è l'equivalente di una degustazione di vini, ma con il caffè appena tostato. Un infuso di caffeina vi aiuterà a prepararvi per una gita pomeridiana tra le rapide del Pacuare che nasce nell'alta Cordigliera di Talamanca, scorre a est scendendo lungo i pendii del vulcano dormiente Irazú e prosegue fino al Mar dei Caraibi.
Considerato uno dei fiumi migliori al mondo per il rafting, il Pacuare vanta rapide che vanno dal II al IV grado di difficoltà mentre serpeggia in mezzo alle altissime pareti verdi della gola. Per una corsa da brivido per gli esperti, affrontate l'alto Pacuare, in particolare durante la stagione delle piogge (di solito da maggio a novembre), quando l'acqua è alta, veloce e impetuosa. L'accesso più comune per i gruppi che fanno rafting si trova nel basso Pacuare, che offre rapide più tranquille, ma comunque impegnative, di II e III grado. In ogni caso, attraverserete una foresta pluviale tropicale brulicante di animali selvatici, tra cui scimmie cappuccine, bradipi, pappagalli e tucani. Pernottate presso il solitario Rios Tropicales Lodge, una riserva privata di 974,8 ettari, situata vicino allo sbocco della Gola del Pacuare e accessibile solo in gommone o a piedi passando per la foresta pluviale.

Giorno 3
Passate la giornata a esplorare la giungla circostante partecipando a escursioni guidate del Rios Tropicales Lodge, spedizioni di birdwatching, tour dedicati al ripristino delle foreste pluviali e attività all'insegna dell'avventura, come una gita a cavallo in un villaggio locale. Provate l'esperienza elettrizzante di salire fino alle cime degli alberi partendo da terra, con una combinazione di torrentismo e *canopy tour*. Quest'avventura comprende anche la discesa in corda doppia lungo la parete di una cascata alta circa 60 m e il "volo" in alto, attraverso il fiume, tramite una serie di tre zip-line.

Giorno 4
Tornate al Pacuare per una mezza giornata di rafting su rapide di II, III e IV grado.
Poi dirigetevi a nord-ovest (ci vogliono circa tre ore) verso il Parco nazionale Volcán Arenal. Il parco prende il nome dal vulcano più famoso della Costa Rica che attualmente è in una fase inattiva (l'ultima eruzione risale al 2010), ma per 42 anni ha emesso regolarmente fumo ed eruttava lava rovente da un camino vulcanico situato sul lato occidentale. Pernottate vicino all'ingresso del parco presso l'Hotel Arenal Manoa o l'Arenal Springs Resort. Il primo si trova nei terreni di una fattoria, mentre il secondo presenta piscine termali piene di acqua ricca di minerali riscaldata naturalmente dal vulcano (dai 33,8 ai 40 °C).

Giorno 5
Il Parco nazionale Volcán Arenal è la meta ideale per i patiti di avventure adrenaliniche. Programmate una giornata di divertimento nel parco combinando un paio di attività proposte dell'esperto tour operator Desafio Adventure Company. Il suo tour Gravity Falls Waterfall Jumping inizia con una discesa in corda doppia lungo una cascata di 43 m e supera una discesa elettrizzante con una serie di salti in caduta libera da cascate e rupi nelle profonde acque color smeraldo delle pozze della gola.
Il tour Lost Canyon Adventures Canyoneering, leggermente più tranquillo,

A FIANCO: **A La Fortuna, una donna si rilassa nelle acque termali riscaldate dal vulcano Arenal.**
A DESTRA: **Nella foresta pluviale della Costa Rica vive un gran numero di animali selvatici, tra cui la raganella dagli occhi rossi.**

combina discesa in corda doppia, arrampicata su massi, salti, trekking, risalita del fiume e una caduta libera guidata nella gola.

Giorno 6

Proseguite in auto in direzione nord-ovest per circa due ore attraverso dolci terreni coltivati fino al Parco nazionale Volcán Tenorio. Dominato dal vulcano dormiente da cui prende il nome e dalla circostante foresta pluviale ricca di fauna selvatica, il parco forse è più conosciuto per la cascata del Rio Celeste dall'irreale colore azzurro. Attraversate a piedi la vegetazione rigogliosa fino alla cascata scrosciante, che si farà sentire distintamente prima ancora che riusciate a vedere l'acqua scorrere. Nella pozza d'acqua fredda e ricoperta di nebbiolina che si trova sotto la cascata è vietato nuotare, ma è possibile scendere i 250 gradini per vederla da vicino.
Dopo l'escursione alla cascata, proseguite in auto per altre due ore fino alla costa di Guanacaste, nella parte della Costa Rica che dà sul Pacifico. Pernottate in uno degli hotel di Playa Hermosa che affacciano sull'oceano, come l'Hotel Bosque del Mar a livello del mare, o il Villas Sol Hotel & Beach Resort situato in cima a una scogliera.

Giorno 7

Passate l'ultima giornata a esplorare la costa di Guanacaste con un tour guidato in kayak o stand up paddle. Alcuni tour operator propongono la possibilità di fare snorkeling durante le gite in kayak.
Sia come parte di un altro tour sia come un'escursione interamente dedicata allo snorkeling, non perdetevi l'occasione di scoprire le numerose creature acquatiche, tra cui tartarughe marine, murene, polpi e pesci tropicali, in un caleidoscopio di splendidi colori, che nuotano appena sotto la superficie dell'acqua. Terminate la giornata, e l'avventura, con un giro in barca al tramonto.

DA NON PERDERE

- Scorgere le scimmie e i bradipi durante un'escursione di rafting.
- Fare trekking nelle giungle del Parco nazionale Volcán Arenal e attraversare ponti sospesi tra le chiome rigogliose degli alberi delle foreste.
- Esplorare la costa del Pacifico facendo snorkeling ed escursioni in kayak.

Il vulcano Arenal, alto 1657 m, incombe sul verdeggiante territorio della Costa Rica.

CILE

L'ENIGMATICA ISOLA DI PASQUA

Faccia a faccia con uno dei più grandi misteri del mondo.

Chiamata Rapa Nui dagli abitanti indigeni polinesiani, l'Isola di Pasqua ha un comune nome occidentale che rasenta l'incredibile. Gli esploratori europei capitarono sulla remota isola nel giorno di Pasqua del 1722, così le diedero il nome olandese di Paaseiland (Isola di Pasqua), un appellativo che non aveva nulla a che fare con il popolo o la terra in cui si erano imbattuti.

A prescindere dal modo in cui viene chiamata, è innegabile che quest'isola sia uno scrigno di ricchezze culturali e naturali. È l'isola abitata più remota del pianeta, un'isola vulcanica situata a oltre 3219 km a ovest della costa cilena. Più famose sono le circa 900 enormi figure di pietra, chiamate moai, che proteggono le coste dell'isola. Scolpiti nel tufo tra l'XI e il XVII secolo, gli altissimi busti erano la personificazione rituale di spiriti ancestrali. A partire dall'arrivo degli esploratori europei, gli studiosi hanno riflettuto e studiato il modo in cui questi monoliti che pesano molte tonnellate venissero spostati fino a siti distanti chilometri dalla cava dove venivano scolpiti. Secondo una leggenda locale, le statue camminavano da sole fino al luogo dove avrebbero dimorato.

È una teoria inverosimile, ma anche un invito convincente a esplorare questa terra enigmatica a piedi. Avventuratevi dalle cime vulcaniche fino alle grotte sotterranee e alle piattaforme dove sono allineati i moai, riflettendo lungo il cammino su questo luogo insolito.

Consigli di viaggio

QUANDO ANDARE: L'isola, che presenta un clima piacevole tutto l'anno, attrae il maggior numero di visitatori da gennaio a marzo.

ORGANIZZAZIONE: Affittate un'auto o una bicicletta nella città di Hanga Roa per esplorare i siti archeologici sparsi per l'isola. Ingaggiate delle guide del posto per approfondire la cultura locale. L'accesso a molti siti è possibile solo se si è in possesso del biglietto d'ingresso al parco nazionale. A Orongo e alla cava di Rano Raraku è consentito un solo accesso per biglietto.

SITI WEB: imaginaisladepascua.com; islandheritage.org

Rovine di un villaggio e sito cerimoniale di pietra.

ITINERARIO DI 4 GIORNI

Giorno 1

Date il via alla vostra immersione nella cultura dell'Isola di Pasqua con un inizio spettacolare: ammirate il sorgere del sole sulle 15 splendide statue di moai della leggendaria piattaforma di Ahu Tongariki, sentinelle di guardia lungo la costa del Pacifico. Poi proseguite verso Rano Raraku, la cava da cui proviene la maggior parte delle pietre dei moai. Seguite le orme dei Rapa Nui lungo i sentieri che l'antico popolo percorreva per trasportare le statue fino alle loro piattaforme cerimoniali. Nel pomeriggio, fate un giro a cavallo o in bicicletta nella Penisola di Poike e seguite la costa settentrionale fino ai petroglifi di Papa Vaka. Le incisioni, scolpite diversi secoli fa, rappresentano creature acquatiche e altri simboli della vita marina. Successivamente continuate fino alla spiaggia di Ovahe, un paradiso solitario di spiaggia rosa brulicante appena oltre la spiaggia di pesci colorati, tartarughe marine e coralli cremisi. Terminate il vostro giro in bicicletta sotto le palme ondeggianti vicino alla spiaggia di Anakena, famosa per la sabbia dorata, le onde leggere e l'incredibile serie di moai.

Giorno 2

Partite per un'escursione fino alla cima del vulcano estinto Rano Kau, formatosi 2,5 milioni di anni fa. Un sentiero storico conduce alla sponda e intorno al bordo del cratere ampio 914 m. Ammirate il panorama del lago del cratere sottostante prima di proseguire verso l'antico villaggio cerimoniale di Orongo, incastonato nei pendii del vulcano. Qui gli antichi capi tribù un tempo si riunivano per una competizione primaverile annua chiamata Tangata Manu che aveva lo scopo di raccogliere il primo uovo dell'uccello *manu tara* (fortuna). Il vincitore governava l'isola per l'anno successivo.

Dopo, noleggiate una barca sulla costa di Orongo per visitare l'isolotto di Motu Nui. Osservate da una nuova prospettiva le alte scogliere e fate snorkeling nelle acque cristalline nel punto più occidentale dell'America del Sud.

Giorno 3

Trascorrete la mattinata a cavalcare le dolci onde della spiaggia di Pea a Hanga Roa, la città principale dell'isola. I principianti possono stare in questa baia dalle acque poco profonde e prendere lezioni di surf, mentre i surfisti più esperti possono andare nelle baie sulla parte meridionale dell'isola e inseguire le onde lunghe, che arrivano fino a 6 m, sulla parte occidentale.
Nel pomeriggio, indossate l'attrezzatura da snorkeling e nuotate con le tartarughe verdi nel porto di Hanga Roa. Per immersioni più in profondità in queste acque cristalline, rivolgetevi a tour operator della città specializzati in immersioni subacquee che possano indicarvi gli animali endemici, i pesci tropicali e il fondale vulcanico interrotto da falesie e archi. Non perdete l'occasione di rimanere incantati di fronte a un moai sommerso (non una statua autentica, bensì un oggetto di scena di un film degli anni Novanta). Terminate la giornata con un indimenticabile tramonto alla piattaforma cerimoniale di Tahai, che risale al 700 d.C. Restate qui a osservare il limpido cielo notturno e le stelle scintillanti che i viaggiatori polinesiani seguirono un tempo.

Giorno 4

Nella costa nordoccidentale dell'isola vi aspettano un paesaggio vulcanico e dei siti archeologici. Durante una gita speleologica nella grotta di Ana Kakenga, scrutate attraverso la sua finestra naturale che si affaccia sull'oceano Pacifico color cobalto. Scoprite le rovine incredibilmente intatte di un antico villaggio ad Ahu Te Peu e scendete nei suoi estesi canali di lava, i più grandi dell'isola, al cui interno crescono alberi di banano. Il giro si conclude presso l'imponente piattaforma di Ahu Akivi, situata alle prime pendici del vulcano Terevaka, dove sette moai scrutano il mare: le uniche statue dell'isola rivolte verso l'acqua.
Da qui partite per un'escursione pomeridiana moderatamente impegnativa fino alla cima alta 511 m del Terevaka, il vulcano più alto e recente dell'isola. Seguite i sentieri accidentati per raggiungere la vetta, dove vi attende un panorama a 360 gradi dell'isola. Altrimenti potete fare un giro in bicicletta fino al cratere di Puna Pau, una cava sacra di scoria rossa.

A FIANCO: **I turisti passano davanti a 15 statue colossali di moai a Tongariki, sull'Isola di Pasqua.** SOPRA: **L'isola è punteggiata da circa 900 statue di moai, scolpite secoli fa nella roccia vulcanica.**

DA NON PERDERE

- Seguire le orme dei Rapa Nui tra la cava di Rano Raraku e le piattaforme cerimoniali.
- Trekking sul vulcano Rano Kau.
- Fare snorkeling con le tartarughe verdi nel porto di Hanga Roa.

LE 10 AVVENTURE PIÙ BELLE SUI

SENTIERI ANTICHI

1 DA CHOQUEQUIRAO AL MACHU PICCHU, PERÙ

Il faticoso itinerario di 10 giorni "Machu Picchu Inn to Inn" di National Geographic attraversa piantagioni di caffè e rifugi di montagna passando per la Cordillera de Vilcabamba. Fate un'escursione sul Machu Picchu passando attraverso foreste nebulose piene di orchidee e farfalle, e fermatevi presso le più silenziose rovine inca. Passate tutta la giornata a esplorare gli oltre 150 templi, abitazioni antiche e centri rituali del Machu Picchu.

2 SENTIERO DEL RANO RARAKU, ISOLA DI PASQUA

Gli antichi atleti dell'Isola di Pasqua gareggiavano nella competizione dell'"Uomo uccello": i concorrenti scendevano lungo un dirupo, pagaiavano fino a Motu Nui e rubavano un uovo dal nido di una fregata. Il Festival Tapati che si tiene a febbraio a Rapa Nui rispetta la tradizione con la gara Tau'a: canottaggio attraverso un lago vulcanico in kayak fatti di giunchi, corsa con 20 kg di banane e scalata del cratere passando davanti a file di antichi moai.

3 SENTIERO DI INGAPIRCA, ECUADOR

Il sentiero di Ingapirca in Ecuador fu costruito 1000 anni fa per collegare Cuzco a Tomebamba e Quito. L'itinerario di tre giorni attraversa la Valle dell'Espíndola e le praterie andine del Parco nazionale di Sangay fino ad arrivare alle rovine templari curve e terrazzate di Ingapirca. Il sito, che è il complesso archeologico meglio conservato dell'Ecuador, ospita sia costruzioni inca sia costruzioni cañari.

4 CAMINO REAL, COLOMBIA

Utilizzato per molto tempo dal popolo indigeno dei Guane come una via commerciale locale, il Camino Real colombiano collega Barichara all'affascinante villaggio di Guane attraverso 9,6 km di orli di canyon, campi di cactus e sentieri acciottolati. Mentre camminate tra fattorie dove allevano capre e valli estese, il percorso è delimitato da mura di pietra, alberi maturi e piccoli villaggi.

A FIANCO: La strada che da Barichara porta a Guane sul Camino Real in Colombia. SOPRA: Le rovine inca di Ingapirca, uno dei siti archeologici più importanti dell'Ecuador.

5 TRILHA DO OURO, BRASILE

Inizialmente tracciata dagli indiani Guaianazes, poi pavimentata dagli schiavi africani nel XVIII secolo, la Trilha do Ouro fu usata dai Portoghesi per trasportare l'oro. Oggi, il sentiero di 1931 km è l'esempio concreto della varietà culturale, naturale e storica del Brasile. Rivolgetevi a una guida locale per avere maggiori informazioni mentre attraversate la foresta pluviale detta Mata Atlântica, passando davanti a cascate e scivoli naturali formatisi nella roccia.

6 SENTIERO DELLE QUERCE ANTICHE, PANAMA

Questo itinerario segue sentieri indiani precolombiani nelle remote foreste nebulose del Parco nazionale Volcán Barú. Il sentiero procede parallelamente al torrente Quebrada La Mina e arriva a cinque enormi querce millenarie. Guardatevi intorno per riuscire a scorgere scimmie urlatrici, scimmie della specie *Cebus imitator*, bradipi didattili e gli sfuggenti quetzal, mentre camminate sotto il vulcano Barú, il punto più alto di Panama.

7 RUTA 40, ARGENTINA

Il popolo nomade dei Tehuelche tracciò attraverso la Patagonia sentieri usati ancora oggi. In Argentina la Ruta 40, lunga 5193 km, segue molti dei loro percorsi. I viaggiatori su strada possono fare un'escursione in kayak nella lattea Catedral de Mármol del lago General Carrera dal colore azzurro neon, camminare fino alla Cueva de las Manos, dove si trovano le pitture rupestri lasciate dagli antenati dei Tehuelche più di 10.000 anni fa, e visitare le rovine preincaiche di Quilmes nella Valle Calchaquí.

8 ANTICO CAMMINO INCA, LAGO TITICACA, BOLIVIA

Ogni anno appassionati di kayak, parasailing e mountain bike raggiungono il lago Titicaca per esplorarne le rive immutabili. Percorrete un antico sentiero dal lungolago alle rovine di Inca Anatawi, dove sedili di pietra levigata guardano verso le Ande. Sentieri simili portano a rovine di templi Inca sull'Isola della Luna, sull'Isola del Sole e Los Uros. Per un'esperienza completa, le escursioni per sub esperti del lago Titicaca arrivano a un'antica strada subacquea e a un tempio preincaico sommerso, scoperti nel 2000.

9 SENTIERO TAKESI, BOLIVIA

Gli acquedotti avanzati e le mura di sostegno lungo il sentiero Takesi in Bolivia mostrano l'abilità ingegneristica dei costruttori inca. Un tempo frequentato dai corrieri antichi, questo itinerario di due o tre giorni è percorribile preferibilmente da maggio a ottobre, nella stagione secca. Il sentiero non è faticoso, ma gli escursionisti dovranno acclimatarsi all'altitudine elevata prima di mettersi in cammino.

10 SENTIERO DEGLI ALTIPIANI MAYA, GUATEMALA

L'itinerario di tre giorni sugli altipiani maya del Guatemala segue le antiche vie commerciali tra lo splendido lago Atitlan e Quetzaltenango, un tempo capitale reale del regno di Xelajú. Quindici vulcani, di cui due attivi, si rivelano allo sguardo mentre gli escursionisti si avvicinano alla catena delle Siete Cruces di Zunil. Le escursioni guidate spesso finiscono con un'immersione nelle acque termali di Fuentes Georginas riscaldate da un vulcano che si trova all'interno di una tranquilla foresta pluviale.

PERÙ

LE MERAVIGLIE OLTRE LA VALLE SACRA

In Perù si trova ogni sorta di meraviglie, dagli splendidi sentieri ai misteri archeologici.

Per molti visitatori, il Machu Picchu rappresenta l'attrazione principale del Perù. Tuttavia il Paese è talmente ricco dal punto di vista ecologico, topografico e storico che sarebbe un peccato non prevedere due o tre giorni extra per ammirare alcune delle altre meraviglie del Perù.

Il paese vanta una ricca storia culturale di oltre 10.000 anni. Sede di imponenti complessi archeologici, 12 siti riconosciuti Patrimonio dell'Umanità UNESCO e numerose riserve naturali, è una meta da sogno per chi ama l'avventura. L'Amazzonia occupa quasi metà Perù, offrendo una dimora ad animali e piante che non si trovano in nessun altro luogo al mondo: il condor delle Ande, l'orso dagli occhiali, l'inia e la scimmia lanosa dalla coda gialla per citarne qualcuno. Inoltre, alcuni studiosi credono che ci siano persino delle tribù indigene che non hanno mai visto il mondo esterno. L'Amazzonia offre anche delle opportunità ai turisti di vivere avventure emozionanti e ammirare panorami unici al mondo. Un altro terzo del Paese è dominato dalla cordigliera delle Ande e la costa occidentale comprende una sottile striscia di deserto lunga 2500 km.

Con il suo territorio unico e la ricca storia culturale, il Paese ha molto da offrire oltre alle antiche mura del Machu Picchu. Lasciate l'itinerario tradizionale per fare un giro in canoa lungo un fiume sacro o un'escursione in un magnifico canyon, sorvolare antichi geoglifi, andare in mountain bike nelle Ande ed esplorare le meraviglie di un parco nazionale.

Consigli di viaggio

QUANDO ANDARE: In Perù l'inverno, che va da maggio a settembre, è la stagione più secca, nonché il periodo migliore per visitare Cuzco o il Machu Picchu. Da dicembre a marzo, l'estate peruviana presenta temperature più calde, ma anche frequenti acquazzoni.

ORGANIZZAZIONE: Cuzco si trova a 3399 m sopra il livello del mare, perciò prendetevi del tempo per acclimatarvi all'altitudine elevata. La città è anche un ottimo punto di partenza per escursioni in zone più elevate e alla stessa altitudine alla Valle sacra degli Inca.

SITI WEB: peru.travel/it

La valle sacra è punteggiata di rovine inca.

COSA FARE

Rafting su un fiume sacro

Le Ande sono piene di rapide, l'inevitabile prodotto di forti pendenze che incanalano acqua di disgelo glaciale in stretti canyon. Come risultato, il Perù è un posto fantastico per fare rafting. Il fiume Urubamba, un posto molto frequentato per andare in canoa e che gli Inca veneravano come una divinità, scorre attraverso la Valle sacra vicina a Cuzco e infine gira intorno al Machu Picchu formando un'omega. Una tipica escursione sul tratto del Chuquicahuana, una parte deliziosa dell'alto Urubamba, presenta rapide di III grado e può essere fatta come una gita di un giorno da Cuzco. È meglio evitare le escursioni a valle dell'Urubamba, che attraversano un tratto inquinato del fiume. I vogatori più avventurosi possono affrontare le rapide di classe IV e V dell'Apurimac. Il nome di questo fiume, che tradotto significa "Grande oratore", allude alle rapide fragorose che vi aspettano.

Escursione nel Canyon del Colca

Nessuno sa con assoluta certezza quanto sia profondo il Canyon del Colca, ma gli scienziati hanno determinato che la distanza dall'orlo al fondo misura più di 3048 m, due volte la profondità del Grand Canyon. La Valle del Colca è generalmente considerata come uno dei luoghi più belli della Terra. Lo spazio immenso sotto quelle pareti altissime presenta alcuni dei paesaggi più spettacolari dell'America del Sud: valli inviolate, terrazzamenti agricoli precolombiani ancora in uso, vulcani dormienti e oasi verdi. La vigogna, una cugina del lama di dimensioni minori, vaga libera in questi luoghi. La principale caratteristica del Colca, tuttavia, è il maestoso condor delle Ande, un volatile la cui presenza sta diminuendo in altri luoghi, ma che viene avvistato regolarmente nel passo montano di Cruz del Condor. È possibile raggiungere il Canyon del Colca via terra da Cuzco, ma è più semplice prendere un volo di 45 minuti per Arequipa, che si dà il caso sia anche la città più bella del Perù.

Visitare la fauna del Parco nazionale Manu

Probabilmente non esiste un altro viaggio che illustri meglio come i diversi ecosistemi del Perù siano impilati uno sull'altro quanto il rapido passaggio dalle fredde cime andine di Cuzco alla lussureggiante giungla amazzonica del Parco nazionale di Manu. Questa biosfera, la cui salvaguardia è stata resa possibile grazie al suo isolamento, si trova a soli 45 minuti di volo da Cuzco (o dalle 8 alle 24 o più ore via terra, tempo permettendo, più un viaggio in barca di 45 minuti). All'interno del Parco di Manu gli spostamenti vengono effettuati per lo più in barca, cosa che permette l'osservazione ad altezza degli occhi di una delle aree salvaguardate di foresta pluviale più grandi del mondo che ospita più di 15.000 specie di piante. Il Parco nazionale di Manu è noto soprattutto per la straordinaria varietà di animali: giaguari, tapiri, lontre giganti, 13 tipi di scimmie e almeno un milione di specie diverse di insetti. Il parco è imperdibile in particolare per gli amanti del birdwatching, perché entro i suoi confini vivono più di mille specie aviarie (il 10 per cento del totale mondiale e più di quante se ne possano trovare negli Stati Uniti e nel Canada messi insieme).

Sorvolare le linee di Nazca

La visita del Machu Picchu quasi sempre prevede di passare per Lima, la vivace capitale costiera del Perù, quando si arriva e si riparte. È anche il luogo ideale per organizzare un breve volo per ammirare le linee di Nazca, che rivaleggiano con il Machu Picchu in quanto meraviglie antiche del Perù. Perché c'è bisogno di una veduta

A FIANCO: **L'Alto Madre de Dios scorre attraverso la parte meridionale del Parco nazionale di Manu.** SOPRA: **Un ciclista in mountain bike sulle colline vicino a Cuzco.**

aerea? Per via dell'immensità dei geoglifi che si presentano come se fossero stati incisi nel terreno sottostante: ragni, lama, pesci, scimmie e molte altre figure, alcune delle quali si estendono per oltre 183 m di larghezza (la loro estensione era sconosciuta fino agli anni Trenta, quando i piloti hanno iniziato ad attraversare in volo il deserto di Nazca). Quale fosse lo scopo principale di queste figure resta uno dei più grandi misteri del mondo. A volte si dice che siano stati gli extraterrestri a realizzarle, ma in genere si pensa che siano state create dal popolo Nazca in un periodo compreso tra mille e duemila anni fa come parte di un rituale religioso.

In mountain bike nelle Ande

Due cose non mancano mai nelle Ande: sentieri sterrati e discese ripide. È questo il motivo per cui la zona vicina al Machu Picchu e a Cuzco è un luogo privilegiato per andare in mountain bike. È possibile organizzare il proprio tour a due ruote personalizzato, ma appoggiarsi a un tour operator specializzato vi permetterà di contare su un veicolo di supporto (fondamentale in una zona dove i negozi di biciclette sono praticamente sconosciuti), la conoscenza locale del sistema spesso confuso di strade peruviane e, nel caso lo desideraste, un veicolo per trasportare la vostra bici in cima alle salite disumane della zona, in modo che possiate godervi la vostra vacanza. Tra le escursioni più belle si ricordano quella alla tranquilla Valle di Lares, alla Valle sacra ricca di rovine inca, che si estende da Pisac a Ollantaytambo, e quella di un giorno di una discesa di oltre 1,6 km che parte dal passo di Abra Malaga a 3962 m. Alcuni tour operator offrono escursioni su strade secondarie partendo da Cuzco fino a pochi passi dal Machu Picchu.

DA NON PERDERE

- Volare sopra le antiche linee di Nazca incise nel terreno a partire dal 100 a.C.
- Salire in montagna seguendo una propria via per una nuova veduta del Machu Picchu e attraversare la Valle di Lares.
- Fare rafting nelle acque glaciali dell'Urubamba e affrontare le rapide di IV e V grado dell'Apurimac.

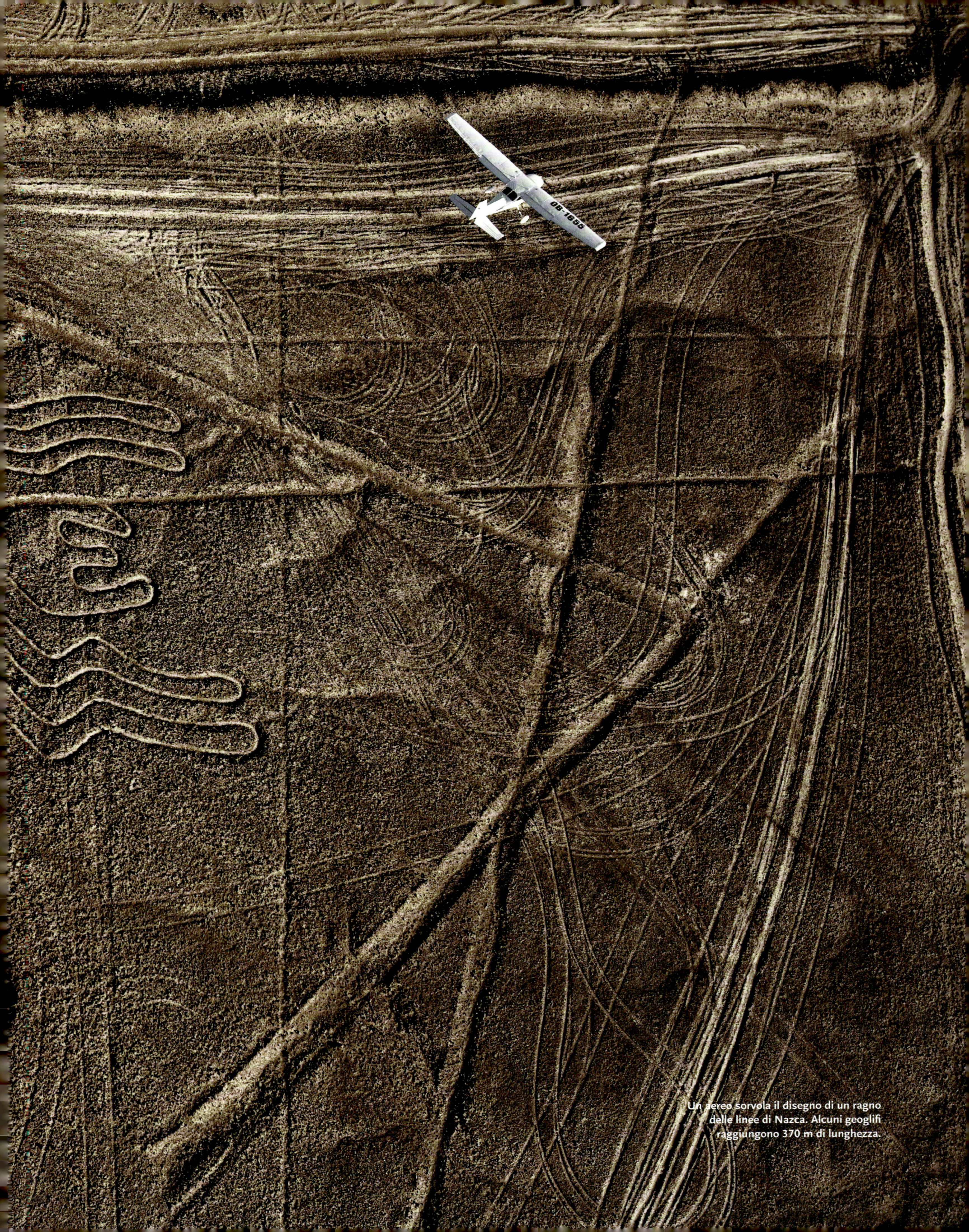

Un aereo sorvola il disegno di un ragno delle linee di Nazca. Alcuni geoglifi raggiungono 370 m di lunghezza.

COLOMBIA

TREKKING NEL CUORE DELLA COLOMBIA

Tuffatevi nell'avventura senza limiti, dal trekking nella giungla alle immersioni con gli squali.

Con le cime svettanti delle Ande, la lussureggiante foresta pluviale e chilometri di coste del Pacifico e del Mar dei Caraibi, la Colombia è un paradiso per gli amanti dell'avventura. Qui è possibile fare attività per tutti i livelli di difficoltà, dagli alpinisti e dai subacquei esperti agli escursionisti principianti pronti per un trekking pomeridiano.

Bogotá, la capitale, è il punto di partenza per le attività ad alta quota, anche entro i confini della città: il monte di Monserrate domina la metropoli con un'altezza di 3152 m. I visitatori possono unirsi ai pellegrini e salire fino alla chiesa storica ubicata in cima oppure raggiungerla comodamente in funivia. Per gli alpinisti seri, El Cocuy, elogiato per le sue cime coperte di ghiaccio poco esplorate che superano i 5182 m di altezza, si trova a otto ore di auto da Bogotá.

Nell'entroterra della Colombia troverete luoghi meno faticosi, ma ugualmente straordinari: la Valle de Cocora, un paesaggio surreale di altissime palme della specie *Ceroxylon quindiuense* e il Caño Cristales, il fiume dell'"arcobaleno liquido", nel Parco nazionale della Serranía de la Macarena, dove la luce solare che colpisce una pianta acquatica crea un'esplosione di colori.

Scendete fino alle coste per visitare le città di mare. Sotto la superficie vi attendono alcuni dei siti d'immersione più belli del mondo, tra cui l'isola di Malpelo, situata nella più grande riserva marina del Pacifico tropicale orientale in cui è vietata la pesca. La Colombia può offrirvi tutto ciò che desiderate.

Consigli di viaggio

QUANDO ANDARE: Da aprile a settembre vi sono le condizioni migliori per le immersioni subacquee. Evitate gennaio e febbraio, a causa delle correnti forti e del mare mosso intorno all'isola di Malpelo. A settembre sono sospese le escursioni alla Ciudad Perdida per consentire alle comunità locali di visitare il sito.

ORGANIZZAZIONE: Tramite PADI Travel si prenotano viaggi in barca di dieci giorni a Malpelo partendo da Buenaventura. Le escursioni alla Ciudad Perdida vanno prenotate tramite tour operator autorizzati, come Wiwa Tour, Turcol o Expotur.

SITI WEB: colombia.travel; travel.padi.com; wiwatour.com; expotur-eco.com

La Porta dell'orologio nella Città Vecchia di Cartagena.

COSA FARE

Un volo panoramico su Cartagena

Nota come il "gioiello della Colombia", Cartagena de Indias, a 90 minuti di volo da Bogotá, incanta con le sue case variopinte circondate da fiori tropicali e carrozze trainate da cavalli che passano rumorose lungo le stradine acciottolate. Vista dall'alto è ancor più bella. I tour in parapendio motorizzato con un istruttore partono solitamente dalla spiaggia di La Boquilla, mentre le barche da parasailing partono da Playa el Laguito sulla penisola di Bocagrande. Mentre sorvolate il Mar dei Caraibi azzurro brillante, osservate i tetti coloniali, le guglie delle cattedrali e gli oltre 11 km di mura e bastioni di pietra che circondano la Città Vecchia di Cartagena, fondata nel 1533.

Esplorare un relitto storico

Con un giro in barca di 30 minuti dalla città di Bahía Solano, a un'ora di volo da Medellín nella scarsamente abitata provincia di Chocó, sulla costa colombiana del Pacifico, i sub possono raggiungere il relitto del *Sebastián de Belalcázar*. La nave della Seconda guerra mondiale U.S.S. *Jicarilla* vinse due medaglie prima di essere acquistata dalla marina militare colombiana e venire ribattezzata col nome del conquistatore spagnolo del XVI secolo. Venne affondata di proposito nel 2004 nella secca di Negritos per creare un reef artificiale. Ferma a circa 30 m di profondità, il *Belalcázar* ospita squali del reef, cernie, pesci palla, tartarughe bastarde olivacee e altre creature. Da giugno a ottobre potreste vedere persino le megattere che migrano in questa zona per la stagione degli accoppiamenti. Più regolarmente, i subacquei possono incontrare altri pesci grandi come il tonno e il carango gigante, mentre nelle vicine formazioni rocciose è possibile trovare pesci del genere *Aulostomus* e astici.

A FIANCO: Un escursionista ammira il fantastico panorama della Valle de Cocora. SOPRA: Malpelo, riconosciuta Patrimonio dell'Umanità UNESCO, ospita grandi banchi di squali sericei e delle Galápagos, oltre agli squali martello.

Trekking nella Valle de Cocora

La palma della specie *Ceroxylon quindiuense*, la più alta del mondo, che raggiunge i 60 m di altezza, è un simbolo nazionale della Colombia. Una tranquilla escursione di un giorno nella Valle de Cocora nell'Eje Cafetero, la regione del caffè della Colombia, permette di vederle da vicino nel loro habitat autoctono. La maggior parte dei visitatori partono dalla città di Salento, dove gli abitanti sono pronti a offrire un passaggio fino alla partenza del sentiero in cambio di un piccolo compenso. Il sentiero di tre ore sale attraverso una lussureggiante foresta nebulosa prima di aprirsi in una radura piena di centinaia di palme torreggianti, che per la forma particolare, con un tronco allampanato che presenta in cima alcune foglie verde scuro, sembrano usciti da una fiaba. La valle, circondata da verdi colline velate di nebbia, forma un paesaggio incantevole.

Immersioni con gli squali nel Pacifico

I subacquei esperti con un brevetto *Advanced Open Water Diver* possono fare un viaggio in barca a Malpelo, una piccola isola rocciosa a 506 km al largo della costa colombiana. Patrimonio dell'Umanità UNESCO, Malpelo è stata definita "paradiso degli squali" per via degli enormi banchi di squali martello e squali sericei che si radunano qui, oltre a squali balena, squali delle Galápagos, cernie giganti, marlin e pescispada. È anche uno dei pochi luoghi al mondo dov'è stato avvistato uno squalo dal muso corto e dai denti seghettati, quindi tenete gli occhi aperti. La topografia marina ugualmente incredibile di Malpelo include grotte sottomarine e gallerie che si intrecciano in pareti scoscese che raggiungono profondità di 3400 m.

Scoprire le città perdute

La Ciudad Perdida, la Città Perduta del popolo Tayrona, è stata nascosta sotto una fitta foresta pluviale per centinaia di anni finché dei cacciatori di tesori non l'hanno trovata per caso nel 1972. Oggi gli escursionisti possono partire per un trekking di quattro o cinque giorni attraverso il massiccio montuoso della Sierra Nevada de Santa Marta e raggiungere le sue rovine. Il sentiero di 23 km all'andata attraversa diversi fiumi e ruscelli, offrendo molte occasioni per rinfrescarsi dalla calura umida della giungla. È un'escursione faticosa, ma ne vale la pena per la ricompensa: le terrazze circolari di pietra della Ciudad Perdida, costruite circa 650 anni prima del Machu Picchu, intorno all'800 d.C., si trovano su una cresta alta 1300 m che sovrasta montagne ricoperte di una fitta vegetazione e una valle tagliata dal fiume Buritaca.

DA NON PERDERE

- Il panorama della costa caraibica e la Città Vecchia di Cartagena circondata dalle mura visti da un parapendio.
- Immergersi con gli squali martello ed esplorare le grotte sottomarine nel Pacifico.
- Un'escursione nelle montagne ricoperte dalla giungla per scoprire una città perduta risalente a 1200 anni fa.

LE 10 AVVENTURE MIGLIORI PER

REMARE NEI FIUMI PIÙ BELLI

1 IL FIUME FUTALEUFÚ, CILE

In Patagonia, le rapide del fiume turchese Futaleufú, alimentate da un ghiacciaio, vanno dal III al V grado e oltre e attraversano passi dal soprannome dubbio: "Inferno", "Purgatorio" e "Addormentato al volante". Le montagne innevate e gli splendidi canyon offrono panorami affascinanti per chi osa guardare in alto.

2 IL PANTANAL, BRASILE

Il Pantanal, una delle più grandi zone umide d'acqua dolce del mondo, è pieno di anaconde, formichieri giganti, caimani, scimmie, nandù e capibara. Percorrete con un'imbarcazione quasi 805 km sui fiumi Cuiaba e Paraguay per osservare giaguari, lontre giganti e più di 600 specie di uccelli.

3 ANTIOQUIA, COLOMBIA

Il dipartimento di Antioquia presenta 12 fiumi che offrono l'opportunità di cimentarsi in attività divertenti, dal volo col parapendio sulle cascate del Río Cocorna al torrentismo nel Río Chispero. Dal momento che le dighe idroelettriche minacciano le comunità dipendenti dai fiumi e le specie endemiche, è fondamentale supportare le imprese commerciali ecologiche come le compagnie locali che propongono sport acquatici.

4 IL FIUME CAVES BRANCH, BELIZE

Più di 600 antichi siti maya attendono di essere esplorati in tutto il Belize, dal tempio di Xunantunich, raggiungibile in traghetto, ai gradoni intagliati nel calcare di Lamanai. Fate una gita in gommone lungo il fiume Caves Branch, entrando e uscendo da nove buie grotte carsiche piene di stalagmiti, stalattiti, antiche incisioni maya e pitture rupestri.

5 CUISPES, PERÙ

Risalite il fiume peruviano Utcubamba per raggiungere Cuispes, una foresta di cascate, piena di orchidee, dove si trova Yumbilla, la quinta cascata più alta del mondo con un salto di 896 m. Le guide locali propongono escursioni di torrentismo per calarsi in corda doppia, nuotare e arrampicarsi sulle cascate.

6 IL RIO DELLE AMAZZONI

Il Rio delle Amazzoni, probabilmente il fiume più lungo, largo e con la maggiore biodiversità al mondo, attraversa otto paesi. È l'habitat di inie, piraña, anguille elettriche, lamantini e più di 3000 specie di pesci. Qui vi attende una serie di possibilità per esplorare il territorio, dalle escursioni in kayak o a bordo di una lancia lungo il fiume alle osservazioni notturne dei caimani e alla pesca dei piraña.

7 IL RÍO PACUARE, COSTA RICA

Il Pacuare della Costa Rica è un fiume di 129 km, costellato di cascate, nonché l'unica via per raggiungere l'isolato Rios Tropicales Ecolodge. Situato all'interno di una riserva privata di 975 ettari, il lodge propone escursioni nella foresta pluviale, attività di torrentismo e calata in corda doppia nelle cascate. Fate un'escursione nel Parco nazionale del Corcovado, rafting tra le rapide del Savegre o un giro in barca tra le mangrovie del Rio Sierpe.

8 IL RÍO PASTAZA, ECUADOR

Il Río Pastaza avanza tra stretti scivoli e spettacolari cascate mentre va verso la "Porta per l'Amazzonia" dell'Ecuador, la città lussureggiante e velata di nebbia di Baños de Agua Santa ("Bagni di acqua santa"). Nascosto intorno alle colline pedemontane del vulcano Mama Tungurahua, il Pastaza è perfetto per i viaggiatori che vogliono fare rafting, escursioni in kayak o in zip-line, salti dai ponti, torrentismo o trekking. I centri benessere locali di Baños, le sorgenti termali sacre e "l'altalena ai confini del mondo" sono fantastiche attrattive extra.

9 IL RÍO MANSO, PATAGONIA

Il Río Manso scorre dall'Argentina al Cile attraverso montagne innevate, laghi di origine glaciale, giardini di massi rocciosi e gole spettacolari che mettono alla prova anche i canoisti più esperti. Da novembre ad aprile il fiume offre l'opportunità di praticare la pesca con la mosca in alcuni dei luoghi più belli e panoramici della Patagonia. Pescate trote, trote iridee e salmerini di fontana nel Parco nazionale Nahuel Huapi. In alternativa fate un'escursione di più giorni in rafting, accampandovi nelle splendide spiagge che delimitano le curve e le anse del Río Manso dall'acqua spumeggiante e fragorosa.

10 IL FIUME BENI, BOLIVIA

Forse il posto meno costoso, meno affollato e con più diversità da cui partire per esplorare la regione amazzonica è la Bolivia. Fate una crociera sul fiume Beni salpando da Rurrenabaque per ammirare le ripide pareti verdi della Gola di Bala e vedere i delfini di fiume rosa che saltano fuori dall'acqua, sotto rami d'albero sporgenti, carichi di tucani e pappagalli ara. Cercate di scorgere i caimani e le anaconde mentre proseguite lungo il fiume verso il Parco nazionale Madidi, una foresta pluviale attraversata da fiumi che ospita bradipi, orsi dagli occhiali, ocelotti, capibara e oltre 1200 specie di uccelli.

A FIANCO: Escursionisti in kayak remano tra rapide tranquille sul fiume Futaleufú. **SOPRA:** Visitatori con lampade frontali che illuminano l'ambiente attraversano un sistema di grotte carsiche sul fiume Caves Branch.

GUATEMALA

RAFTING IN GUATEMALA

Un viaggio emozionante attraverso la giungla dell'America Centrale.

Il Guatemala è un calderone ribollente di esperienze da provare. C'è il fascino mistico della sua antica eredità culturale maya, che pervade sia le rovine archeologiche nascoste dalla giungla sia la vita dei villaggi moderni. Vulcani inquietanti cullano vivaci città coloniali e placidi laghi, mentre strade sterrate procedono sbandando in mezzo alla vegetazione tropicale. Poi ci sono le rapide agitate del Paese che scorrono impetuose lungo i fiumi delle sue giungle.

Fare rafting in Guatemala è la prova di coraggio suprema, nonché il modo migliore per entrare in contatto con il cuore selvaggio di questa nazione spartana e genuina. Nel cuore della foresta nebulosa del dipartimento guatemalteco di Alta Verapaz, il fiume Cahabón lungo 195 km forma un percorso irregolare e sinuoso, bello ed emozionante. Ampiamente considerato il fiume con le rapide più belle del Paese, questo remoto corso d'acqua ricompensa gli escursionisti intrepidi con rapide di III e IV grado, e permette loro di accedere alle incantevoli piscine a cascata di Semuc Champey, una delle attrattive naturali più straordinarie del Guatemala, e a una rete butterata di grotte carsiche venerata dalla locale comunità maya come l'ingresso di Xibalbá, ossia l'oltretomba. Le sponde del fiume pullulano di iguana, tucani, orchidee vistose e scimmie urlanti. Altalene fatte di corda, sorgenti termali e ripidi sentieri di montagna richiamano i visitatori praticamente a ogni curva. Seguire la corrente, qui, è una forma di esercizio ad alto tasso di adrenalina per imparare a lasciarsi andare.

Consigli di viaggio

QUANDO ANDARE: Da giugno a febbraio è la stagione delle piogge: le rapide del Cahabón sono agitate al massimo e offrono le condizioni ideali per un rafting elettrizzante. L'acqua è più limpida durante la stagione secca.

ORGANIZZAZIONE: I tour operator, molti nella città di Guatemala, offrono escursioni guidate per fare rafting lungo il Cahabón durante l'anno. Potete scegliere tra gite di un giorno o avventure di più giorni. Si consigliano i vaccini per la febbre tifoide e l'epatite A; c'è anche rischio di infezione da virus Zika e da malaria.

SITI WEB: visitguatemala.com; defensores.org.gt

Un esemplare maschio di quetzal fa capolino da un albero cavo.

ITINERARIO DI 5 GIORNI

Giorno 1

Immergetevi negli altopiani del Guatemala nella riserva naturale Biotopo del Quetzal. Fate un'escursione nella foresta color smeraldo e osservate le fitte chiome degli alberi per avvistare scimmie urlatrici e oltre 87 specie di uccelli variopinti, tra cui lo sfuggente quetzal, il simbolo nazionale del Guatemala che dà il nome alla valuta del paese. Proseguite fino alla cittadina montana di Cobán, capoluogo del circostante territorio in cui viene coltivato il caffè e punto di partenza per fare rafting sul fiume Cahabón. Visitate Orquigonia, un santuario di orchidee appena fuori Cobán, e partecipate a una passeggiata naturalistica accompagnati da una guida, durante la quale vedrete rare varietà di questo fiore e farfalle che volano tra le orchidee e conoscerete le piante medicinali autoctone.

Giorno 2

Iniziate a pagaiare nel punto di partenza vicino a Lanquín, prendendo confidenza con il fiume Lanquín prima che si unisca al Cahabón e aumenti di velocità. Qui nel tratto superiore del Cahabón, le rapide violente hanno il nome appropriato di "Rock and Roll". Circa 16 km più a valle esplorate le Grotte K'an Ba, un luogo molto amato dagli escursionisti che notoriamente si muovono nei passaggi completamente bui con una candela accesa in mano mentre si arrampicano sulle scale a pioli, scalano pareti rocciose e nuotano in acque profonde. Proseguite fino al vicino Semuc Champey ("dove il fiume si nasconde sotto terra", o "acqua sacra", a seconda della traduzione), uno spettacolare monumento naturale con sei piscine su più livelli sopra un ponte di calcare sul fiume Cahabón. Scendete dal gommone per un'escursione impegnativa in salita fino a una piattaforma di legno da cui si gode uno straordinario panorama dall'alto. Poi ritornate giù per una nuotata rinfrescante nelle piscine dall'acqua turchese.

A FIANCO: **La parte anteriore di un gommone si solleva quando incontra una rapida sul fiume Cahabón.** SOPRA: **Alcuni bagnanti guadano una delle sei piscine a strati limitate da ponti di calcare di Semuc Champey ("acqua sacra").**

Giorno 3

Prendetevi una pausa dalle rapide per scoprire le Grotte di Candelaria, una serie impressionante di 29 km di grotte considerata sacra dai Q'eqchi Maya e percorsa dal fiume Candelaria. Attraversate le caverne su una camera d'aria o una piccola barca per ammirare bene le enormi stalagmiti e le formazioni rocciose. Meravigliatevi di fronte all'enorme galleria principale, la Tzul Tacca, lunga 198 m, dove i raggi di sole risplendono all'interno entrando da una finestra naturale che si trova sul soffitto, a 61 m di altezza.

Giorno 4

Tornate al vostro gommone per affrontare le entusiasmanti rapide di III e IV grado della Gola Centrale del Cahabón. Lanciatevi in questo tratto impegnativo circondato da una giungla lussureggiante, dove uccelli tropicali volano lungo le rive del fiume. Rinfrescatevi in solitari torrenti appartati. Uscite a Takinkó prima di raggiungere le impraticabili cascate Chulac di VI grado e allestite l'accampamento.

Giorno 5

Subito dopo le cascate Chulac, riprendete a pagaiare andando verso valle lungo l'aspra Gola Inferiore del Cahabón, dove vi aspettano tratti più tranquilli, ma anche rapide di III e IV grado. L'itinerario è inframmezzato da grotte nella giungla, cascate e sorgenti termali che invitano a visitare le sorgenti secondarie. La vostra avventura in gommone termina scivolando dolcemente lungo un tratto tranquillo del fiume. Scorgete meraviglie alate come tucani, pappagalli, aironi azzurri maggiori, martin pescatori di fiume e oropendole. Scambiate il vostro gommone con un kayak o una canoa e attraversate il rifugio faunistico Bocas del Polochic, una spettacolare zona paludosa che ospita più di 250 specie aviarie, oltre a coccodrilli e alligatori. Il fiume sfocia nel lago Izabal, il più grande del Guatemala. Vale la pena fare un'escursione in kayak anche nel solitario canyon del Boqueron, uno stretto passaggio di calcare attraverso pareti rocciose scoscese, ricoperte di muschio pendente e ricco di fauna. A sud del lago Izabal si trova Quirigua, Patrimonio dell'Umanità UNESCO, dove ci sono le rovine di quella che era un tempo una fiorente capitale Maya. Qui i visitatori possono ammirare monumenti dell'VIII secolo e una serie si notevoli stele incise.

DA NON PERDERE

- Affrontare rapide di III e IV grado nella Gola Centrale e Inferiore del fiume Cahabón.
- Camminare tra i quetzal e le scimmie urlatrici in una riserva naturale sugli altopiani.
- Scoprire grotte sacre dei Maya e le splendide piscine di Semuc Champey.

CILE

OSSERVARE LE STELLE NEL DESERTO DI ATACAMA

Ammirate quello che per un astronomo è il paradiso in Terra.

Miliardi di stelle illuminano il cielo notturno sopra l'arido deserto di Atacama in Cile. Il buio assoluto spalanca una finestra su cieli talmente splendidi da togliere il fiato per un istante. A differenza dell'80 per cento delle zone terrestri del pianeta, dove la luce creata dall'uomo praticamente impedisce la vista della Via Lattea, i limpidi cieli bui dell'Atacama amplificano lo splendore della galassia. Nient'altro che la posizione è ciò che fa dei 126.909 m^2 dell'Atacama uno dei luoghi migliori al mondo per perdersi nelle stelle. Il deserto isolato è lontano da qualsiasi città, il che determina un'assenza pressoché completa di inquinamento luminoso. Le Ande subito a est formano una barriera naturale contro l'umidità che proviene dall'Atlantico, così il deserto si trova in un posizione elevata, a 2400 m di altitudine, ed è costantemente secco. Le precipitazioni annue arrivano a malapena a un centimetro, aumentando la probabilità di osservare un cielo senza nuvole per la maggior parte delle notti dell'anno.

Il paesaggio lunare dell'Atacama contribuisce a creare un'atmosfera extraterrestre, specie dopo il tramonto, quando un leggero bagliore inonda le spettacolari formazioni rocciose del deserto e le saline. Non occorre avere competenze in astronomia per godersi questa meraviglia. Per approfondire meglio l'osservazione notturna nell'Atacama, ecco cinque avventure celesti che di sicuro attireranno la vostra attenzione verso il cielo e verso mondi che vanno oltre l'immaginazione.

Consigli di viaggio

QUANDO ANDARE: Da settembre a novembre e da marzo a maggio si trovano meno turisti. È meglio osservare le stelle durante o vicino al periodo del novilunio, ossia la notte più buia del mese.

ORGANIZZAZIONE: Nella città di San Pedro de Atacama, a un'altitudine di 2450 m, e nelle zone vicine vengono organizzate attività di osservazione delle stelle. Per prevenire un forte mal di montagna in ambienti d'alta quota, passate i primi due giorni presso il vostro hotel ad acclimatarvi.

SITI WEB: chile.travel/it; almaobservatory.org; ecotours.cl; altoatacama.com; tierrahotels.com/Atacama; explora.com/atacama-hotel

Bordo vasca all'hotel Tierra Atacama.

COSA FARE

Partecipare a un tour di osservazione astronomica

San Pedro è la piattaforma di lancio per le escursioni notturne dedicate all'osservazione degli astri. Due dei migliori tour sono offerti da Atacama Desert Stargazing e San Pedro de Atacama Celestial Explorations (SPACE), tour operator con una lunga esperienza. Entrambi offrono la vista limpida di pianeti, galassie e stelle attraverso diversi telescopi. Imparerete a leggere una mappa celeste e a identificare le costellazioni. Sfruttate le competenze in fotografia astronomica della vostra guida per elevare il vostro profilo Instagram con lo sfondo dell'Acatama tempestato di stelle. I tour per piccoli gruppi variano da poche ore a escursioni che prevedono di trascorrere la notte accampati nel deserto di Atacama per osservare gli astri.

Vedere dove vengono svelati i misteri del sistema solare

Scoprite come nascono le stelle e le galassie durante un tour del centro operativo dell'Atacama Large Millimeter/submillimeter Array (ALMA). Nascosti a quote elevate sul deserto di Atacama in un altopiano protetto, i 66 enormi radiotelescopi dell'ALMA raccolgono dati da punti invisibili dell'universo. Il progetto, nato dalla collaborazione di 22 nazioni, si concentra sui fasci ad alta frequenza del campo elettromagnetico che si trova tra le onde del lontano infrarosso e le onde radio. Anche se il complesso dei telescopi è inaccessibile, le visite guidate gratuite offrono una prospettiva interna sulla scienza dell'osservazione astronomica e la possibilità di vedere la sala di controllo delle antenne. Le visite vengono effettuate solo il sabato e la domenica mattina e i posti disponibili si esauriscono in fretta. Bisogna registrarsi online.

Stare sotto una coperta di stelle

Al Tierra Atacama Adventure and Spa Hotel, un National Geographic Unique Lodge of the World, le camere degli ospiti sono progettate con porte scorrevoli in vetro e docce private all'esterno, in modo da far passare la luce delle stelle nelle notti senza luna.
Nelle vicinanze, il lussuoso hotel Explora Atacama vanta un osservatorio con strumenti ottici avanzati e un telescopio ad alta risoluzione. Le viste notturne offrono agli ospiti dell'Explora occasioni di scorgere Giove, Venere e la Croce del Sud. A meno di 4 km a nord nell'Alto Atacama Desert Lodge and Spa, un osservatorio all'aperto in cima a una collina dispone di sedie girevoli e un telescopio astronomico.

A FIANCO: **Per via dello scarso inquinamento luminoso, è facile vedere le costellazioni dal deserto di Atacama, punteggiato di rocce e di cactus.** SOPRA: **L'imponente profilo del vulcano Licancabur visto dal Cerro Toco.**

Visitare il Very Large Telescope

Aperto ai visitatori il sabato mattina, l'osservatorio del Paranal dello European Southern Observatory (ESO, Osservatorio Europeo Australe), ossia l'osservatorio astronomico nella banda visibile più all'avanguardia del mondo, ospita strumenti ottici di alta tecnologia con un nome poco tecnologico: complesso del Telescopio molto grande (Very Large Telescope - VLT). Il VLT è un occhio gigante puntato sul cielo che permette agli astronomi di osservare nel dettaglio fino a 25 volte meglio rispetto a un solo telescopio. Le visite guidate (prenotazione online) prevedono la visita della piattaforma del VLT, dove è possibile entrare nella cupola di uno dei grandi telescopi.

Salire al cratere del vulcano Licancabur

A dominare l'orizzonte a est di San Pedro de Atacama c'è il vulcano Licancabur. Coperto di neve e dalla classica forma conica, il vulcano dormiente alto 5916 m si trova a cavallo del confine tra Cile e Bolivia. Vedere il Licancabur da lontano è facile, ma per salire fino al suo cratere ampio 3962 m servono serie competenze da escursionista di alta montagna.
Se vi sentite all'altezza della sfida, partecipare a un trekking guidato sul Licancabur vi offre la possibilità di osservare le stelle a un'altitudine elevata. La tipica escursione di due giorni e una notte comincia prima dell'alba, perciò salirete verso le stelle (o la luna, a seconda della fase lunare) e potrete vedere il sorgere del sole dal fianco di un vulcano.

DA NON PERDERE

- Vedere stelle e galassie lontane in uno dei cieli notturni più limpidi del mondo.
- Visitare l'osservatorio astronomico terrestre più grande del mondo.
- Provare a raggiungere le stelle durante un'escursione di due giorni di trekking su un vulcano altissimo.

PROSPETTIVE

Desideri e buoni propositi a Capo Horn, in Cile

di Norie Quintos

È l'alba di un nuovo anno, il primo di gennaio, e io mi trovo alla fine del mondo, a Capo Horn, in Cile. È l'estremità meridionale del mondo abitabile: la fine della terra, il coccige delle Americhe, l'ultima striscia di terra del pianeta oltre la quale i due grandi oceani della Terra, il possente Atlantico e quello che viene impropriamente chiamato Pacifico, si scontrano in una fusione non proprio amichevole. Al di là di Capo Horn, a 806 km di distanza, si trovano le inospitali coste dell'Antartide.

A simili coordinate, i pensieri prosaici spesso lasciano spazio alla profondità (aiuta il fatto che sia fuori dalla portata tentacolare del Wi-Fi, e quindi liberata dai bip nevrotici e neuronali che passano per pensieri nell'Era dell'Iperconnessione). Questo è il momento e il luogo perfetto per un Pensiero Profondo.

La lussuosa nave da crociera cilena *Via Australis* ha lasciato me e altri 130 passeggeri su quest'isola in un modo molto più semplice di come siano sbarcati qui i viaggiatori del passato, tra cui Francis Drake, la cui deviazione provocata da una tempesta portò alla scoperta accidentale del Canale di Drake a sud; la coppia di mercanti-esploratori olandesi composta da Jacob Le Maire e Willem Schouten, che diedero al Capo il nome della città natale del secondo, chiamata Hoorn; e il naturalista inglese Charles Darwin, che doppiò Capo Horn a bordo del celebre brigantino *Beagle*, mentre andava incontro alle Isole Galápagos

SOTTO: **L'*Akademik Vavilov* procede nel mare agitato mentre attraversa il Canale di Drake in rotta verso l'Antartide.** A FIANCO: **Una cappella semplice ai confini del mondo a Capo Horn, in Cile.**

CAPILLA
NAVAL
STELLA-MARIS
CABO de HORNOS
CHILE

e alla futura fama. Da queste parti, le carcasse di innumerevoli navi e piroscafi sono disseminate sul fondo dell'oceano. I "furiosi cinquanta", come vengono chiamati i venti del 50° parallelo sud (Capo Horn si trova a 55° 58' 47" lat. Sud), sono leggendari. Schiacciati dalle Ande e dalla penisola Antartica, danno origine a onde altrettanto terribili. A rendere il tutto ancora più interessante contribuiscono gli occasionali iceberg. Ancora oggi, solo i navigatori che hanno "doppiato Horn" per tradizione e onore sono autorizzati a portare un orecchino d'oro e a mangiare con una gamba sul tavolo.

Sbarcare sull'isola o doppiarla è ancora oggi un proposito abbastanza rischioso, tanto che la compagnia di crociera, l'Australis, presta attenzione a non garantirlo nel suo materiale promozionale (coloro che soffrono di nausea non devono preoccuparsi troppo, perché per il resto del tragitto la nave attraversa i passaggi riparati del Canale di Beagle e dello Stretto di Magellano). Il capitano mi dice che la nave riesce a doppiare Capo Horn solo circa il 50 per cento delle volte.

Tuttavia, a quanto pare, il primo giorno dell'anno è un giorno fortunato: mare calmo, brezza leggera, sole offuscato. È estate nell'emisfero australe e la temperatura è relativamente mite, con 10 °C. Raggiungiamo la terraferma, risaliamo una serie di scale ripide, salutiamo il solitario marinaio della Marina cilena al suo posto di guardia e ci scattiamo le foto di rito. Alla fine tutti si sparpagliano per esplorare il faro, visitare la cappella composta di una stanza e il monumento ai marinai, lasciandomi sola per un a guardare il Capo (il punto effettivo si trova a circa un chilometro e mezzo di distanza su una lingua di terra protetta dalla minaccia erosiva dei visitatori). Per un breve momento di gloria sono l'essere umano più a sud delle Americhe. In momenti come questo, tiro fuori il mio taccuino Moleskine (quello che usava notoriamente Hemingway, e di conseguenza tutti gli scrittori che conosco. È interessante il fatto che la usasse anche Bruce Chatwin, di cui ho appena letto le riflessioni sulla Patagonia e Capo Horn). Annoto pensieri profondi, domande scottanti, desideri ardenti e ferme decisioni. Li immagino sollevarsi verso il cielo, trasportati sulle ali degli albatri, le anime dei marinai morti, secondo le credenze marinaresche.

Non deve essere per forza il giorno di Capodanno a Capo Horn. Qualsiasi combinazione di tempo e luogo che vi porti via dagli incessanti obblighi e responsabilità della vita quotidiana, che vi metta a contatto diretto con la maestosità della Natura o con i gloriosi capolavori della civiltà, spalanca la finestra sul vostro Io essenziale in modo che possiate guardarlo bene. Questi tempi e luoghi fausti possono davvero darci il "potere", nel miglior senso possibile di quella parola tanto criticata.

E quindi quando e dove sarà per voi questo momento? Il giorno di San Valentino a Tuvalu? Ad aprile a Parigi? Dopo il divorzio a Bali? Il giorno del vostro compleanno sul Machu Picchu? A Natale sull'equatore? Al piccolo faro-negozio di souvenir, firmo il libro dei visitatori (prima pagina!) e compro una cartolina "El Fin del Mundo" affrancata con la data di oggi. Poi scendo gli scalini, salto sul tender Zodiac, mi attardo per un ultimo sguardo e infine raggiungo gli amici, vecchi e nuovi, sulla nave.

La fine, a pensarci bene, è un ottimo inizio.

• *Norie Quintos è una collaboratrice di National Geographic.*

A FIANCO: Una passerella di legno apre la strada lungo il pendio che porta al faro di Capo Horn nel Parco nazionale Capo Horn. SOPRA: Imbarcazioni ferme nel canale di Beagle di fronte alla catena montuosa della Cordillera Darwin.

BOLIVIA

ESCURSIONI NELLA CORDIGLIERA REAL

Ammirate le Ande dalla prospettiva di cime altissime.

La Cordigliera Real è il sistema montuoso sudamericano di cui non avete mai sentito parlare, ma che dovete assolutamente vedere. Con un'estensione inferiore a 130 km attraverso la Bolivia centro-occidentale, la stretta catena montuosa che fa parte della Cordigliera delle Ande forma un'imponente barriera tra il bacino del Rio delle Amazzoni a est e l'Altiplano, l'elevato altopiano che si trova a ovest. È dall'Altiplano che i conquistadores spagnoli del XVI secolo videro per la prima volta le montagne che battezzarono "catena reale". Il nome deriva dalla serie di maestose cime innevate della Cordigliera Real, molte delle quali superano i 6000 m sopra il livello del mare, centinaia superano i 4998 m, e una, l'Illimani, si eleva oltre i 6400 m e domina il profilo di La Paz, la città che si trova a un'altitudine elevata e fa da base di partenza per le avventure escursionistiche nella catena montuosa.
La Cordigliera Real è stata attraversata dalla popolazione indigena degli Aymara sin dai tempi precolombiani. I percorsi escursionistici seguono di solito sentieri preincaici, tratti della rete del Cammino Inca e antichissime mulattiere su monti e valli, e attraverso la storia di questa parte di America del Sud davvero bella. Non è solo il paesaggio, con il blu cobalto del lago Titicaca, le mandrie di lama e alpaca, e innumerevoli cime coperte di ghiacci, che può lasciarvi senza fiato: abituatevi all'elevata altitudine almeno per tre o cinque giorni a La Paz prima di mettervi in marcia.

Consigli di viaggio

QUANDO ANDARE: Da maggio a settembre (dal tardo autunno all'inverno nelle Ande boliviane) per il clima secco e le miti temperature diurne. Le temperature notturne possono arrivare quasi allo zero.

ORGANIZZAZIONE: Unirsi a un piccolo gruppo accompagnato da una guida che parla inglese è il modo più sicuro di esplorare il territorio per via dell'altitudine, della barriera linguistica e del terreno impegnativo. Tour operator specializzati in escursioni come Mountain Kingdoms e Bolivian Mountain Guides si occuperanno di tutte le questioni logistiche.

SITI WEB: mountainkingdoms.com; bolivianmountainguides.com

La via degli Yungas che arriva da La Paz.

DOVE ANDARE

Traversata della Cordigliera Real

Considerata la madre di tutte le escursioni della regione, la traversata della Cordigliera Real porta all'estremo il trekking d'alta quota. La maggior parte del sentiero si trova al di sopra dei 4480 m, e quasi tutti i giorni, in escursioni che ne durano in media 14-21, prevedono la salita ad almeno un valico montano che supera i 4876 m. Strade minerarie e altre intrusioni industriali hanno rovinato l'itinerario classico, o del lato est, della traversata, perciò scegliete un tour che segue principalmente il sentiero nuovo, o del lato ovest, con partenza dalla città coloniale di Sorata a sud di Botijlaca.

Il panorama mozzafiato che vi aspettavate di vedere inizia prima ancora che facciate un passo. Un tratto del viaggio in auto che dura dalle tre alle quattro ore da La Paz a Sorata abbraccia le sponde bagnate dall'acqua blu cobalto del lago Titicaca, il lago navigabile alla maggiore altitudine del mondo, a 3810 m sul livello del mare. L'escursione vera e propria inizia nella valle sopra il lago, a 3974 m, dove vi aspettano paesaggi straordinari, seguendo un'ampia dorsale sotto l'imponente massiccio formato dai monti Jankouma (6425 m) e Illampu (6330 m).

Preparatevi a camminare almeno quattro o cinque ore al giorno e ad accamparvi di notte, di solito in luoghi che si trovano al di sopra dei 4572 m sul livello del mare. In questa parte meno sviluppata della traversata della Cordigliera Real, è molto probabile che incontriate regolarmente pastori e lama piuttosto che altri escursionisti. Alcuni tratti dell'itinerario sono sentieri stretti, ripidi e rocciosi, più adatti agli zoccoli fessi con pianta imbottita dei lama che agli scarponi da trekking ramponabili che indosserete voi. Abbiate buonsenso e mantenevi sulla strada giusta, seguendo scrupolosamente le orme della vostra guida.

La prima giornata intera di trekking vi dà quello che avevate chiesto: salite faticose (Passo del Sarani a 4877 m) e vedute sbalorditive, tra cui quella del Jankouma e dei suoi torreggianti vicini: il Wakana (6198 m), il Kasiri (5855 m) e lo Janko Piti (5723 m). Giorno dopo giorno l'intensità e la maestosità rimangono sempre invariate (eccetto il giorno di riposo inserito in molte escursioni di gruppo).

Probabilmente la traversata della Cordigliera Real esprime il meglio di sé l'ultima giornata di trekking. Il giorno prima di scendere verso il capolinea meridionale a Botijlaca è prevista una salita tra la cima rocciosa di 5401 m del Cerro Ventanani e il Janchallani. Da qui potrete vedere i ghiacciai degli innevati Ala Izquierda (5532 m) e Cabeza de Condor (5648 m), per poi proseguire fino a punti panoramici ancora più elevati camminando fino alla vetta rocciosa del Pico Austria, alto 5394 m, su quello che a questo punto vi sembrerà un sentiero facile.

Bolivia Mountaineering School

La Bolivia Mountaineering School di Mountain Madness, un tour operator specializzato in escursioni avventurose, rende la Cordigliera Real alla portata degli scalatori principianti. Gli itinerari vanno dai 13 ai 18 giorni e iniziano con le istruzioni di un esperto sulle competenze fondamentali che si devono avere nelle escursioni in alta montagna, come l'ascesa su neve e ghiaccio, il posizionamento dei picconi e la discesa in corda doppia. Mettete in pratica le nuove conoscenze, tra cui quelle che preferireste non dover usare mai come il recupero da crepaccio, nelle condizioni di relativa sicurezza offerte dal monte Tarija (5344 m) coperto di ghiaccio, un posto molto famoso per l'arrampicata su ghiaccio che si trova vicino a La Paz. Poi, seguendo le indicazioni delle vostre guide alpine esperte, raggiungete con successo le due cime più maestose della Cordigliera Real meridionale: l'Huayna Potosí, alta 6086 m, e l'Illimani, alta 6460 m.

Cammino di El Choro

Per un assaggio della Cordigliera Real senza le salite tecniche, fate un'escursione di tre giorni sul popolare sentiero di El Choro. L'itinerario di 56,3 km è un sentiero preincaico che fa parte del Qhapaq Ñan, o sistema stradale andino: una rete di sentieri inca Patrimonio dell'Umanità UNESCO. L'inizio del sentiero (cercate la statua del Cristo che indica la via) si trova al passo di La Cumbre Apacheta, a un'altitudine di 4725 m, nella sezione meridionale della Cordigliera Real.

A FIANCO: Un pauroso ponte sospeso attraversa la foresta pluviale boliviana. A DESTRA: La Paz si trova nella valle sotto il monte Illimani.

Con le cime innevate sullo sfondo, un gruppo di escursionisti prosegue il suo cammino verso un lago glaciale che si trova nella Cordigliera Real.

Il punto di partenza, La Cumbre, la parte più alta della strada che va da La Paz a Coroico, è anche il punto di origine della Via degli Yungas, soprannominata El Camino de la Muerte ("Strada della morte").
Non dovete preoccuparvi delle leggendarie discese ripide, nebbia, frane e incidenti mortali della stretta strada sterrata.
State solo iniziando la vostra escursione di tre giorni partendo dal passo, non state provando a sfidare la morte facendo una corsa in macchina o in bici lungo quella strada.
All'inizio del sentiero, seguite la pista delle jeep fino a Abra Chucura, il punto più alto di El Choro a 4850 m di altitudine. Da qui, tutto il sentiero è principalmente in discesa, con il paesaggio che cambia gradualmente, passando dalle montagne innevate nella parte superiore, alle foreste nebulose e alle cascate della sezione centrale, e ai banani e alle piantagioni di caffè subtropicali verso la fine per percorso. Mentre scendete, guardate e ascoltate i pappagalli, le farfalle, i colibrì, le scimmie e le altre creature selvatiche nella vegetazione sempre più fitta e colorata. Tenete gli occhi aperti per vedere le rovine Inca e precolombiane, che possono celarsi fuori dal sentiero o nella vegetazione.
Fate attenzione: le pietre del selciato precolombiano del sentiero di El Choro possono essere scivolose, inoltre lungo il cammino ci sono molti punti in cui bisogna attraversare l'acqua in modo sempre avventuroso, a volte su ponti, altre sui rami degli alberi, e ponti sospesi potenzialmente instabili. Per sicurezza, muovetevi lentamente, usate le racchette da trekking e prevedete almeno tre giorni per completare l'intero itinerario da La Cumbre a Chairo.

DA NON PERDERE

- Ogni giorno salire ad almeno un valico montano al di sopra dei 4876 m lungo la traversata della Cordigliera Real.
- Acquisire le competenze necessarie per il trekking ad alta quota come l'ascesa su neve, il posizionamento delle picozze e la discesa in corda doppia.
- Seguire il sentiero di El Choro dalle montagne innevate alle piantagioni di caffè subtropicali.

BELIZE

FORESTA PLUVIALE E BARRIERA CORALLINA DEL BELIZE

Un gioiello splendente, sulla terraferma e sott'acqua, nel Mar dei Caraibi.

La bellezza naturale del Belize non conosce limiti. Per essere più precisi, il suo fascino risiede ad almeno 122 m sotto la scintillante superficie del Mar dei Caraibi. Ecco qual è il limite: il fondo dell'abisso color cobalto, noto col nome di Great Blue Hole (grande voragine blu), un'enorme dolina nella Barriera corallina del Belize. Questo luogo affascinante, dichiarato Patrimonio dell'Umanità UNESCO, venne definito da Charles Darwin "la barriera corallina più straordinaria delle Indie Occidentali", seconda per dimensioni solo alla Grande barriera corallina australiana.

Più di 290 km di costa si sommano alle attrattive del Paese. Nel 2018, il Belize attirò l'attenzione quando divenne il primo Paese al mondo a introdurre una moratoria sulle prospezioni ed estrazioni petrolifere al largo delle sue coste. Spiagge di sabbia bianca ornano la riva; isole immacolate punteggiano le acque turchesi; e un quadro composto di lagune e atolli pullula di creature marine, dagli squali balena e dai lamantini dei Caraibi al caleidoscopio di pesci tropicali che nuotano tra meravigliosi coralli e formazioni rocciose. Nell'entroterra, fitti grovigli di foresta pluviale danno rifugio a uccelli vistosi e altri animali esotici, e celano un affascinante sistema di grotte sotterranee venerate dai Maya.

A ogni angolo vi attende un'avventura, che sia a piedi, con le pinne o in barca. Oltre a tutto questo, ci sono amache in abbondanza per rilassarsi sotto il caldo sole caraibico.

Consigli di viaggio

QUANDO ANDARE: La stagione secca va da febbraio ad aprile. La primavera porta un alto tasso di umidità e temperature elevate, mentre vento e pioggia sono comuni in estate e in autunno. Gli squali balena nuotano vicino alla costa meridionale del Belize a maggio e a giugno.

ORGANIZZAZIONE: I voli internazionali arrivano a Belize City, a nord, con collegamenti per gli aeroporti più piccoli del Paese. La malaria e la febbre dengue sono rare, ma endemiche, e c'è il rischio di contrarre il virus Zika.

SITI WEB: travelbelize.org; belizehowlermonkeys.org; ambergriscaye.com; belizeaudubon.org

Un teschio a Tunichil Muknal.

COSA FARE

Planare davanti alle scimmie

Le giungle del Belize sono il regno delle scimmie urlatrici. Nell'entroterra, navigate lungo il Monkey River attraverso la cacofonica giungla del Belize meridionale in cerca di tucani, iguane dai tubercoli e uccelli tropicali che convivono con i chiassosi primati. Oppure, a ovest di Belize City, dirigetevi verso il New River, dove le scimmie urlatrici popolano la giungla circostante. Per un incontro ravvicinato con le aluatte nere selvatiche (chiamate *baboons* dagli abitanti del posto) visitate il Community Baboon Sanctuary, cofondato da Robert Horwich, tra i beneficiari di fondi di ricerca di National Geographic.

Un'escursione in kayak lungo la costa

Ammirate acque turchesi, paludi di mangrovie, bianche spiagge appartate e riserve naturali incontaminate durante un'escursione in mare in kayak. Scegliete la vostra avventura: partite per un viaggio di isola in isola lungo la barriera corallina del Belize o godetevi le acque poco profonde di un trio di affascinanti atolli corallini appena oltre la barriera. Osservate la straordinaria varietà delle creature marine, tra cui l'endemico *Sanopus astrifer* e i simpatici delfini, tra le isole Turneffe e l'atollo Glover Reef. Oppure osservate una colonia di rare sule piedirossi presso l'Half Moon Caye National Monument, dalla forma di mezzaluna, dell'atollo Lighthouse Reef, la prima area marina protetta del Belize.

Snorkeling nella Barriera corallina del Belize

La Barriera corallina del Belize offre una miriade di opportunità di nuotare e fare snorkeling con pesci e animali acquatici coloratissimi. Con maschera e pinne scoprirete il reame sottomarino che vi aspetta lungo la barriera corallina frastagliata che si trova nelle acque poco profonde dentro alla laguna dell'Half Moon Caye (nota nel mondo dei subacquei come "1800 m di abisso verticale"), lungo Tobacco Caye, circondato da palme, e in altri punti della seconda barriera corallina più lunga del mondo. Incontrate pesci pappagallo, pesci angelo e cernie; ammirate irreali formazioni di corallo e tenete gli occhi aperti per vedere tartarughe marine, delfini e *Aetobatus narinari*. Nelle acque cristalline della Riserva marina di Hol Chan e dello Shark Ray Alley dell'Ambergris Caye, nuotate tra pastinache e squali nutrice.

Birdwatching impareggiabile

Con circa 550 specie aviarie presenti in Belize, non stupisce che gli appassionati di birdwatching affluiscano numerosi nelle aree del paese più frequentate dai volatili, tra cui sei zone nominate Important Bird Areas, riconosciute da Bird Life International, un'organizzazione mondiale per la conservazione delle specie aviarie. Vicino a Belize City, le lagune e le foreste tropicali del Crooked Tree Wildlife Sanctuary brulicano di 330 specie di uccelli, tra cui martin pescatori di fiume, cicogne jabiru, amazzoni testagialla a rischio di estinzione e falchi pescatori che possono essere avvistati dai naviganti nella laguna e durante le passeggiate lungo le passerelle di legno. Sull'Half Moon Caye, nei boschetti di *Cordia dodecandra* dai colori arancioni, si trovano circa 4000 sule piedirossi. Nelle colline pedemontane dei monti Maya le are scarlatte si radunano ogni inverno vicino al villaggio di Red Bank per nidificare.

Tuffarsi nel Blue Hole

Al largo della costa del Belize, nell'atollo di Lighthouse Reef, l'enorme dolina marina conosciuta come Great Blue Hole ha attirato subacquei esperti a partire dagli anni Settanta, quando Jacques Cousteau lo definì uno dei siti di immersione più belli del mondo. Nelle oscure profondità della dolina, esplorate migliaia di stalattiti e altre formazioni geologiche rimaste dal periodo in cui era una grotta calcarea sopra il livello del mare, che iniziò a formarsi circa 150.000 anni fa. Gli amanti dell'acqua che non hanno la necessaria esperienza di immersione possono fare snorkeling nel perimetro del buco ampio 305 m, che pullula di squali nutrice, squali del reef e altre creature marine che nuotano più in superficie.

Un'escursione nelle grotte attraverso l'oltretomba dei Maya

Il distretto occidentale di Cayo nel Belize racchiude un affascinante sistema di cenote

A FIANCO: Un sub nuota sopra la lussureggiante barriera corallina del Belize. A DESTRA: Una cascata d'acqua che scorre dolcemente entro i confini del Mayflower Bocawina National Park.

isolati e di caverne sotterranee che si ritiene fosse considerato dai Maya la porta per il loro mistico oltretomba. Rivolgetevi a un tour operator per vivere l'esperienza di esplorare i paesaggi calcarei surreali con camere d'aria o canoe. Lasciatevi trasportare dall'acqua lungo il Caves Branch River nella Sibun Valley, tenendo gli occhi aperti per avvistare la fauna selvatica, e ammirate le stalattiti e le stalagmiti lungo il percorso. Osservate i resti degli scheletri e i manufatti maya presso il pezzo forte del posto: l'Actun Tunichil Muknal, o Grotta del sepolcro di pietra.

Un'escursione nella giungla lussureggiante

La rigogliosa foresta pluviale del Belize, protetta da una rete di oltre 100 riserve naturali e altre aree protette in tutto il Paese offre grandi ricompense agli escursionisti audaci. Avventuratevi nei monti Maya e sentite la nebbia delle Thousand Foot Falls (Cascate dei mille piedi) che compiono un salto di 488 m nella gola sottostante. Visitate la prima riserva di giaguari al mondo nel Belize meridionale, il Cockscomb Basin Wildlife Sanctuary che, oltre a questi felini selvatici, presenta un paese delle meraviglie incontaminato, fatto di cascate, foreste tropicali e uccelli neotropicali (se non siete fortunati alla riserva naturale, il Belize Zoo offre la possibilità di vedere lo sfuggente felino maculato). Fate un'escursione lungo uno dei percorsi naturalistici della riserva dove potrete seguire le tracce di tapiri, puma e ocelotti e osservare le cime degli alberi per scorgere i movimenti dei volatili. I percorsi del Mayflower Bocawina National Park portano a cascate e a punti dove si può nuotare. Indipendentemente dal sentiero, guardate in alto per spiare tra le chiome degli alberi uccelli variopinti, come i tucani e i martin pescatori di fiume, e godetevi la colonna sonora delle scimmie urlatrici e degli altri animali della giungla. Partecipate a un'escursione guidata di notte per osservare le creature notturne del Belize, dagli armadilli ai cercoletti.

DA NON PERDERE

- **Fare immersione nel Blue Hole, parte della seconda barriera corallina più lunga al mondo.**
- **Seguire le orme di un felino sfuggente nella prima riserva naturale di giaguari del mondo.**
- **Galleggiare attraverso le cavità di una grotta sotterranea dei Maya che ricordano una cattedrale.**

I giaguari sono spesso sfuggenti, ma questo grande felino maestoso si può facilmente vedere al Belize Zoo.

ECUADOR

RUTA DEL CONDOR

L'itinerario conclusivo della durata di cinque giorni nelle terre selvagge delle Ande.

Non ci vogliono necessariamente due anni e gambe di ferro per riuscire a vedere bene le Ande. Vi basta avere il senso dell'avventura, un po' di allenamento e un biglietto aereo per Quito, in Ecuador, per spuntare dalla vostra lista la Ruta del Condor, un itinerario di cinque giorni tra la città ecuadoregna di Papallacta e il Parco nazionale Cotopaxi.

"Ci sono cavalli selvatici, passi a 4267 m, diversi tipi di cervi che non abbiamo mai visto prima. È stato incredibile". Così racconta l'ambientalista Gregg Treinish, che ha percorso l'itinerario nel suo viaggio attraverso le Ande. "Ci sono ceneri vulcaniche dappertutto, e passavamo davanti a montagne alte più di 4877 m". Il cammino è adatto a chiunque abbia la preparazione, o forse è meglio dire il coraggio, di camminare a più di 3000 m di altezza per diversi giorni. Il territorio è ostile, caratterizzato da pioggia, nebbia e vento, ma la sua asprezza è in gran parte ciò che lo rende così innegabilmente straordinario. Mentre camminano sul *páramo*, le distese erbose alle altitudini elevate, gli escursionisti incontrano abitanti dei villaggi che radunano i loro animali come i loro antenati hanno fatto per secoli, laghi punteggiati di uccelli, un ghiacciaio e le vette minacciose di alcuni tra i vulcani attivi più alti dell'America del Sud. Nella parte finale dell'itinerario, al Parco nazionale Cotopaxi, salite al rifugio dell'omonimo vulcano, o, se ve la sentite di affrontare un'altra sfida, proseguite oltre fino alla cima ricoperta da un ghiacciaio.

Consigli di viaggio

QUANDO ANDARE: Si consiglia di viaggiare durante la stagione secca (da metà luglio ai primi di ottobre) quando il clima più ventoso comporta una minore presenza di nuvole e vedute più limpide del Cotopaxi e delle altre cime lungo il percorso.

ORGANIZZAZIONE: Durante l'escursione il tempo cambia in fretta e quasi certamente troverete una copertura nuvolosa costante. Arrivate con un abbigliamento a strati e stivali di gomma per attraversare le zone fangose e i fiumi che troverete lungo il sentiero.

SITI WEB: www.ambiente.gob.ec/parque-nacional-cotopaxi

L'uccello che dà il nome alla Ruta del Condor si libra in volo.

ITINERARIO DI 5 GIORNI

Giorno 1

Ci vogliono circa due ore di viaggio da Quito a El Tambo, un villaggio pittoresco a 3400 m sul livello del mare. È qui che parte l'itinerario, ma il viaggio inizia piuttosto facilmente. A seconda del tour, potete procedere a piedi lungo il sentiero fangoso (e in questo caso sono fondamentali gli stivali di gomma), oppure spostarvi sul terreno paludoso a cavallo. Il tragitto di quattro ore prevede l'attraversamento di alcuni fiumiciattoli, il superamento del passo di Potrerillos e la discesa in una valle fittamente coperta. Qui vi accamperete sulle sponde di Laguna del Volcan.

Giorno 2

Iniziate presto la giornata perché vi aspettano sei o sette ore di cammino. Dopo aver attraversato altri terreni fangosi e piccole foreste, raggiungerete finalmente terre più asciutte, mentre trascorrete la giornata a camminare in un'ampia vallata. Questa è la parte del percorso a cui l'itinerario deve il nome: è molto probabile che qui riuscirete a vedere i condor. Un'altra vista da non perdere è quella del vulcano Antisana e dei monti di lava di Antisanilla. Subito dopo la laguna di Santa Lucía, accampatevi ai piedi delle montagne vicino alle rovine di una *hacienda* che ha ospitato il geografo e naturalista Alexander von Humboldt durante il suo viaggio in Ecuador nel 1802.

Giorno 3

Il percorso di oggi è una gioia per gli occhi, con vedute del *páramo* ecuadoregno mentre lasciate i piedi dell'Antisana e proseguite verso il monte Sincholagua. Tenete gli occhi aperti per avvistare altri condor, oltre a esemplari di caracara e di culpeo, mentre camminate attraverso gli altopiani. Il percorso di sette ore vi condurrà alla valle del lago La Mica, un bacino idrico per Quito, e attraverso la morena del vecchio ghiacciaio. La giornata termina ai piedi del monte Sincholagua.

Giorno 4

Normalmente avvolto dalla foschia e coperto da un sottile strato di neve, il Sincholagua porta un nome appropriato, che significa "in salita ripida", che è la descrizione perfetta della vostra escursione di oggi. Il passo del Sincholagua a 4511 m offre ampie vedute della valle circostante, della Cordigliera occidentale e del Cotopaxi, uno stratovulcano attivo, sormontato da un ghiacciaio. Dopo quasi cinque ore di cammino, accampatevi al Río Pita, situato ai piedi del Parco nazionale Cotopaxi, a un'altitudine di 3800 m.

Giorno 5

A 5897 m, il Cotopaxi è la seconda cima più alta dell'Ecuador e il vulcano attivo più alto del mondo. In 45 minuti di cammino in salita raggiungete il Jose Ribas, il rifugio a 4800 m dove potrete fermarvi per pranzo e per una tazza di tè caldo. Gli scalatori intrepidi possono indossare i ramponi e proseguire verso punti più elevati (l'aria è rarefatta, perciò assicuratevi di esservi acclimatati bene). Altrimenti, scendete e proseguite verso Laguna Limpiopungo, la tappa finale del vostro itinerario. Gli appassionati di birdwatching si divertiranno a individuare gabbiani delle Ande intenti a nidificare, colibrì, uccelli acquatici e scriccioli. I cavalli selvatici solitamente brucano l'erba lungo il sentiero. Nelle giornate limpide, ammirate il panorama del Cotopaxi che si riflette nelle acque mentre camminate lungo la circonferenza del lago (un'escursione di circa 90 minuti). Esplorate il resto del parco prima di ritornare a Quito.

DA NON PERDERE

- Avvistare condor, culpei e caracara durante un'escursione impegnativa di cinque giorni attraverso le Ande.
- Accamparsi ai piedi di vulcani attivi e di laghi glaciali.
- Esplorare il Parco nazionale Cotopaxi, facendo anche un'escursione ad alta quota fino al campo base del vulcano.

A FIANCO: **Quando arrivano le nuvole nell'altopiano andino, le piante erbacee *ichu* e le piante *huamanpinta* si piegano al vento.** SOPRA: **Un gruppo di escursionisti attraversa una valle nel Parco nazionale Cotopaxi in direzione del vulcano Ruminahui.**

Chagras, o cowboy ecuadoregni, viaggiano a cavallo per raggiungere un raduno annuale di bestiame, con il monte Antisana sullo sfondo.

UNO SCATTO **MEMORABILE**

Rupi d'argilla appena fuori dal Parco nazionale di Manú, in Perù, formano una parete naturale ricca di sale che attrae vari animali, tra cui questi pappagalli ara rossi e verdi. Dentro il parco e nelle zone circostanti vivono oltre 1000 specie di volatili, ossia il 10 per cento della popolazione mondiale.

Con i suoi 17.164 km^2 di meraviglie biologiche, il parco copre l'intero bacino idrico del fiume Manú, dalle distese erbose della parte orientale delle Ande, attraverso la foresta nebulosa drappeggiata di muschio fino alla foresta pluviale nel bassopiano della parte più occidentale del bacino dell'Amazzonia. Oltre alle are, nella regione vivono tapiri e serpenti, 92 specie di pipistrelli, 14 specie di primati e aquile arpie con un'apertura alare di 1,8 m. E poi ci sono le farfalle: *Temenis pulchra*, *Morpho didius*, farfalla ali di vetro.

FOTOGRAFIA DI
CHARLIE HAMILTON JAMES

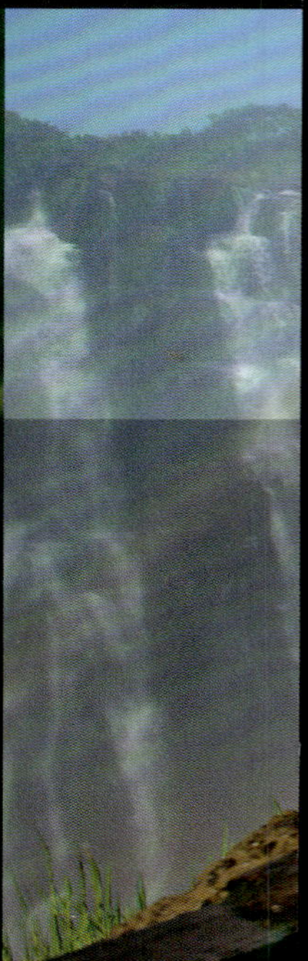

IN SENSO ORARIO DALL'ALTO A SINISTRA: Un cortile di mosaici a Marrakech; le piramidi di Giza in Egitto; un doppio arcobaleno sovrasta il ponte sulle Cascate Victoria; uno scimpanzé nel Parco nazionale della foresta di Kibale in Uganda.

CAPITOLO 2

AFRICA

Scoprite le ricchezze di territori vasti e diversi nei safari, sulle incredibili dune del deserto e durante emozionanti escursioni di rafting.

TANZANIA

SCALARE IL KILIMANGIARO

Ammirate panorami paradisiaci dal tetto dell'Africa.

Il monte Kilimangiaro, un massiccio solitario dalla cima piatta che domina la savana ricca di fauna vicino al confine tra il Kenya e la Tanzania, ha invitato per secoli gli scalatori a superare i loro limiti per salire in cima al tetto dell'Africa. L'Uhuru Peak, la cui vetta si trova a 5895 m sul livello del mare, è la montagna singola più alta del mondo; con sentieri ben battuti che richiedono poche capacità è raggiungibile da escursionisti di ogni età e livello di esperienza. Quasi il 75 per cento delle 30.000-50.000 persone che affrontano la salita raggiungono la vetta. Originatosi circa un milione di anni fa, il Kilimangiaro è formato da tre stratovulcani dormienti schiacciati insieme. Sei principali sentieri escursionistici attraversano cinque zone climatiche diverse, caratterizzate da un paesaggio che muta gradualmente. Terreni in cui si coltivano banane e caffè lasciano il posto ad alti sicomori ricoperti di muschio, ginepri, felci e piante floreali nella foresta pluviale avvolta nella foschia. Alberi più piccoli e arbusti della regione semialpina, tra cui alberi di senecio gigante dalla forma bizzarra, si riducono a una vegetazione più vicina al suolo nelle brughiere e nelle lande di erica. Qui i robusti fiori di protea attirano nettarinidi dal becco curvo e i licheni colorano la vecchia roccia lavica. Infine, un'arida regione sommitale di ghiaia, dominata da ghiacciai screziati di bianco-azzurro, indica che la vetta è vicina. La spinta finale, spesso aiutati dalle lampade da scalatore, termina all'alba con la vista al di sopra delle nuvole di un panorama divino.

Consigli di viaggio

QUANDO ANDARE: Il clima piovoso compromette comfort e difficoltà, oltre ai panorami, perciò è meglio andare nella stagione secca (e più fresca) che va da gennaio a marzo. La seconda stagione secca, da giugno a ottobre, è anche l'alta stagione del Kilimangiaro, ma i sentieri sono affollati.

ORGANIZZAZIONE: Tutti gli escursionisti devono appoggiarsi a tour operator. Cercatene in anticipo uno che rispetti l'ambiente e utilizzi guide qualificate e ben pagate che parlino inglese.

SITI WEB: mountainexplorers.org; tanzaniatourism.go.tz/destination/mount-kilimanjaro-national-park

Un escursionista passa davanti a una pianta di *protea Kilimanjaro*.

DOVE ANDARE

Lemosho Route

Questo sentiero più recente e meno battuto copre una distanza maggiore e richiede dai sette ai nove giorni per essere completato. Considerato il più panoramico degli itinerari tra cui scegliere, è anche quello più costoso da percorrere per via della lunghezza e del punto di partenza più lontano. L'escursione inizia su uno stretto sentiero che si snoda attraverso una giungla incontaminata a circa 2650 m. Qui avrete più possibilità di vedere i colobi e i bucerotidi. Il terzo giorno, dopo una salita ripida, verrete ricompensati con ampie vedute della cresta dello Shira prima di proseguire verso le pendici occidentali del massiccio del Kibo. La cima si raggiunge passando per la Western Breach.

Shira Route

L'inizio della Shira Route, un altro sentiero poco frequentato che parte da ovest, segue una pista per fuoristrada, consentendo di raggiungere in auto un punto di partenza a un'altitudine superiore, evitando quasi completamente la zona della foresta pluviale, a circa 3500 m. Alla fine della giornata seguirete il Ngarenairobi River nella brughiera e nelle lande di erica. Il terzo giorno comprende una ripida salita alla Lava Tower, una formazione lavica alta 91 m. L'ultimo tratto si unisce alla frequentata Machame Route per tentare di raggiungere la cima, oppure segue la più precaria Western Breach.

Machame Route

Questo sentiero facile da raggiungere è l'itinerario più panoramico servito da operatori low-cost. La Machame Route inizia a sud-ovest e incontra l'altopiano dello Shira Plateau prima di svoltare bruscamente a destra dopo la Lava Tower attraverso il circuito meridionale sotto la cima. Questo itinerario della durata di sei o sette giorni, presenta più salite e discese dei simili percorsi Marangu o Rongai. Tuttavia, probabilmente perché questi cambi di altitudine permettono di acclimatarsi più facilmente, i tour operator riferiscono una maggiore percentuale di successo nel raggiungere la cima qui piuttosto che sul Marangu. La Barranco Valley, attraversata il terzo e il quarto giorno, offre vedute panoramiche delle pianure sottostanti. In alcuni punti bisogna inerpicarsi su le sue pareti impegnative.

Marangu Route

Con dolci pendii fino al punto della salita finale, chioschi lungo il tragitto e rifugi che presentano letti a castello, bagni con lo scarico e luce alimentata a energia solare, il Marangu è il sentiero più frequentato della montagna. È l'unico itinerario che usa lo stesso sentiero per la salita e la discesa, e può essere molto affollato. Le escursioni si possono completare in soli quattro giorni. I tour operator stimano che solo un terzo degli escursionisti che intraprendono questo sentiero raggiungono la cima, la più bassa di tutti gli itinerari, probabilmente perché c'è meno tempo per acclimatarsi e un'errata percezione iniziale riguardo alla difficoltà generale della scalata fino alla vetta.

Rongai Route

Il solitario sentiero settentrionale Rongai inizia a circa 1950 m, vicino al confine con il Kenya. Con un dolce pendio e pochi escursionisti, può essere completato in cinque-sette giorni di cammino. I pendii settentrionali ricevono meno pioggia, perciò il paesaggio è meno vario lungo l'ascesa, ma dal momento che è più secco, è uno dei sentieri più facili da affrontare durante i mesi piovosi di ottobre e novembre. Qui il territorio presenta caratteristiche non presenti negli altri itinerari, tra cui diverse grotte il primo e il terzo giorno, e un laghetto al Mawenzi Tarn Camp.

Umbwe Route

Caratterizzata dalla distanza minore in salita, percorrendo appena 27,7 km dall'inizio del sentiero alla cima, la Umbe Route, la più faticosa, è quella con meno escursionisti. Seguendo un sentiero brullo con le radici degli alberi come appiglio, questo ripido percorso raggiunge la prima notte il Barranco Camp, lo stesso accampamento usato la terza e quarta notte lungo il sentiero Machame Route. La scalata, solo per alpinisti esperti, in grado di acclimatarsi rapidamente, può essere completata in soli quattro giorni.

DA NON PERDERE

- Conquistare la vetta più alta dell'Africa con vedute dell'alba e il mondo ai vostri piedi.
- Vedere gli emblematici ghiacciai in via di scioglimento sulle cime prima che scompaiano.
- Attraversare cinque zone climatiche mentre salite ad altitudini più elevate.

A FIANCO: **La vista dall'interno di una tenda presso il Lava Tower Camp nel Parco nazionale del Kilimangiaro.** SOPRA: **Il Kilimangiaro innevato si erge tra le nuvole.**

ZAMBIA E ZIMBABWE

RAFTING SULLO ZAMBESI

Vogare nel fiume più entusiasmante del mondo.

Quando nel 1855 vide per la prima volta le Cascate Vittoria, David Livingstone disse che la prorompente cortina d'acqua era lo spettacolo più straordinario dell'Africa. Oggi il sito, Patrimonio dell'Umanità UNESCO e una delle Sette meraviglie naturali del mondo, è un paradiso per gli amanti delle attività adrenaliniche. Qui lo Zambesi versa milioni di litri d'acqua in una cortina larga più di 1,6 km, un'estensione due volte e mezzo più grande l'ampiezza delle Cascate del Niagara, che precipitano in modo spettacolare in una stretta gola ampia appena 40 m. Lì il fiume viene soprannominato "Slam-bezi" dagli escursionisti che lo hanno seguito in gommone in una delle più alte concentrazioni di rapide di IV e V grado, la valutazione più alta data ai percorsi in cui è possibile fare rafting.

Lo Zambesi, in cui si pratica il rafting dagli anni Ottanta, è navigabile anche per i principianti. Qui i gommoni sono trasportati velocemente in un caos burrascoso, sovrastati dalle pareti del canyon. Ma è relativamente sicuro: l'acqua calda mitiga il problema dell'assideramento e la serie di pozze calme che seguono le rapide assicura agli escursionisti di essere recuperati in fretta dopo i voli pressoché garantiti. Gli avvistamenti di coccodrilli e ippopotami non sono inconsueti, ma le interazioni sono rare. La maggior parte degli escursionisti fa gite di una o mezza giornata nel primo tratto; chi partecipa a escursioni di più giorni è ricompensato con più rapide e fauna selvatica e l'opportunità di arrivare in punti dello Zambesi raramente visibili.

Consigli di viaggio

QUANDO ANDARE: Le condizioni ottimali si hanno da metà agosto a dicembre. Ad aprile e a maggio le piogge a monte portano le cascate alla massima potenza, ma possono comportare la chiusura del fiume all'attività di rafting.

ORGANIZZAZIONE: Portate con voi un costume da bagno, una maglietta aderente per sport acquatici, repellente per insetti, protezione solare, una bottiglia d'acqua con moschettone e scarpe robuste impermeabili; anche le macchine fotografiche dovrebbero essere impermeabili, oltre che legate saldamente.

SITI WEB: safpar.com; bundu adventures.com; zambiatourism.com; zimbabwetourism.co.zw

Escursionisti sfidano le rapide impetuose dello Zambesi.

ITINERARIO DI 6 GIORNI

Giorno 1

Partite dal lato dello Zambia, dove l'escursione può essere organizzata senza problemi grazie a infrastrutture turistiche più grandi e a una varietà di guide rafting che godono di buona reputazione. Recatevi al Parco nazionale Mosi-oa-Tunya, porta d'accesso alle Cascate Vittoria in Zambia, la mattina presto quando, grazie alla posizione del sole, c'è maggiore possibilità di vedere degli arcobaleni. Percorrete il sentiero del Knife's Edge attraversando uno stretto ponte pedonale per vedere l'intera Cateratta Orientale, parte della cascata principale, e il Boiling Pot, cioè il punto di partenza delle escursioni di rafting lungo il fiume. Osservate l'impetuosa cortina d'acqua che libera una fresca nebbiolina nel suo percorso verso la sottostante Batoka Gorge. Nella lingua locale, le cascate sono chiamate Mosi-Oa-Tunya ossia "fumo che tuona" e l'altissimo pennacchio di nebbiolina è visibile fino a 19 km di distanza. Lo Zambia e lo Zimbabwe presentano entrambi eccezionali panorami delle cascate, ma la veduta più ampia è visibile dallo Zimbabwe. Potete passare il confine sul Victoria Falls Bridge e attraversare a piedi la foresta pluviale superando la statua di Livingstone fino a diversi punti d'osservazione, giungendo infine a quello senza ringhiera, chiamato Danger Point. Se volete evitare la fatica di attraversare il confine, sorvolate le cascate in elicottero o in ultraleggero per avere una visuale completa che abbraccia i due Paesi. Successivamente, recatevi in uno dei tanti negozi di artigianato di Livingstone e scegliete uno *nyami nyami*. Questo ciondolo dalla forma a spirale, indossato da tutte le guide rafting e intagliato in pietra, osso o metallo, rappresenta un dio serpente che si dice dimori nello Zambesi. Serve come talismano protettivo, anche se si dice che per funzionare deve essere ricevuto in dono.

A FIANCO: Un ponte collega il lato dello Zambia e quello dello Zimbabwe delle Cascate Vittoria. SOPRA: Gli escursionisti proseguono la loro corsa attraverso la gola piena di rapide in mezzo a cascate e arcobaleni.

Giorno 2

È arrivato il momento di affrontare il fiume e il primo giorno è il più entusiasmante: è da questo che deriva lo slogan del fiume "la giornata di rafting più entusiasmante al mondo". Proseguite il cammino scendendo i 229 m lungo ripide assi di legno fino alla Batoka Gorge e, se il livello dell'acqua è abbastanza basso, esplorate la zona sotto le cascate prima di salire sul gommone vicino alla base. Poi partite seguendo l'itinerario sinuoso dalla rapida Wall (IV grado) alla turbolenta Stairway to Heaven di V grado, che vi farà fare un salto spaventoso, l'equivalente di un edificio a due piani. Poi si attraversa la Devil's Toilet Bowl fino alla successiva rapida violenta di classe V, la Gulliver's Travels. Dovrete trasportare il gommone a piedi al Commercial Suicide, dove l'acqua è un po' troppo pericolosa per i gommoni, ma potete guardare gli escursionisti più esperti che la affrontano in kayak. Da lì in poi il viaggio è tranquillo, intervallato da un giro attraverso le Gnashing Jaws of Death, dopo le quali le guide spesso si accostano alla sponda del fiume per la pausa pranzo. Seguono altre cinque rapide di V grado, che hanno nomi come Washing Machine e Oblivion (si dice che solo un gommone su quattro riesca ad attraversarla senza capovolgersi). Nel complesso, l'escursione di 24 km di questo secondo giorno comprende 21 rapide identificate con un nome, ognuna delle quali è separata dall'altra da una distanza compresa tra i 100 m e i 2 km.

Giorno 3

Preparatevi a un altro giro entusiasmante nel prossimo tratto di fiume di 24 km. Questa metà inferiore del fiume, meno visitata, presenta alcune rapide di V grado che vi metteranno alla prova. Nella sezione dei Narrows 1-4, le rapide rimbalzano e vorticano da entrambi i lati del canyon poiché la gola si restringe a 274 m di ampiezza. Più avanti nella giornata gli intervalli di tempo tra un caos e l'altro si allungano e bisogna iniziare a pagaiare per via delle pozze d'acqua più calma. Ora potete guardarvi intorno per vedere gli animali, tra cui gli enormi pesci tigre golia dai grossi denti appuntiti sott'acqua e, in aria, le aquile urlatrici che abitano questa incredibile gola basaltica. Nel pomeriggio, l'enorme rapida Upper Moemba presenta quattro onde lunghe e una discesa impegnativa da superare prima di raggiungere le acque calme e riparate di fronte a una spiaggia di sabbia bianca. Di sera accendete un falò sulla spiaggia e dormite sotto le stelle.

Giorno 4

Dopo una breve escursione a piedi intorno alla Lower Moemba, una rapida impraticabile di VI grado formata da una spettacolare serie di cascate che fanno un salto di 8 m, si ritorna a scendere lungo il fiume in gommone per circa un'ora fino alla Diga di Kariba. Lì, un impianto idroelettrico nato dalla cooperazione tra Zambia e Zimbabwe, a circa 53 km dalle Cascate Vittoria, minaccia di inondare la gola e causare nei prossimi anni la fine completa delle esperienze di rafting fino a questo punto. Trasportate a mano il gommone in questa zona, che ora presenta una cascata di VI grado, e preparatevi alle rapide di V grado più grandi di tutto il fiume attraversate dai tour operator, nonché le ultime di questa escursione: le Ghostrider. In questa serie che mette sottosopra lo stomaco, le onde enormi sembrano inghiottire i gommoni. Buona fortuna! Vedute panoramiche della gola si aprono lungo le rive del fiume finché non trovate una bella spiaggia in cui accamparvi per l'ultima notte sul fiume.

Giorno 5

Da qui lo Zambesi procede più tranquillamente, quando il fiume trova la strada verso il lago Kariba. Con sole poche rapide da affrontare, potrete trascorrere la giornata a pescare il pesce tigre golia dai denti appuntiti, cercare di avvistare coccodrilli e ippopotami e osservare il paesaggio mutevole mentre spuntano le isole nel corso del fiume che si allarga. Di sera lasciate il fiume per ritornare alla civiltà.

Giorno 6

A Livingstone, fate un giro in barca di mattina presto per visitare Livingstone Island, una lingua di terra in cima alle cascate. Se ci sono le giuste condizioni e se siete abbastanza coraggiosi, nuotate nella Devil's Pool. Questa tranquilla piscina a sfioro naturale permette di stare sul precipizio da cardiopalma delle Cascate Vittoria. Guardate giù! Trascorrete il resto della giornata a indagare quali altre avventure vengono offerte, tra cui il bungee jumping o un'escursione in zip-line in un canyon alto122 m. In alternativa, potete anche solo rilassarvi. Ve lo siete guadagnato!

DA NON PERDERE

- Sentire la scarica di adrenalina mentre superate alcune delle rapide più entusiasmanti al mondo.
- Sentire il rombo assordante delle Cascate Vittoria e osservare gli arcobaleni in mezzo alla sua nebbiolina.
- Ammirare gli animali selvatici dalle spiagge in zone solitarie dello Zambesi.

Isole verdi punteggiano l'ampio fiume
Zambesi mentre attraversa una savana.

PROSPETTIVE

Non troppo "Easy Rider" a Zanzibar

di Andrew McCarthy

L'ALBERO NODOSO A FIANCO della mia motocicletta caduta non offre alcun riparo dal rovescio africano. La pioggia sembra il fuoco di una mitragliatrice mentre bombarda le poche foglie lacere della pianta. Mi volto a guardare la sabbiosa pista sterrata su cui stavo correndo finché un solco profondo non mi ha fatto cadere a terra. La strada piena di buche si è trasformata in tante piccole pozze piene d'acqua. Non si vedono edifici intorno, nessun altro segno di vita. Mi chino a controllare una brutta sbucciatura sul ginocchio. Cosa mi è passato per la testa? Mi trovo più o meno a metà dell'isola di Zanzibar, a circa 32 km dalla capitale, Stone Town, sulla strada per raggiungere le spiagge orientali, più solitarie e idilliache. Non ho mai guidato una motocicletta prima d'ora. Cosa mi ha fatto pensare che questa piccola isola al largo della costa orientale dell'Africa fosse il posto adatto per iniziare a comportarmi come se fossi una comparsa di *Easy Rider*? Questa mattina il ragazzo al bancone della reception del mio modesto hotel mi ha parlato di un suo amico che affittava motociclette. "Le spiagge a est sono splendide", ha detto. Avevo già passato alcuni giorni a girare seguendo l'ispirazione, perdendomi nel dedalo di stretti vicoli che rendono Stone Town così affascinante. Le porte caratteristiche, con le borchie d'ottone, mi hanno fatto provare quella sensazione di lontananza da casa che cerco quando viaggio. Avevo il pomeriggio libero e non avevo molta voglia di partecipare a un tour di Prison Island a

SOTTO: **Stone Town è il centro culturale dell'isola di Zanzibar.**
A FIANCO: **Una motocicletta parcheggiata presso le rovine di Fukuchani.**

350R
XR
HONDA
PRO-LINK

breve distanza dalla costa. Sarà divertente, un'avventura, ho pensato tra me e me tutto contento. Così gli ho detto: "Va bene. Procurami una moto!".

È tornato con una Honda 250cc. Dopo alcuni tentativi falliti per far partire la moto, mi sono rivolto al giovane che ha riavviato il motore una volta e l'ha mandato su di giri, poi mi ha tenuto dritta la bestia ronzante mentre vi salivo con un movimento impacciato.

Avrei dovuto riconsiderare l'idea di fare questo viaggio in quel momento. Invece, guardandomi indietro mentre me ne sto bagnato fradicio sotto un albero, sono sorpreso di essere arrivato fin qui. In qualche modo sono riuscito a guidare su strade tortuose, caotiche e a senso unico di Stone Town, e poi nelle zone soffocate dal traffico fuori da Zanzibar City. Sono sfrecciato su strade piene di bambini in uniforme scolastica che mi salutavano con la mano e strillavano mentre passavo. E ho superato con successo un blocco della polizia. O meglio, semplicemente non sapevo come scalare la marcia abbastanza in fretta da fermarmi quando una guardia è uscita da una piccola capanna sul ciglio della strada e ha alzato la mano per farmi segno di fermarmi. Non so dire con certezza chi di noi due avesse l'espressione più sconvolta quando gli sono passato davanti a tutta birra.

La strada con ghiaia ha lasciato il posto allo sterrato. Poi ha iniziato a soffiare il vento e infine a piovere. Con la visibilità ridotta dalla pioggia monsonica, la mia andatura è rallentata considerevolmente. Quando sono caduto dalla motocicletta, avevo rallentato così tanto che non sono più tanto sicuro se sono caduto per le condizioni della strada o per aver raggiunto lo stato di quiete.

Mentre sono appoggiato all'albero sotto la pioggia, vedo che il cielo a oriente si è rischiarato. Penso alla notte precedente. Ero in un affollato bar all'aperto, in mezzo a gruppi di persone che ridevano, bevevano, si toccavano e passavano una notte indimenticabile sotto il cielo africano mentre la musica riempiva l'aria. Io ero l'unico a essere solo. Sembrava che non riuscissi a colmare la distanza tra me e gli altri. Perché ero incapace di fare qualcosa riguardo a questo senso di isolamento mentre ero circondato da così tanta gente? Ero tornato al mio hotel sentendomi sconfitto dalla mia mancanza di competenze sociali.

Il mattino seguente quando il ragazzo mi ha offerto una possibilità di redenzione sotto forma di due ruote, ho esultato all'idea di avere l'occasione di provare la mia virilità, anche se solo a me stesso.

Alla fine smette di piovere e il sole fa capolino. Dopo una decina di tentativi, sempre più in preda al panico, la Honda riprende a ruggire. Sono tornato! In breve tempo raggiungo quelle magnifiche spiagge e scopro i loro resort di lusso. In uno, le coppiette stanno bevendo a un bar a bordo piscina. Alcune persone osservano la mia figura fradicia che si siede facendo rumore su un vicino sgabello, ma io non parlo con nessuno. Di nuovo.

Non importa. Ce l'ho fatta. Contro ogni previsione, ho attraversato l'isola. Ho trionfato sulle avversità. Riuscirò a convivere con me stesso, forse persino ad accettare i miei difetti. Sto bene. È in quel momento che una donna si avvicina e dice qualcosa a proposito del fascino "misterioso" che emano standomene lì seduto tutto solo.

A FIANCO: Un uomo si china a toccare l'acqua in una spiaggia dal fondale basso a Kizimkazi, nell'isola di Zanzibar. SOPRA: Un colobo esce sulla strada.

• *Andrew McCarthy è scrittore, attore, regista e collaboratore di National Geographic Traveler.*

ETIOPIA

LA CULLA DELL'UOMO

Scoprite le origini dell'umanità nella Valle del basso Omo.

La Valle del basso Omo nell'Etiopia sudoccidentale ha la particolarità di essere sia la culla del genere umano sia uno dei panorami culturali più intatti dell'Africa. Una collezione di fossili di ominidi e animali, e di utensili di pietra è stata rinvenuta negli antichissimi depositi sedimentari di questa remota regione preistorica, denominata sito Patrimonio dell'Umanità UNESCO nel 1980. Le scoperte hanno contribuito a formare le nostre conoscenze sull'evoluzione dell'uomo, gettando luce sui primi stadi delle origini e dello sviluppo della nostra specie, l'*Homo sapiens*. La Valle del basso Omo è anche il luogo in cui abitano oltre 200.000 persone che vivono vicino al fiume e fanno parte di tribù in gran parte inalterate nel tempo. Tradizioni come l'arte di pitturare il corpo dei Karo e il famoso piatto labiale fatto d'argilla, portato come ornamento dalle donne Mursi, o Mursu, continuano a esistere, ma sono seriamente minacciate.

A partire dal 2017 con l'apertura della diga idroelettrica Gibe III, alta 244 m, è stato interrotto il ciclo naturale delle piene stagionali dell'Omo, sconvolgendo la vita degli animali nutriti da queste inondazioni che servono per la sussistenza degli allevatori di bestiame, contadini, pescatori e cacciatori di coccodrilli. Inoltre il governo etiope ha convertito le terre tribali in piantagioni di cotone, zucchero e olio. La Valle del basso Omo, non più isolata, è tuttora considerata dal punto di vista linguistico e culturale la regione più varia d'Etiopia. Visitatela ora, prima che le tribù e le loro tradizioni scompaiano.

Consigli di viaggio

QUANDO ANDARE: I periodi da giugno a settembre e da novembre a marzo coincidono con le stagioni secche della Valle del basso Omo; da giugno a novembre è il periodo adatto per visitare il delta dell'Omo, terra dei Dassanech.

ORGANIZZAZIONE: I tour operator Journeys by Design e Wild Frontiers, che propongono un turismo sostenibile, offrono tour personalizzati e per piccoli gruppi, progettati in modo da visitare la Valle del basso Omo in modo responsabile.

SITI WEB: journeysbydesign.com; wildfrontiers.com; wildexpeditionsethiopia.com; www.sabanalangano.com; paradiselodgeethiopia.com; buskalodge.com

Una donna trasporta della frutta ad Addis Abeba.

ITINERARIO DI 9 GIORNI

Giorno 1
Considerate Addis Abeba, la capitale dell'Etiopia, più di un semplice punto di arrivo e di partenza, e visitate il Museo nazionale dell'Etiopia che ospita Lucy, l'ominide di 3,2 milioni di anni scoperta nel 1974 nella depressione di Afar, nell'Etiopia nordoccidentale. Le ossa di Lucy sono conservate negli archivi del museo, ma potete vedere gli straordinari calchi delle ossa nell'esposizione paleontologica al piano seminterrato.

Giorno 2
Da Addis Abeba, fate un viaggio di tre ore verso sud, attraversando un tratto del rift dell'Africa orientale, una pianura lunga 5954 km prodotta dalla continua scissione geologica del continente africano. In questa regione, definita "culla del genere umano", sono stati scoperti resti archeologici come lo scheletro di un ominide risalente a 1,5 milioni di anni fa, chiamato "Ragazzo di Turkana", scoperto in Kenya nel 1984. Pernottate sulla collina, in un bungalow del Sabana Beach Resort che si affaccia sul lago Langano.

Giorno 3
Proseguite in direzione sud verso la città di Arba Minch, a ovest dell'istmo detto "Ponte di Dio", che fa parte del Parco nazionale del Nechisar e separa il lago Abaya e il lago Chamo. Osservate i coccodrilli, gli ippopotami e alcune delle oltre 350 specie documentate di uccelli del Nechisar durante una crociera sul lago Chamo per osservare la fauna selvatica. Trascorrete la notte guardando il parco e il lago al Paradise Lodge, arredato con mobili, decorazioni e lenzuola fatti dagli artigiani delle tribù della Valle dell'Omo.

A FIANCO: **La Valle dell'Omo nel Parco nazionale di Mago, in Etiopia.** SOPRA: **L'hotel-ristorante Buska Lodge a Turmi, nella Valle del basso Omo.**

Giorno 4
Andate a sud viaggiando sulla strada Konso-Jinka, attraverso i territori relativamente isolati dei popoli Ari, Banna e Tsemai. I tour di solito programmano la visita della città di Key Afar in modo che coincida con il vivace mercato del giovedì, un raduno multiculturale di membri delle tribù che barattano e vendono bestiame, prodotti agricoli, manufatti e altri beni. Key Afar dista circa 40 km da Jinka e dall'isolato Parco nazionale di Mago, dove vivono diverse tribù, tra cui i Mursi, noti per i piatti labiali ornamentali d'argilla portati dalle donne come simbolo di bellezza. Fuori da Jinka, pernottate per due notti all'Eco-Omo Safari Lodge.

Giorno 5
Passate la giornata a esplorare il Parco nazionale di Mago, istituito nel 1975 sulla sponda orientale del fiume Omo per proteggere dai bracconieri le popolazioni in calo di elefanti, bufali e giraffe. L'osservazione degli animali è difficile per via dei fitti arbusti di acacia e dei boschi, tuttavia, probabilmente vedrete i babbuini e gli ibis caruncolati, una specie aviaria endemica dell'altopiano etiope. Proseguite a ovest attraverso il parco fino al fiume Mago per una visita guidata del villaggio dei Mursi.

Giorno 6
Da Jinka, proseguite verso sud per 117 km attraverso la Valle dell'Omo fino alla lontana città di mercato di Turmi. Lungo il tragitto, fermatevi a visitare il mercato del sabato di Dimeka, dove vive il popolo Hamar, o Hamer, famoso per il rito di passaggio dei loro uomini che consiste nel salto dei tori. Se pensate di comprare dei souvenir, il mercato di solito offre terrecotte tribali originali, oggetti intagliati nel legno e altri manufatti artistici realizzati dagli artigiani della Valle dell'Omo. Appena fuori Turmi, prendete un *tukul*, una capanna rotonda dal tetto di paglia, con il bagno privato, presso il Buska Lodge, la vostra base per i prossimi due giorni di esplorazione.

Giorno 7
Da Turmi, spostatevi nella regione circostante per visitare i villaggi con il popolo Hamer e i Dassanech, o Dassenetch, la tribù che vive nella parte più a sud della Valle dell'Omo. I Dassanech ("Popolo del delta") vivono nella zona in cui il delta dell'Omo entra nel lago Turkana, il lago desertico più grande del mondo che dal 2018 è stato aggiunto alla lista dei Patrimoni dell'Umanità UNESCO "in pericolo". Il lago è ubicato principalmente in Kenya, ma la sua lontana estremità nordoccidentale si trova in Etiopia, dove l'interruzione del corso naturale fiume Omo (che alimenta il lago) e del ciclo delle sue piene ha seriamente minacciato il modo di vivere dei Dassanech, oltre che la qualità dell'acqua e l'habitat della fauna del lago Turkana. Durante una visita guidata potete apprendere quali sono i rischi per il lago e per i Dassanech, che vivono di pastorizia.

Giorno 8
Fate una gita di un giorno a Murulle, il luogo in cui vivono i Karo, un popolo dallo spiccato senso estetico, i cui membri adornano i loro corpi con cicatrici di ferite autoinflitte, piercing e disegni complessi fatti con gesso bianco polverizzato, roccia minerale gialla, minerali ferrosi rossi e carbone nero.

Giorno 9
Da Turmi proseguite a nord-ovest attraverso lo Stephanie Wildlife Sanctuary fino al paesaggio culturale di Konso, un sito Patrimonio dell'Umanità UNESCO che comprende 54,3 km^2 di terrazzamenti e insediamenti con muri di pietra. Fate una visita guidata del villaggio di Konso per osservare tradizioni culturali che continuano a essere mantenute vive da 400 anni. Durante la visita vedrete i tradizionali complessi abitativi recintati delle famiglie konso progettati apposta con entrate basse in modo che i visitatori (e qualsiasi potenziale intruso) debba camminare carponi per entrare nella proprietà. Il sito presenta anche dei *waka* (statue commemorative) intagliati nel legno e disposti in gruppi, che rappresentano un antenato, le sue mogli ed eventi eroici come l'uccisione di un leone. Pernottate al Kanta Lodge, con vista sulla città di Konso (anche chiamata Karati).

• ***Una nota sul turismo responsabile***
Visitare la Valle del basso Omo può essere utile per acquisire una maggiore consapevolezza di come lo sviluppo stia cambiando antichissime tradizioni tribali. Per entrare in contatto in modo rispettoso e autentico le culture e le comunità locali, prima del vostro viaggio consultate i "Tips for a Responsible Traveller" della World Tourism Organization (UNWTO). I consigli includono quelli di chiedere il permesso prima di fotografare le persone, di imparare parole nella lingua locale e di servirsi di guide locali con conoscenze della zona.

DA NON PERDERE

- **Visitare il Parco nazionale di Mago per incontrare il popolo Mursi.**
- **Girare per i mercati cittadini dove i membri delle tribù barattano e vendono i loro prodotti.**
- **Visitare l'antico paesaggio culturale di Konso, un sito Patrimonio dell'Umanità UNESCO.**

Un gruppo di pellicani sul lago Chamo.

EGITTO

LE PIRAMIDI E OLTRE

Dalla sabbia al mare e dalla Valle del Nilo a Giza.

I personaggi celebri dell'Egitto, da Mosè a Tutankhamon, hanno una fama grande quanto le antiche piramidi di pietra. Ascoltate le loro storie immortali durante un tour alla scoperta della culla della civiltà, e aggiungete qualche vostro personale colpo di scena mentre pianificate un'avventura in questo Paese affascinante.

La Valle del Nilo, uno dei luoghi più leggendari del mondo, ha attirato per secoli gli esploratori, eppure questa regione fertile resta ancora un enigma. Scoprite alcuni dei suoi segreti mentre viaggiate lungo il celebre fiume come un faraone a bordo di una tradizionale feluca (un'imbarcazione a vela fatta di legno), o pagaiate su un kayak, sotto l'occhio attento dei falchi. Ammirate la Valle dei Re dall'alto mentre sorvolate le formazioni geologiche di arenaria in mongolfiera. Mandate su di giri il motore del vostro quad all'ombra imponente della Grande Sfinge di Giza.

Sulle coste del Mar Rosso, i delfini se la spassano nell'acqua calda e affascinanti creature marine vi aspettano sotto la superficie dell'acqua. Fate un'escursione lungo i sentieri accidentati della Penisola del Sinai, scalando le sue montagne mistiche ed entrando a contatto con i Beduini in mezzo alla ricca (e spesso controversa) eredità religiosa del territorio. Immergetevi nel paesaggio mutevole del Deserto Occidentale sul dorso di un cammello o mentre scivolate lungo le sue dune su una tavola da sandboarding.

In questo luogo eterno, le sabbie del tempo sono una forza da non sottovalutare.

Consigli di viaggio

QUANDO ANDARE: In primavera e in autunno le temperature sono più moderate. Evitate il caldo di mezzogiorno.

ORGANIZZAZIONE: Dall'inizio del 2019 i governi sconsigliano di viaggiare in Egitto e in particolare nella Penisola del Sinai e nel Deserto Occidentale a causa delle minacce terroristiche. Fanno eccezione i viaggi aerei per la località balneare di Sharm el Sheikh sul Mar Rosso, nelle aree turistiche dell'Alto Egitto e del Mar Mediterraneo. Per aggiornamenti: viaggiaresicuri.it/#/country/EGY.

SITI WEB: egypt.travel; dailynewsegypt.com

Il Monastero di Santa Caterina situato sotto il monte Sinai.

COSA FARE

Viaggiare sul Nilo

Non si può negare il fascino romantico della Valle del Nilo radicato nel tempo. Questo fiume leggendario è il corso d'acqua più lungo del mondo ed è la linfa vitale dell'Egitto sin dai tempi antichi. Un giro in dromedario o sul dorso di un asino alle celebri Piramidi di Giza è il modo classico di esplorare la più antica delle Sette meraviglie del mondo, oppure potete ammirare l'antico sito e le circostanti sabbie del Sahara in sella a un quad motorizzato. Dal villaggio di Saqqara, raggiungete la Piramide di Djoser, che risale al 2650 a.C. ed è la piramide più antica del mondo. In alternativa, osservate dall'alto la Valle dei Re e delle Regine. Salite a bordo di una mongolfiera per volare sopra la serie di elaborate tombe sotterranee celate dalle rocce desertiche. Dopo aver ammirato il panorama aereo di questo vasto spettacolo, partite a piedi per esplorare le antiche necropoli, che comprendono la leggendaria tomba di Tutankhamon. Da qui vi attendono le placide acque del Nilo. Viaggiate lungo il fiume come hanno fatto i popoli fin dall'epoca dei faraoni: a bordo di una feluca. Spostatevi da Luxor all'animata città di mercato di Assuan, e fate un giro in barca intorno all'isola di Elefantina, un prezioso sito archeologico. Per una reinterpretazione più avventurosa della classica crociera sul Nilo, il Nile Kayak Club con sede al Cairo offre escursioni in kayak della durata di un weekend, oltre a tour di più giorni per visitare i templi. Mentre pagaiate, guardatevi intorno per scorgere uccelli come egrette, poiane e falchi.

Immersioni lungo la costa del Mar Rosso

Il turismo lungo la costa del Mar Rosso nella Penisola del Sinai è diminuito negli ultimi anni a causa dei problemi di sicurezza e del divieto di volare in seguito all'esplosione di una bomba in un aereo avvenuta nel 2015. Attualmente la situazione è più sicura e i pesci tropicali e i giardini di corallo sono più splendidi che mai al largo della costa. Nel golfo di Aqaba, i siti di immersione e snorkeling rimangono gioielli di fama mondiale vicino al villaggio beduino di Dahab, mentre la sabbia bianca brilla ancora nella riparata baia di Naama di Sharm el Sheikh.
Per aggiungere altre esperienze alle vostre avventure marine, prendete la vostra attrezzatura e raggiungete a dorso di dromedario località remote come il pericoloso Blue Hole, un'enorme dolina marina che si trova nella barriera corallina del golfo di Aqaba. Se siete appassionati di sport acquatici seguite il vento fino a Ras Sudr per fare wakeboard, parasailing e kitesurfing.
Nel promontorio di corallo all'estremità meridionale della penisola, le acque cristalline del Parco nazionale di Ras Mohammad pullulano di vita, dalle migliaia di cicogne bianche migratrici ai ricci di mare e ai barracuda. Le acque calde di Hurghada rendono possibile nuotare con i delfini e più avanti lungo la costa, la laguna di Abu Dabbab offre la possibilità di nuotare con grandi tartarughe verdi e rari dugonghi, parenti meno conosciuti dei più noti lamantini.

Escursioni nel deserto della Penisola del Sinai

La selvatica Penisola del Sinai, che collega l'Africa e l'Asia, si presenta come un aspro scenario in cui fare indimenticabili escursioni nel deserto e in montagna. Gli escursionisti intrepidi possono puntare al sentiero del Sinai, una rete di 230 km di antiche vie carovaniere che nel 2015 è diventato il primo percorso escursionistico di lunga percorrenza. Spostatevi in questa regione desertica dal Golfo di Aqaba al Monte Caterina, il cosiddetto "tetto d'Egitto", con l'aiuto delle guide locali e dei loro dromedario. Provate l'ospitalità dei Beduini e attraversate le pianure e le gole di arenaria di questi territori desertici e delle oasi, tra cui ci sono i leggendari punti

A FIANCO: **I dromedari proseguono il loro cammino nel deserto con le piramidi sullo sfondo.**
SOPRA: **Una feluca naviga lungo il Nilo.**

Mongolfiere sorvolano la sponda occidentale e le montagne tebane nei pressi di Luxor e della Valle dei Re.

di sosta dei pellegrini cristiani e musulmani diretti al Monte Sinai e alla Mecca. Passate in mezzo a frutteti di melograni e albicocchi piantati dai primi Cristiani e oggi curati dai Beduini. Scoprite le rocce dipinte di blu brillante del Deserto Blu, che formano un contrasto con le emblematiche montagne di roccia rossa del Sinai come un artistico simbolo di pace.
Seguite le orme del profeta biblico Mosè e dei pellegrini che nei secoli sono saliti alla vetta di granito del Monte Sinai, a 2285 m di altezza, coronata da una cappella e da una moschea (individuate le incisioni sulle rocce lasciate dai Crociati nel XIII secolo lungo la via). Programmate una visita al Monastero di Santa Caterina sulle prime pendici della montagna, un sito Patrimonio dell'Umanità UNESCO considerato sacro nel Cristianesimo, nell'Islam e nell'Ebraismo. Si dice che qui Mosè abbia visto il rovo ardente di Dio. Anche numerosi scalatori raggiungono questo luogo storico per arrampicarsi sulle sue pareti rocciose.

Sabbie del Deserto Occidentale

Il Deserto Occidentale del Sahara si estende dal Nilo a ovest della Libia e dalla costa del Mediterraneo fino al Sudan a sud. Fate una gita in dromedario o in jeep tra le grandi dune e gli uidian, e visitate l'affascinante Deserto Bianco, un paesaggio surreale fatto di gesso bianco e picchi cristallini, e i coni vulcanici del vicino Deserto Nero. Noleggiate un taxi-carretto trainato da un asino per esplorare una delle oasi del deserto, come l'insediamento di Siwa, con le sue sorgenti naturali, le distese di sale e le fortezze di mattoni d'argilla. Per un'esperienza adrenalinica nel territorio desertico, provate lo sport emergente del surf tra le dune nel Grande mare di sabbia dell'Egitto occidentale. Rivolgetevi a un tour operator e scivolate lungo le immense dune alla velocità della luce, ammirando il paesaggio ondulato.

DA NON PERDERE

- Viaggiare lungo il Nilo a bordo di una tradizionale feluca.
- Fare immersione e snorkeling lungo la costa del Mar Rosso.
- Nuotare con i delfini nelle acque di Hurghada e con grandi tartarughe verdi e dugonghi nella laguna di Abu Dabbab.

OSSERVARE LA FAUNA SELVATICA IN AFRICA

1 BWINDI, UGANDA

Il Parco nazionale impenetrabile di Bwindi è formato da 32.375 ettari di giungle montane piene di umidità, habitat ideale dei gorilla. Per salvaguardare la foresta più antica dell'Uganda, le escursioni per osservare i gorilla sono limitate a otto persone per ogni gruppo di gorilla al giorno. Potrete così vedere gli scimpanzé e gli elefanti delle foreste in un contesto meno affollato.

2 BASSO ZAMBESI, ZAMBIA

Uno dei modi migliori per visitare lo Zambesi è fare un safari spostandosi lungo il fiume per vedere rinoceronti, bufali, antilopi, spatole, martin pescatori di fiume ed elefanti. La "Zambia Private Expedition" di 11 giorni di National Geographic prevede escursioni in canoa, gite a bordo di barche fluviali e battute di pesca.

3 RISERVA SPECIALE DZANGA-SANGHA, REPUBBLICA CENTRAFRICANA

La Riserva speciale Dzanga-Sangha, che ospita la seconda foresta pluviale più grande del mondo, propone la raccolta di piante medicinali con i nomadi Aka e l'osservazione della caccia tradizionale degli Aka con le reti. Una piattaforma elevata all'interno della riserva permette ai visitatori di vedere più di 75 elefanti che si radunano per sorbire i sali minerali a Dzanga Bai.

4 PARCO NAZIONALE DEL TARANGIRE, TANZANIA

I visitatori fortunati che viaggiano lungo il fiume Tarangire a settembre e ottobre a volte possono vedere più di 1000 elefanti in un solo giorno, oltre a gnu, zebre, giraffe, impala, antilopi alcine, facoceri e bufali.

5 RISERVA NAZIONALE DI MASAI MARA, KENYA

Poche altre mete turistiche in cui fare safari reggono il confronto col fiume Mara, soprattutto durante la migrazione annuale, quando migliaia di gnu e zebre si uniscono ai cinque grossi abitanti della riserva, ossia i leoni, gli elefanti africani, i bufali neri, i leopardi e i rinoceronti.

6 PARCO NAZIONALE DI ZAKOUMA, CIAD

Il Parco nazionale di Zakouma, nel Ciad, in una posizione ideale appena sotto il Sahara e sopra la foresta pluviale, è un misto di tradizioni nomadi e cultura islamica, eccezionale fauna selvatica e ammirevole salvaguardia degli animali, al di fuori dei soliti itinerari. Zakouma ospita tiang, alcelafi, struzzi, leopardi, leoni, rinoceronti neri reinseriti di recente e la più grande popolazione di giraffe del Kordofan, in via di estinzione. Un tempo cacciati a migliaia, i branchi di elefanti del parco sono oggi tra i più numerosi in Africa.

7 MANA POOLS, ZIMBABWE

Mentre in molti safari africani non è permesso scendere dai veicoli, i parchi nazionali dello Zimbabwe consentono ancora escursioni a piedi, con la possibilità di osservare elefanti, antilopi alcine, leopardi, babbuini e leoni a volte a pochi metri di distanza. Andate alla ricerca di rinoceronti e di antiche pitture rupestri nelle Matobo Hills. Oppure proseguite verso il Mana Pools National Park partecipando a un safari di più giorni in canoa, addormentandovi cullati dai versi degli ippopotami e delle iene irrequiete.

8 DELTA DELL'OKAVANGO, BOTSWANA

Rifugio caratterizzato da grande biodiversità per alcuni degli animali di grossa taglia ad altissimo rischio di estinzione, come ghepardi, rinoceronti, licaoni e leoni, il delta dell'Okavango è l'ecosistema formato da paludi d'acqua dolce più grande del mondo. Cavalcate accanto alle giraffe selvatiche e agli gnu insieme alle guide dell'Okavango Horse Safari. Fondato nel 1986, l'Okavango limita i gruppi a otto escursionisti per volta.

9 RAS ABU GALUM, PENISOLA DEL SINAI, EGITTO

Le aspre montagne lasciano il posto a dune di sabbia, spiagge di ghiaia e acque turchesi che ospitano barriere coralline, barracuda, tartarughe marine, pesci palla, pastinache a macchie blu e pesci scorpione. Pernottate negli accampamenti insieme alle famiglie beduine locali, fate immersioni notturne e tenete gli occhi aperti per scorgere procavie, volpi di Rüppell, iene striate, serpenti e lucertole.

10 FORESTA DI KIRINDY, MADAGASCAR

L'80 per cento degli animali avvistati durante un safari in Madagascar non sono visibili in nessun'altra parte del mondo. Questi comprendono più di 100 specie di uccelli e i lemuri (tra cui gli indri, i sifaka e gli aye-aye). Dopo una nuotata con gli squali a Nosy Be e dopo aver esplorato i fiumi sotterranei di Ankarana passando davanti ai coccodrilli, partecipate a un safari notturno nella foresta di Kirindy per vedere i *Phaner* e i furtivi fossa, i carnivori più grandi del Madagascar.

A FIANCO: Un maschio e una femmina di giraffa incrociano il collo presso il Chief's Camp, in Botswana.
SOPRA: Un incontro fortunato con i leoni durante un safari nella Riserva nazionale di Masai Mara.

MAROCCO

IL MEGLIO DI MARRAKECH

Una città di palazzi con bellezze naturali che attendono di essere scoperte.

Il Marocco è famoso per essere caratterizzato da una varietà di tradizioni, religioni e paesaggi. A Marrakech, il suo principale centro economico pullulante di vita, è possibile vedere tutto questo in una volta.

È una città di leggende, oggi più che mai. Vecchia città imperiale risalente al XII secolo, ospita moschee, palazzi e giardini; inoltre, da qui, con una gita in giornata si possono raggiungere i monti dell'Atlante. Spesso soprannominata "città rossa" per i suoi edifici in argilla battuta, costruiti al tempo degli Almohadi (una dinastia berbera di fede musulmana), è davvero una meraviglia da vedere. Dentro la città e nei dintorni, potrete esplorare un allettante labirinto di suq secolari, gustare una cucina i cui sapori derivano da un misto unico di tradizione africana, mediorientale ed europea, oppure rilassarvi sdraiati accanto a una piscina circondata da palme.

A Marrakech c'è un po' di tutto: mercati vivaci, animali selvatici da vedere, parchi naturali e bagni pubblici, per citare solo alcune attrattive. Questo fa della città una meta ideale per i viaggiatori che desiderano qualcosa un po' fuori dall'ordinario. Per gli avventurieri, ci sono discese libere poco oltre i confini della città. Per chi ama la cultura, siti storici come Dar el Bacha e il mercato delle spezie del Mellah offrono uno spaccato di storia. Gli amanti dello shopping invece non avranno problemi a trovare mercati per riempire le loro valigie con souvenir caratteristici. Marrakech ha tutto ciò che desiderate, e anche di più.

Consigli di viaggio

QUANDO ANDARE: L'estate può essere soffocante e l'inverno piovoso. È preferibile andare in autunno (ottobre e novembre) o in primavera (maggio e aprile), quando ci sono temperature più miti e belle giornate.

ORGANIZZAZIONE: Nella zona si sta lavorando per combattere lo sfruttamento di animali come i macachi, i serpenti, gli asini e i cavalli. Fate la vostra parte: non fotografate gli animali e ricordatevi di visitare rifugi come Jarjeer Mules.

SITI WEB: jardinmajorelle.com/ang/; jarjeer.org; nationalgeographic.com/expeditions

Scarpe colorate in vendita in un grande bazar.

COSA FARE

Cavalcare i dromedari nel deserto

Fare un giro in dromedaro è molto comune a Marrakech, ma scegliete saggiamente a chi rivolgervi. Per un'esperienza etica, visitate un accampamento del deserto di Agafay dove i proprietari non sfruttano il turismo di massa e si prendono cura dei loro animali. Qui non troverete dune di sabbia ondulata, ma non ne sentirete la mancanza con l'Alto Atlante e il panorama del deserto di pietra sullo sfondo. Durante la vostra escursione, potreste incontrare muli, pecore e capre.

Parco nazionale di Toubkal

Fuori Marrakech, il Parco nazionale di Toubkal ospita la montagna più grande del Nordafrica, oltre ad altre sette cime. In inverno aspettatevi un clima che cambia rapidamente con temperature che scendono sotto lo zero e forti nevicate. In questo periodo potete sciare a Oukaimeden. Nei più caldi mesi estivi fate una piccola escursione lungo i sentieri punteggiati di cascate o prendete una guida per qualche giorno per raggiungere la cima del Monte Jbel Toubkal a 4167 m di altezza. Macachi, gazzelle e cinghiali spesso saltano fuori in queste zone, perciò tenete gli occhi bene aperti.

La Medina di Marrakech

L'intera medina di Marrakech è un sito Patrimonio dell'Umanità UNESCO che vanta varie caratteristiche architettoniche e artistiche come il Palazzo El Bahia (costruito nel tardo XIX secolo), la Moschea della Kutubiyya (terminata nel 1199) e le Tombe Sa'diane, scoperte nel 1917 e risalenti al sultano Ahmad al-Mansur.
Mentre ha avuto un ruolo storico importante nello sviluppo urbano medievale, la Medina oggi esiste come un esempio dello stile di vita marocchino tradizionale. Camminando per le strade e i vicoli, i visitatori di Marrakech possono osservare la vita come si svolgeva secoli fa.

Esplorare la città di notte

La vita notturna di Jamaa el Fna è un'esperienza caratteristica da provare a Marrakech. La piazza un tempo era il centro di scambio di carovane che attraversavano il Sahara. I visitatori di oggi vi trovano musicisti, stand gastronomici, incantatori di serpenti e, ovviamente, negozi. Detestate i posti affollati? Recatevi in uno dei bar sui tetti degli edifici della piazza prima del crepuscolo per vedere il sole tramontare, ma anche per osservare il viavai sottostante senza dover stare in mezzo alla folla.

Uscire dai soliti itinerari

Invece di scontrarvi con le folle di visitatori dei famosi Giardini Majorelle, uscite dalla città e andate ai Giardini Anima, dove la flora e la fauna locale si mescolano con sculture moderne e poche persone con cui contendersi lo spazio. Ogni scultura è stata inserita nel paesaggio naturale dopo un attento studio. Una caffetteria in loco offre cibi e bevande quando è ora di fare una pausa.

Un'esperienza caratteristica

Visitate un hammam: il tradizionale bagno pubblico marocchino è assolutamente da provare. Verrete strofinati dalla testa

A FIANCO: **Il cortile riccamente decorato della Madrasa di Ben Youssef.** SOPRA: **La Valle di Asni si trova nella catena montuosa dell'Atlante, poco oltre Marrakech.**

ai piedi con un sapone fatto di noccioli di olive frantumati, un guanto per esfoliare e una gran quantità di acqua calda. Che vogliate provare un centro benessere di lusso o preferiate una versione di quartiere, gli hammam si trovano dappertutto. È una parte autentica della cultura marocchina che ha continuato a esistere nel corso dei secoli.

Immergersi nella Storia

Visitate Dar el Bacha, un tempo dimora di Thami el Glaoui, sultano di Marrakech, e oggi un museo con mostre temporanee incentrate su temi come la coesistenza delle fedi religiose nella regione del Mediterraneo. In alternativa, uscite dalla città per raggiungere la Moschea di Tin Mal vicino al villaggio di Ouirgane. Questa moschea risalente al XII secolo è il luogo in cui la dinastia Almohadi ha iniziato la conquista di Marrakech. In seguito è diventata il centro spirituale e artistico della nuova capitale.
A Marrakech, vale la pena visitare l'area di Mellah, restaurata di recente, che un tempo era il quartiere ebraico. Fermatevi al mercato delle spezie di Mellah per acquistare dei souvenir gustosi. Potete anche visitare la Sinagoga Slat Al Azama per conoscere un po' meglio la lunga storia ebraica del Marocco.

Fate festa insieme alla gente del posto

Si ha spesso la sensazione che ci sia sempre qualche evento a Marrakech, perciò vale davvero la pena controllare il programma degli eventi in città prima di prenotare il viaggio. Uno dei festival più recenti è l'Oasis Festival, che si tiene appena fuori Marrakech. Se amate la musica e vi piace ballare, visitate la città a metà settembre quando ha inizio questo festival di tre giorni. DJ e musica dal vivo, oltre a champagne e shisha bar, ottimo cibo e un centro benessere in loco animano questo evento sotto il sole marocchino.

DA NON PERDERE

- **Esplorare luoghi, odori e sapori degli animati suq della città.**
- **Trovare sollievo nella natura appena fuori dai confini della città nel Parco nazionale di Toubkal.**
- **Visitare una moschea del XII secolo per scoprire la particolare storia della città.**

Una moltitudine di gente si riunisce al tramonto a piazza Jemaa el Fna.

BOTSWANA

OTTO AVVENTURE IN BOTSWANA

Formazioni geologiche particolari, artigianato tradizionale e cieli stellati vi aspettano in questa località turistica africana.

Il Botswana è un territorio unico, che ospita pianure di sale, baobab e un ricco patrimonio culturale portato avanti dagli artigiani locali. Prima di partire per uno dei safari del Paese, scoprite le altre attrazioni della zona: i solitari territori incontaminati di Kubu Island, gli oggetti d'artigianato nei mercati di Maun, la pesca con la mosca, le bellezze del cosmo viste dalle pianure di sale di Makgadikgadi e il vivace panorama artistico locale di due musei della capitale. E poi c'è il delta dell'Okavango, l'orgoglio del Botswana e una riserva faunistica ideale: una rete estesa di pianure alluvionali e lagune scintillanti quasi del tutto prive della presenza umana. Scoprite la regione con escursioni a piedi e safari in fuoristrada 4x4 con tettuccio apribile e in *mokoro* (canoe scavate in un tronco), cercando specie rare e in via di estinzione, tra cui i licaoni e gli gnu striati. Terminate la vostra visita esplorando le tonanti Cascate Vittoria con una guida privata. In Bostwana, il Parco nazionale del Chobe dà asilo a più elefanti di qualsiasi altro parco faunistico dell'Africa, insieme a enormi mandrie di bufali e branchi di zebre e antilopi. Dormite al Zarafa Camp, un National Geographic Unique Lodge situato nella Selinda Reserve, dove potreste sentire i leoni ruggire fuori dalla vostra tenda. Dopo che avrete fatto il pieno di incontri con gli animali selvatici, visitate l'estremità nordoccidentale dell'Okavango per scoprire antiche pitture rupestri nelle colline di Tsodilo, alcune delle quali risalgono a un periodo compreso tra l'800 e il 1300 d.C.

Consigli di viaggio

QUANDO ANDARE: Il periodo migliore per visitare l'Okavango va da giugno a settembre. Visitate gli accampamenti quando sono più asciutti, da marzo a maggio. Alcuni lodge chiudono nel periodo di bassa stagione, da dicembre ad aprile. Il periodo da luglio a ottobre registra il maggior numero di visitatori.

ORGANIZZAZIONE: Visitare il Botswana può essere un'esperienza costosa. I prezzi sono alti per consentire di proseguire gli sforzi per la conservazione. Anche se ci sono delle opzioni economiche, preparatevi a spendere, specie nella zona del delta dell'Okavango.

SITI WEB: nationalgeographic.com/expeditions; wilderness-safaris.com; kubuisland.com

Una donna intreccia un cesto a Shorobe.

COSA FARE

Isola deserta

Nel Botswana si trovano formazioni geologiche particolari, tra cui un affioramento di massi e baobab in un mare di sabbia. Nota localmente come Lekhubu, un tempo Kubu Island si trovava in un grande lago che copriva gran parte delle saline di Makgadikgadi. Gli abitanti locali sorvegliano il sito dove gestiscono anche un campeggio per viaggiatori che possono fare dei tour guidati a piedi in questo luogo incontaminato. Il Kubu Island National Monument si trova anche sulla strada di quattro grandi campeggi e riserve naturali del Botswana, perciò vale la pena fermarsi a visitarlo lungo il tragitto.

Oggetti artigianali intrecciati

I tradizionali cesti del Botswana sono celebri per il loro disegni e l'intreccio stretto. Per completare un solo cesto possono essere necessarie anche delle settimane. Alcuni dei cesti più belli, realizzati con giovani foglie della palma mokolwane, si possono trovare nei negozi di oggetti d'artigianato di Maun, un centro turistico della zona.

Pesca con la mosca

Quando le acque del delta dell'Okavango si ritirano a settembre, gli appassionati di pesca con la mosca esultano. Enormi pesci gatto si radunano tra le canne di papiro, colpendo l'acqua con la coda per stordire i pesci foraggio: un'azione che attira gli energici pesci tigre golia che a loro volta offrono ai pescatori un'esaltante esperienza di *catch and release*.

Notte stellata

Le notti del Botswana sono accompagnate da uno spettacolo cosmico. Gli ospiti del San Camp, vicino alle pianure di sale del Parco nazionale Makgadikgadi Pans, possono ammirare una Via Lattea che risalta in un cielo privo di inquinamento luminoso. Di notte i visitatori della riserva privata di Mashatu possono approfittare l'oscurità del cielo per partecipare a safari alla ricerca di animali notturni, come i caracal, facendosi luce con i fari delle auto o le torce elettriche.

Delta dell'Okavango

Il delta dell'Okavango è il delta interno più grande del mondo, nonché un sito Patrimonio dell'Umanità UNESCO. Il Duba Explorers Camp una volta era una stazione di ricerca e faceva da sfondo ai documentari naturalistici degli esploratori Dereck e Beverly Joubert che collaborano con National Geographic. National Geographic Expeditions propone un safari presso il campo per osservare elefanti, bufali e antilopi nella savana.

Paradiso artistico

Al Thapong Visual Arts Centre di Gaborone, la capitale del Bostwana, troverete opere d'arte che rappresentano il patrimonio culturale del Paese, la fauna selvatica e altro. Il centro ospita dei workshop e presenta uno studio che può essere usato dagli artisti locali e da quelli in visita. Qui vicino, sempre nella capitale, troverete anche il National Museum and Art Gallery, che espone le proprie collezioni di oggetti d'arte del Botswana.

Forza al pedale

Volete fare del bene mentre pedalate per mantenervi in forma? Partecipate all'annuale Tour de Tuli, un'avventura in mountain bike di cinque giorni e 300 km. Il giro attraversa il Tuli Block, che collega il Botswana, lo Zimbabwe e il Sudafrica. Le vostre pedalate servono a sostenere Children in the Wilderness, un'associazione che gestisce dei programmi per stimolare e formare la nuova generazione di leader della conservazione. Il tour è limitato a 350 ciclisti, più 150 ciclisti che fanno parte del personale di supporto, perciò prenotate il vostro posto per tempo.

Nel regno dei pachidermi

Nel Parco nazionale del Chobe vive una delle maggiori popolazioni di elefanti dell'Africa, che migra a seconda della stagione tra le pianure alluvionali e le saline. Per vedere bene gli elefanti, visitate la regione del fiume Chobe a ottobre. Gli ospiti del Chobe Game Lodge si riuniscono sul pontile di legno del lodge per osservare queste enormi creature, oltre alle zebre e ad altri animali.

DA NON PERDERE

- Scoprire la meraviglia delle pianure di sale di Makgadikgadi.
- Conoscere un'arte vivace, dai musei locali ai cesti intrecciati a mano.
- Guidare lungo il delta dell'Okavango, un sito Patrimonio dell'Umanità UNESCO.

A FIANCO: **Degli elefanti africani attraversano le pianure del Parco nazionale del Chobe.**
SOPRA: **Un ciclista partecipa al Tour de Tuli che attraversa la Northern Tuli Game Reserve.**

TANZANIA

TANZANIA LEGGENDARIA

Il ciclo della vita dal Serengeti a Selous.

Con alcune delle più alte concentrazioni di animali di grossa taglia del continente, la Tanzania è un paradiso per chi ama osservare la fauna selvatica: qui la natura offre uno spettacolo indimenticabile. Praterie e foreste di miombo offrono riparo a tutti i "Big Five" (rinoceronti, elefanti, bufali, leoni e leopardi), i cinque grandi animali dell'Africa, oltre che a innumerevoli altre creature, da ippopotami e licaoni a zebre e giraffe. Per vederli tutti e osservare i loro comportamenti naturali come il momento della caccia, occorrono guide esperte, tanta pazienza e un po' di fortuna. Due giorni di safari non sono mai uguali.

Il nome del Serengeti deriva da una parola Masai che significa "pianura infinita", e infatti è così. L'enorme savana è al centro di un ecosistema che occupa 30.000 km^2 nella Tanzania settentrionale e nel Kenya meridionale, cioè all'incirca un'area grande quanto il Belgio. Le sue caratteristiche praterie attirano tantissime persone nel periodo della migrazione degli gnu, ma la ricca fauna selvatica del più tranquillo Selous, più a sud, è sparpagliata per chilometri. È una delle più grandi aree naturali rimaste in tutta l'Africa, due volte più grande rispetto al Parco nazionale del Serengeti, ma riceve meno della metà dei suoi turisti. Entrambi i parchi si sono guadagnati il titolo di Patrimonio dell'Umanità UNESCO per l'importanza della loro incredibile biodiversità. Invece di scegliere tra i due, optate per un memorabile safari che li comprenda entrambi.

Consigli di viaggio

QUANDO ANDARE: È più facile vedere gli animali da giugno a ottobre e da gennaio a marzo, quando il clima è più secco, la vegetazione è diradata e la carenza di acqua obbliga gli animali a radunarsi. Alcuni lodge sono chiusi ad aprile e a maggio.

ORGANIZZAZIONE: La grande migrazione ritorna al Serengeti a fine ottobre e a inizio novembre, seguita dalla nascita di mezzo milione di piccoli gnu tra gennaio e marzo. Tenete d'occhio gli spostamenti con l'app Discover Africa's HerdTracker.

SITI WEB: discoverafrica.com/herdtracker; serengeti.com; tanzaniaparks.go.tz; tanzaniatourism.go.tz

Un leopardo fissa il fotografo da un albero nel Parco nazionale del lago Manyara.

ITINERARIO DI 8 GIORNI

Giorno 1
L'emblematico Parco nazionale del Serengeti è il palcoscenico principale della più grande migrazione terrestre del mondo. Ogni anno, enormi mandrie di gnu e di zebre inseguono la piogge e quindi l'erba fresca e le pozze piene d'acqua che queste si lasciano dietro. Per tutto l'anno altri animali, tra cui giraffe, leoni, decine di specie di antilopi e centinaia di uccelli, dagli struzzi alle aquile, condividono un paesaggio punteggiato di acacie e meravigliosamente privo di linee elettriche o recinzioni. Nella Valle di Seronera, nella parte centro-meridionale, fate un safari di prima mattina e nel tardo pomeriggio, quando gli animali sono più attivi.

Giorno 2
Sorvolate tutto il parco in mongolfiera all'alba. La vista aerea mozzafiato è già una ricompensa sufficiente, ma permette anche di scorgere più facilmente i branchi di grandi animali. Nel pomeriggio, quando molti animali sono meno attivi, ritornate all'ingresso del parco per informarvi sulle ricerche scientifiche condotte all'interno e nei dintorni della riserva. Il Serengeti Wildlife Research Center è la sede centrale di molti progetti di ricerca sulla fauna della Tanzania e sui continui studi che riguardano il conflitto uomo-elefante, la salvaguardia del licaone e l'osservazione di specie importanti come le iene, i ghepardi e i leoni. Ritornate al vostro lodge per riposare, perché vi aspetta una notte emozionante. Il vicino Manyara è l'unico parco nazionale della Tanzania che permette i safari notturni e voi non vorrete perdere l'occasione di farne uno. Assistete al turno serale del Serengeti, mentre esaminate l'erba alta, gli alberi e i cespugli in cerca di occhi scintillanti. La notte è il momento migliore per vedere leopardi, oritteropi, porcospini e galagoni.

Giorno 3
Cercate le giraffe e i babbuini mentre vi dirigete verso il Simba Kopje, un alto affioramento roccioso dove i leoni vanno a riposare. Nelle vicinanze, gli stagni sono pieni di ippopotami e di fenicotteri.
Nel pomeriggio fermatevi all'Oldupai Gorge Museum sulla via per l'Area di conservazione di Ngorongoro che confina con il parco. I paleoantropologi Louis e Mary Leakey scoprirono dei reperti che testimoniavano la presenza di alcuni dei nostri primi antenati umani in questa zona. Il museo espone i loro ritrovamenti e illustra l'importanza della regione per lo studio delle origini e dell'evoluzione dell'essere umano. Fate un'escursione nella Gola di Olduvai, lunga 14 km, per visitare i siti archeologici, oppure proseguite verso Laetoli, a due ore e mezza di viaggio a sud-ovest. In questo sito, i tour gestiti dal Dipartimento delle Antichità vi portano a visitare la zona dove negli anni Settanta sono state ritrovate delle impronte risalenti a 3,6 milioni di anni fa, che testimoniano la presenza di alcuni dei primi ominidi a possedere un'andatura eretta. Poi visitate le Shifting Sands, una stupefacente duna antica di cenere magnetica che continua ad avanzare lentamente nella savana da secoli.

Giorno 4
Scendete in auto nella caldera del Ngorongoro, una delle caldere vulcaniche intatte più grandi del mondo. Il suo bordo, alto 610 m e coperto di vegetazione, protegge all'interno dei suoi 264 km² una varietà di fauna selvatica, comprese popolazioni di elefanti molto numerose e facili da vedere, leoni, ghepardi e iene. Entro i confini della caldera vive anche una crescente popolazione di rari rinoceronti neri, che sono stati eliminati dal Serengeti dai bracconieri. Il Ngorongoro è dunque uno dei luoghi migliori per trovare e fotografare questi animali. Successivamente, fate un salto in un *boma* dei Masai per capire come fanno le loro comunità rurali a coesistere con gli animali presenti nell'area protetta.

Giorno 5
La mattina presto prendete un volo per l'aspro Ruaha, un parco nazionale enorme, remoto e raramente visitato, situato nello stesso "Circuito meridionale" in cui si trova il Selous a est. Qui troverete alcune delle più alte concentrazioni di elefanti di tutta l'Africa orientale. Inoltre questa è l'unica area protetta della Tanzania in cui è possibile vedere il cudù maggiore dalle corna a spirale.
A differenza del Serengeti, i safari si svolgono su dolci colline punteggiate da altissimi baobab e in mezzo ai boschi di miombo, dove vivono l'antilope nera e l'antilope roana. Il Parco nazionale del Ruaha offre persino più occasioni di vedere i ghepardi e grandi branchi di leoni, soprattutto intorno al suggestivo fiume Ruaha.

A FIANCO: Un arcobaleno sulla caldera del Ngorongoro, un sito Patrimonio dell'Umanità UNESCO in Tanzania. SOPRA: Un ranger segue una giraffa che attraversa la strada.

Le zebre si chinano a bere nella caldera del Ngorongoro.

Giorno 6

Scoprite che cosa il mattino ha in serbo per il vostro ultimo safari nel Ruaha, poi raggiungete in volo la Riserva faunistica del Selous, una delle aree protette più grandi e antiche di tutta l'Africa. Rilassatevi presso le sorgenti termali naturali, poi partite per un safari serale in barca, lungo il fiume Rufiji, linfa vitale di questa enorme riserva, che si piega e si divide per alimentare cinque laghi tranquilli. Mentre passate in barca, potete avvistare molti animali, tra cui numerosi ippopotami, elefanti che fanno il bagno, coccodrilli e 440 specie di uccelli. Verso l'ora del tramonto, guardatevi intorno in cerca dell'affascinante civetta pescatrice di Pel, dal color rossiccio e mangiatrice di rane.

Giorno 7

Parte del Selous è destinata alla caccia grossa, ma il bracconaggio è ancora un problema serio nella zona. In questa regione meno visitata, i soldi dei turisti vengono versati per la sua salvaguardia. Per scoprire perché è così importante, uscite per scoprire una nota positiva del parco: i licaoni. Perseguitati come spazzini e condannati dall'intrusione umana, solo 5000 di questi canidi nomadi gregari sono rimasti in Africa. Si stima che oltre il 12 per cento della popolazione di questa specie viva nel Selous. La riserva è anche il posto giusto per vedere i rinoceronti neri. La sera, fate una passeggiata fino a un campeggio isolato per il *fly camping*.

Giorno 8

Alzatevi presto per una passeggiata mattutina. Questa esperienza istintiva vi farà entrare a contatto con il territorio in un modo diverso rispetto ai safari in jeep e in barca: il modo perfetto per concludere il vostro viaggio. Imparate dalle guide esperte come distinguere le orme, gli escrementi e i richiami degli uccelli, mentre nel frattempo osservate le grandi figure che si aggirano nel paesaggio: bufali, elefanti e giraffe. Imprimete tutto questo nei vostri ricordi.

DA NON PERDERE

- **Immergersi in alcuni degli ultimi ecosistemi in cui vivono i grandi mammiferi selvatici.**
- **Provare il brivido di vedere dei predatori da vicino.**
- **Sedersi sotto le stelle e addormentarsi ascoltando il ringhio e i grugniti degli animali africani.**

Un safari in autonomia in Sudafrica

di J. Maarten Troost

MI FA MALE AMMETTERLO ORA, ma per molti anni ho vissuto nell'illusione che solo le persone molto ricche potessero permettersi un safari africano. La mia strategia preferita per accumulare ricchezze (la lotteria) doveva ancora dare i suoi frutti, e qualche volta mi chiedevo se avrei mai visto un leone fuori da uno zoo. Fortunatamente mi sbagliavo di grosso.

"Pensi che i Sudafricani paghino migliaia di dollari a sera per vedere un elefante?", mi aveva chiesto una volta una mia amica. Aveva vissuto a Città del Capo per molti anni e sapeva di cosa stava parlando. "Se davvero vuoi andare a fare un safari, viaggia come uno del posto. Noleggia un'auto economica e guida tu".

Cosa che mi sono ritrovato a fare nella città di Mkuze nel KwaZulu-Natal, in Sudafrica. Ho preso un volo per Durban, dove ho noleggiato l'auto meno cara che sono riuscito a trovare: una Ford Fiesta.

Il viaggio istintivo è il viaggio migliore ovviamente. Ciò che ogni turista desidera è provare stupore e meraviglia, e per questo non c'è niente di meglio che affidarsi alla sorte. Mentre seguo la mia rotta in direzione nord su una tranquilla strada statale a due corsie, noto i grandi cambiamenti del paesaggio, da campi di canna da zucchero fuori Durban alle dolci colline del Bushveld e alla savana del folclore africano.

Dopo aver fatto il check-in per la mia stanza, cammino verso l'acqua. Un gruppo di cercopitechi verdi scorrazza per il prato. I colori iniziano a fondersi nel cielo, con strisce ardenti color cremisi che si uniscono allo spazio azzurro sempre più scuro. Vado verso un molo che si allunga invitante sull'acqua. Perfetto, penso. Ecco dove guarderò l'alba. E in quel momento noto un cartello: "Attenti ai coccodrilli".

SOTTO: **Un elefante africano visto allo specchietto laterale di una macchina.**
A FIANCO: **Due ghepardi si arrampicano su un albero al Parco nazionale Kruger.**

Su serio? Che faccio? Dovrei fare rumore o muovermi silenzioso? Mi muovo in punta di piedi verso la fine del molo, coi sensi attenti a ogni increspatura, ogni fruscio d'erba, quando tutt'a un tratto a circa 18 m da me c'è un'esplosione nell'acqua: un ippopotamo si muove in superficie, spalanca la bocca con le fauci piene di denti che emanano bagliori minacciosi. Resto sbalordito mentre guardo quello che molti considerano l'animale più pericoloso dell'Africa che rutta a pochi passi dalle mie gambe tremanti. Penso alla Ford Fiesta.

"Allora, che faccio se incontro un rinoceronte nel parco?". Sto parlando con Jean, una guida esperta che accompagna nei safari, originaria del Botswana, che si è trasferita qui 20 anni fa. "Il problema dei rinoceronti", mi dice chinandosi verso di me con fare cospirativo, "è che sono quasi ciechi. Perciò ovunque vai, non fermare la macchina sopra un mucchio di cacca di rinoceronte. Un rinoceronte potrebbe scambiarti per un altro suo simile. Si sentirebbe sfidato".

Il Parco di Hluhluwe-Imfolozi, il vecchio terreno di caccia dei re Zulu, è la riserva di caccia più antica dell'Africa.

Vedo più di una decina di altri veicoli. Mentre entro piano, la prima creatura che incrocio è una piccola zebra che succhia dal capezzolo della madre. Oh, penso, è come un film Disney. È in quel momento che appare il serpente. Attraversa strisciando la strada stretta.

A FIANCO: **Un leone si rilassa all'ombra nel Parco nazionale Kruger.**
SOPRA: **Non avete bisogno di una Land Rover per incontrare le giraffe e la grande fauna africana.**

Purtroppo non so dirvi che tipo di serpente fosse perché ho dovuto accostare e fare dei respiri profondi.

Il parco è un aspro territorio misto di colline ripide coperte di vegetazione e intervallate di vaste savane. Poi, attraverso una radura, vedo due rinoceronti neri. Mi fermo, controllando di scegliere un posto senza alcun genere di bisogni di animali, esultando per aver trovato il primo dei Big Five.

Attraverso il Regno di eSwatini, un sorprendente paese montano, su quella che si rivela la via più diretta per il Parco nazionale Kruger di 19.943 km^2. Inizio a sentirmi a mio agio nella mia macchina. Forse troppo. Accosto in un punto vicino al fiume Sabie. Una coppia di Sudafricani a bordo di un SUV segnato dalle intemperie sta fissando attentamente qualcosa al binocolo.

"È un leone", mi informa l'uomo. " Vuoi dare un'occhiata?". Sì. Sì, lo voglio. Scendo dall'auto e allungo la mano per prendere il binocolo. Lì, a una breve distanza dall'altra parte del fiume, c'è un leone, un maschio con una criniera da rock star che improvvisamente si solleva di scatto alla vista di un umano che cammina libero nel suo territorio. "Ti conviene tornare dentro l'auto", mi dice l'uomo quando gli restituisco il binocolo. Sembra la cosa più saggia da fare e, mentre mi sistemo nella Fiesta, mi gira la testa.

Do dei colpetti sul volante. Grazie, macchinina.

• *J. Maarten Troost è autore di numerosi libri, tra cui* Headhunters on My Doorstep.

NAMIBIA

SAFARI ESTREMO IN NAMIBIA

Un giro fantastico nel Paese africano dal grande cielo.

È facile sentirsi piccoli in Namibia. Con centinaia di chilometri ininterrotti tra un insediamento umano e l'altro, è uno dei Paesi meno popolati al mondo. Persino gli animali in questo spazio infinito sono sparsi e diversi. I coleotteri che catturano l'umidità "sbarcano il lunario" sulle sabbie mobili, gli elefanti che vivono nel deserto sembrano più grandi dei loro parenti della savana, e le robuste popolazioni di rinoceronti e leoni che si sono adattati a vivere nel deserto hanno zampe più lunghe e la pelle più spessa.
Il deserto del Namib è arido da 55 milioni di anni, con temperature regolate dall'acqua fredda e ricche sostanze nutritive che provengono dalla costa, creando contrasti visivi e viscerali. Le dune rosse cadono nel mare verdeazzurro e le montagne frastagliate spuntano in mezzo a pianure aperte. Le pozze d'acqua nei parchi dell'entroterra brulicano di uccelli, antilopi, predatori e grandi animali, mentre la costa è disseminata di scheletri di cetacei, relitti arrugginiti di navi dimenticate, e avamposti minerari abbandonati da tempo e reclamati dalla sabbia. Con una tale vastità del nulla e il "tira e molla" tra la vita e la morte, la Namibia sembra un luogo senza tempo. Le condizioni di aridità hanno conservato magnificamente antiche pitture rupestri, impressioni di un'epoca di cui è rimasta l'impronta nelle montagne dell'entroterra, all'incirca al tempo in cui venivano costruite le piramidi egizie; e le piante, come la rara *Welwitschia mirabilis*, crescono così lentamente che sembrano vivere per sempre.

Consigli di viaggio

QUANDO ANDARE: L'arida Namibia è molto secca in inverno (giugno-ottobre), periodo migliore per osservare la fauna selvatica e cieli notturni.

ORGANIZZAZIONE: Nella stagione secca occorre prenotare in anticipo, il prima possibile, le escursioni nel parco d'Etosha e in altri parchi faunistici. Portate con voi crema idratante e burrocacao per contrastare l'aria secca del deserto, e vestiti in previsione di temperature che possono variare da afose di giorno a gelide di notte.

SITI WEB: joesbeerhouse.com; namibrand.com; balloon-safaris.com; savetherhinotrust.org; etoshanationalpark.co.za

Due bambini corrono giù per le dune di Sossusvlei.

ITINERARIO DI 9 GIORNI

Giorno 1
Arrivate a Windhoek, la capitale della Namibia e il principale snodo dei trasporti. Prima di mettervi in viaggio sulle polverose strade rosse in direzione della NamibRand Nature Reserve, un viaggio panoramico di cinque ore di macchina attraverso un desolato paesaggio lunare in direzione sud-ovest, fermatevi per un *braai* (barbecue) e una birra. I birrifici e le birrerie all'aperto nella Namibia, un protettorato tedesco per più di un secolo prima dell'indipendenza nel 1990, continuano le tradizioni culinarie coloniali. Joe's Beerhouse, un locale eclettico molto amato nella zona, serve bistecche di springbok, orice e cudù maggiore insieme a piatti tedeschi come lo schnitzel.

Giorno 2
La savana desertica cosparsa di sabbia rossa incontra *inselberg* e lontane colline rocciose sotto i grandi cieli della NamibRand, una delle più grandi riserve naturali private dell'Africa meridionale. Le recinzioni sono state tolte da questo territorio dove si allevavano pecore agli inizi degli anni Novanta e oggi gli animali selvatici girano liberamente. I veicoli quattro per quattro partono dagli accampamenti per attraversare distese senza strade in cerca di iene brune e macchiate, zebre di Burchell, volpi del Capo, ghepardi, leopardi e otarda di Ludwig, una specie in pericolo critico. È possibile fare anche un safari a piedi. Di notte godetevi la visione della Via Lattea nella prima riserva di cielo buio in Africa.

Giorno 3
Alzatevi letteralmente col sole in una mongolfiera per ammirare all'alba il panorama di un paesaggio dorato. Ingrandite lo scenario, passando da particolari delicatamente venati a un punto d'osservazione che rivela increspature più grandi nella sabbia, il passaggio tra ecosistemi unici, e minuscoli animali nelle pianure. Namib Sky offre questa esperienza da oltre un quarto di secolo, atterrando lontano dalla civiltà, a una tavola dov'è imbandita una colazione servita con lo champagne. Nel pomeriggio seguite l'antico deserto del Namib nel Parco nazionale di Namib-Naukluft, passando davanti ad alcune delle sue montagne di sabbia più belle e ondulate, come la Duna 45 di Sussusvlei e la Big Daddy. Prendetevi del tempo per esplorare e fotografare il paesaggio prima di andare verso gli striati monti Naukluft di pietra dolomite. Lì, in mezzo a macchie e limpide sorgenti, è possibile vedere le zebre di Hartmann. Nel deserto girano liberamente più di 2000 esemplari in piccoli gruppi di circa sei individui. È la popolazione più grande di questa sottospecie a rischio presente in un'area protetta della Namibia.

A FIANCO: una giraffa solitaria nella pianura al crepuscolo nel Parco nazionale Etosha. SOPRA: La sabbia incontra l'acqua nella Skeleton Coast della Namibia.

Giorno 4
È un lungo viaggio desolato che segue i margini del deserto fino alla città portuale di Walvis Bay. Sulla strada fermatevi alla laguna fuori dalla città. Parte di una rete di paludi costiere importanti per gli uccelli migratori, questa laguna è spesso offuscata da una nuvola rosa cangiante che va dal quasi rosso del fenicottero minore al quasi bianco del fenicottero maggiore. La zona offre anche rifugio agli uccelli marini migratori, tra cui lo sfuggente fraticello di Damara che si riproduce nel deserto. Spostandosi poco più avanti arriverete a Swakopmund.

Giorno 5
Con i suoi edifici parzialmente in legno e orlati di palme, Swakopmund è un reperto storico coloniale sul mare. Visitate le periferie di questo avamposto lungo il fiume Swakop, sul mare e in giro per la città, in sella a una bicicletta con pneumatici molto larghi, progettati per i terreni accidentati. Nel tardo pomeriggio, quando la sabbia è meno calda, dirigetevi verso il deserto del Namib e osservate le alte dune ondulate color ocra in lontananza. Cercate piccoli gechi che si sono adattati al deserto, scorpioni e serpenti, come la vipera di Peringuey che si sotterra sotto la sabbia fino agli occhi. Oppure salite sulla dorsale battuta dal vento della Duna 7, la più alta della Namibia coi suoi 383 m di altezza, per vedere il tramonto prima di scivolare giù.

Giorno 6
Sorvolate la Skeleton Coast partendo da Swakopmund. In questa zona, una serie di parchi protegge una striscia di costa della Namibia più grande di tutto il

Portogallo. Procedendo verso nord sopra antichi canyon per seguire la costa rocciosa e nebbiosa, potrete vedere dall'alto foche accalcate, scheletri di cetacei sbiancati dal sole e gli scafi arrugginiti di navi che si sono arrese alle violente tempeste della regione: lo spettacolo più tetro che si possa immaginare. Non c'è anima viva per chilometri.

Giorno 7

Proseguite a terra a nord attraverso il Dorob National Park, dove troverete la Cape Cross Seal Reserve, il (puzzolente!) punto di ritrovo di oltre 100.000 otarie orsine del Capo. La colonia cresce grazie alla moltitudine di sardine e acciughe che prospera a poca distanza dalla riva nella corrente del Benguela ricca di nutrienti. Successivamente andate a Uis, la porta d'accesso per antichi insediamenti e piante. La riserva naturale del Massiccio Brandberg circonda la montagna più alta del Paese e contiene circa 50.000 pitture rupestri fatte dai Boscimani tra i 2000 e i 4000 anni fa. Un altro reperto antico, la strana pianta *Welwitschia mirabilis*, vive nella vicina regione del lago Messum. Si crede che questa pianta desertica a due foglie, che cresce solo in Namibia e Angola, abbia tra i 1000 e i 1500 anni.

Giorni 8 e 9

Dirigetevi verso l'entroterra a Kunene nel Damaraland, terra dei coleotteri tenebrionidi che raccolgono le gocce di umidità, nonché la più grande roccaforte africana del rinoceronte nero, in pericolo critico, che si muove libero e si è adattato al deserto. Le sorgenti d'acqua dolce nella Palmwag Concession, nell'entroterra rispetto alla costa, ma ancora influenzata dalla sua nebbiolina fredda, attirano i rinoceronti e altri grandi animali, tra cui elefanti, zebre, varie specie di antilope, leopardi e iene. Passate il tempo esplorando l'orizzonte infinito a bordo di un fuoristrada e seguite i rinoceronti neri a piedi insieme a un membro di Save the Rhinos Trust.

DA NON PERDERE

- **Vedere gli animali che si sono adattati alla vita nel deserto come leoni, elefanti e il raro rinoceronte nero.**
- **Provare l'emozione di sorvolare una distesa desertica all'alba con un giro in mongolfiera.**
- **Vagare lungo una spiaggia infinita e vedere la Skeleton Coast.**

Una colonia enorme di fenicotteri rosa e bianchi si ciba al tramonto a Walvis Bay.

UGANDA E RUANDA

SAFARI DEI PRIMATI AFRICANI

Scimpanzé sugli alberi e gorilla nella nebbia.

Trovarsi faccia a faccia con il nostro parente animale più prossimo è un'esperienza che sconvolge l'animo e ci ricorda qual è il nostro posto sulla Terra. Per provarlo in prima persona, prendete i vostri scarponi da trekking e partite per i territori lussureggianti dell'Uganda e del Ruanda. Il ramo occidentale della Great Rift Valley ospita ancora una ventina di specie di primati, tra cui gruppi di scimpanzé e alcune delle ultime roccaforti naturali del gorilla di montagna. Questi animali condividono un territorio vario, dalle savane in pianura alle montagne avvolte dalla nebbia, con una straordinaria gamma di biodiversità: più di 1400 tipi di uccelli (metà di tutte le specie aviarie presenti in Africa) e 330 specie di mammiferi.

La crescita della popolazione umana nella regione, oltre ai disordini politici e sociali degli ultimi decenni, ha minacciato l'habitat e le popolazioni di molti primati, il che rende ancora più preziosi gli incontri con questi animali. In natura rimangono poco più di 1000 gorilla di montagna e alcune specie di scimmie, come il cercocebo dal mantello, non si trovano da nessun'altra parte. Per proteggere gli animali, le escursioni in questa zona sono attentamente regolamentate. I gruppi a cui farete visita sono stati abituati alla presenza umana e questo consente interazioni sicure per entrambe le parti, mentre i permessi per fare trekking contribuiscono a finanziare gli sforzi per contrastare il bracconaggio e il ripristino dell'habitat. Sarà una riunione di famiglia indimenticabile.

Consigli di viaggio

QUANDO ANDARE: È possibile seguire i primati durante tutto l'anno, ma l'alta stagione che va da giugno ad agosto presenta un clima più secco e condizioni migliori per il trekking.

ORGANIZZAZIONE: I permessi per vedere i gorilla sono limitati, perciò prenotate con un anno di anticipo. Tenete a mente che il clima è spesso umido e non è consentito fotografare con il flash durante gli incontri con i primati.

SITI WEB: nationalgeographic.com/expeditions; bwindiforestnationalpark.com/gorilla-trekking-uganda-bwindi-safari.html

Un ippopotamo bruca l'erba vicino a un uccello d'acqua.

ITINERARIO DI 9 GIORNI

Giorno 1
Arrivate a Entebbe passando per l'aeroporto principale dell'Uganda e imparate a orientarvi in questa città sul lago prima di iniziare il vostro travolgente tour dei primati. I motoscafi partono nel pomeriggio per l'isola di Ngamba, sul lago Vittoria, dove hanno trovato rifugio una cinquantina di scimpanzé provenienti da tutto il Paese. Incontrate gli operatori che vi racconteranno le storie degli scimpanzé, poi aiutateli a servire il pasto agli animali da una piattaforma di osservazione rialzata. Prima di ritornare in città, cercate i pipistrelli della frutta, i nettarinidi, i bucerotidi e i rari *Ploceus aurantius* nella fitta foresta dell'isola, e fate una nuotata rigenerante sull'equatore.

Giorno 2
Partite per il Parco nazionale di Kibale, un viaggio di cinque ore in macchina. Dopo un'ora, appena fuori Kampala, fermatevi alle capanne di paglia simili a palazzi delle Tombe di Kasubi. Questo villaggio tradizionale Patrimonio dell'Umanità UNESCO è un sito religioso, un centro spirituale e uno storico terreno di sepoltura dei re della tribù Buganda. Il Muzibu Azaala Mpanga, l'imponente e principale struttura circolare, ha un diametro di quasi 31 m e un'altezza di 7,5 m e fu costruito alla fine del XIX secolo con materiale interamente organico.

Giorno 3
La foresta di Kibale, una zona in cui sono concentrate molte varietà di primati, ospita una decina di specie, tra cui la più grande popolazione di scimpanzé selvatici dell'Uganda (circa 1450 esemplari). Passate la giornata a esplorare il parco nazionale coperto di vegetazione per vedere babbuini verdi, galagidi e anche i più rari cercopitechi barbuti e colobi rossi. Mentre camminate nel parco e nel vicino Bigodi Wetland Sanctuary, un paradiso per uccelli come il pappagallo cenerino e il turaco azzurro gigante, potreste trovare anche tracce di altri residenti. Ci sono le bizzarre sitatunghe a strisce (l'unica vera antilope anfibia dell'Africa), piccoli cefalofini, lo sfuggente ilochero di circa 270 kg, lontre e, se siete davvero fortunati, leoni, elefanti, gatti dorati africani e leopardi.

Giorno 4
Svegliatevi presto per il viaggio in macchina di tre ore per la Kyambura Game Reserve, ai margini nordorientali del Parco nazionale della Regina Elisabetta, dove arriverete a metà mattina. Dirigetevi verso la Kyambura Gorge, profonda 91 m, un baratro dalla vegetazione lussureggiante in netto contrasto con la circostante savana piatta e priva di alberi. Salite alla piattaforma panoramica per fotografare un paesaggio mozzafiato prima di dirigervi verso la foresta per una camminata nella natura. Una popolazione in calo di scimpanzé, da cui deriva il soprannome della gola di "Valle delle scimmie antropomorfe", è protetta entro i confini della riserva, ma avrete scarse probabilità di riuscire a vederle. Ascoltate invece i loro strilli e cercate il segno della presenza di altre 12 specie di primati residenti, tra cui i colobi e i cercopitechi verdi. Poi proseguite verso i tre laghi vulcanici che sfoggiano enormi popolazioni di fenicotteri. Quando cala la sera, ascoltate il richiamo notturno dei leoni della savana circostante.

Giorno 5
Al mattino fate una crociera lungo il Canale di Kazinga che separa il lago George e il lago Edward per incontri ravvicinati con ippopotami, coccodrilli del Nilo e cobi. Dal punto d'osservazione sull'acqua è anche possibile vedere in lontananza elefanti e antilopi. Dopo rilassatevi per altre cinque ore di viaggio in auto fino al Parco nazionale impenetrabile di Bwindi.

Giorno 6
Un'antica giungla fitta e piena di nebbia vi attende. Bwindi ospita la metà della popolazione mondiale di gorilla di montagna in via di estinzione, e oggi vi toccherà sporcarvi di fango. A tutti i visitatori autorizzati sono date delle istruzioni e vengono assegnate delle guide che li porteranno a conoscere un gruppo familiare abituato all'uomo sulla base del livello di preparazione fisica. A seconda di dove risiede quella mattina la vostra famiglia di gorilla, potreste camminare dalle due alle otto ore per poter trascorrere un'ora in loro compagnia. Ogni anno circa 20.000 turisti visitano i sette gruppi del parco che sono abituati all'uomo. La regione di Rushaga all'interno del parco ospita il gruppo più grande di tutta l'Uganda con circa 25 membri. Non importa quanto tempo ci vuole: vale la pena vedere l'andatura minacciosa di un maschio di gorilla, le buffonate dei piccoli giocherelloni e le interazioni del gruppo.

A FIANCO: Un piccolo scimpanzé portato a spalle dalla madre tra le fronde degli alberi del Parco nazionale di Kibale. A DESTRA: Una pattuglia anti-bracconaggio si fa strada sul monte Visoke.

Guardando a nord-est verso il Monte Muhabura, uno dei cinque vulcani del Parco nazionale dei vulcani nel Ruanda settentrionale.

Giorno 7

Attraversate il confine ed entrate nel Ruanda per proseguire verso il Parco Nazionale dei Vulcani. A Musanze, a 30 minuti dal confine del parco, fermatevi al Karisoke Research Center, la sede di una società per la conservazione dei gorilla, fondata da Dian Fossey, zoologa e autrice di *Gorilla nella nebbia*. Contemporanea di Jane Goodall negli anni Sessanta, la Fossey studiò i gorilla in questa zona, diventando la prima persona ad abituare i gorilla alla presenza umana e a portare all'attenzione del mondo la loro condizione difficile causata dai bracconieri. Scoprite il suo lavoro prima di dirigervi verso il parco per un'escursione di un'ora fino al luogo in cui riposa vicino alla tomba di Digit, il gorilla a lei più caro.

Giorno 8

Esplorate il territorio pianeggiante della foresta di bambù per trovare un branco di cercopitechi dorati a rischio di estinzione abituati all'uomo. È uno dei pochi posti al mondo in cui si ha la possibilità di vedere in modo sicuro questa meravigliosa specie timida. Come per l'escursione per vedere i gorilla, la lunghezza della vostra camminata dipende dalla posizione delle scimmie in quel giorno, ma in genere si trovano a una o due ore di distanza. Se avete ancora tempo, visitate le Musanze Caves, delle grotte che si trovano fuori dal parco nazionale, oppure fate una passeggiata di gruppo con una guida nel vicino villaggio Iby'Iwacu per imparare i costumi culturali locali e le medicine tradizionali della foresta dai suoi abitanti.

Giorno 9

Il vostro viaggio travolgente si conclude con un giro a Kigali. Visitate questa vivace città: scoprite la cupa storia recente del Ruanda presso il Kigali Genocide Memorial, accomodatevi per gustare una bevanda schiumosa in uno dei popolari *milk bar* della città e scegliete dei variopinti cestini *agaseke* al mercato di Kimironko.

DA NON PERDERE

- Fare un'escursione nella fitta giungla per incontrare famiglie selvatiche di gorilla di montagna.
- Visitare terreni paludosi, foreste di bambù e cime vulcaniche avvolte nella nebbia.
- Dare da mangiare agli scimpanzé in un'isola-rifugio nel lago Vittoria.

ZAMBIA E ZIMBABWE

COME VISITARE LE CASCATE VITTORIA

Osservate e ascoltate "il fumo che tuona" da ogni parte.

Le Cascate Vittoria sono nella lista dei posti da vedere di quasi tutti i viaggiatori, ma poche persone sanno davvero qual è il modo migliore per scoprirle. Non sono le cascate più alte o più ampie del mondo, ma senza dubbio sono le più impressionanti.

Chiamate dalla gente del posto Mosi-oa-Tunya, o "il fumo che tuona", sono state viste per la prima volta da un occidentale nel 1855, l'esploratore inglese David Livingstone, che si ritrovò davanti a loro e le ribattezzò con il nome della sua regina. Riflettendo sul momento in cui aveva visto le Cascate Vittoria per la prima volta, Livingstone scrisse: "Gli angeli in volo devono contemplare scenari di una bellezza simile". Le cascate hanno ancora questo potere di suscitare meraviglia. Si estendono per circa 1,6 km, l'intera ampiezza del fiume Zambesi. Non solo potete vederle, ma potete anche sentirle (da circa 1,5 km di distanza), toccarle, odorarle e assaggiarle. Le cascate stanno a cavallo dello Zimbabwe a ovest e dello Zambia a est. Potete raggiungerle da entrambi i Paesi, dalla città di Victoria Falls nello Zimbabwe e di Livingstone nello Zambia. Lo Zimbabwe è storicamente il punto d'ingresso più popolare, ma per via dei disordini politici e dell'iperinflazione degli anni Duemila è preferibile raggiungerle passando dallo Zambia, uno dei Paesi democratici più stabili e sottostimati dell'Africa. I safari lodge del Paese sono famosi per l'ospitalità vecchio stile e per l'abbondante fauna selvatica. Per vedere le cascate andate nello Zimbabwe; per viverle, andate nello Zambia.

Consigli di viaggio

QUANDO ANDARE: Visitate le cascate durante l'alta stagione (da febbraio a giugno) quando si possono sentire gli spruzzi. La stagione secca offre altre possibilità, ma l'autunno potrebbe essere deludente.

ORGANIZZAZIONE: Ci sono ingressi al parco nazionale su entrambi i lati delle cascate. Se prenotate tramite un tour operator che organizza safari, la vostra guida vi accompagnerà all'ingresso in auto. Il costo a persona è di 20$ nella parte dello Zambia e 30$ nella parte dello Zimbabwe.

SITI WEB: nationalgeographic.com/expeditions; zimparks.org/parks/national-parks/victoria-falls; zambiatourism.com/destinations/waterfalls/victoria-falls

In canoa sullo Zambesi.

DOVE ANDARE

Il lato dello Zambia

Nei mesi di portata massima (da febbraio a giugno), il lato dello Zambia offre un'esperienza intensa ed esaltante. I visitatori che camminano sull'altro lato della stretta gola possono sentire gli spruzzi (affittate un poncho impermeabile o vi inzupperete). Nella stagione secca, siccome le cascate sono in pendenza, delle porzioni di terra rimangono asciutte.

Il lato dello Zimbabwe

Il lato dello Zimbabwe tende a offrire i panorami più caratteristici perché i punti d'osservazione si trovano più distanti, consentendo una prospettiva più ampia. Se visitate le cascate al picco della stagione secca, per esempio a novembre, il volume dell'acqua è al minimo e le cascate possono risultare deludenti.

Tutti e due in un giorno

Ottenete un visto multiplo per il vostro passaporto, così potrete visitare entrambi i lati delle cascate in un solo giorno. Passando da Livingstone o Victoria Falls, visitate l'ufficio della frontiera e fatevi mettere il timbro di uscita sul passaporto. Attraversate il ponte tra i due Paesi a piedi o in auto, fatevi mettere un timbro d'ingresso sul passaporto e avviatevi all'ingresso del parco nazionale. Se desiderate tornare indietro, assicuratevi di farvi mettere il timbro quando lasciate un Paese per entrare nell'altro. Tuttavia, per l'esperienza più avvincente non occorre l'ingresso al parco: rimanete sul ponte tra i due Paesi, a cavallo dello Zimbabwe e dello Zambia, e ammirate la cascata più famosa del mondo. Si uniranno a voi soprattutto autisti che passano il confine, venditori ambulanti di souvenir e lavoratori emigranti.

A FIANCO: Le Cascate Vittoria, due volte più alte delle Cascate del Niagara, sono la cortina d'acqua più grande del mondo. SOPRA: Un escursionista in zip-line sfreccia attraverso la gola per vedere da vicino le cascate.

Cenare sulle cascate

Un treno di lusso, in cui viene servita la cena, viaggia dallo Zambia allo Zimbabwe sul fiume Zambesi e si ferma a metà per consentire ai passeggeri di ammirare le cascate (anche se i piani prevedono una partenza ulteriore nella direzione inversa). Il treno a vapore in vecchio stile attraversa il Victoria Falls Bridge (completato nel 1905) durante un viaggio al tramonto per contemplare le cascate. Potrete scendere ed esplorare il ponte, considerato monumento storico di ingegneria civile. Il resto del viaggio per Jafuta Siding comprende una cena di tre portate e un panorama stupendo.

Volare sulle cascate

I voli in ultraleggero sono un modo molto popolare per vedere le cascate da una prospettiva aerea, come Livingstone aveva pensato che dovessero fare gli angeli. Se cercate esperienze più elettrizzanti, i tour operator dello Zimbabwe propongono il bungee jumping dal Victoria Falls Bridge o il *gorge swing* che prevede il lancio dalla cima di uno strapiombo in una gola dove oscillerete come se foste su un'altalena. Un'alternativa è un'escursione in zip-line, planando a 125 m sopra il fondo della valle e attraversando la gola a una velocità superiore ai 100 km/h.

La Devil's Pool

Vi sarà capitato di vedere le fotografie di persone che stanno sul bordo delle cascate. Volete farlo anche voi? Nuotare nella Devil's Pool è un'esperienza che potete provare solo sul lato dello Zambia e solo durante la stagione secca (da metà agosto a metà gennaio). Consiste nel fare un giro in barca sullo Zambesi fino a Livingstone Island, da dove potrete nuotare in una piscina naturale sull'orlo delle cascate. Non temete: un bordo invisibile impedisce che possiate superare il limite. Gestita da un tour operator di ottima fama, l'esperienza della Devil's Pool non è un'attività pericolosa, se si seguono le istruzioni delle guide. Ci sono altre piscine naturali non autorizzate in cui le persone hanno superato il limite, perciò accertatevi che il vostro tour operator sia in regola.

DA NON PERDERE

- Visitare le cascate più famose del mondo da due prospettive uniche.
- Stare tra due Paesi mentre le Cascate Vittoria si riversano nello Zambesi sotto ai vostri piedi.
- Planare sopra le cascate tonanti in ultraleggero, zip-line o con una fune elastica.

La nebbiolina prodotta dall'acqua scrosciante delle Cascate Vittoria crea un arcobaleno colorato sulla cascata.

LE 10 LOCALITÀ MIGLIORI PER

IL BIRDWATCHING

1 ALTOPIANO DI OBUDU, NIGERIA

Attraversate la passerella aerea dell'altopiano di Obudu per raggiungere la piattaforma tra le chiome degli alberi della Becheve Nature Reserve da cui potrete godere la rara vista di specie a rischio di estinzione come il *Turdoides gilberti* e il *Ploceus baglafecht* giallo acceso. Camminate lungo i ruscelli della fitta foresta per vedere l'ibis pettomacchiato o il *Picathartes oreas* che vivono tra i gorilla occidentali nelle grotte della foresta pluviale del Parco nazionale di Cross River.

2 ALTOPIANO DI SANETTI, ETIOPIA

Il paesaggio eccezionalmente vario del Parco nazionale delle montagne di Bale, dai laghi glaciali alle cascate e alla seconda montagna più alta d'Etiopia, ospita oltre 300 specie aviarie. Esplorate il parco in cerca di aquile reali, gipeti, gufi comuni, gru caruncolata, bucerotidi, pivieri e oche aliazzurre.

3 PARCO NAZIONALE DI NIOKOLO-KOBA, SENEGAL

Il Parco nazionale del Niokolo-Koba è la riserva naturale più grande del Senegal. Qui gli appassionati di birdwatching possono vedere bucorvi abissini, cicogne, ibis, *Vanellinae*, columbidi, alcedini, meropidi, nettarinidi, malaconotidi e più di 360 altre specie. Anche se gran parte del parco è visitabile solo in auto, vale la pena ottenere un permesso per accamparsi sul monte Assirik, un luogo privilegiato per osservare eland giganti, scimpanzé ed elefanti.

4 CANOPY WALKWAY DI KAKUM, GHANA

Attraversate i ponti di corda sospesi a 40 m nel Parco nazionale di Kakum per vedere turachi, dronghi, gruccioni testablu, nove specie diverse di bucerotidi e oltre 600 specie di farfalle. A livello terra, il Sunbird Trail si snoda nella foresta attraverso tre ecosistemi separati che ospitano oltre 200 specie aviarie, oltre a pangolini, gorilla, elefanti africani delle foreste e bonghi. Passate la notte nelle case sugli alberi del parco cullati dal canto dei caprimulgidi.

A FIANCO: I visitatori seguono le passerelle tra le chiome degli alberi nelle foreste pluviali tropicali del Parco nazionale di Kakum. SOPRA: Un pappagallo del Senegal su un ramo nel Parco nazionale di de Niokolo-Koba in Senegal.

5 RISERVA DELLE ZONE UMIDE DI AZRAQ, GIORDANIA

Quello che un tempo era una pozza per abbeverarsi frequentata da carovane di cammelli che trasportavano spezie è oggi una riserva per centinaia di uccelli. I visitatori dell'habitat della Riserva delle zone umide di Azraq possono osservare più di 40 specie al giorno, dalla *Cinnyris osea*, agli aironi rossi, cappellacce e le graziose prinie, che si possono vedere bene soprattutto durante la migrazione primaverile (da marzo ad aprile).

6 IFATY, MADAGASCAR

Ben Mirin, biologo acustico ed esploratore National Geographic, consiglia di osservare i volatili nel villaggio costiero di Ifaty, punteggiata di baobab, che ospita "magnifici esempi di foresta spinosa, un habitat che non si trova al di fuori del Madagascar". In questo luogo eccezionale, prosperano specie endemiche come la ghiandaia terricola codalunga, la monia di Bensch e la vasa maggiore.

7 ISOLA DI SOCOTRA, YEMEN

Il birdwatching sull'isola di Socotra dello Yemen permette non solo di osservare specie endemiche come cormorani, poiane di Socotra, berte di Jouanin, corrieri biondi, fenicotteri ed *Emberiza tahapisi*, ma offre anche l'opportunità di sostenere l'ecoturismo e la conservazione. Gli alberi di *Dracaena cinnabari*, le spoglie dune di sabbia bianca, le rocce di granito e le grotte paurose ospitano più specie endemiche di qualsiasi altro arcipelago del mondo.

8 ISOLA DI KUBU, BOTSWANA

Le escursioni in canoe *mokoro* nelle paludi che circondano l'isola di Kubu rivelano jacane africane, uccelli tessitori, maestose gru caruncolate, cucal codarame, *Macronyx ameliae* e garzette ardesia. La zona ospita anche struzzi, zebre, elefanti, rinoceronti, giraffe, cudù e impala. Indipendentemente dal modo in cui ci si sposta, in canoa, elicottero, 4x4 o a cavallo, è impossibile rimanere delusi.

9 PARCO NAZIONALE DEI MONTI UDZUNGWA, TANZANIA

Non è semplice raggiungere il Parco nazionale dei Monti Udzungwa della Tanzania, ma la ricompensa è enorme: una copertura ininterrotta della foresta che offre riparo a più di 400 specie aviarie e la più grande varietà di primati della Tanzania (tra cui quattro specie che non si trovano in nessun altro luogo). Potrete avvistare marabù africani, averle piumate di Retz, *Cinnyris rufipennis*, *Nectariniidae*, orioli testaverde e più di una decina di specie endemiche dei monti dell'Arco Orientale, compresa la pernice degli Udzungwa, un uccello estremamente sfuggente.

10 CAPE POINT, SUDAFRICA

Nell'Atlantico sudorientale che circonda Cape Point, le zone di pesca sono l'ambiente ideale per vedere una grande varietà di uccelli pelagici, tra cui albatri, procellarie e puffini. Noleggiando una piccola imbarcazione per esplorare la zona, potrete vedere anche otarie orsine, cetacei, delfini, tartarughe e pesci luna lungo il percorso. Prenotate un tour con Avian Leisure durante la stagione dell'inverno australe, quando gli uccelli pelagici si spostano a nord dalle loro zone di riproduzione fino a Città del Capo.

UNO SCATTO MEMORABILE

Un grande squalo bianco segue il biologo marino Trey Snow durante un'escursione in kayak al largo delle coste del Sudafrica. Nel 2003 un numero insolitamente grande di squali nuotava nella costa più meridionale del Sudafrica. Il fotografo Tom Peschak era arrivato agli ultimi fotogrammi del suo rullino, quando ha immortalato questo momento spettacolare. "Al posto dello scienziato che segue le tracce dello squalo, è lo squalo a seguire le tracce dello scienziato", ha detto Peschak. Con un GPS montato sul kayak giallo brillante, Snow e Peschak erano stati in grado di seguire lo squalo nelle acque basse e osservare il suo comportamento naturale. I due seguivano gli squali intorno ad Haaibaai, che in Afrikans significa "Baia degli squali", finché uno squalo audace è stato abbastanza coraggioso da emergere dall'acqua e nuotare dietro al kayak. Il risultato: una fotografia virale che per molti era troppo bella per essere vera.

FOTOGRAFIA DI
THOMAS P. PESCHAK

IN SENSO ORARIO DALL'ALTO A SINISTRA: Una mucca pascola negli altopiani delle Ebridi Esterne della Scozia; una passeggiata lungo una dorsale del ghiacciaio Vatnajökull, Islanda; il cerchio di pietre megalitiche a Callanish, Scozia; il sole tramonta dietro Piazza San Marco a Venezia.

CAPITOLO 3

EUROPA

Passeggiare nei siti storici, guidare lungo strade costiere ed esplorare la natura al culmine della sua bellezza.

IRLANDA

VIAGGIO IN AUTO NEL BURREN

Questo Geoparco mondiale UNESCO offre di tutto, dalle scogliere rocciose ai cibi deliziosi.

Incorniciata dalle imponenti Cliffs of Moher, la regione del Burren nell'Irlanda occidentale è uno spettacolo fatto di paesaggi lunari, monumenti megalitici e vegetazione meravigliosa. Il Geoparco mondiale UNESCO di 531 km^2 è uno dei pochi luoghi al mondo dove crescono fianco a fianco piante artiche, alpine e mediterranee. Attraversare in auto questo territorio straordinario è come sconfinare in un altro tempo.

Lo spettacolare territorio roccioso del Burren, il cui nome deriva da una parola gaelico irlandese che significa "luogo pietroso", ha affascinato ogni sorta di artista, da J. R. R. Tolkien a Steven Spielberg, e conquisterà anche voi, soprattutto se seguirete questo itinerario in primavera, quando i fiori selvatici colorano le colline di sfumature rosa, gialle e blu (il punto panoramico più bello è a Corkscrew Hill sulla N67). C'è tanto da fare e da scoprire, comprese lande rocciose, villaggi sul mare e deliziose prelibatezze locali da assaggiare lungo la via.

Vi occorreranno circa tre giorni per completare il viaggio di 88,5 km in questa parte della contea irlandese di Clare, a seconda della vostra velocità e di quanto tempo volete passare in ciascuna tappa. Attenzione però: le strade strette della regione sono più adatte alle mucche al pascolo che alle macchine, perciò guidate piano ed esercitatevi a fare il tradizionale saluto con un dito, l'indice per la precisione, quando incrociate la gente del posto.

Consigli di viaggio

QUANDO ANDARE: Per le fioriture e i colori primaverili, visitate la regione a marzo o aprile quando le temperature sono fresche e piacevoli (8-12 °C). Le temperature più calde (massime 15-21 °C) si hanno da maggio a luglio.

ORGANIZZAZIONE: Le strade sono strette e spesso occupate da mucche e altri animali della zona. Guidate con prudenza, specie in prossimità di curve strette. Invece di atterrare all'aeroporto di Dublino, arrivate a quello di Shannon, il secondo aeroporto internazionale dell'Irlanda, che è un punto di partenza più comodo per il vostro viaggio.

SITI WEB: burrennationalpark.ie

Una strada di campagna attraversa la contea di Clare.

DOVE ANDARE

Ennistymon

Situato a circa 48 km dall'aeroporto di Shannon, il Cheese Press di Ennistymon è il posto perfetto per fare scorta di provviste per il viaggio e assaggiare alcune specialità gastronomiche del Burren Food Trail. Questo negozio di alimentari offre più di 40 varietà di formaggi irlandesi, oltre all'Anam Coffee tostato nel Burren, verdure biologiche della fattoria Moy Hill, sandwich artigianali al lievito naturale e *kombucha* locale.

Cliffs of Moher

Sicuramente troverete molti visitatori, ma queste scogliere straordinarie sono assolutamente da vedere. Affrontate gli autobus turistici per raggiungere il Cliffs of Moher Visitor Centre, un edificio in pietra e cemento scavato nel promontorio erboso. Nell'interno cavernoso sono allestite mostre dedicate al territorio e alla cultura locale, mentre i sentieri portano alle piattaforme panoramiche e alla O'Brien's Tower del XIX secolo, che segna il punto più alto delle scogliere (circa 213 m sopra il mare che ribolle al di sotto). In una giornata limpida, la vista si espande dal Great Sea Stack punteggiato di pulcinelle di mare, alle Isole Aran dove si parla gaelico. Per altre vedute panoramiche, fate un'escursione lungo il sentiero costiero delle Cliffs of Moher o fate un giro in barca con la Doolin Ferry Company.

Kilfenora

Luogo di origine di uno dei più antichi gruppi di danza *ceili* d'Irlanda, Kilfenora sembra essere stata pietrificata dalle torbiere circostanti. La cattedrale di Kilfenora presenta una facciata con timpano ed è celebre per le alte croci, in particolare la voluminosa Doorty Cross che raffigura san Pietro che benedice la promozione di Kilfenora da luogo monastico a diocesi nel XII secolo. L'agricoltura è essenziale in questa zona. Scopritelo insieme a Eva e Stephen Hegarty nel corso di una visita alla loro fattoria, la Burren Free Range Pork Farm, che prevede l'assaggio di prodotti derivati da suini di razza British Saddleback. Il pernottamento nel truck trasformato in cottage (glamping) della fattoria comprende una colazione a base di spesse fette di bacon, salsicce tenere, uova e pane tostato con marmellata fatta in casa.

A FIANCO: I sentieri lungo il bordo delle Cliffs of Moher offrono alcuni dei panorami più spettacolari d'Irlanda. SOPRA: Croci di pietra caratterizzano un cimitero della Cattedrale di Kilfenora nel Burren.

Carran

Situato sugli altopiani rocciosi di Carran, Burren Perfumery distilla le essenze della flora circostante in piccoli profumi, creme, saponi e candele. Un profumo creato nel 2019 contiene olmaria ed edera selvatica, che i visitatori possono odorare nel rigoglioso giardino delle erbe sul retro. Per vedere sotto la superficie pietrosa del Burren, però, prenotate una visita della Slieve Carran Nature Reserve con Heart of Burren Walks. Tony Kirby, la trascinante guida, condividerà con voi fatti e leggende che riguardano il Carran Turlough (un lago stagionale), l'Eremo di San Colman, monumenti antichi e i robusti fiori selvatici che riescono in qualche modo a fiorire nelle crepe della roccia calcarea.

Flaggy Shore

Al Linnane's Bar, che si trova in un ex ufficio postale-pub-cottage secolare sul lungomare, potrete fare il pieno di capesante, granchi, astici e ostriche concave della zona. Un posto delizioso per gustare un dolce è il Café Linnalla Ice Cream. La gelateria più occidentale d'Europa offre gusti originali, che vanno dalle more selvatiche al Baileys Irish Cream con sale marino e al ramno (che sorprendentemente sa di pesca). Prendete un cono e fate una passeggiata fino all'allevamento che i proprietari gestiscono da otto generazioni. Poi proseguite fino alla Flaggy Shore, disseminata di fossili, che fu descritta dal poeta Seamus Heaney nel suo *Postscript* come un luogo che riesce a "cogliere il cuore di sorpresa e farlo esplodere".

Ballyvaughan

Quando si fa buio, pernottate al Gregans Castle Hotel, un rifugio di lusso frequentato da Heaney, Tolkien e Spielberg. Le camere hanno il nome di fiori selvatici, luoghi e persone del posto. I fan di Tolkien dovrebbero prenotare la Martyn Suite, ex cucina della dimora, dove negli anni Cinquanta il proprietario, Frank Martyn, e lo scrittore si incontravano per bere in compagnia. Concedetevi una follia alla fine del viaggio, ordinando il menù a degustazione di nove portate del ristorante che prevede specialità irlandesi come agnello, formaggi gustosi, ciliegie e funghi selvatici. Levate un calice di vino per brindare al *craic* (divertimento) e dite: "Sláinte!".

DA NON PERDERE

- Ammirare panorami spettacolari dalle splendide Cliffs of Moher.
- Assaggiare prelibatezze locali, dall'agnello ai piatti a base di frutti di mare freschi.
- Pernottate nel luogo in cui hanno trovato ispirazione Tolkien e Spielberg.

BOSNIA-ERZEGOVINA

RAFTING IN QUATTRO FIUMI

Affrontate impetuose rapide di fama mondiale in un'esperienza di rafting su quattro fiumi.

La Bosnia-Erzegovina deve soprattutto all'acqua la caratteristica forma triangolare e forse anche il nome. La Sava segna il confine settentrionale del Paese con la Croazia (le Alpi Dinariche sono il confine occidentale). La Drina costituisce parte del confine orientale con la Serbia. Il fiume Tara segna il confine meridionale con il Montenegro in più punti. La Narenta sfocia nell'Adriatico nella piccola costa di 19,3 km della Bosnia-Erzegovina. Sotto la superficie si trovano fiumi sotterranei e sorgenti termali che sgorgano negli altopiani calcarei della regione carsica del sud e sud-ovest del paese. Essendoci acqua dappertutto, una teoria largamente diffusa è che il nome Bosnia derivi da *bosana*, una parola indoeuropea che significa acqua. Indipendentemente dall'etimologia, la Bosnia-Erzegovina, un Paese composto da due entità autonome, la Republika Srpska (Repubblica Serba di Bosnia ed Erzegovina) e la Federazione di Bosnia ed Erzegovina, presenta chilometri e chilometri di itinerari d'acqua fresca e pulita adatti a fare rafting lungo fiumi che molto probabilmente non avete mai sentito nominare prima d'ora. Siccome il turismo d'avventura è un concetto relativamente nuovo qui, potrete provare ancora la sensazione di avventurarvi in luoghi visitati da pochi escursionisti stranieri prima di voi, il che contribuisce a creare a ogni corsa adrenalinica un'entusiasmante atmosfera da nuova frontiera.

Consigli di viaggio

QUANDO ANDARE: Da aprile a maggio per i livelli più alti dell'acqua e le rapide più impetuose; da giugno a settembre per le temperature più calde, ma di solito i livelli dell'acqua sono più bassi.

ORGANIZZAZIONE: Partecipate a una gita di uno o più giorni su un fiume, o su tutti e quattro i fiumi in un'unica escursione in gommone. Le rapide possono essere impegnative: scegliete un'esperienza proporzionata alle vostre capacità e livello di forma fisica.

SITI WEB: visitbih.ba/en; visitkonjic.com; neretvarafting.com; nationalpark-una.ba/it

In un parco di Sarajevo, durante una partita a scacchi, gli avversari si affrontano tra enormi pedine.

DOVE ANDARE

Il Vrbas

Sede dei Campionati mondiali di rafting nel 2009, il rapido fiume Vrbas della Bosnia-Erzegovina settentrionale vanta tratti con numerose rapide di III e IV grado seguite da tratti di acqua calma. Le infrastrutture per il rafting della zona sono relativamente sviluppate grazie all'impegno, sovvenzionato dall'Unione Europea, per promuovere il turismo d'avventura nella regione del Vrbas. Le escursioni di rafting di solito iniziano vicino al Canyon Tijesno ("stretto"), profondo 400 m, un itinerario di 4,8 km usato per gare di kayak slalom. Tijesno è uno dei due canyon (l'altro è il Podmilacje di 8 km) dell'impetuosa corsa di 30,5 km lungo il Vrbas che parte dalla diga di Bočac e arriva al centro di Banja Luka, la capitale della Repubblica Serba di Bosnia ed Erzegovina prevalentemente abitata dai Serbi. Nella valle tra i due canyon, Krupa na Vrbasu è una piccola cittadina, centro di attività avventurose, dove potrete partecipare a gite di rafting, fare escursioni fino alle cascate e alle rovine di due fortezze medievali, e vedere antichi mulini ad acqua ancora usati per macinare i cereali.

La Narenta

Il percorso di 225,3 km che la Narenta compie per arrivare al mare Adriatico comprende 202,7 km attraverso zone disabitate della Bosnia-Erzegovina centrale. Famosa per le sue gelide acque limpide e potabili color smeraldo, è a quel che si dice il fiume più freddo del mondo, con temperature di 7 °C in estate. Il tratto dell'alta Narenta, che scorre attraverso una zona montuosa e molto boscosa vicino a Konjic, a sud di Sarajevo, è il più selvaggio. Nello stretto canyon della Narenta vi aspettano rapide che vanno dal II al IV grado. Attraversatele partecipando a un'adrenalinica escursione di gruppo organizzata da un tour operator di Konjic. Oppure alzate il livello di euforia (e di rischio) con una giornata di hydrospeed avventuroso, tenendo saldamente una tavoletta in plastica ed evitando le rocce mentre sfrecciate, galleggiate e nuotate lungo il fiume.

A FIANCO: La Narenta attraversa Mostar e passa sotto il ponte Stari Most che collega le due sponde. SOPRA: In un tratto più calmo del canyon della Tara, gli escursionisti si prendono una pausa dalle rapide mozzafiato.

La Una

Il fiume Una, che forma un confine naturale con la Croazia, copre una distanza di 209 km ed è il pezzo forte del Parco nazionale della Una, il primo parco della Bosnia-Erzegovina, fondato nel 2008.
Le rocce sommerse di travertino creano potenti rapide che vanno dal II al V grado nel tratto Štrbački buk-Lohovo, lungo 14,4 km, che scorre attraverso il parco. Con un salto di 23,5 m, il Štrbački buk (una serie di cascate separate) è la cascata più alta dell'Una, nonché uno dei posti preferiti dagli appassionati di sport estremi che amano l'impeto delle cascate e cercano la sensazione di vuoto allo stomaco. Acque più tranquille si trovano verso valle, nel tratto Costello- Grmuša, lungo 12,8 km, che presenta rapide di II e III grado, e nel tratto Costello-Bosanska Krupa che si estende più in basso per 24 km.

La Tara

Attraversate il confine con il Montenegro e tornate indietro, poi visitate la Serbia e attraversate un sito Patrimonio dell'Umanità UNESCO durante una gita di rafting lungo tre fiumi e in tre nazioni diverse. Il tour operator Rafting Centar Drina-Tara, che si trova sulle rive bosniache occidentali del fiume Drina, organizza escursioni guidate di rafting partendo dal fiume Tara nel Montenegro e terminando sulla Drina in Bosnia.
Iniziate l'escursione raggiungendo in jeep il punto di partenza nel Montenegro sulla Tara, uno degli ultimi fiumi selvaggi d'Europa che ospita anche la gola più profonda d'Europa, il canyon del Tara, 1300 m, formato dal fiume mentre attraversa la zona montuosa settentrionale del Parco nazionale di Durmitor nel Montenegro, un sito Patrimonio dell'Umanità UNESCO. La fauna locale comprende lontre, aquile, orsi e lupi.
Il ripido tratto di 17,7 km del fiume da Brštanovica a Šćepan Polje regala una corsa elettrizzante tra le acque tumultuose, con 21 rapide di III e IV grado. Scivolate oltre il confine, passando dal Montenegro alla Bosnia a Šćepan Polje, dove la Tara incontra la Piva per formare la Drina. Da qui, il fiume che scorre verso nord vi riporta al Rafting Centar Drina-Tara.

DA NON PERDERE

- Oltrepassare i confini in gommone durante un'escursione di rafting attraverso la gola più profonda d'Europa.
- Provare un'elettrizzante discesa di hydrospeed nelle acque color smeraldo della Narenta.
- Affrontare le potenti rapide che vanno dal II al V grado lungo la Una.

ISLANDA

ESCURSIONI NEI FIORDI ORIENTALI DELL'ISLANDA

Fate trekking in una terra di vulcani rombanti, montagne di riolite e insenature deserte.

La maggior parte dei turisti che visitano l'Islanda si concentra sulla parte sudoccidentale dell'isola: la capitale Reykjavík, la famosa meta turistica della Laguna Blu e il Cerchio d'oro delle meraviglie naturali, ossia la cascata di Gullfoss, i geyser Geysir e Strokkur, e il Parco nazionale Þingvellir.

Ma se andate verso est, vi ritroverete in un altro mondo. L'Austurland, la remota regione orientale dell'Islanda, occupa un vasto territorio che si espande per più di 22.721 km², ma presenta una popolazione inferiore a 11.000 abitanti. I paesaggi spettacolari sono caratterizzati da variopinte montagne di riolite, fiordi dalle pareti scoscese, cascate di calda acqua geotermica e fattorie abbandonate dove il territorio è troppo duro anche per i robusti discendenti dei Vichinghi. Non sorprende che gli Islandesi considerino l'Austurland come il regno degli Huldufólk, il "popolo nascosto" degli elfi e dei troll. Nella zona si trovano anche molte meravigliose creature non immaginarie. È l'unica regione del Paese dove probabilmente vedrete mandrie di renne selvatiche (introdotte dalla Norvegia nel tardo XVIII secolo) che vagano per la campagna, e pulcinelle di mare che nidificano sulle isole dei fiordi.

Egilsstaðir, la città più grande della regione, è un ottimo punto di partenza per le escursioni nella zona. Questo itinerario comprende i principali punti d'interesse dell'Austurland, dalla Valle di Stórurð, punteggiata di massi, alla colossale cappa di ghiaccio del Vatnajökull.

Consigli di viaggio

QUANDO ANDARE: La tarda estate e l'autunno (luglio-ottobre) sono i periodi migliori per le escursioni nell'Islanda orientale, prima che le forti nevicate chiudano molti sentieri di montagna.

ORGANIZZAZIONE: Il clima è molto variabile e gli acquazzoni improvvisi sono comuni. Mettete in valigia indumenti adatti alla pioggia, comodi scarponi da trekking impermeabili, e vestitevi con molti strati per stare al caldo. National Geographic Expeditions propone viaggi per esplorare i fiordi orientali.

SITI WEB: inspiredbyiceland.com; east.is; hallormsstadur.is; vatnajokulsthjodgardur.is; nationalgeographic.com/expeditions

La più grande colonia di pulcinelle di mare abita in Islanda.

ITINERARIO DI 6 GIORNI

Giorno 1
A circa un'ora a nord di Egilsstaðir, nei Monti Dyrfjöll, si trova uno dei luoghi più enigmatici dell'Islanda: Stórurð, o "i massi giganti". Un sentiero moderatamente impegnativo di 2,5 ore (dalle cinque alle sei ore andata e ritorno) sale regolarmente per circa 600 m dal punto di partenza sul passo di Vatnsskarð, attraversando ripide dorsali e distese di neve, anche in estate. Si viene ricompensati con paesaggi mozzafiato: una valle misteriosa, piena di prati ondulati, laghetti glaciali dal colore verde-azzurro, ed enormi massi di tufo vulcanico che sembrano essere stati lanciati qui da un gigante.

Giorno 2
Passate la giornata a girare per l'incantevole zona di Borgarfjörður Eystri, subito a est di Stórurð. Un itinerario di 16 km parte dal villaggio costiero di Bakkagerði (100 abitanti), famoso per il Bræðslan Music Festival che si tiene d'estate. Dietro al villaggio, salite in cima alla formazione rocciosa simile a una fortezza, alta quasi 30 m e chiamata Álfaborg ("città degli elfi"), che secondo la mitologia islandese sarebbe la dimora della Regina degli Elfi. Proseguite lungo il margine del fiordo fino all'isoletta di Hafnarhólmi, dove da una passerella di legno è possibile osservare la colonia di pulcinelle di mare che nidificano nella zona. Successivamente prendere il vicino sentiero attraverso un passo che porta a Brúnavík, una tranquilla insenatura deserta dove le onde bagnano una spiaggia di sabbia nera.

Giorno 3
Raggiungete i confini della Terra a Gerpir, la punta più orientale dell'Islanda. Sentieri segnalati, costruiti dall'associazione escursionistica Ferðafélag Fjarðamanna, attraversano tutta la penisola disabitata. Procuratevi una cartina dei sentieri nel vicino villaggio di pescatori di Eskifjörður, a circa 40 minuti di auto da Egilsstaðir. Poi intraprendete il cammino lungo il bordo delle scogliere alte quasi 661 m, formate da una roccia che risale a più di 12 milioni di anni fa e caratterizzate da splendidi panorami del Mare di Norvegia. Nel pomeriggio, fate una scampagnata nella Riserva naturale di Hólmanes, a sud di Eskifjörður sulla punta di Reyðarfjörður, il più lungo (quasi 30 km) dei fiordi dell'Islanda orientale. Istituita nel 1973, la riserva è nota per le affascinanti formazioni rocciose e per la ricca avifauna. Camminate nella tundra scendendo verso il fiordo o salendo verso le colline per osservare uccelli marini e magari una mandria di renne selvatiche.

Giorno 4
All'estremità meridionale del lago Lagarfljót, a 30 minuti di auto da Egilsstaðir nella Valle di Fljótsdalur, un sentiero leggermente in salita conduce a due cascate spettacolari. Durante l'escursione di 2,5 km e di due ore andata e ritorno, fermatevi prima alla Litlanesfoss, che sgorga tra le colonne di basalto esagonali che rivestono una gola. Poi proseguite fino alla Hengifoss, una delle cascate più alte dell'Islanda. La magnifica cascata precipita per 128 m sulle pareti nere rigate da strisce rosso brillante create da strati di argilla ricca di ferro. Secondo un racconto popolare islandese, gli elfi un tempo abitavano la gola intorno alla cascata e gli antichi escursionisti sentivano il canto di un inno islandese provenire dalle rocce.
Dopo aver terminato l'escursione, andate verso l'altra riva del lago Lagarfljót per scoprire uno degli spettacoli più insoliti per il Paese: gli alberi. È noto che i colonizzatori Norreni che tagliavano la legna per il fuoco, le case e le imbarcazioni, disboscarono l'Islanda secoli fa, causando il desolato aspetto vulcanico del territorio. L'impegno per la reintroduzione degli alberi ha prodotto alcuni boschi sparsi, e la Foresta nazionale di Hallormsstaðaskógur, protetta dal 1905, è la più grande del Paese.
Alcuni sentieri ben segnalati si snodano attraverso il raro fogliame verde brillante formato da circa 80 specie di alberi, in particolare la betulla autoctona, che offrono rifugio agli uccelli, tra cui tordi sasselli, pispole e regoli comuni.

A FIANCO: **Il villaggio di Borgarfjodur Eystri si trova ai piedi delle montagne nei fiordi orientali.**
A DESTRA: **Hengifoss, una delle cascate più alte d'Islanda, riversa l'acqua in una gola famosa nelle leggende islandesi.**

Giorno 5

L'Islanda presenta innumerevoli cascate e sorgenti termali, ma la Valle di Laugarvellir vanta una rara combinazione: una cascata d'acqua calda fumante. Dopo aver raggiunto in macchina il bacino idrico di Hálslón, a circa un'ora e mezza a sud-ovest di Egilsstaðir (è necessario un 4x4), camminate lungo un sentiero di 7 km sopra un molle terreno erboso. Nonostante l'altezza elevata (più di 600 m), la vegetazione è notevole per via del magma sotterraneo che riscalda il ruscello sul fondo della valle. L'invitante pozza geotermica alla fine del sentiero ha di solito la temperatura perfetta per mettere a mollo i muscoli esausti: tra i 39° e i 41 °C. Non dimenticate di provare la temperatura dell'acqua con un dito prima di immergervi. Ancora meglio, la cascata crea una doccia naturale di acqua calda.

Giorno 6

Spostatevi nell'estremità meridionale dell'Austurland, vicino alla cittadina di Höfn, a 2,5 ore da Egilsstaðir, per vedere il Vestrahorn, uno dei più spettacolari luoghi d'interesse dell'Islanda, alto 454 m. L'insolita montagna di gabbro, che ha un'età stimata tra gli 8 e i 10 milioni di anni, si erge in un paesaggio mistico fatto di una tundra ondeggiante, lupini viola acceso e cime frastagliate sul bordo del mare. Camminate lungo la spiaggia di sabbia nera della penisola di Stokksnes per fotografare il Vestrahorn riflesso nelle calme acque azzurre della baia. Successivamente fermatevi al Gamlabúð Visitor Centre di Höfn per prendere le cartine dei sentieri del Parco nazionale del Vatnajökull, che occupa quasi il 14 per cento dell'Islanda. L'immensa cappa di ghiaccio di 8100 km^2 del Vatnajökull è il ghiacciaio più grande d'Europa ed è piena di crepacci, fessure vulcaniche e scintillanti grotte di ghiaccio.

DA NON PERDERE

- Scalare i monti Dyrfjöll per raggiungere la Valle di Stórurð disseminata di massi.
- Fare un'escursione nella valle di Laugarvellir e fare un bagno in una cascata di acqua termale.
- Camminare lungo le altissime scogliere della disabitata penisola di Gerpir.

Un visitatore osserva la maestosa grotta di ghiaccio che si trova sotto il Ghiacciaio Vatnajökull, vicino alla laguna di Jokulsarlon.

PROSPETTIVE

Scoprire in kayak il lato segreto di Venezia

di Tara Isabella Burton

VENEZIA PUÒ ESSERE BELLA in modo evidente e persino travolgente. Ma nonostante i vicoli circolari e i palazzi color pastello, la città più turistica d'Italia dà sempre l'impressione di nascondere qualcosa. Certo potete proseguire il vostro cammino seguendo una litania di siti turistici consigliati, come piazza San Marco, Rialto, l'Accademia, ma a ogni strada che imboccate, a ogni ponte che attraversate, guardate sempre con la coda dell'occhio quella via che non avete preso, chiedendovi se un cortile non segnalato conduca a una trattoria più buona di quelle che avete provato, oppure se al piano nobile, o primo piano, di un palazzo qualsiasi sia in corso una festa privata (nel periodo del Carnevale, a febbraio, è probabile che sia così).

È durante la mia quinta visita a Venezia che capisco che è possibile vedere davvero la città soltanto stando sull'acqua invece che sulla terraferma. Ho scelto una sorta di hotel barocco galleggiante che propone un tour di 10 giorni concentrato sulla laguna veneziana. La geografia tortuosa della città, così vorticosa a terra, è perfettamente comprensibile da una stretta imbarcazione fluviale. Mentre una sera attracchiamo vicino alla Biennale, nei pressi dell'Accademia, il movimento costante mette in risalto l'atmosfera confusa, surreale, data dal cercare di muoversi all'interno di una città dove ogni svolta sbagliata al chiaro di luna sembra portarvi in un alternativo universo parallelo. Ma è solo quando salgo sul mio kayak, sgattaiolando fuori dalla porta nera di un palazzo del XV secolo in un piccolo cortile non segnalato a Cannaregio e mi ritrovo direttamente sull'acqua che scopro il cuore della città.

Mentre ci spostiamo in kayak da Cannaregio al ghetto ebraico, dove le lenzuola bianche sono appese ai fili del bucato che formano un reticolo nel canale, sulle nostre teste, la nostra guida ci mostra una Venezia completamente diversa rispetto a quella che ho visto per anni: una Venezia in cui gli imponenti ingressi dei palazzi si aprono direttamente sull'acqua salmastra color azzurro-verde, dove la gente del posto guida barche private, passando davanti alle lucide imbarcazioni nero ossidiana dei gondolieri (qualsiasi cosa facciate, la guida dice chiaramente di non graffiare le loro barche). I Veneziani gridano le direzioni in dialetto mentre svoltano a ogni angolo cieco; il vaporetto crea onde pericolose mentre cerchiamo di attraversare il Canal Grande. Le famiglie stanno ai balconi, guardando fuori dalle finestre i canali inaccessibili dalla strada.

Venezia non rivelerà mai tutti i suoi segreti. Tuttavia, in 90 minuti a bordo del mio kayak, con le braccia indolenzite e le spalle scottate dal sole, ho imparato qualcosa di più.

• *Tara Isabella Burton è una giornalista di* Vox *e autrice di* Social Creature.

A SINISTRA: **Attori che indossano le tradizionali maschere veneziane accolgono a terra gli escursionisti in kayak.** A FIANCO: **Alcuni kayakisti si dirigono verso il Ponte dei Sospiri.**

I gondolieri tradizionali e gli escursionisti in kayak si fanno strada passando davanti alla storica Basilica di Santa Maria della Salute sul Canal Grande.

ROMANIA

UN'AVVENTURA NELLE ALPI TRANSILVANICHE

Avventuratevi al di fuori dei sentieri battuti nei Carpazi Meridionali della Romania.

Lo scrittore irlandese Bram Stoker non visitò mai le Alpi Transilvaniche, eppure il minaccioso Conte Dracula del romanzo che creò nel 1897 viveva, o più precisamente era un "non morto", in quella terra. La storia leggendaria continua ad attrarre visitatori nella regione montuosa centrale della Romania dove Vlad Tepes, il personaggio del XV secolo che ispirò Stoker, risiedeva e infilzava i nemici con un palo. Anche se Vlad, detto l'Impalatore, non era un vampiro e probabilmente non visse mai nel Castello di Bran del XIV secolo, che oggi viene presentato ai turisti come il castello di Dracula, il territorio delle Alpi Transilvaniche sembra uscito direttamente da una favola oscura. Orsi e lupi si aggirano per i boschi fitti e bui; chiese gotiche ed edifici barocchi si affacciano su ampie piazze centrali; e cime frastagliate si ergono al di sopra dei prati nelle Alpi che formano la sezione meridionale dei Carpazi. Le tre catene montuose delle Alpi Transilvaniche, i monti Făgăraş, Bucegi e Parâng, si estendono lungo una dorsale di calcare frastagliato, pressoché continua e per lo più impraticabile. Per gli scalatori, gli escursionisti e i ciclisti in mountain bike in cerca di terreni impegnativi le gole profonde, i sentieri delle zone sperdute e gli affioramenti rocciosi restano un segreto ben custodito. Forse in passato l'isolamento sotto il regime comunista della Romania (dal 1947 al 1989) ha tenuto le montagne del Paese fuori della lista dei posti da visitare per vivere avventure all'aperto, ma ora è tempo di scoprire le vere Alpi Transilvaniche: pur senza i vampiri, sono memorabili.

Consigli di viaggio

QUANDO ANDARE: Il periodo migliore va da giugno, quando di solito la strada nazionale Transfăgărăşan che porta nelle montagne viene aperta dopo le nevicate invernali, fino a ottobre.

ORGANIZZAZIONE: Prendete un volo per Bucarest, noleggiate un'auto e guidate per due ore verso nord fino a Braşov, nel cuore delle Alpi Transilvaniche. Tour operator come MTB Tours offrono escursioni avventurose nella zona.

SITI WEB: romaniatourism.com; mtbtours.ro/en; facebook.com/BikeResort; uncover-romania.com; wildtransylvania.com; nationalgeographic.com/expeditions

Il Castello di Peleş (1883) si trova nei Carpazi.

COSA FARE

Correre lungo le pendici montane al Bike Resort Sinaia

La fiabesca Sinaia (dove si trova lo splendido Castello di Peleş, completato nel 1883) si trova ai piedi del monte Furnica nella catena dei monti Bucegi delle Alpi Transilvaniche. Sinaia, soprannominata la "Perla dei Carpazi", d'inverno è una località sciistica con 18 km di piste, mentre d'estate è un centro per il trekking e le escursioni in bici nei monti Bucegi e nella vicina Valle del Prahova.
Prendete la funivia dalla città alla stazione inferiore per affrontare al Bike Resort Sinaia discese adatte a tutti i livelli, dai principianti agli esperti, piste da all-mountain e piste da cross-country. Il parco per mountain bike presenta 10 km di sentieri su quattro percorsi principali: Happy Bear, Old School, Easy Breezy e Fairy Trail. Noleggiate un casco e una bici, oppure partecipate a un tour guidato, per affrontare in bici curve paraboliche, passerelle di legno, strade forestali e altre piste lungo i pendii.

Girare le Alpi Transilvaniche in mountain bike

Passate da un villaggio all'altro nella regione rurale degli altopiani rumeni, relativamente intoccata dalla tecnologia o dalle influenze esterne, partecipando a un tour di sette giorni in mountain bike guidato da nativi della Transilvania. Proposta da luglio a ottobre, l'escursione nelle Alpi Transilvaniche di MTB Tours è pensata per ciclisti di livello avanzato ed esperti e copre più di 241 km su singole piste e sentieri.
Passate per pascoli e foreste d'alta quota mentre attraversate le principali catene montuose della Romania centrale: Ciucaş, Baiului, Bucegi, Piatra e Craiului. Ritiratevi in un villaggio locale ogni notte per riposare, fate un brindisi con il *pálinka* (brandy alla prugna), e provate piatti della Transilvania che fanno venire l'acquolina in bocca, come la *ciorbă de perişoare* (zuppa con polpette a base di riso e maiale) e i *mititei* (salsicce grigliate prive di pelle).

Scalate la più altra dorsale di calcare in Romania

Il Parco nazionale di Piatra Craiului della Transilvania sudorientale, famoso per essere apparso come sostituto delle montagne della Carolina del Nord occidentale nel film del 2002 intitolato *Ritorno a Cold Mountain*, è ricco di fauna selvatica e di decine di sentieri escursionistici. La caratteristica dorsale seghettata di pietra calcarea del parco, che si estende per 24 km e raggiunge il punto massimo a 2239 m di altezza, è la più lunga e alta del suo genere in Romania.
Da Zărneşti, la città da cui si accede al parco nazionale, gli escursionisti esperti possono percorrere l'intera lunghezza dei monti Piatra Craiului in due giorni, pernottando in una *cabana* (rifugio montano). Per una faticosa giornata di trekking, camminate fino al punto più alto del massiccio, La Om, o Piscul Baciului (Cima del pastore), e poi tornate indietro. Mentre salite, tenete gli occhi aperti per avvistare orsi, lupi, cervi e linci nelle faggete e nelle pinete. Un'escursione facile da fare in giornata è il giro di tre ore andata e ritorno nella gola di Zărneşti. Le pareti rocciose raggiungono un'altezza di 198 m o più lungo il canyon che si estende per 4 km. Mentre attraversate la gola, osservate scalatori simili a Spider Man che si arrampicano sui percorsi tecnici delle alte pareti.

Guidare lungo la strada asfaltata più alta della Romania

Grazie a un episodio di *Top Gear*, il programma televisivo di enorme successo della BBC, in cui è stata definita la "strada migliore del mondo", il percorso lungo la sinuosa strada nazionale Transfăgărăşan che collega Sibiu, la Transilvania, Piteşti e la Valacchia, può essere più un tragitto in coda che una corsa esaltante attraverso una serie di curve a "S". Evitate il traffico mettendovi in viaggio all'alba sulla strada a due corsie a sud di Sibiu. Con meno turisti per strada, la vostra guida sarà più scorrevole attraverso le lunghe curve e le discese ripide.
Anche se la Transfăgărăşan potrebbe essere usata come pista di prova per vetture eleganti, questa strada è stata costruita negli anni Settanta come strumento di difesa contro qualsiasi invasione sovietica. L'idea era che, in caso di attacco, l'esercito rumeno avrebbe potuto trasportare le truppe e i carri armati sulla catena dei monti Făgăraş dei Carpazi.

A FIANCO: **Un ciclista procede per la sua strada nei Carpazi.** A DESTRA: **Nel Parco naturale di Apuseni si trovano centinaia di grotte piene di fossili dell'era glaciale; qui si vede la grotta di Scărişoara.**

Percorrendo la strada da nord a sud attraverserete un desolato territorio alpino e il tunnel più lungo della Romania al lago Bâlea. Uscire dal lato sud del tunnel per scendere lungo i pendii meridionali verde acceso è un po' come se nel bel mezzo di un film si passasse dal bianco e nero ai colori. Parcheggiate vicino alla piattaforma panoramica della diga di Vidraru per vedere le immagini speculari delle montagne riflesse sul lago Vidraru.

Esplorare le grotte nei Monti Apuseni

Mentre siete in Transilvania, fate una deviazione nei Carpazi occidentali per andare a vedere cosa c'è sotto la superficie di calcare del Parco naturale Apuseni. Resti fossili di animali dell'era glaciale e popolazioni di pipistrelli rari sono tra i tesori scoperti nelle centinaia di grotte sparse in tutto il parco. Per esplorare molte delle grotte è necessario avere competenze di speleologia e l'attrezzatura adatta, tuttavia due, la grotta di ghiaccio di Scărişoara e la grotta degli Orsi, si possono visitare senza doversi arrampicare, procedere carponi o usare delle corde.

La grotta di Scărişoara, lunga 701 m, che secondo le stime risale ad almeno 10.500 anni fa, detiene il primato mondiale di grotta di ghiaccio più esplorata e caverna glaciale più antica del mondo. I carotaggi ricavati dalla grotta permettono agli scienziati di capire come l'andamento meteorologico dell'Europa sia cambiato nel corso degli ultimi 10.000 anni. Anche se quella di Scărişoara è una grotta turistica (aperta al pubblico), è tutelata dal 1933 come monumento naturale (la prima zona carsica della Romania a ricevere questo titolo). La grotta degli Orsi ha alle spalle una storia altrettanto interessante. Il suo nome deriva dalle ossa di orso delle caverne (*Ursus spelaeus*), classificato come estinto 15.000 anni fa, scoperte al suo interno nel 1975. Alcune stalattiti della grotta a due livelli risalgono a 22.000 anni fa.

DA NON PERDERE

- **Andare in mountain bike lungo il terreno accidentato del Bike Resort Sinaia.**
- **Camminare di rifugio in rifugio attraverso le foreste verdi del Parco nazionale di Piatra Craiului.**
- **Guidare lungo la tortuosa strada statale Transfăgărăşan, la strada asfaltata più alta della Romania.**

Il lago Vidraru, creato da una diga costruita nel 1966, si estende per oltre 9,7 km.

LE 10 MIGLIORI ESPERIENZE DI

VIAGGI IN TRENO ATTRAVERSO L'EUROPA

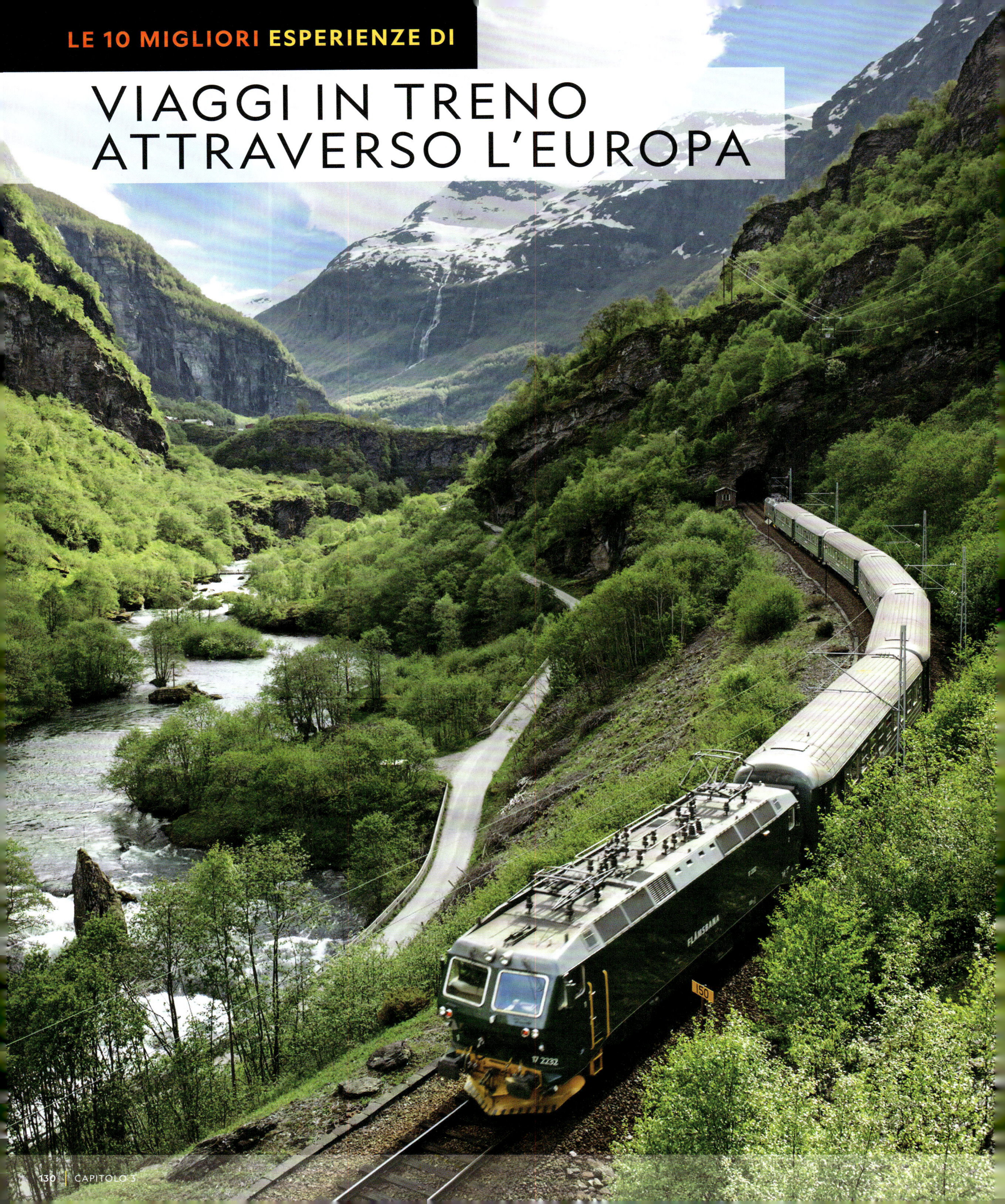

1 GLACIER EXPRESS

Il Glacier Express della Svizzera collega con un viaggio di otto ore Zermatt e St. Moritz e serpeggia passando il Rodano, il Cervino, il "Grand Canyo svizzero", il viadotto Landwasser e altri panorami montani. Salite a bordo del Bernina Express a St. Moritz per vedere il ghiacciaio del Morteratsch e la cima del Pizzo Bernina lungo il viaggio vertiginoso fino a Tirano, in Italia.

2 SEMMERING BAHN

La ferrovia austriaca del Semmering del XIX secolo, la prima ferrovia di montagna a un solo binario in Europa, è stata riconosciuta dall'UNESCO come una delle più grandi opere di ingegneria civile del mondo. I vagoni del treno partono da Gloggnitz e attraversano 14 tunnel, 16 viadotti maggiori e 118 ponti ad arco in pietra fino alla popolare località sciistica di Semmering. Da qui, il percorso escursionistico del Bahnwanderweg segue in parallelo i binari del treno offrendo vedute panoramiche sulle montagne e sulle strutture ferroviarie.

3 LYNTON AND LYNMOUTH CLIFF RAILWAY

Costruita nel 1888, questa funicolare verde foglia - la funicolare funzionante con contrappesi ad acqua più alta e ripida del mondo - risale una parete alta 152 m tra il villaggio costiero di Lynmouth e la cittadina vittoriana di Lynton (la "Piccola Svizzera" d'Inghilterra). Da Lynton, prendete la linea ferroviaria a scartamento ridotto Lynton & Barnstaple Steam Rail per raggiungere il Parco nazionale di Exmoor.

4 FLÅMSBANA

La ferrovia norvegese Flåm collega Myrdal passando attraverso l'Aurlandsfjord, incantando con panorami nebbiosi di gole fluviali, cascate, montagne innevate, fattorie lungo i pendii e fiordi norvegesi.

5 BALKAN EXPRESS

Il "Balkan Express" di dodici ore supera 254 tunnel e 435 ponti tra Bar, nel Montenegro, e Belgrado, in Serbia. I passeggeri attraversano uno dei viadotti ferroviari più alti del mondo con vedute del lago di Scutari, di gole fluviali e delle Alpi Dinariche. I vagoni non sono climatizzati e non c'è la prima classe, ma il viaggio prepara la strada per prendere un tè nel Vecchio Bazar macedone di Skopje e per fare torrentismo a Medjurečje nel Montenegro.

6 ITINERARIO DELLE LOCOMOTIVE A VAPORE IN SASSONIA

Questa ferrovia tedesca a scartamento ridotto attraversa la Sassonia, la regione dell'Elba, l'Alta Lusazia, la Bassa Slesia, il Vogtland e gli innevati Monti Metalliferi. Saltate giù nella Svizzera sassone per fare arrampicata libera e salire in cima a ponti di castelli medievali e scalare più di mille pinnacoli di arenaria. Immergetevi nelle rilassanti sorgenti termali dei Monti Metalliferi. Visitate il Castello di Moritzburg, oppure prendete la funivia più antica della Germania per raggiungere le piste da sci e i sentieri per mountain bike di Fichtelberg.

7 AL ANDALUS

Arriva e riparte da Siviglia, Cordova, Granada, Ronda e Cadice. I vagoni Belle Époque sono sfarzosi come negli anni Venti. Le fermate rivelano le ricchezze naturali e storiche dell'Andalusia, dalla Grande moschea di Cordova (una delle più antiche e grandi al mondo) al Parco nazionale di Monfragüe, un bosco di querce mediterranee pieno di cicogne nere e di aquile iberiche.

8 ROYAL SCOTSMAN

I tour del treno Belmond Royal Scotsman comprendono una gita in barca per osservare le foche, degustazioni di whisky alla distilleria Glen Ord Distillery (una delle più antiche della Scozia), il tiro al piattello, un'escursione per vedere delle cascate, la pesca nel Parco nazionale dei Cairngorm, una partita a golf a Ballindalloch e visite ai castelli. Le serate a bordo del treno sono caratterizzate da cene tranquille e massaggi alla lavanda.

9 FERROVIA JESENICE-TRIESTE

Dopo un giro in kayak nel lago Bohinj della Slovenia, attraversate il tunnel ferroviario più lungo del Paese sulla ferrovia Jesenice-Trieste. La locomotiva attraversa altri 27 tunnel e oltre 65 ponti, tra cui il ponte di Salcano sul fiume Isonzo del 1906, il più grande ponte ferroviario in pietra del mondo. Fermatevi a Collio, la "Toscana della Slovenia", per sorseggiare un fresco vino bianco macerato.

10 FERROVIA TRANSIBERIANA

La ferrovia transiberiana attraversa un terzo del mondo, percorrendo più di 9442 km da Mosca a Nakhodka e superando il deserto del Gobi, la Grande Muraglia cinese, i monasteri buddhisti tibetani e 16 fiumi maggiori. Fate immersioni, esplorate grotte ghiacciate sul lago Baikal o fate arrampicata libera sulle colonne di pietra del Parco nazionale di Stolby.

A FIANCO: La ferrovia Flåmsbana attraversa il meraviglioso Fjordland della Norvegia. SOPRA: I passeggeri si rilassano mentre ammirano il paesaggio a bordo del *Glacier Express* svizzero.

FRANCIA

ESCURSIONI IN PROVENZA

Godetevi le bellezze della regione più magica della Francia.

La Francia è incantevole e la Provenza lo è assolutamente. La regione sudorientale della Provenza-Alpi-Costa Azzurra si estende per circa 31.400 km^2 di paesaggi magnifici dal margine delle Alpi al Mar Mediterraneo. Campi di lavanda, boschi di cipressi, vigneti e massicci rocciosi ricoprono la campagna, immersa nella splendida luce chiara della Provenza. La maggior parte dei giorni è caratterizzata da sole e cieli azzurri grazie al potente vento di nord-ovest che spazza via le nuvole. Questa terra è apprezzata da millenni. Potrete visitare le rovine di ponti, colonne e archi di trionfo romani, e la città medievale di Avignone fatta costruire da sette papi che vissero qui nel XIV secolo.

Qui è possibile fare escursioni che variano dalle tranquille passeggiate nei paesi ai percorsi nei sentieri costieri e ai difficili itinerari di montagna. I percorsi sono di solito ben tenuti e segnalati grazie alla Fédération Française de la Randonnée Pédestre, l'organo ufficiale francese che sovrintende alla gestione e alla sicurezza dei sentieri.

Il vivace porto di Marsiglia, la seconda città più grande della Francia, offre un comodo accesso da Parigi e da altre destinazioni internazionali. Per questo itinerario di cinque giorni, soggiornate ad Avignone, dominata dall'immenso Palazzo dei Papi, oppure a Aix-en-Provence, città natale del pittore post-impressionista Paul Cézanne, dove si trova Cours Mirabeau, considerata una delle vie più belle di Francia.

Consigli di viaggio

QUANDO ANDARE: La primavera e l'autunno sono le stagioni migliori per le escursioni in Provenza, con giornate di sole, temperature fresche e meno turisti. In estate i campi di lavanda sono in fiore, ma il clima può essere molto caldo e secco e alcuni sentieri sono chiusi per il rischio di incendio.

ORGANIZZAZIONE: Il freddo vento maestrale soffia prevalentemente in inverno, ma può arrivare in qualsiasi momento, perciò preparate indumenti per vestirvi a strati. National Geographic Expeditions propone viaggi escursionistici in Provenza.

SITI WEB: aixenprovencetourism.com; nationalgeographic.com/expeditions

Un gruppo di fenicotteri nella Camargue.

ITINERARIO DI 5 GIORNI

Giorno 1
Il Massiccio del Luberon vanta alcuni dei paesaggi più emblematici della Provenza. Partite da Gordes, un borgo collinare a mezz'ora da Avignone, famoso per gli edifici di pietra bianca ammassati intorno a un castello del X secolo in cima alla collina. Un sentiero acciottolato e sterrato di circa 4 km scende attraverso un bosco di querce fino all'Abbazia di Sénanque, ai piedi di una piccola valle piena di filari di lavanda viola, in fiore da metà giugno a metà agosto. L'abbazia del XII secolo è ancora funzionante ed è anche possibile prenotare un soggiorno presso i monaci cistercensi e meditare in silenzio insieme a loro.

Giorno 2
Al mattino ammirate la splendida vista del Luberon da Bonnieux, a circa 20 minuti da Gordes. Un sentiero di 3 km parte sopra il villaggio e si snoda attraverso un lussureggiante bosco di cedri piantato nel 1860. Dal punto più alto potete abbracciare con lo sguardo il paesaggio dalla Valle del Luberon a sud fino alle colline pedemontane delle Alpi. Successivamente, con un viaggio di 15 minuti raggiungete Roussillon, un paese di edifici bruni nel cuore di uno dei giacimenti d'ocra più grandi del mondo. Il Sentier des Ocres (noto anche come la Strada rialzata dei giganti) è un sentiero segnalato di un'ora, che attraversa una vecchia cava d'ocra. Al tramonto le pareti scoperte della cava si accendono di colori che vanno dal ruggine scuro al giallo brillante.

Giorno 3
Le Gorges du Verdon, soprannominate il "Grand Canyon d'Europa", a circa due ore da Aix-en-Provence, sorprendono con il loro fiume turchese che scorre tra pareti di roccia alte 610 m. Il Sentier Blanc-Martel, che prende il nome dai due esploratori che per primi attraversarono la gola all'inizio del XX secolo, è considerato uno degli itinerari escursionistici più belli dell'Europa continentale. Questo percorso non è adatto a tutti. L'impegnativo sentiero di 14 km attraversa pendenze irregolari, ripide scale a pioli, passerelle e persino due lunghe gallerie buie (non dimenticate di portare una torcia elettrica). Molti escursionisti esperti partono dal punto di accesso dello Châlet de la Maline, che conduce a una lunga discesa lungo il fiume prima di risalire progressivamente fino al belvedere del Couloir Samson e a quello chiamato opportunamente Point Sublime.

Giorno 4
Godetevi il sole in Costa Azzurra, il pezzetto di paradiso della Francia. Cassis, un paese della Riviera Francese a circa 45 minuti a sud di Aix-en-Provence, è il luogo da cui si accede al Parco nazionale delle Calanques, che prende il nome dalle invitanti insenature che caratterizzano la costa. Un sentiero di 20 km porta fino a Marsiglia, ma potete camminare per tratti più brevi. Al mercato degli agricoltori di Cassis comprate il vostro pranzo al sacco per un'escursione di 1,5 ore (tre ore andata e ritorno) che collega tre insenature, terminando alla spiaggia di ciottoli di Calanque d'En-Vau, dove potrete immergervi nelle acque cristalline.

Giorno 5
Scoprite un altro aspetto della Provenza nella Camargue, un'ampia zona umida dove il Rodano incontra il Mediterraneo e forma il più vasto delta dell'Europa occidentale. L'antica città romana di Arles, a circa 45 minuti da Avignone, è il punto di riferimento di questa regione caratterizzata da spiagge ampie, risaie e saline rosate. Recatevi al villaggio storico di Saintes-Maries-de-la-Mer per camminare o andare in bicicletta lungo la *digue à la mer* (diga di mare) di pietra. Costruito nel 1859, l'argine di 12 km si estende attraverso la bocca del Rodano, passando davanti a stagni pieni di fenicotteri rosa e al faro di La Gacholle, costruito nel 1882. Poi salite in sella a uno dei famosi cavalli bianchi della Camargue per una cavalcata nel Domaine de la Palissade, una riserva naturale che pullula di centinaia di specie di uccelli che si rifugiano nelle paludi piene di piante erbacee e nelle lagune.

DA NON PERDERE

- Girare per i profumati campi di lavanda nei pressi dell'Abbazia di Sénanque risalente al XII secolo.
- Attraversare spaventose gallerie, passerelle e pareti rocciose delle Gorges du Verdon.
- Camminare lungo l'argine della Camargue, superando dune di sabbia ondulata, paludi piene di piante erbacee e stormi di fenicotteri.

A FIANCO: **Le scogliere di arenaria delimitano le baie color acquamarina delle Calanques vicino a Cassis, nel sud della Francia.** SOPRA: **Campi di lavanda indicano la strada per l'Abbazia di Sénanque.**

SVIZZERA, ITALIA E FRANCIA

GIRO DEL MONTE BIANCO

Un classico percorso escursionistico sul tetto dell'Europa occidentale.

Correre su per una montagna, riducendo la sua maestosità a un mero segno di spunta o a una medaglia di merito è un atteggiamento certamente non condivisibile. Molto meglio prendere un percorso diverso per assaporare ogni roccia e vagare per i prati per il privilegio di riempirsi i polmoni di aria montana.
Il Giro del Monte Bianco esemplifica questo approccio lento e sicuro, pur essendo comunque invitante anche per gli eccezionali inseguitori di vette. Alto sia per le statistiche che riguardano l'altitudine sia per il potenziale di soddisfazione, è spesso considerato il migliore tra gli itinerari escursionistici dell'Europa continentale, e per ottime ragioni. Il percorso ad anello di 161 km attraverso le Alpi gira intorno al monte più alto dell'Europa occidentale, il Monte Bianco, alto 4810 m, mentre passa per tre paesi: la Francia, l'Italia e la Svizzera. L'itinerario si snoda lungo alti passi alpini spettacolari e attraverso paesini caratteristici su un circuito intorno alla montagna che segue tradizionalmente il senso antiorario dalla Francia all'Italia, alla Svizzera per poi rientrare in Francia. Divise in una serie di tappe, le escursioni quotidiane contano circa 16 km con un'ascesa media di più di 762 m e si concludono in genere con una montagna di formaggio fuso e una buona dose di vino presso gli accoglienti rifugi montani, in un clima di cultura e di allegria con i compagni di escursione.
Questo cammino piuttosto impegnativo potrebbe essere una via verso la rivelazione.

Consigli di viaggio

QUANDO ANDARE: I rifugi montani sono aperti da metà giugno fino agli inizi di settembre, con il periodo di maggiore afflusso turistico da metà luglio a metà agosto. Il tour è più bello a inizio stagione, quando un numero minore di visitatori può ammirare una grande varietà di fiori alpini.

ORGANIZZAZIONE: Allenate la resistenza fisica prima del viaggio. Se preferite, accordatevi per il trasferimento del bagaglio tra un rifugio e l'altro per alleggerire il carico della vostra camminata.

SITI WEB: chamonix.com; visit-mont-blanc.com/en; chamonix.net/english

Un treno porta i visitatori a Chamonix-Mont-Blanc, in Francia.

ITINERARIO DI 9 GIORNI

Giorno 1

Iniziate il vostro trekking avventuroso ai piedi del Monte Bianco in Francia nella celebre Chamonix, il paese che ospitò i primi Giochi olimpici invernali nel 1924. Esplorate quest'affascinante località alpina cullata da spettacolari cime rocciose e date un'occhiata all'enorme montagna che ha ispirato il vostro viaggio. Per un'anteprima dell'escursione impegnativa che vi aspetta, risalite lentamente i pendii della Mer de Glace, il secondo ghiacciaio più grande delle Alpi, a bordo di uno storico trenino rosso a cremagliera. Mentre sferragliate in salita lungo il fianco della montagna, immaginate i turisti del XVIII secolo che affrontavano questo territorio a dorso di mulo. Arrivati alla stazione di Montenvers, camminate in una grotta scavata nel ghiaccio. C'è molto da osservare qui: dalle splendide tonalità azzurre all'innegabile effetto dei cambiamenti climatici. Il ghiacciaio si è ritirato di oltre 1,6 km dal 1850. Di ritorno a Chamonix, riposatevi e fate il pieno di energia per la sfida che dovrà affrontare il vostro fisico.

Giorno 2

Mettetevi in cammino seguendo un sentiero sotto la Catena delle Aiguilles Rouges che porta al percorso montano chiamato Grand Balcon. Procedete entrando e uscendo dai boschi, osservando le marmotte lungo la via, e godetevi le spettacolari vedute panoramiche del massiccio dall'alto. Raggiungete il piccolo e trasparente lago Bleu e ammirate il panorama della valle, poi proseguite fino alla ferrovia Chamonix-Montenvers, situata sopra la Mer de Glace e ritornate a Chamonix con il trenino a cremagliera.

Giorno 3

Trasferitevi al paesino francese di Les Houches e partite con la funivia per Bellevue. Camminate attraverso i pascoli vicini al ghiacciaio di Bionnassay e ai boschetti di rododendri che costeggiano la ripida salita che porta al punto panoramico del Col du Tricot, a 2120 m di altitudine. Scendete al villaggio di Miage, che si trova su una pianura glaciale e proseguite nella pittoresca campagna fino al delizioso villaggio di Les Contamines-Montjoie, dove vi aspettano chalet tradizionali e una gastronomia molto apprezzata.

Giorno 4

Andate a vedere Notre Dame de la Gorge, dipinta con colori vivaci, e la sua cappella barocca, dove per secoli i viaggiatori di montagna si sono fermati a pregare affinché il loro viaggio andasse bene. Poi seguite l'antica strada romana, che è stata a lungo la via principale per chi viaggiava in montagna, attraverso boschi di sempreverdi e fiori selvatici che formano la Riserva naturale Les Contamines, l'area protetta più alta di Francia con un'elevazione che va dai 1100 ai 3892 m. Salite al Col du Bonhomme (2329 m), con ampie vedute delle valli sottostanti. Proseguite il vostro cammino con prudenza mentre scendete lungo un sentiero vertiginoso e coperto d'erba che porta al remoto villaggio di Les Chapieux, oppure raggiungete il caratteristico paese di Bourg-Saint-Maurice per passare la notte.

Giorno 5

Dall'inizio del sentiero alla Ville des Glaciers salite attraverso prati aperti e campi coperti di neve fino al Colle della Seigne al confine con l'Italia. Dopo aver ammirato il panorama da questo punto, oltrepassate luccicanti laghi glaciali fino ai pendii meridionali della Val Veni, una valle color smeraldo incorniciata da cime frastagliate. Terminate l'escursione del giorno a Courmayeur, località alpina dalle strade acciottolate in Val d'Aosta.

Giorno 6

Ammirate il Monte Bianco durante l'escursione lungo il Mont de la Saxe fino al Rifugio Bertone, che vanta una posizione particolarmente spettacolare. Seguite il sentiero del balcone che si affaccia sulle cime spettacolari della Grandes Jorasses, sulla strada per la bucolica Val Ferret.

A FIANCO: **Escursionisti in marcia attraverso il tratto svizzero dell'itinerario del Monte Bianco.**
SOPRA: **Nel paesino francese di Chamonix, le montagne incorniciano strade acciottolate lungo le quali si susseguono i negozi.**

La caratteristica chiesa rosa nel villaggio svizzero di Trient si trova all'ombra della catena del Monte Bianco.

Giorno 7

Questa mattina attraversate un paesaggio idilliaco di prati alpini e ruscelli scroscianti, punteggiato di mucche al pascolo e marmotte che corrono di qua e di là. Poi affrontate una salita ripida fino al Col Ferret, a 2536 m, al confine tra l'Italia e la Svizzera, e all'ombra dello svettante Monte Dolent, l'unica cima delle Alpi che sta a cavallo di tre Paesi, ossia l'Italia, la Francia e la Svizzera. Ammirate le vedute da vicino e da lontano di ghiacciai sospesi e guglie di granito, mentre seguite un sentiero erboso attraverso uno scenario alpino pastorale fatto di chalet e bovini nel tranquillo villaggio svizzero di La Fouly.

Giorno 8

Partendo dal villaggio di Champex, seguite il percorso delle mucche in un itinerario escursionistico lungo le dolci colline dell'alpe Bovine, un percorso che un tempo usavano i mandriani per condurre le vacche attraverso le montagne in questi pascoli d'alta quota. Raggiungete la cima del Colle della Forclaz prima di scendere passando tra i pini fino al villaggio di Trient, dove gli escursionisti sono accolti da una chiesa rosa con pinnacoli, difficile da dimenticare.

Giorno 9

Passate la mattinata a vagare per i verdi pendii fino alla cima del Col de Balme (2186 m), una soleggiata località sciistica franco-svizzera sul confine tra i due paesi. Con la campagna svizzera alle spalle, osservate la Valle di Chamonix e il Monte Bianco da una prospettiva completamente diversa rispetto a quella da cui avete iniziato il giro. Affrontate l'ultimo tratto in discesa, ammirando altri panorami incredibili, e gioite per aver completato il vostro Giro del Monte Bianco.

DA NON PERDERE

- Superare a piedi il confine di tre Paesi: la Francia, l'Italia e la Svizzera.
- Camminare attraverso prati bucolici, boschi lussureggianti e valli glaciali.
- Scoprire la leggendaria Chamonix, che ospitò i primi Giochi olimpici invernali nel 1924.

FINLANDIA

LA SAUNA IN FINLANDIA

Per contrastare il freddo, fate un bagno di vapore sulle ruote panoramiche, nei campi da hockey su ghiaccio, in una funivia e in molti altri posti insoliti.

In un Paese in cui ci sono probabilmente più saune che macchine, non è necessario andare lontano per trovare una camera piena di vapore per riscaldarsi dal freddo invernale. Gli amanti dei bagni di vapore, giovani e anziani, si ritrovano nelle saune, elemento essenziale della cultura finlandese, per rigenerarsi mentalmente e fisicamente con il *löyly* (vapore) caldo. Secondo alcune stime, nel Paese c'è all'incirca una sauna ogni due abitanti. Non stupitevi se vedrete le persone rotolarsi nella neve o immergersi nelle acque artiche per raffreddare il corpo e prolungare la pratica curativa.

Ufficialmente la sauna più antica risale al 1112 d.C. Le saune, che all'inizio erano buche scavate nella terra e coperte con pelli di animali, fanno parte di una ricca tradizione secolare che ha subito molte evoluzioni dall'età del ferro alle versioni di lusso dei giorni nostri. In Finlandia, la sauna, oltre che per le virtù benefiche, è stata utilizzata per le cerimonie religiose, la purificazione e la cura delle malattie, nonché come un luogo di ritrovo sociale. Le saune che conosciamo in tutto il mondo hanno avuto origine in questo Paese. Le saune, tradizionalmente allestite in stanze semibuie con temperature che spesso superano i 65,6 °C, si trovano ovunque, dall'interno del Parlamento alle abitazioni private, ma per i Finlandesi, e per i visitatori che si sentono un po' più avventurosi, ci sono luoghi molto più sorprendenti in cui fare un bagno di vapore.

Consigli di viaggio

QUANDO ANDARE: Visitate il Paese a gennaio, quando ci sono meno turisti, così avrete maggiori possibilità di vedere l'aurora boreale. Febbraio è il mese più freddo dell'anno in Finlandia.

ORGANIZZAZIONE: A differenza di quanto avviene nelle saune italiane, molti Finlandesi scelgono di rilassarsi nudi, perciò non sorprendetevi. Idratarsi è uno dei trucchi per resistere alle temperature elevate della sauna.

SITI WEB: varuste.net/en; hartwall arena.fi/en; vartiovene55.fi; yllas.fi/en; skysauna.fi/en; rukapalvelu.fi/en; rukansalonki.fi/en; kesansauna.fi; herrankukkaro.fi/en

Sauna a nuove altitudini nella cabinovia di Ylläs.

DOVE ANDARE

Maasavusana
Scendete sottoterra, al di sotto del piccolo villaggio dei pescatori di Herrankukkaro, per provare una delle saune di fumo sotterranee più grandi del mondo. Con uno spazio sufficiente ad accogliere 124 visitatori su sei livelli, questa sauna segue la tradizione ancestrale di bruciare legno di betulla. Ogni tanto le band locali si esibiscono dal vivo.

Sauna galleggiante Kesän
La sauna galleggiante Kesän, che fluttua placidamente nel Golfo di Botnia, è una rarità nel mondo delle saune. Completamente gestita da volontari, questa sauna si trova su una piccola zattera di legno ed è una delle poche saune unisex pubbliche, perciò occorre indossare il costume da bagno.

Sauna di ghiaccio di Rukan Salonki
In un contrasto perfetto, la sauna di ghiaccio di Rukan Salonki combina il calore della sauna con il freddo del ghiaccio che si trova nei laghi circostanti per creare un particolare effetto umido. Per evitare di surriscaldarsi, il resort presenta un buco nel ghiaccio in modo che i visitatori possano fare un tuffo rinfrescante prima di saltare fuori e rientrare nella sauna a riscaldarsi. La sauna è aperta da fine dicembre a fine marzo, a seconda del clima, e può ospitare 10 persone per volta.

Saunabussi
Portate la vostra esperienza delle saune a un nuovo livello con il Saunabussi, mentre ammirate il panorama lungo la strada aperta. I viaggiatori possono programmare una visita personalizzata della zona di Kuusamo in questa sauna su ruote (esatto: una spa dentro a un autobus). Quando volete fare una pausa dalla vostra sauna riscaldata a legna, accendete l'impianto per il karaoke e continuate a far baldoria.

A FIANCO: **In Finlandia ci sono più di tre milioni di saune: circa una ogni due persone.**
SOPRA: **Dal comfort di un salotto privato e di una vasca idromassaggio, passate ad ammirate il panorama dei paesaggi finlandesi e del Mar Baltico a bordo della SkySauna.**

SkySauna su ruota panoramica
Ammirate splendide vedute della moderna Finlandia e del Mar Baltico a bordo della SkySauna di Helsinki. Passate a rotazione senza limiti dal salotto privato alla vasca idromassaggio e alla sauna su ruota panoramica. Bonus extra: selfie di cui potersi vantare.

Funivia dotata di sauna a Ylläs
Osservate in basso i meravigliosi paesaggi invernali della Lapponia, in Finlandia, durante un giro nella funivia dotata di sauna di Ylläs. Ideale per gli amanti delle altitudini elevate e dei panorami spettacolari, il giro di 20 minuti parte in cima al monte Ylläs prima di lasciare il gruppo di tre o quattro persone a esplorare altre saune, caminetti e vasche idromassaggio all'aperto del resort. Il prezzo fisso di 1350 euro comprende un'esperienza di due ore per 12 persone.

Vartivene 55
Sauna al mare a bordo della nave militare *Vartivene 55*, costruita nel 1959 e usata per 40 anni dalla Marina finlandese. Ristrutturata per essere noleggiata da privati, la sauna sottocoperta può ospitare fino a 15 persone per volta. Gli ospiti possono combinare l'esperienza della sauna con una crociera intorno a Helsinki, una festa con karaoke o una cena.

Skybox 270
Che siate appassionati di hockey su ghiaccio, vogliate sorprendere i vostri compagni di viaggio o entrambe le cose, lo Skybox 270 dell'Hartwall Arena di Helsinki offre una raffinata esperienza in una sauna che tutti dovrebbero provare. I prezzi variano dai 400 agli oltre 2500 euro a seconda del calendario eventi dello stadio, e la sauna può contenere fino a 30 persone per volta.

Sauna in tenda
Se sentite di aver bisogno di fare una sauna in mezzo alla natura finlandese o in riva al mare, considerate l'idea di acquistare una tenda-sauna. Compatta e portatile, è l'ideale per gli esploratori in viaggio. A seconda della tenda, la stufetta della sauna può essere usata anche per cucinare un pasto caldo prima di andare a dormire.

DA NON PERDERE

- Rispettare una tradizione secolare nel luogo in cui le saune regnano sovrane.
- Ammirare il panorama da una funivia o da una ruota panoramica in un momento di riposo e relax.
- Guardare una partita di hockey su ghiaccio da una sauna dalle pareti trasparenti che può contenere fino a 30 persone.

TURCHIA

IN BARCA A VELA NELLA COSTA TURCHESE

Fate una "Crociera Blu" attraverso la storia dell'umanità.

La Costa Turchese della Turchia sudoccidentale racchiude una vera capsula del tempo della storia umana. Sotto la superficie delle acque cristalline e sulla costa orlata di pini si trova una gran quantità di antiche rovine di epoca greca, bizantina e romana, oltre ai resti dell'antica regione marittima della Licia, distrutta da un terremoto. Le imponenti montagne di roccia calcarea e le alte scogliere dell'aspra costa, un tempo dominio dei pirati, hanno contribuito a preservare i manufatti e a proteggere le insenature solitarie dallo sviluppo urbano. Senza dubbio il tratto più bello della Costa Turchese è la Costa Licia, che comprende le spiagge della penisola di Tekke. La Via Licia, il primo sentiero a lunga percorrenza della Turchia con i suoi 539 km, segue grossomodo l'itinerario sulla terraferma, ma il modo migliore per visitare la regione è via mare, facendo una crociera a bordo di un caicco (una tradizionale imbarcazione di legno) privato, che viene chiamata comunemente "Crociera Blu". Forse l'itinerario più caratteristico della crociera blu lungo la costa della Licia è quello che parte da est e arriva a ovest, da Demre a Fethiye.

Guidato da un capitano e da un equipaggio professionista, l'agile caicco si sposta con facilità nei remoti angoli rocciosi della costa e nei dintorni. I giorni trascorrono navigando lenti vicino alla costa, con frequenti fermate per le escursioni a terra o per nuotare e fare giri in kayak. In cinque giorni di Crociera Blu, potrete rigenerarvi e la vita scorrerà a un ritmo rilassato in un luogo senza tempo, abitato da millenni.

Consigli di viaggio

QUANDO ANDARE: Aprile, maggio o settembre sono i mesi migliori per evitare la calura estiva, godendo comunque delle temperature calde dell'acqua per nuotare. Il clima inizia a rinfrescarsi a partire da ottobre e può essere molto freddo da novembre a marzo (in questo periodo molte zone costiere sono chiuse).

ORGANIZZAZIONE: La qualità, i servizi e i costi delle Crociere Blu variano molto. I charter privati offrono un lusso maggiore; l'affitto di una singola cabina può comportare servizi più essenziali, ma è una soluzione più economica.

SITI WEB: alaturkacruises.com; kekovatravel.com; petersommer.com

Il villaggio fortificato di Kayaköy, ora abbandonato.

ITINERARIO DI 5 GIORNI

Giorno 1

Partite da Demre, una cittadina costiera del Mediterraneo costruita sul sito in cui sorgeva l'antica Myra, una delle principali città della Licia. Prima di imbarcarvi per la crociera, fate un'escursione a piedi sulle colline per vedere le rovine, tra cui le colonne e le incisioni romane, e le tombe di pietra licie, scolpite tra il VII e il V secolo a.C. Fermatevi al piccolo Museo di San Nicola per scoprire il legame con la Turchia del santo che nacque nella vicina Pàtara e visse e operò a Demre nel V secolo.
Da Demre si raggiunge velocemente il punto di partenza nel porto di Çayağzı. Salite a bordo del caicco e accomodatevi sul ponte per la crociera in direzione di Kekova, una regione piena zeppa di isole rocciose (tra cui la disabitata isola di Kekova), rovine licie e baie e insenature riparate. Sul lato settentrionale dell'isola di Kekova osservate i resti parzialmente sommersi di Simena, una città della Licia che venne distrutta dai terremoti del II secolo. Le rovine archeologiche di Simena, soprannominata "città sommersa", fanno parte della regione di Kekova che dalla primavera del 2019 è sotto esame per essere iscritta nella lista dei Patrimoni dell'Umanità UNESCO. Non è possibile nuotare e fare immersioni, ma è consentito fare escursioni in kayak intorno ai reperti storici.
Fermatevi alla Baia di Gökkaya per la notte. Raggiungete la riva in gommone per una cena a base di pesce fresco a Üçağız, un tradizionale villaggio di pescatori del Mar Egeo.

Giorno 2

Attraversate la baia da Üçağız a Kaleköy (villaggio del castello), costruito sul sito in cui sorgeva l'antica Simena. Kaleköy, che prende il nome dal castello risalente al periodo delle crociate, situato in cima al paese, è raggiungibile solo via mare o a piedi. Visitate il castello e le altre rovine di epoca ellenistica, romana e bizantina, come i bagni pubblici e le tombe licie sparse in giro per la collina. Dal castello potete vedere l'isola di Kekova e le barche ancorate nelle acque turchesi del canale di Kekova. Tornate alla barca e fate vela in direzione nord verso Kaş per un pomeriggio all'insegna dell'avventura. Dal porto di Kaş, fate un tour subacqueo o snorkeling per vedere coralli, grotte, rovine, relitti e animali acquatici come barracuda, tartarughe marine e razze. Sorvolate la costa durante un volo con parapendio in tandem. Calatevi in corda doppia lungo le cascate ed esplorate le gole nascoste durante un'escursione di torrentismo. Tornate alla barca per la breve navigazione fino al punto dove ormeggerete per passare la notte ad Adabogazi (Baia dell'acquario).

Giorno 3

Adabogazi è nascosta tra due isole, il che limita notevolmente l'azione del vento e delle onde. Come risultato, l'acqua della baia è generalmente calma e limpida: l'ideale per nuotare, fare snorkeling, immersioni ed escursioni in kayak. Cercate polpi, ricci di mare e pesci pagliaccio tra le creature marine facilmente visibili nella baia riparata. Proseguite il viaggio verso nord e ormeggiate nell'insenatura vicino alla Valle delle Farfalle. Accessibile solo via mare o attraverso un sentiero escursionistico piuttosto pericoloso, questa valle isolata si trova tra altissime pareti rocciose. Gli escursionisti si accampano regolarmente nella spiaggia o nei dintorni, creando un'atmosfera semplice e anticonformista. Un tempo una marea di insetti che danno il nome alla valle riempiva l'aria e ricopriva le rocce e la vegetazione, ma oggi le farfalle si vedono raramente. Camminate lungo il sentiero sterrato fino alla parte posteriore della valle e arrampicatevi sui grandi massi fino ai piedi di una piccola cascata. Se siete scalatori molto esperti, continuate ad arrampicarvi sulle pietre fino a una cascata più grande da cui si gode la vista panoramica della valle e del mare sottostante. Ritornate al caicco e proseguite lungo la costa per gettare l'ancora appena fuori dalla Laguna Blu della spiaggia di Ölüdeniz per passare la notte.

A FIANCO: Lagune tranquille nel Mar Egeo offrono punti di ormeggio pittoreschi per le imbarcazioni turistiche. A DESTRA: Una viuzza alberata nella Città Vecchia di Kaş è piena di negozi che attirano i turisti.

Giorno 4

La Laguna Blu, o spiaggia di Ölüdeniz, che prende il nome dalle sue acque cristalline, è la tipica insenatura della Costa Turchese. Raggiungete la riva per una giornata sulla spiaggia. Affittate un lettino e un ombrellone per leggere, schiacciare un pisolino e rilassarvi sulla sabbia. Nuotate e fate snorkeling nella laguna. Ammirate dall'alto la spiaggia e le montagne circostanti coperte di pinete durante un volo con parapendio in tandem.
Proseguite la navigazione per passare la notte al largo della costa dell'isola disabitata di San Nicola, o Gemiler Adası, che si ritiene il luogo di sepoltura originale di San Nicola.

Giorno 5

Raggiungete la riva in gommone per un'escursione tra le rovine che punteggiano i versanti collinari dell'isola di San Nicola. A quanto si dice, le tombe vuote, i resti delle chiese bizantine scavate nella roccia che risalgono al IV secolo, e i fatiscenti archi e muri di pietra facevano parte di una comunità monastica fondata dal santo. Dopo aver visitato le rovine, allontanatevi dalla costa e camminate attraverso i pini e gli ulivi nel tranquillo e meno visitato entroterra dell'isola.
Dall'isola di San Nicola, proseguite la navigazione per una serie di fermate per nuotare e fare escursioni nelle baie e sulle isole al largo della costa di Fethiye. La Baia di Tarzan prende il nome dalla corda che i bagnanti possono usare per lanciarsi nelle acque azzurre.
Visitate il faro dell'Isola Rossa (Kızılada), che sta di guardia all'entrata del porto di Fethiye, al tramonto quando il paesaggio roccioso risplende di una tenue luce rossa. Trascorrete l'ultima notte a bordo per guardare l'alba sul porto al mattino.

DA NON PERDERE

- **Vedere le antiche rovine greche, bizantine e romane, e i resti di una città licia sommersa.**
- **Ormeggiare in baie solitarie per nuotare, fare snorkeling ed escursioni in kayak nelle acque di un azzurro cristallino.**
- **Fare escursioni e volare col parapendio per vedere spiagge, gole, valli e cascate fuori mano dall'alto e dal basso.**

La spiaggia di Ölüdeniz è un luogo molto frequentato da chi pratica il parapendio: il massimo per vedere panorami spettacolari.

PROSPETTIVE

Il modo semplice per salire sul Monte Bianco

di Mary Anne Potts

TRE ALPINISTI VESTITI CON ABITI IN GORE-TEX stanno affrontando l'ardua scalata del Monte Bianco lungo il confine tra la Francia e l'Italia. È la montagna più alta dell'Europa occidentale. La sua cima di 4810 m di altezza è ancora lontana: i tre devono percorrere un dislivello di altri 914 m circa. Dal punto elevato in cui si trovano vedono un panorama che comprende un massiccio alpino ricoperto di neve che abbraccia tre Paesi: la Francia, la Svizzera e l'Italia. La mia amica e io condividiamo con gli intrepidi alpinisti quasi lo stesso panorama straordinario, ma non le stesse vesciche ai piedi o il rischio di cadere in un crepaccio. Noi siamo arrivate a 3778 m con una comoda salita in funivia di 20 minuti da Chamonix, un paesino di villeggiatura in Francia, fino a questa terrazza panoramica sull'Aiguille du Midi, una vetta vicina al Monte Bianco.

Simili ad ascensori aerei che funzionano con i cavi, le funivie trasportano i passeggeri da Chamonix alle cime circostanti a partire dal 1924. La funivia dell'Aiguille du Midi, che detiene il record di salita verticale più alta del mondo, ci offre un assaggio di cosa vuol dire essere un alpinista, ma senza il bisogno di fare sforzi o di comprare scarponi da trekking. È un processo a due fasi, con la prima salita che porta i passeggeri al Plan de l'Aiguille, un punto di partenza per lo sci fuoripista in inverno e l'arrampicata in estate. La seconda salita porta a un complesso di terrazze da cui si vede il panorama delle Alpi francesi, svizzere e italiane. Quassù la luce è intensa, fa freddo e c'è vento: per stare sulla passerella panoramica dobbiamo mettere un'altra giacca calda, la protezione solare e gli occhiali da sole. Entriamo in un cubo di vetro protetto che si trova lungo la passerella e impostiamo Instagram sullo smartphone per immortalare in uno scatto di rito "l'ingresso nel vuoto". Lo spettacolo dello strapiombo sotto i nostri piedi mette i brividi. Mentre gli alpinisti stanno mangiando barrette energetiche per recuperare le forze, noi ordiniamo un caffè forte e una torta al cioccolato al Le 3842, uno dei ristoranti più alti d'Europa. L'Aiguille du Midi ospita anche uno dei musei più alti del mondo. All'interno di una cavità rocciosa nella montagna, il Musée de l'Alpinisme "de pointe" espone fotografie e cimeli che risalgono ai primi tempi degli sport estremi, come il base jumping, per il quale Chamonix è considerata uno dei luoghi migliori per praticarlo. Dopo aver spedito cartoline da una delle cime più alte del mondo con un negozio di souvenir, torniamo in paese con la funivia provando un nuovo sentimento di ammirazione per le vette alpine e le anime avventurose che le esplorano.

• *Mary Anne Potts è un'esploratrice, giornalista ed ex direttore editoriale di* National Geographic Adventure.

A SINISTRA: **Un percorso conduce fuori da un tunnel di neve all'Aiguille du Midi, nel Monte Bianco.** A FIANCO: **Non guardate giù! Il pavimento di vetro consente una vista a 360°.**

Non serve l'attrezzatura da trekking. La funivia permette ai passeggeri di avere un loro punto di vista personale sul Monte Bianco da altezze elevate.

FARE ESCURSIONI IN EUROPA

1 PARCO NAZIONALE DI PAKLENICA, CROAZIA

Il sentiero delle Alpi Bebie attraverso il Parco nazionale di Paklenica presenta alcuni dei percorsi più panoramici della Croazia. Immaginate cavalli selvatici, valli ricoperte di faggete lussureggianti, cime frastagliate e canyon di calcare dolomitico. Visitate la regione a maggio, quando coppie di arrampicatori si sfidano su una parete di roccia alta 160 m durante la Big Wall Speed Climb che si tiene ogni anno nel parco.

2 ALTI TATRA, CARPAZI

A cavallo tra la Slovacchia e la Polonia, gli Alti Tatra vantano più di 100 laghi alpini, cascate, antiche terme di montagna slovacche, il Gerlachovsky štít (la cima più elevata dei Carpazi) e il camoscio dei Tatra a rischio di estinzione che è simile al camoscio alpino. I sentieri sono aperti agli escursionisti da giugno a settembre. Camminate di rifugio in rifugio per esplorare la cascata più alta della Polonia, il monte Rysy e il monte Kriván, la "montagna più bella" della Slovacchia tanto cara ai suoi abitanti.

3 SENTIERO DEL RE, SVEZIA

Lungo quasi 402 km, il Kungsleden (Sentiero del re) si snoda nella Lapponia svedese lungo gole magnifiche, cime innevate e prati di *Saxifraga oppositifolia*. L'aurora boreale danza sopra accoglienti cottage rustici mentre i nomadi Sami radunano le renne lungo il sentiero. Per la politica del "diritto di pubblico accesso" della Svezia, agli escursionisti è consentito camminare e accamparsi ovunque vogliano, purché puliscano prima di andarsene.

4 SELCIATO DEL GIGANTE, IRLANDA DEL NORD

Le 40.000 colonne basaltiche incastrate l'un l'altra dell'Irlanda del Nord formano un incredibile percorso escursionistico unico al mondo. Cominciate attraversando il ponte di corda di Carrick-a-Rede, alto 30 m, che vi farà tremare le ginocchia, costruito per la prima volta dai pescatori di salmone nel 1755. Poi raggiungete il Selciato del Gigante per una veduta dall'alto delle onde dell'oceano che si infrangono sulle colonne.

A FIANCO: Il ponte di corda di Carrick-a-Rede, sospeso a un'altezza di 30 m sopra le rocce sottostanti, collega Ballintoy all'isola di Carrickarede. SOPRA: Un'escursionista cammina nel Parco nazionale dei Picos de Europa in Spagna.

5 MONTE BIANCO, FRANCIA

Con i suoi 4810 m sul livello del mare, il Monte Bianco è la vetta più alta dell'Europa occidentale. Correte il rischio di valanghe causate dal clima caldo e di caduta massi mentre salite con i ramponi fino alla vetta, poi tornate indietro volando con il parapendio attraverso la Valle di Chamonix. Oppure fate il Giro del Monte Bianco, il percorso di 169 km intorno al massiccio che attraversa monti e valli, passando per l'Italia, la Francia e la Svizzera (vedi pagina 134). Il viaggio panoramico attraverso i tre Paesi è un must per escursionisti esperti e principianti.

6 GIRO DEI PICOS DE EUROPA, SPAGNA

Orsi e lupi spesso fanno la loro comparsa nella parte centrale del Giro dei Picos della Spagna, nella catena montuosa dei Picos de Europa. State alla larga dagli animali selvatici mentre affrontate i ripidi tracciati a tornanti, le gallerie e i sentieri ricavati nelle pareti rocciose che conducono a punti panoramici elevati da cui si vedono gole costellate di alberi e massicci di calcare (frequentati per l'arrampicata). Le funivie lungo il percorso portano a sentieri escursionistici distanti e a paesaggi ancor più selvaggi. La primavera è il periodo più piacevole e meno affollato per fare escursioni.

7 TREKKING DEL LAUGAVEGUR E DEL FIMMVÖRDUHÁLS, ISLANDA

Questo itinerario di sei giorni, lungo 76 km, inizia con un bagno nelle acque termali di Landmannalaugar, poi si snoda in salita e in discesa attraverso gli altopiani islandesi fino alle magnifiche montagne della Riserva naturale di Fjallabak. Campi di lava nera, straordinarie montagne di riolite dell'Islanda, crateri vulcanici, fiumi glaciali e la famosa cascata Skógafoss sono solo una parte di quello che vi aspetta lungo il percorso.

8 VIA DINARICA

La Via Dinarica collega più di 1931 km di sentieri, passando per sette Paesi: la Slovenia, la Croazia, la Serbia, la Bosnia-Erzegovina, il Montenegro, il Kosovo e l'Albania. L'itinerario escursionistico dei Balcani sale per più di 1829 m, attraverso i percorsi dei pastori, le pianure carsiche e i sentieri di montagna che conducono a laghi nascosti, forti medievali, castelli abbarbicati nelle grotte, le cascate di Kravice e il canyon della Tara, il più profondo d'Europa.

9 CAMMINO DI SANT'OLAV, NORVEGIA

È il percorso di pellegrinaggio più settentrionale del mondo. Otto itinerari separati portano alla Cattedrale di Nidaros a Trondheim, per un totale di 3000 km di sentieri. Gli escursionisti si accampano nelle foreste muscose o soggiornano presso i contadini locali durante i loro giri tra chiese a pali portanti, antiche foreste di abeti, coste dei fiordi e rovine dell'età del bronzo.

10 PERCORSO DEI MONASTERI DELLA GOLA DEL LOUSIOS, GRECIA

I sentieri che percorrono la regione greca della gola del Lousios nella penisola del Peloponneso sono solitari, accidentati e meravigliosi. Le strade portano ad antichi monasteri bizantini costruiti dentro a pareti rocciose. Attraversate uno stretto ponte di pietra per raggiungere il Monastero di Philosophou e vedere sculture di legno, icone elaborate e affreschi sbiaditi. Oppure visitate il tempio del IV secolo a.C. e la sorgente curativa dell'Asclepeion di Gortyna.

REGNO UNITO

L'INGHILTERRA DA COSTA A COSTA

Seguite i passi letterari dal Mare d'Irlanda al Mare del Nord.

L'amata Coast to Coast Walk dell'Inghilterra è tanto un itinerario a lunga percorrenza quanto il testamento dell'amore di un uomo per la propria terra. L'uomo in questione, Alfred Wainwright, trasformò le sue passeggiate nelle campagne dell'Inghilterra settentrionale nel libro *A Coast to Coast Walk: A Pictorial Guide*, pubblicato nel 1973. L'itinerario di Wainwright, che si estende per 305 km da ovest a est, da St. Bees sul Mare d'Irlanda a Robin Hood's Bay sul Mare del Nord, si snoda lungo strade secondarie e sentieri, supera ruscelli e campi, e attraversa tre parchi nazionali: il Lake District, con le montagne più alte d'Inghilterra; la zona delle Yorkshire Dales con i suoi villaggi fiabeschi; e l'area degli altopiani coperti di brugo selvatico delle North York Moors. Seguire i passi di Wainwright significa fermarsi a visitare i siti storici e abbandonare il cammino per una pinta di birra in un pub accogliente o per altre simili imprese. Uno dei tanti aspetti affascinanti del Coast to Coast è che anche se Wainwright ha creato cartine disegnate a mano e ha suggerito tappe giorno per giorno, lo scopo dell'esperienza era più che altro stare in mezzo alla natura piuttosto che completare un itinerario specifico.

"Come posso esprimere a parole le gioie di una passeggiata in regioni come questa; i paesaggi che deliziano gli occhi, la beata tranquillità, il grande entusiasmo che riempie il nostro animo quando camminiamo sul terreno compatto?", scriveva Wainwright nella sua guida. "È un qualcosa da vivere, non da leggere".

Consigli di viaggio

QUANDO ANDARE: Tutto l'anno, ma da maggio a ottobre si trovano le migliori condizioni atmosferiche e le migliori condizioni per camminare.

ORGANIZZAZIONE: Portate uno zaino leggero e usate il servizio di trasporto bagagli Sherpa Van per trasferire le valigie da una tappa all'altra. Nelle aree rurali gli alloggi in cui pernottare sono limitati: prenotate in anticipo o dormite in tenda. National Geographic Expeditions offre un tour di 13 giorni per fare trekking in Inghilterra da costa a costa.

SITI WEB: wainwrightorg.uk; coasttocoastguides.co.uk; sherpavan.com; lakedistrict.gov.uk; nationalgeographic.com/expeditions

Le pecore pascolano sulle colline della costa.

ITINERARIO DI 12 GIORNI

Giorno 1
Immergete un dito del piede nel Mare d'Irlanda e scegliete un ciottolo da portare in tasca (sono entrambe tradizioni del Coast to Coast per segnare l'inizio di un viaggio promettente) prima di mettervi in cammino lungo un itinerario di 24 km che attraversa la scogliera di arenaria di St. Bees Head.

Giorno 2
Camminate nel Parco nazionale di Lake District, un sito Patrimonio dell'Umanità UNESCO, dove dolci montagne si elevano su laghi trasparenti. Visitate i laghi, le montagne e i pascoli dal passo di Honister, a 355 m.

Giorno 3
Un breve viaggio in auto vi porterà a Grasmere per visitare la casa di William Wordsworth. Fermatevi al Grasmere Gingerbread Shop prima della camminata di 14 km fino al lago Ullswater.

Giorno 4
Salite a bordo di uno storico vaporetto per vedere il monte Helvellyn (la terza cima più alta d'Inghilterra) durante una crociera sul lago Ullswater fino a Howtown. Dal molo raggiungete a piedi l'abbazia di Shap risalente al XII secolo.

Giorno 5
Partite presto per l'escursione di 24 km da Shap a Ravenstonedale. Sulla strada per Orton l'itinerario passa davanti a rocce calcaree sporgenti e villaggi con edifici di pietra. Prendete un dolce alla Kennedys Fine Chocolates Coffee House.

Giorno 6
Camminate per 8 km attraverso colline rurali, fermandovi a pranzare nella sperduta Kirkby Stephen, una città di mercato delle Yorkshire Dales. Proseguite a piedi per altri 16 km fino a Keld, lo storico incrocio di tre itinerari a lunga percorrenza: il Coast to Coast, il Pennine Way e l'Herriot Way.

Giorno 7
Seguite la via bassa indicata da Wainwright lungo il fiume Swale, scoprendo cascate e borghi nascosti nelle valli lungo l'itinerario di 19 km fino a Reeth. All'ottavo chilometro fate una pausa al Ghyllfoot Tea Room and Bistro di Gunnerside.

Giorno 8
Continuate per 16 km attraverso le Yorkshire Dales sulla via per Richmond. Visitate il Castello di Richmond, risalente all'XI secolo e considerato il migliore esempio rimasto in Inghilterra delle prime fortezze normanne.

Giorno 9
Prendete i mezzi pubblici da Richmond a Osmotherley, all'estremità occidentale del Parco nazionale di North York Moors battuto dal vento. Da qui seguite il Cleveland Way per 18 km, attraversando più di cinque brughiere e passando davanti alle Wainstones, enormi rocce e pilastri di arenaria. L'itinerario termina a Clay Bank Top.

Giorno 10
Percorrete un itinerario di alto livello attraverso le brughiere malinconiche fino a Blakey Ridge. La camminata di 14 km offre ampi panorami del caratteristico brugo della regione: verde a inizio estate e viola ad agosto.

Giorno 11
Nel tratto di 21 km di questa giornata attraverso le brughiere, secondo la tradizione bisogna lasciare uno snack e prenderne un altro alla "Fat Betty", una pietra bianca di confine.

Giorno 12
L'ultimo giorno prevede un lungo itinerario di 25 km, ma le vedute dalla cima della scogliera vi faranno dimenticare le vesciche ai piedi. Lanciate il vostro ciottolo nel Mare del Nord e bagnatevi i piedi.

DA NON PERDERE

- Fare un'escursione nel Lake District, il parco nazionale più grande d'Inghilterra.
- Camminare attraverso Keld, lo storico incrocio di tre itinerari a lunga percorrenza.
- Visitare la casa del poeta William Wordsworth.

A FIANCO: **La Duke of Portland Boathouse si trova sul nebbioso lago Ullswater nel Lake District.** SOPRA: **Pecore e bovini pascolano nel North Yorkshire.**

SLOVENIA

MONTI ELEVATI E MARE SCINTILLANTE

Un perfetto esempio di sostenibilità che offre esperienze avventurose nell'Europa centrale.

La Slovenia aspetta pazientemente di essere notata e nel frattempo i visitatori possono felicemente trarre il massimo dal suo basso profilo. Con due pezzi grossi del turismo come vicini, l'Italia e l'Austria, questa piccola repubblica, che potrebbe rappresentare tranquillamente un maestoso punto d'incontro tra le Alpi e il Mediterraneo, è un'autentica forza della natura nell'Europa centrale.

Una volta che avrete scoperto il fascino della Slovenia, ve ne innamorerete. Esplorate gole vertiginose e cascate scroscianti, vigneti di epoca romana e villaggi medievali, e valli color smeraldo e vette alpine innevate. Più di 9000 grotte carsiche punteggiano il paesaggio e aspettano di essere visitate tra le sorgenti termali e la vite più antica del mondo. Il lago di Bled e la chiesa sulla sua isola da cartolina sono così incantevoli che sembrano uscite da una fiaba. Le avventure all'aria aperta nel paese spaziano dalle attività classiche, come il trekking di rifugio in rifugio nelle Alpi Giulie, alle novità più recenti, come il canyon jumping e lo stand up paddle.

Più di un terzo di questa piccola enclave vanta lo status di area protetta, conservando il terzo posto in classifica come paese più ricco di foreste in Europa. Nel 2017, National Geographic lo ha nominato nazione più sostenibile del mondo, dopo che l'Unione Europea aveva incoronato la sua capitale, Lubiana, Capitale Verde d'Europa nel 2016.

Quanto è verde la valle? Qui in Slovenia, la domanda non è retorica.

Consigli di viaggio

QUANDO ANDARE: L'estate è il periodo di alta stagione, per cui spesso ci sono folle di turisti che visitano Lubiana, la costa e le Alpi Giulie. Programmate i viaggi escursionistici in bassa stagione, cioè in primavera e in autunno, quando il clima e i paesaggi sono più invitanti. Troverete anche meno turisti lungo i sentieri e nei corsi d'acqua.

ORGANIZZAZIONE: All'incrocio di numerose importanti reti di trasporto europee, Lubiana, la capitale, è facilmente accessibile con il treno e con l'autostrada (con mezzo proprio o autobus); nelle immediate vicinanze si trova l'aeroporto internazionale di Lubiana Jože Pučnik.

SITI WEB: slovenia.info/it; slovenia.si

Dei ciclisti pedalano lungo i vigneti vicino a Fleana, un villaggio d'altri tempi.

COSA FARE

Trekking nelle Alpi Giulie

Situate lungo i confini della Slovenia, dell'Italia e dell'Austria, le maestose Alpi Giulie restano uno dei segreti meglio conservati d'Europa e un luogo molto amato dagli escursionisti. La rete del Sentiero delle Alpi Giulie, appena completata, si estende per 300 km attraverso territori montani, con partenza e arrivo al villaggio di Rateče nell'angolo più a nord-ovest della Slovenia. Il sentiero incontra la Gola di Vintgar su passerelle e ponti di legno che affacciano su cascate scroscianti e pozze d'acqua vorticose. Salite sulla cima panoramica del monte Matajur, lungo il confine con l'Italia, per ammirare le acque cristalline dell'Adriatico nelle giornate limpide. Dal lago di Bohinj prendete la funivia per salire sul monte Vogel per i panorami spettacolari che si vedono dalla cima e per accedere ai sentieri lungo la cresta.

Camminate di rifugio in rifugio

Il Parco nazionale del Tricorno, tra i parchi nazionali più antichi d'Europa, racchiude la cima da cui prende il nome, la più alta della Slovenia con 2864 m di altitudine, che compare sulla bandiera della nazione. Seguite antiche mulattiere incassate nei pendii calcarei, salite lungo ripidi sentieri usando cavi d'acciaio e pioli di ferro, e camminate attraverso verdi foreste di faggi e larici (in autunno queste bellezze alpine si tingono di tonalità giallo acceso). Il sentiero è punteggiato di rifugi rustici come il Rifugio Vodnik, nel cuore del parco, un punto di sosta frequentato dagli escursionisti che intendono salire sul vicino Monte Tricorno.

Paddleboard sul lago di Bled

Il lago di Bled attira i visitatori da secoli con le sue acque cristalline. Oggi queste calme acque sono perfettamente adatte allo stand up paddle. Scivolate lungo la superficie del lago sulla tavola, o fate un giro a bordo di una *pletna* tradizionale, un'imbarcazione di legno simile a una gondola, per raggiungere

l'isoletta a forma di lacrima al centro, che ospita la Chiesa dell'Assunzione (XVII secolo). Salite i suoi 99 gradini di pietra e suonate le storiche campane nel campanile prima di tornare al punto di partenza.

Camminate lungo le scogliere della Costa Adriatica

Con la sua architettura in stile gotico veneziano, i vicoli labirintici e i tramonti affascinanti, la caratteristica città di Pirano offre molte ragioni per restare nella zona. Tuttavia anche i sentieri costieri che portano alle vertiginose scogliere di Strugnano attirano i visitatori. Respirate l'aria salmastra del mare Adriatico e camminate davanti a oliveti e vigneti che si trovano sulla via che porta all'incontaminata Riserva naturale di Strugnano, un tratto protetto della costa rocciosa della Slovenia.

Rafting sull'Isonzo

Il fiume Isonzo, dalle acque color smeraldo, scorre per 145 km attraverso le Alpi Giulie, scavando una valle spettacolare, fatta di pareti rocciose a strapiombo, foreste verdeggianti e splendide cascate, lungo il suo percorso dalla Val Trenta, dove si trova il Monte Tricorno, fino al mare Adriatico. Gli amanti del rafting arrivano qui da ogni parte del mondo per le sue rapide di III e IV grado. Per un approccio più tranquillo, gli appassionati di pesca con la mosca possono provare a pescare la trota marmorata autoctona dell'Isonzo.

In bicicletta tra i vigneti

Il soleggiato clima mediterraneo favorisce i vigneti, i frutteti di ciliegio e gli oliveti delle colline di Goriška Brda, situate tra le Alpi Giulie e il mare Adriatico nella Slovenia occidentale. I produttori di vino della regione lavorano in questo territorio collinare dall'epoca dei Romani. Partecipate a un tour in bicicletta o fate un giro in autonomia per esplorare su due ruote le sinuose strade di campagna che attraversano la regione. A Maribor, nella Slovenia orientale, cresce la vite più antica del mondo (primato confermato dal Guinness dei primati), come ha sempre fatto per oltre 450 anni. I ciclisti possono scegliere tra un trio di strade del vino che partono dalla Vecchia Vite e portano ai vigneti vicini, fermandosi lungo la via per le degustazioni.

Scendere nelle grotte carsiche

Immergetevi nello splendore sotterraneo con un'escursione durante la quale dovrete camminare, procedere carponi, nuotare o persino andare in kayak o in bicicletta attraverso uno dei leggendari regni carsici del paese. Alle grotte di San Canziano, sotto il Carso che si trova nella Slovenia sudoccidentale, orientatevi in un labirinto di tunnel fino a una straordinaria cavità calcarea che, per usare le parole con cui è iscritta nella lista dei Patrimoni dell'Umanità UNESCO, ha "un fascino visivo quasi soprannaturale". Non lontano, un treno scende nelle profondità del Parco delle grotte di Postumia, regno di stalattiti,

A FIANCO: Un sentiero nei pressi del passo della Moistrocca si apre su vedute panoramiche del Prisani nelle Alpi Giulie. SOPRA: L'acqua della Cascata di Kozjak nel Parco nazionale del Tricorno precipita in un anfiteatro di pietra.

Il lago di Bled attrae nuotatori e navigatori per le sue acque cristalline e il paesaggio verdeggiante.

stalagmiti e di rare creature come il "pesce umano", una salamandra acquatica. Costruito nell'apertura della grotta, il Castel Lueghi di epoca rinascimentale è il più grande castello del mondo in una grotta. Gli scalatori possono affrontare le strette profondità di un passaggio segreto utilizzato da Erazem, un cavaliere del XV secolo che secondo la leggenda sarebbe un Robin Hood sloveno.

Fare torrentismo nelle gole strette

Gli scivoli naturali e le cascate della Valle dell'Isonzo creano un ambiente ideale per emozionanti escursioni guidate di torrentismo. Qui sia i principianti sia gli avventurieri esperti possono vivere esperienze elettrizzanti, dall'accessibile e suggestivo canyon del Pršjak alla serie di cascate che culminano con quella di Kozjak, alta 15 m.

Un giro della capitale in kayak

Scoprite l'elegante capitale slovena da una nuova prospettiva durante una gita in kayak lungo la sacra linfa vitale di Lubiana: la Ljubljanica. Un'escursione ad ampio raggio parte o termina nella vicina cittadina di Nauporto e attraversa la palude di Lubiana, un deposito archeologico, per poi snodarsi nel centro storico della città, attraversato da 17 ponti distinti e caratterizzato da splendide passeggiate dai percorsi curati e argini ingegnosamente progettati.

Immergersi nelle sorgenti termali

La Slovenia è ricca di acqua termale. Rinvigorite il corpo stanco per le avventure nelle acque dalle proprietà curative di una delle terme naturali del paese, come le terme di Ptuj, la città più antica del Paese, abitata dall'età della pietra.

DA NON PERDERE

- Scivolare lungo le acque cristalline del lago di Bled su una tavola da SUP o a bordo di un'imbarcazione tradizionale.
- Salire sul Monte Tricorno, la cima più alta delle Alpi Giulie, pernottando in accoglienti rifugi di montagna lungo la via.
- Fare rafting lungo le rapide impetuose del fiume Soča.

SLOVENIA, CROAZIA, SERBIA, BOSNIA-ERZEGOVINA, MONTENEGRO, KOSOVO, ALBANIA E MACEDONIA

TREKKING LUNGO LA VIA DINARICA

Seguite il "Percorso bianco" attraverso sei Paesi europei.

In una regione storicamente scissa da un aspro conflitto, l'itinerario di alpinismo ed escursionismo della Via Dinarica sta costruendo collegamenti e sta portando i visitatori in cima a montagne a lungo proibite ai forestieri. Con un'estensione di circa 2011 km lungo tre diversi percorsi, il Bianco, il Blu e il Verde, la Via Dinarica attraversa i Balcani occidentali, collegando Slovenia, Croazia, Serbia, Bosnia-Erzegovina, Montenegro, Kosovo, Albania e Macedonia.

Il sentiero principale, caratterizzato da una maggiore elevazione, è il Bianco che passa per i monti più alti di ciascun Paese, dalla Slovenia fino alla Macedonia a sud. In fase di sviluppo dal 2010 e ancora poco frequentato, il percorso Bianco è una rete transnazionale di sentieri escursionistici nuovi e già esistenti, strade militari e percorsi dei pastori. Bunker abbandonati, castelli di pietra, rovine fatiscenti, monumenti ai caduti, lapidi medievali e altri resti illiri, romani, slavi, ottomani, austro-ungarici e serbi sono la testimonianza della storia complessa ed estremamente controversa della regione.

È meglio affrontare la Via Dinarica dividendola in sezioni, principalmente perché c'è tanto da vedere. Procedete senza fretta. Girovagate per le pianure carsiche (calcare eroso), fitte faggete e prati di erba alta. Nuotate in un lago glaciale ed esplorate una rete di grotte sotterranee. Sedetevi a bere un *rakija*, il brandy artigianale che si trova ovunque nella regione, con gli abitanti dei villaggi che accolgono calorosamente i visitatori.

Consigli di viaggio

QUANDO ANDARE: A seconda della neve, la stagione escursionistica inizia a fine maggio o inizio giugno e termina a fine settembre o inizio ottobre. Evitate il calore e il traffico di turisti di metà estate viaggiando a giugno o a settembre, con le temperature miti e meno visitatori.

ORGANIZZAZIONE: Per tracciare il vostro itinerario personale usate le cartine dei sentieri, i programmatori di percorsi e le liste degli alloggi e dei rifugi montani che si trovano online sul pratico portale informativo della Via Dinarica.

SITI WEB: trail.viadinarica.com/en; via-dinarica.org; vmd.hr/eng; peaksofthebalkans.com

Un tradizionale servizio da tè in metallo e rame.

DOVE ANDARE

Slovenia

Che stiate programmando un'eroica escursione che attraversi tutta la Via Dinarica o solo alcuni tratti, partite dall'inizio: Predjama, in Slovenia. La prima tappa del percorso Bianco inizia vicino al Castel Lueghi, un castello fiabesco costruito in una grotta carsica a metà di una parete rocciosa alta 123 m. Prima di mettervi in marcia, visitate il castello e le strabilianti grotte di Postumia che si trovano al di sotto. Il labirinto di caverne, sale e passaggi fa parte della rete di oltre 9000 grotte sotterranee della Slovenia. Le doline carsiche e i fiumi sotterranei hanno scavato le enormi rocce calcaree solubili della regione, creando queste misteriose formazioni del sottosuolo e l'aspro territorio carsico in superficie. Riemergete dalle grotte e iniziate il percorso seguendo il sentiero asfaltato che parte dal castello, sotto i binari ferroviari, lungo una strada statale e su per una collina. Da qui, il sentiero diventa sterrato e passa attraverso una fitta pineta. Il terreno carsico è caratterizzato da scarsa acqua in superficie, perciò portate con voi scorte di acqua. Pernottate presso gli affittacamere, nei villaggi e nelle fattorie mentre procedete in direzione sud-est attraverso le Alpi Dinariche per raggiungere la Croazia.

Croazia

Scoprite un regno di formazioni carsiche, fatto di cime, torri, cenge, grotte e colonne, lungo il Sentiero di Premužić nel Parco nazionale del Velebit settentrionale. Il sentiero roccioso di 56 km, che fa parte del percorso Bianco della Via Dinarica, è un prodigio dell'ingegneria costruito all'inizio degli anni Trenta. L'ingegnere forestale Ante Premužić progettò il sentiero che sale gradualmente per fornire un facile accesso alla regione del Velebit, i monti più estesi della Croazia, prima inaccessibili. Oltre allo straordinario paesaggio carsico, il sentiero attraversa prati ondulati, fitte foreste, passi montani e terreni rocciosi. Offre ampie vedute dell'azzurro Adriatico e delle sue isole baciate dal sole. I sentieri secondari collegano ai numerosi rifugi montani dell'area. Un'escursione giornaliera molto popolare della Via Dinarica segue un itinerario di cinque o sei ore lungo il Sentiero di Premužić, dal rifugio Zavižan a sud fino al rifugio Alan.

Bosnia-Erzegovina

Soprannominato "Yosemite dei Balcani", il Parco nazionale di Sutjeska nella Bosnia-Erzegovina sudorientale offre numerose escursioni giornaliere lungo il percorso Bianco della Via Dinarica con panorami da cartolina. Tra le escursioni più facili c'è un itinerario di 9,6 km che inizia a 1463 m sul livello del mare sul Monte Zelengora (Verde) al lago Donje Bare, uno dei numerosi laghi glaciali della zona, che localmente vengono chiamati "occhi della montagna". All'inizio del sentiero passerete davanti ai resti di una residenza di caccia costruita in pietra e usata dal dittatore jugoslavo e "presidente a vita" Josip Broz Tito, che morì nel 1980. Il sentiero passa per territori montani aperti e scende attraverso una fitta faggeta. Prima di svoltare al segno rosso che indica la direzione verso Kovačev Panj e iniziare la discesa, proseguite poco più avanti fino a un belvedere. Da qui potete ammirare tutta la valle della Sutjeska e stupirvi di fronte a due vette importanti del parco: il Maglić di 2386 m e il Volujak di 2336 m. Vicino vedrete anche il magnifico massiccio calcareo del Durmitor, che si trova nel Montenegro, con le sue circa 50 cime alte 1981 m o più. Tornate al bivio e scendete nella valle fino alla strada principale.

Montenegro

Dal Parco nazionale di Sutjeska in Bosnia-Erzegovina potrete seguire il percorso Bianco della Via Dinarica nel Parco nazionale del Durmitor del Montenegro, un sito Patrimonio dell'Umanità UNESCO. Questo tratto della Via Dinarica, uno dei primi a essere completati, attraversa quelli che comunemente sono considerati i tratti più belli delle Alpi Dinariche. Il Durmitor è il posto da cui si possono vedere panorami del Montenegro da punti elevati della Via Dinarica. Salite in cima al monte scosceso più alto del Paese, il Bobotov Kuk di 2523 m, e verrete ricompensati con un panorama che abbraccia tre nazioni: la Bosnia-Erzegovina, l'Albania e il Montenegro. Il percorso (relativamente) più facile per arrivare in cima segue un sentiero con partenza e ritorno al passo Sedlo, a 1907 m di altitudine, il valico montano asfaltato più alto del Montenegro.

A FIANCO: **Il castello di Bled si trova in cima a una collina che sovrasta la città di Bled.** A DESTRA: **Barche a remi attraccate a una banchina del lago di Bled con la chiesa di Santa Maria sullo sfondo.**

Guidare lungo la tremenda salita tortuosa fino al passo fa parte dell'avventura, e grossomodo dimezza i tempi di scalata, riducendoli a circa sei ore di cammino andata e ritorno.
Il sentiero inizia snodandosi attraverso i prati e lungo i laghi in una salita lenta e continua. Verso l'ultima ora di cammino, però, i pendii erbosi lasciano il posto a una salita ripida lungo un sentiero prevalentemente sterrato ed erboso. In cima è roccioso, ma a quel punto penserete soltanto allo straordinario panorama che si gode da lassù.

Albania, Kosovo e Montenegro

Dirigetevi verso i Prokletije (Monti Maledetti), montagne dal nome sinistro nell'Albania settentrionale, per uno straordinario trekking di dieci giorni lungo il sentiero del Giro delle cime dei Balcani. L'itinerario di 192 km, che è allo stesso tempo un percorso escursionistico a lunga percorrenza, una lezione di storia dei Balcani e un'immersione nella cultura (per lo più si pernotta presso famiglie locali o in rustici rifugi montani), passa attraverso le sperdute regioni di confine dove si incontrano l'Albania settentrionale, il Kosovo occidentale e il Montenegro sudorientale. Partite con una guida, dato che il percorso è poco frequentato (incontrerete più pecore che persone) e potrebbe essere difficile organizzare online il pernottamento in famiglia.
Il classico punto di partenza e di arrivo si trova nell'Albania settentrionale, su un'antica mulattiera che collega il villaggio montano di Theth al Parco nazionale della valle del Valbona. Gran parte del sentiero si snoda sopra la linea degli alberi, assicurando ampi panorami di verdi prati alpini, laghi glaciali e cime rocciose elevate (fino a 2650 m sul livello del mare) che i forestieri raramente vedono.
Nella parte albanese dell'itinerario, numerosi bunker militari abbandonati sono un ricordo tangibile delle non troppo lontane guerre jugoslave.

DA NON PERDERE

- **Fare trekking nei Balcani occidentali lungo la dorsale delle Alpi Dinariche.**
- **Visitare il Parco nazionale di Sutjeska, lo "Yosemite dei Balcani".**
- **Esplorare un remoto territorio carsico sulle Alpi Bebie, i monti più estesi della Croazia.**

L'attraversamento di un fiume nei monti Prokletije dell'Albania.

PROSPETTIVE

Tuffarsi nell'acqua fredda: un atto di pura gioia

di Neil King

QUANDO LA MIA PRIMA FIGLIA AVEVA tre settimane, la immersi nell'acqua del Mediterraneo, a un'ora di macchina da Roma. Strillò. Quando aveva due anni, mi supplicava di farla uscire a saltare nelle pozzanghere quando pioveva a Bruxelles. La assecondavo. Quando aveva sette anni, mi implorava di lanciarla nell'acqua gelida del Roaring Fork River, nelle Montagne Rocciose fuori Aspen. Lo facevo volentieri, poi mi tuffavo anch'io.

Negli anni ci siamo sfidati a vicenda a tuffarci nel lago Michigan a fine ottobre, e nei laghi alpini ai piedi dei ghiacciai. Una nuotata nell'Atlantico settentrionale tre giorni dopo Natale? Certo. Niente batteva una nuotata: più era rinfrescante, meglio era.

Quindi non mi ha sorpreso la risposta di Lilly al mio regalo di laurea, ossia un'avventura padre-figlia in qualsiasi parte del mondo. Mi ha mandato un messaggio che diceva: "Andiamo a nuotare nei fiordi della Norvegia".

Il viaggio con l'auto noleggiata nel piccolo villaggio di Tørvikbygd, attraverso il luccicante Hardangerfjord e lungo la costa occidentale venata di fiordi, parla dei meravigliosi contrasti della Norvegia. In 10 minuti abbiamo lasciato l'erba alta, il ronzio delle api e i bovini al pascolo di giugno e ci siamo ritrovati a novembre in un paesaggio lunare fatto di terreni rocciosi grigio ardesia e cascate che saltano dentro laghi scuri. Altri 10 minuti ed è gennaio inoltrato con distese di neve, nuvole rapide e, quando ci avviciniamo all'ultima curva, una zona sciistica piena di persone in giacca a vento che non sono venute in Norvegia per nuotare.

Immaginate lo shock, mezzora dopo e di nuovo a giugno, quando intravediamo lungo la costa qualcosa di veramente straordinario: bagnanti! Lì, poco sopra

SOTTO: Circondata da verdi valli e cime rocciose, l'acqua fredda attende i nuotatori nei laghi di Sørfjorden in Norvegia. A FIANCO: Un bagnante coraggioso si tuffa da un molo di legno nel Reinefjord.

il villaggio di Jondal, attraverso un'apertura tra gli alberi, vediamo un ragazzino che spinge due ragazzine da una tavola di legno che sporge sul fiordo. Strillano mentre cadono giù ed escono di corsa pochi secondi dopo essere entrate in acqua. Ma sono comunque sopravvissute.
Quando siamo pronti a nuotare, i ragazzini se ne sono andati e abbiamo la tavola tutta per noi.
A questo punto devo confessare una cosa: per precauzione, o forse per semplice debolezza, abbiamo portato con noi maglie e pantaloncini in neoprene, quindi quando ci siamo tuffati dalla tavola e abbiamo sentito lo schiaffo dell'acqua sul viso, la nostra prima nuotata è stata assolutamente fantastica, rinvigorente e leggermente surreale. Abbiamo fatto giravolte come le foche, protetti dall'equivalente di uno spesso strato di grasso. Abbiamo nuotato, fatto immersioni e galleggiato a lungo, contemplando le nuvole, il silenzio e il respiro.
Mute a parte, è stato quello il momento in cui siamo davvero arrivati in Norvegia. È questo il bello, la meraviglia di viaggiare per nuotare. Niente ti fa entrare in un luogo quanto immergertici dentro. Ho dei flash di molte altre immersioni: tuffi dalle rocce in Colorado, spiagge di notte a Sumatra, tuffi da un molo nel lago di Costanza in Svizzera, quella nuotata mozzafiato a maggio al largo della punta dell'isola del Capo Bretone in Nuova Scozia. Ognuna è un punto di punteggiatura, l'essere lì in quel preciso momento.
Tuttavia, mentre quel pomeriggio mangiucchiamo cracker e sgombro affumicato sul terrazzo del nostro Airbnb a Herand ci vergogniamo. I veri nuotatori non indossano imbottiture. Cuffie e scarpe da scoglio sì, ma nient'altro.
Il mattino seguente ci alziamo col sole e andiamo a fare una nuotata senza neoprene tuffandoci da una roccia leggermente in discesa che fa da perfetto trampolino. Lilly si sfrega gli occhi assonnati e cammina in punta di piedi, trema e trattiene il fiato prima di tuffarsi. La seguo, persino con maggior trepidazione. Poi lo shock, la dispnea, le urla e le risate finché non arriva la calma e il cuore si regolarizza.
Non avevamo programmato di nuotare. Se troviamo il posto adatto, ci tuffiamo dentro. Così è successo più tardi quel giorno quando abbiamo fatto un giro a Sørfjorden, una lingua d'acqua verde-azzurra di 39 km. Mentre ci avvicinavamo a una curva nei pressi di Lofthus, sbando verso il ciglio della strada, ed eccolo lì: un vecchio molo di pescatori, segnato dalle intemperie, ma stabile, con una scala a pioli che esce dall'acqua.
Ci tuffiamo a turno da quel molo, gioendo per l'impatto con l'acqua fredda e l'inatteso bagno di sole. Dovrebbero inventare una parola per quel momento, subito dopo il tuffo, quando sei sospeso per aria, ma devi ancora colpire l'acqua, devi ancora spezzare la calma e scendere nell'oscurità. Noi abbiamo fatto un lungo viaggio per quel momento di euforia distillata.Seguiranno altre nuotate, ognuna intensa e piena di gioia. Tra una nuotata e l'altra andiamo in giro in perlustrazione per improvvisare buffet a base di salmone, formaggio, mele e vino, il tutto progettando il futuro, il suo e il mio, ed esaminando quali sono gli ingredienti di una vita vissuta appieno.

• *Neil King è un giornalista che ha lavorato in precedenza per il* Wall Street Journal.

A FIANCO: I fiordi norvegesi attirano sia nuotatori sia navigatori. SOPRA: Un giovane completamente svestito si tuffa nelle fredde acque norvegesi.

ITALIA

VIAGGIO IN TOSCANA

Uno straordinario viaggio in auto attraverso dolci colline e splendide campagne.

Certo, è possibile andare da Siena a Firenze, due delle città più amate dell'Italia centrale, in un'ora circa. Ma perché avere fretta? La campagna toscana è come il vino che viene prodotto in questa terra: deve essere assaporato lentamente piuttosto che deglutito tutto d'un fiato. Ci sono innumerevoli luoghi da esplorare, ognuno dei quali ha qualcosa di magnifico o delizioso da scoprire. La Toscana racchiude molti gioielli dell'Italia: Firenze è la più bella città rinascimentale del Paese, Siena è una perfetta città medievale e San Gimignano il borgo più celebre. Inoltre, il territorio della Toscana incarna appieno l'immagine popolare dell'Italia rurale. La regione offre anche spiagge, molte attività all'aperto e alcuni dei vini e dei cibi migliori d'Italia. Questo itinerario è un semplice assaggio di quello che offre il territorio. Collega castelli fiabeschi, tesori artistici, panorami pittoreschi, avventure all'aperto e vigneti in abbondanza. Questo itinerario non prevede folle di turisti. Al loro posto troverete villaggi d'altri tempi costruiti in pietra con vie acciottolate, musei con collezioni famose di artisti locali e stranieri, e terme dove potrete riposarvi e rilassarvi.
Se avete bisogno di fare una pausa per mangiare e bere qualcosa, ci sono tantissimi posti in cui fermarsi, e lungo la via troverete per esempio vigneti di prima qualità, cacciatori di tartufi e formaggi deliziosi.
L'itinerario è caratterizzato da scenari mozzafiato e da un'ospitalità calorosa verso i visitatori. Preparatevi alle strade tortuose e ad alcune curve inaspettate.

Consigli di viaggio

QUANDO ANDARE: Il clima migliore si trova da aprile a giugno e a settembre e ottobre, ma sono anche i mesi che presentano un maggior numero di turisti e prezzi più cari. Il caldo estivo a luglio e agosto può essere estenuante.
In primavera troverete campi di papaveri da ammirare mentre guidate nella campagna.

ORGANIZZAZIONE: Noleggiando un'auto avrete la possibilità di visitare i piccoli borghi e le zone meno turistiche.

SITI WEB: castellodiama.com; azienda agricolalechiuse.it; visittuscany.com

Ogni anno in Toscana vengono prodotte otto milioni di casse di vino.

DOVE ANDARE

Buonconvento
Da Siena guidate per circa 29 km a sud fino a Buonconvento, un villaggio medievale perfettamente conservato e all'altezza del suo nome, che deriva da una parola latina che significa "luogo felice". Gli escursionisti che percorrono la Via Francigena, un percorso di pellegrinaggio attualmente popolare tra i moderni escursionisti, si radunano qui abitualmente. Per conoscere la storia popolare, visitate il Museo della Mezzadria Senese, ospitato all'interno di una tinaia secolare, che racconta la storia dei mezzadri della zona.

Montalcino
A soli 15 minuti di distanza, a Montalcino, in un territorio dominato da vigneti e oliveti, trovate un casolare costruito nel 1840. Questo posto rustico è l'Azienda Agricola le Chiuse, un'azienda vinicola che si propone anche come agriturismo, con quattro appartamenti. Gli ospiti possono tuffarsi nella piscina e partecipare alle degustazioni guidate dal proprietario, Lorenzo Magnelli, il cui trisavolo creò il Brunello, il vino locale celebre a livello internazionale per le sue note di liquirizia, tabacco, ciliegia e cioccolato.

San Giovanni d'Asso
Nelle colline delle Crete Senesi, San Giovanni d'Asso è noto per i suoi tartufi bianchi. Il trecentesco castello del paese ospita nei suoi suggestivi sotterranei il Museo del Tartufo. Lungo la strada si trova l'Osteria delle Crete che vende la grappa al tartufo di produzione propria. Il ristorante organizza ricerche di tartufi, accompagnati da un lagotto Romagnolo, un cane appositamente addestrato. Dopo aver soddisfatto la vostra curiosità sui tartufi, fate una passeggiata nel Bosco della Ragnaia, un parco progettato da un artista con sentieri tranquilli e sculture bizzarre.

A FIANCO: La Val d'Orcia, un sito Patrimonio dell'Umanità UNESCO, è famosa per le dolci colline verdi della campagna toscana. SOPRA: Le piscine a più livelli delle Terme di Saturnia sono piene di acqua termale di origine vulcanica.

Rapolano Terme
Le sorgenti termali sgorgano in tutta la Toscana e vale la pena fare una deviazione per visitare alcune famose località, come le terme di Saturnia e Bagno Vignoni.
Il paese di Rapolano Terme, dove un tempo si rilassavano gli antichi Romani, si trova invece lungo il vostro itinerario. Seguite l'odore di zolfo fino alle Terme San Giovanni, uno stabilimento termale a prezzi ragionevoli e adatto alle famiglie aperto tutto l'anno.
Qui potrete immergervi in una serie di piscine con varie temperature e dall'acqua arricchita di bicarbonato di calcio.
Un trattamento tipico? Naturalmente, il "rituale dei fanghi". Portate con voi un costume da bagno, un asciugamano, delle infradito e un accappatoio per "mimetizzarvi" tra la gente del posto.
Nei weekend le terme restano aperte dopo il tramonto, così potrete combinare i bagni termali con uno spritz nel bar attiguo.

Castello di Ama
In un angolo tranquillo della regione in cui viene prodotto il Chianti Classico si trova il Castello di Ama, che attira l'attenzione dei visitatori non solo per i rossi di qualità. Per oltre 20 anni i proprietari dell'azienda vinicola hanno invitato artisti, tra cui Anish Kapoor e Louise Bourgeois, per creare installazioni nella cantina e nei terreni della proprietà, che oggi sono un museo a cielo aperto. Alcuni pezzi si notano subito, come il telescopio montato per osservare la campagna, ma per trovarli tutti bisogna partecipare a una visita guidata con degustazione. La cucina del Ristoro di Ama utilizza verdure coltivate nei terreni dell'azienda: provate la pappa al pomodoro (zuppa di pane e pomodoro) e altre specialità toscane prima di ritirarvi in una delle cinque sontuose suite della villa.

Sansepolcro
La vicina Sansepolcro vi permette di fare un corso accelerato su Piero della Francesca, il famoso artista rinascimentale che qui ha avuto i natali. L'attrazione principale del Museo Civico è l'affresco della *Resurrezione* che ritrae un Cristo atletico che si erge sui soldati addormentati (in uno di questi il pittore ha raffigurato se stesso). Un biglietto cumulativo dà accesso anche alla casa museo dell'artista aperta di recente, che si trova vicino a un giardino pubblico dedicato a (indovinate un po'?) Piero della Francesca.

Poppi
Il Castello di Poppi, risalente al XIII secolo, sembra uscito da un racconto di fantasia, a cominciare dal profondo fossato che lo circonda. Nei sotterranei c'era una prigione che in origine non aveva aperture (i nuovi prigionieri venivano lasciati cadere al suo interno tramite una botola). In cima al castello c'è una torre campanaria funzionante, con un panorama a 360 gradi della verdeggiante Valle del Casentino. Trovate altri soggetti da postare su Instagram all'interno dell'affascinante città fortificata e caratterizzata da vie porticate.

DA NON PERDERE
- Visitare una cantina di vini trasformata in un museo all'aperto con opere d'arte in esposizione.
- Camminare in un'affascinante città fortificata nel Chianti, fuori da un castello del XIII secolo.
- Assaggiare i vini e i tartufi migliori della regione.

ITALIA

IL MEGLIO DELLE DOLOMITI

Attraversate le Alpi italiane in lungo e in largo.

Le imponenti Dolomiti dell'Italia settentrionale non stendono esattamente il tappeto rosso ai visitatori. L'antica catena montuosa delle Alpi italiane è una straordinaria fortezza rocciosa. Torri e pinnacoli seghettati, rupi scoscese e ripide pareti coperte di rocce sporgenti forniscono uno sfondo impressionante alle valli alpine circostanti. Da lontano le Dolomiti sembrano impenetrabili, ma alcune delle battaglie più violente della Prima guerra mondiale ebbero luogo in quest'antica catena montuosa che fu il fronte di combattimento delle truppe italiane e austriache.

Il passato militare delle Dolomiti è uno dei principali motivi per cui queste montagne sono diventate un sito Patrimonio dell'Umanità UNESCO con 18 cime che superano 2987 m sul livello del mare. La rete di funi d'acciaio fissate alla roccia, che viene chiamata via ferrata, le scale a pioli e le gallerie che i soldati in origine costruirono per trasportare rifornimenti e spostare il personale su e giù per le montagne oggi rendono possibile, a molti arrampicatori su roccia e a escursionisti di vari livelli di esperienza, esplorare creste e cime altrimenti inaccessibili. Le funivie e le seggiovie trasportano rapidamente i visitatori sui sentieri che si snodano attraverso le montagne, collegando idilliaci villaggi alpini che si trovano nelle valli circostanti. Incantevoli rifugi montani situati su punti panoramici servono come aree di sosta e consentono di seguire itinerari di rifugio in rifugio per escursioni di uno o più giorni.

Consigli di viaggio

QUANDO ANDARE: L'estate (in particolare i mesi di luglio e agosto) è il periodo dell'alta stagione dedicato alle escursioni. A giugno e settembre le montagne sono sicuramente meno affollate.

ORGANIZZAZIONE: Prima di tentare la via ferrata, è opportuno noleggiare l'apposito kit, che è composto da casco, imbracature, guanti, corde e moschettoni.

SITI WEB: altabadia.org; dolomiti.org; cortinaexpress.it; laperlacorvara.it

Trincee della Seconda guerra mondiale costruite nella montagna.

ITINERARIO DI 8 GIORNI

Giorno 1
Dall'aeroporto di Venezia o dalla stazione ferroviaria, prendete l'autobus Cortina Express per Cortina d'Ampezzo. Il piccolo paese alpino, che ha ospitato i Giochi olimpici invernali nel 1956 e li ospiterà di nuovo nel 2026, è il principale punto d'accesso per le Dolomiti, nonché la vostra base per le prossime tre notti. Per una vista a 360 gradi del panorama sbalorditivo che esplorerete nel corso della settimana, prendete la funivia Tofana-Freccia nel Cielo per raggiungere la terrazza sulla cima della Tofana di Mezzo, la vetta più alta di Cortina a 3244 m di altitudine.

Giorno 2
Durante il vostro primo giorno intero sulle Dolomiti, fate un'escursione di 11 km sulla parte occidentale dell'Anello dell'Alpe di Sennes. L'escursione inizia a 9,6 km a nord di Cortina d'Ampezzo, al Rifugio Malga Ra Stua, a 1668 m di altitudine. L'itinerario attraversa prati, valli verdeggianti e spogli versanti alpini, e sale a un'altitudine di 2116 m. Fermatevi per pranzo al Rifugio Fodara Vedla (provate la zuppa d'orzo con canederli di formaggio e spinaci del rifugio o il *kaiserschmarren*, una spessa crêpe dolce da servire con confettura di ribes o mirtilli), poi seguite una mulattiera della Prima guerra mondiale per ritornare al punto di partenza.

Giorno 3
Aumentate l'altitudine e la distanza con un'escursione di 13 km dal Rifugio Auronzo, a 2333 m, fino al passo roccioso del Pian di Cengia, a 2500 m, e attraverso le colline pedemontane delle Tre Cime di Lavaredo, un trio di enormi lastre rocciose che spuntano fuori dal massiccio. Il sentiero sale ripido in luoghi e passi dove si trovano bunker e caserme abbandonate della Prima guerra mondiale. Se volete provare una delle vie ferrate delle Dolomiti con le funi fisse, la Via Delle Scalette (accessibile dal Rifugio Auronzo) è un'ottima soluzione. Noleggiate un kit della via ferrata per affrontare il percorso, che offre vedute spettacolari delle Tre Cime svettanti e permette di farsi un'idea delle terribili condizioni in cui hanno vissuto ad alta quota i soldati della Prima guerra mondiale.

A FIANCO: **Uno scalatore sale con prudenza lungo la via ferrata, costruita tra le montagne durante la Prima guerra mondiale.** **SOPRA:** **Il Rifugio Auronzo si trova a 2333 m sul livello del mare ed è circondato dalle Tre Cime.**

Giorno 4
Lasciate il vostro hotel e risalite sull'autobus Cortina Express per il Passo di Falzàrego, il punto di partenza della funivia Lagazuoi. Prendetela per raggiungere il Rifugio Lagazuoi, uno dei rifugi montani più elevati delle Dolomiti a un'altitudine di 2743 m. All'interno della fortezza naturale di roccia del Lagazuoi è nascosta una rete di strutture militari costruite durante la Prima guerra mondiale. Il sito è conservato come un museo a cielo aperto. Camminate in discesa attraverso una serie apparentemente infinita di gallerie e trincee che contengono manufatti come utensili e armi. Quando avete concluso la visita, prendete un autobus per raggiungere la vostra sistemazione notturna nel villaggio di San Cassiano.

Giorno 5
San Cassiano si trova ai piedi di due enormi vette delle Dolomiti: La Varella di 3055 m e la Cima Cunturines di 2800 m. Prendete la seggiovia per raggiungere il Piz Sorega a 2002 m di altitudine e seguite un sentiero lungo il crinale attraverso pascoli di alta montagna fino al Rifugio Utia de Bioch dove pranzerete sulle terrazze esterne. Da qui percorrete circa 5,6 km in discesa fino a Corvara, a 1560 m, un villaggio turistico molto frequentato che si trova ai piedi dell'imponente Sassongher di 2665 m. Viziatevi pernottando per due notti all'Hotel La Perla (chiuso da ottobre ai primi di dicembre e dal 31 marzo a metà giugno), un albergo montano di lusso a conduzione familiare.

Giorno 6
Ammirate il panorama dei grandi prati e delle montagne con poco sforzo, facendo una semplice passeggiata di 6 km dalla base della funivia Boe di Corvara fino a Colfosco e ritorno. Colfosco 1646 m è un incantevole villaggio alpino situato ai margini del Parco naturale Puez-Odle, un sito Patrimonio dell'Umanità UNESCO. Fermatevi per una pizza al L'Tabladel prima di tornare a Corvara.

L'escursione lungo le Tre Cime Lavaredo (o Drei Zinnen), tre delle vette più famose delle Dolomiti, offre ampie vedute dell'aspro paesaggio.

Giorno 7

Noleggiate un veicolo a Corvara, una moto, un'auto o una bici elettrica o, se avete forza nelle gambe e capacità polmonare, una bici da strada o una mountain bike, per percorrere la strada più panoramica delle Dolomiti: la sinuosa Sellaronda. Il percorso di 61 km attraversa quattro passi montani (Campolongo, Pordoi, Sella e Gardena) mentre serpeggia intorno all'enorme Gruppo del Sella. La Sellaronda, una caratteristica pista da sci in inverno, è facilmente accessibile ai ciclisti in estate tramite le seggiovie che partono dai paesi delle quattro valli sottostanti. Il percorso per mountain bike è un itinerario fuori strada che grossomodo segue in parallelo la via principale. Guidate o pedalate sulla strada in entrambe le direzioni, fermandovi per ammirare con calma il paesaggio nei punti panoramici e per rendere omaggio alla "Regina delle Dolomiti": il ghiacciaio della Marmolada, a 3269 m di altitudine.

Giorno 8

Un autobus porta in poco tempo ad Arabba, a sud, il punto di partenza della vostra ultima escursione nelle Dolomiti: una salita sinuosa sul versante meridionale del Gruppo della Sella. Dal parcheggio della funivia Porta Vescovo seguite il sentiero verso il Passo Pordoi, attraversando prati verdi e risalendo una pista da sci lungo la via. Al Passo Pordoi, a 2239 m di altitudine, seguite il sentiero a zigzag in salita fino al Rifugio Forcella Pordoi (aperto da fine giugno a settembre), la base per molte escursioni di un giorno nel Gruppo della Sella. Dal rifugio seguite il terreno asciutto e roccioso lungo il versante meridionale del massiccio fino al Rifugio Franz Kostner, a 2550 m di altitudine, dove vi fermerete per pranzo. Per scendere prendete la funivia fino al Passo Pordoi e ripercorrete i vostri passi fino ad Arabba.

DA NON PERDERE

- Esplorare la famosa via ferrata e le gallerie costruite dai soldati durante la Grande Guerra.
- Prendere la funivia fino al Rifugio Lagazuoi, uno dei rifugi montani più elevati.
- Attraversare quattro passi montani sulla straordinaria Sellaronda delle Dolomiti.

CROAZIA

L'ASPRA BELLEZZA DELLA CROAZIA

Spingetevi oltre ciò che si vede in cerca di avventura.

Con le scogliere calcaree e le acque azzurre della costa adriatica a ovest, le cime frastagliate delle Alpi Dinariche a est e innumerevoli cascate e fitte foreste nel mezzo, la Croazia offre apparentemente infinite possibilità di vivere fantastiche avventure per terra e per mare.

L'aspra bellezza della costa adriatica del Paese, lunga 1770 km può rivaleggiare con tutte le altre nel Mediterraneo. Al largo si trova una serie di circa 1200 isole e isolette rocciose che brillano come perle nel mare azzurro. Nella penisola d'Istria, a nord, le montagne innevate fanno da sfondo a vigneti, valli, prati alpini e villaggi in cima a colline. Protette all'interno di un numero sempre crescente di parchi nazionali e riserve naturali, ci sono le immense distese del prevalente territorio carsico della Croazia, caratterizzato da grotte, corsi d'acqua sotterranei e ripidi dirupi rocciosi.

Con le vedute panoramiche che si rivelano praticamente a ogni curva delle strade notoriamente tortuose della Croazia e la costa frastagliata, è facile crogiolarsi nella bellezza del Paese. Tuttavia, avventuratevi oltre ciò che è evidente, e avrete la possibilità di scoprire altri paesaggi e di vivere nuove avventure che spesso vi porteranno in luoghi selvaggi più remoti o meno visitati. Per aiutarvi nell'impresa, ecco qui sette modi di esplorare, e non solo di vedere, gli aspri paesaggi straordinari della Croazia che vi lasceranno a bocca aperta.

Consigli di viaggio

QUANDO ANDARE: Evitate i prezzi e le folle di turisti dell'alta stagione, visitando il Paese a maggio, giugno, settembre e ottobre. Molti hotel e attrazioni chiudono da novembre ad aprile.

ORGANIZZAZIONE: Scegliete come base Spalato, sulla costa centrale della Dalmazia, per partire per gite di uno o più giorni con auto a noleggio, autobus, traghetti o treni. Se avete tempo, scegliete di viaggiare in macchina, perché vale la pena fare delle deviazioni per visitare i piccoli villaggi del Paese e le strade panoramiche.

SITI WEB: croatia.hr/en-GB; np-plitvicka-jezera.hr/en; zipline-croatia.com; np-kornati.hr/en

La piazza dei Fratelli Radić appena fuori dal Palazzo di Diocleziano.

COSA FARE

Guidare lungo la costa della Dalmazia

Un viaggio in auto non potrebbe regalare vedute più panoramiche di queste: l'acqua azzurro brillante del mare Adriatico a destra e le montagne frastagliate delle Alpi Dinariche a sinistra. Data la bellezza straordinaria del panorama, sarà necessario avere una maggiore concentrazione per mantenere lo sguardo fisso sulla Strada Maestra Adriatica, che serpeggia lungo la costa occidentale della Croazia per circa 354 km dal confine con la Slovenia al Montenegro a sud. Il tratto di strada che abbraccia le montagne lungo la costa della Dalmazia, la regione costiera più meridionale della Croazia, è un'emozionante corsa mozzafiato. Noleggiate un'auto sportiva a Spalato, a metà della costa, e guidate verso sud fino a Ragusa, che i fan de *Il trono di spade*, la serie televisiva della HBO, riconosceranno come Approdo del Re, la capitale di Westeros. Per gli amanti dell'avventura, un breve passaggio in Bosnia-Erzegovina lungo i 19 km della costa del Paese, la seconda più corta al mondo, aumenta il fascino dell'itinerario.

In mountain bike a Pago

Storicamente famosa per il suo Paški sir, o Pag (formaggio stagionato di latte di pecora), l'isola di Pago, nell'Adriatico settentrionale, sta guadagnando terreno come meta turistica per gli amanti della mountain bike. Quello che contribuisce ad attirare l'interesse dei ciclisti è l'inquietante terreno lunare nella parte orientale dell'isola. La forte Bura, l'improvviso vento che soffia da nord/nord-est a est/nord-est, che trasporta gli spruzzi d'acqua salata del mare sulla regione rocciosa, impedisce la crescita della vegetazione. Noleggiate una mountain bike o partecipate a una visita guidata in bici per scoprire questo spoglio paesaggio. Dopo aver esplorato il territorio lunare di Pago a est, pedalate lungo stretti sentieri costeggiati da muri di pietre accatastate per vedere le pecore robuste che pascolano lungo le colline rocciose dell'isola caratterizzate da un'arida boscaglia.

A FIANCO: Le scogliere rocciose si susseguono lungo le rive della costa della Dalmazia.
A DESTRA: Una zip-line al di sopra del canyon della Cèttina vicino ad Almissa: un modo emozionante per vedere il panorama dall'alto.

Vedere le cascate del Parco nazionale dei laghi di Plitvice

Scegliete l'itinerario meno battuto, l'Itinerario o Programma K, per un giro impegnativo dalle sei alle otto ore nel Parco nazionale dei laghi di Plitvice, un sito Patrimonio dell'Umanità UNESCO. Passerelle, corsi d'acqua e cascate collegano i laghi terrazzati del parco: 16 pozze luccicanti piene d'acqua di varie tonalità di azzurro e di verde. I laghi, divisi nella sezione "superiore" e "inferiore", sono collegati da argini di travertino, creando una serie di scintillanti cascate a scalinata. Cominciate l'escursione all'ingresso al parco ai laghi superiori, raggiungendo la base di Veliki Slap, la cascata più alta del parco e di tutta la Croazia con 78 m di altezza. Il sentiero prosegue attraverso un canyon, una grotta e fitte faggete e foreste di conifere, e sale per affacciarsi sui laghi da una prospettiva più alta.

Salire al punto d'osservazione della Vidova Gora

Vale la pena percorrere gli 11 km della salita fino al punto d'osservazione della Vidova Gora, la cima più alta delle isole dell'Adriatico, a 695 m di altitudine, per ammirare un panorama a 360 gradi. Il monte si trova su Brazza, l'isola più grande sulla costa centrale della Dalmazia, conosciuta per la sua più grande risorsa naturale: il calcare bianco. Prendete il traghetto da Spalato a San Pietro della Brazza sulla costa settentrionale di Brazza, poi salite su un autobus per raggiungere Bol, città sulla costa meridionale. Il sentiero parte da una strada che conduce a una cava di calcare e poi lascia il posto a un sentiero roccioso. Portate con voi il pranzo al sacco e fermatevi in cima ad ammirare le acque azzurre dell'Adriatico e la spiaggia di ciottoli bianchi di Zlatni Rat, o Corno d'Oro, che si vedono sotto.

Tuffarsi nel mare Adriatico

Sulla punta dell'Istria, la penisola che la Croazia condivide con la Slovenia e con l'Italia, i suoi vicini settentrionali, si trova l'aspra riserva naturale del Capo Promontore, che fa parte del Parco nazionale del Kamenjak. Con le scogliere a strapiombo alte 21 m, le grotte rocciose e i percorsi escursionistici che seguono le orme dei dinosauri (con reperti fossili e orme per provarlo), in questo capo battuto dal vento si ha la sensazione di stare ai confini del mondo. Ci sono siti appositi dov'è possibile saltare dalle scogliere, dove potrete tuffarvi nell'Adriatico con i piedi in

avanti dall'altezza adrenalinica di 12 m o più. Ci sono anche punti più bassi da cui potete tuffarvi, inoltre, sulla spiaggia di Školjić alcuni operatori offrono escursioni in kayak o la possibilità di fare windsurf.

Avventurarsi nel canyon della Cèttina

Lo splendido canyon della Cèttina è il centro delle attività all'aperto della Croazia meridionale. Alloggiate ad Almissa, la città portuale della costa della Dalmazia situata alla foce del fiume Cèttina, per un paio di giorni all'insegna dell'avventura. Da aprile a ottobre è il periodo migliore per gli sport acquatici come il rafting, la calata in corda doppia lungo il salto di 50 m della cascata Gubavica, il *rock hopping* e il nuoto nel canyon. Passate la prima giornata dentro e sull'acqua, mentre quello successivo lo trascorrerete per aria, sfrecciando sopra e attraverso il canyon in zip-line. Il giro di tre ore in zip-line, organizzato da Zipline Croatia, è una discesa elettrizzante attraverso otto cavi d'acciaio, il più alto dei quali è sospeso a 150 m da terra.

Esplorare l'arcipelago delle isole Incoronate

Uscite dai sentieri più battuti dai turisti al Parco nazionale Kornati, il più grande arcipelago dell'Adriatico. Situato al largo della costa settentrionale della Dalmazia vicino a Morter, un paese e un'isola collegata alla terraferma, il parco è un'area marina protetta che vanta circa 90 piccole isole e oltre 30 siti di immersione. Gli operatori di Morter e Zara offrono gite in barca a vela e per fare snorkeling e immersioni subacquee accompagnati da una guida. Tra i tesori che aspettano i subacquei esperti ci sono le scogliere sottomarine, i coralli variopinti e i pesci di scoglio, il relitto di un aereo militare tedesco della Seconda guerra mondiale e il relitto della *Francesca da Rimini*, una nave da carico tedesca della Seconda guerra mondiale, che si trova sul fondo del mare a una profondità compresa tra 37,8 e 50 m.

DA NON PERDERE

- Tuffarsi da una scogliera di pietra calcarea nelle acque azzurre del mare Adriatico.
- Vedere 16 laghi splendenti e decine di cascate al Parco nazionale dei laghi di Plitvice.
- Volare sopra il canyon della Cèttina durante un tour in zip-line di tre ore.

Una passerella attraversa il Parco nazionale dei laghi di Plitvice.

ESTONIA, LETTONIA E LITUANIA

GIRARE I PAESI BALTICI IN BICICLETTA

Attraversare tre Stati in bicicletta in una straordinaria avventura europea.

Non mancano i motivi per affermare che gli Stati baltici dell'Europa, ossia l'Estonia, la Lettonia e la Lituania, sono il posto ideale per un'avventura in bicicletta. Innanzitutto i Paesi baltici sono praticamente in piano. La cima più alta è il Suur Munamagi in Estonia, a 318 m sul livello del mare, inoltre ci sono circa 1995 km di costa baltica al livello del mare.

Poi c'è la questione dell'eredità culturale. Le città vecchie medievali di tutte e tre le capitali, Tallinn, Riga e Vilnius, sono protette come siti Patrimonio dell'Umanità UNESCO. Le antiche rovine, i castelli fiabeschi, i resti dell'Impero Russo e dell'era sovietica, e le antiche tradizioni popolari testimoniano le diverse influenze che hanno modellato la regione. Questo comprende i grandi festival di canti e danze baltiche iscritti nella lista del Patrimonio culturale immateriale dell'UNESCO.

Infine, i Paesi baltici sono di dimensioni ridotte. La capitale dell'Estonia, a sud, dista solo 604 km dalla capitale della Lituania e la capitale della Lettonia si trova in mezzo alle due. Le distanze brevi, il territorio prevalentemente pianeggiante e le culture ciclo-centriche permettono di visitare tutti e tre i paesi con un viaggio in bicicletta di 10-12 giorni, soprattutto perché i tour in autonomia di solito comprendono il trasferimento in autobus tra due fermate a maggiore distanza. Questo viaggio di 10 giorni inizia in Estonia, prosegue in Lettonia, termina in Lituania, e passa abbastanza vicino al confine con la Russia, nel caso voleste visitare un quarto Paese.

Consigli di viaggio

QUANDO ANDARE: Da maggio a settembre. In primavera ci sono meno turisti rispetto ai periodi di alta stagione di luglio e agosto.

ORGANIZZAZIONE: Diversi tour operator specializzati come UTracks, Baltic Bike Travel, Eurobike e Exodus Travels propongono itinerari in bicicletta nei Paesi baltici, con una guida o in autonomia. Alcuni operatori offrono degli sconti se portate la vostra bici.

SITI WEB: utracks.com; bbtravel.lt; eurobike.at/en; exodustravels.com; latvia.travel/en; visitestonia.com/en; visitlithuania.net; 3s.ee; palmse.ee/en; visitestonia.com/en/otepaa-nature-park-2; pullmanriga.lv

Il letto di un fiume nel Parco nazionale del Gauja.

ITINERARIO DI 10 GIORNI

Giorno 1
Scegliete la vostra bicicletta per il giorno dedicato alla visita di Tallinn, la capitale del più piccolo dei tre Stati baltici. Pedalate lungo le piste che attraversano in lungo e in largo i 70 ettari del Parco di Kadriorg, che prende in nome dal Palazzo Kadriorg, di colore rosa, che si trova al suo interno, fatto costruire dallo zar Pietro I di Russia nel 1718. Pernottate nella Città Vecchia di Tallinn, un sito Patrimonio dell'Umanità UNESCO.

Giorno 2
Salite sul bus turistico a Tallinn per andare verso est, al Parco nazionale Lahemaa ("Terra delle baie"), il più grande parco dell'Estonia, che comprende 725 km^2 di terra e mare. Pedalate lungo il sentiero di Käsmu attraverso la penisola omonima ricoperta di foreste, e poi fuori fino alla punta del capo di Palganeem che si affaccia sul Golfo di Finlandia. Osservate la fauna locale, tra cui alci, volpi e linci, prima di pedalare verso sud fino all'imponente museo del Palazzo di Palmse.

Giorno 3
Da Palmse prendete l'autobus in direzione sud-est che in 90 minuti raggiunge Mustvee, una città la cui popolazione parla per metà estone e per metà russo, che si trova sulle sponde occidentali del lago dei Ciudi, il quarto più grande d'Europa. L'itinerario di 48 km abbraccia le rive del lago da Mustvee a Varnja a sud, passando davanti a spiagge sabbiose, pinete e piccoli villaggi di pescatori. Prendete l'autobus a Varnja per trasferirvi per la notte in un hotel nella città universitaria di Tartu, la seconda città più grande dell'Estonia.

Giorno 4
Spostatevi in autobus di 54 km a sud fino al Kääriku Sports Center, un parco e centro ricreativo per tutte le stagioni, sulle rive del lago di Kääriku, che è il punto di partenza per numerosi percorsi escursionistici.

A FIANCO: **L'incantevole casetta di un pescatore circondata da un giardino, in Lituania.** SOPRA: **Gli alberi costeggiano la Seaside Cycle Route lituana, offrendo ai ciclisti ombra e un sollievo naturale.**

Pedalate lungo il sentiero Kekkonen di 14 km e sulla collina di Harimägi, alta 211 m. Salite in cima alla torre per ammirare ampi panorami degli Altopiani di Otepää, poi raggiungete in bicicletta il parco e il Castello di Sangaste, risalente al XIX secolo, modellato sul Castello di Windsor dell'Inghilterra. Dopo una giornata al parco, superate il confine e raggiungete Sigulda, in Lettonia, a circa 161 km a sud-ovest. Pernottate in un hotel vicino al Parco nazionale del Gauja, il punto di partenza del giro di domani.

Giorno 5
Partite dal vostro hotel e pedalate dritti verso il Parco nazionale di Gauja, il più grande della Lettonia, che tutela 901 km^2 della suggestiva valle del fiume Gauja. Seguite i sentieri lungo il fiume, superando mulini a vento, motte medievali, castelli, pareti rocciose di arenaria, formazioni rocciose e grotte. Fate un picnic nel parco prima di prendere l'autobus e raggiungere Riga, la capitale della Lettonia, 56 km a sud-ovest. Passate il resto della giornata a girare in bicicletta per il centro di Riga, nominato Patrimonio dell'Umanità, e visitate il Mercato Centrale, il più grande d'Europa, ospitato all'interno di vecchi hangar per dirigibili Zeppelin. Pernottate al Pullman Riga Old Town, una scuderia ristrutturata del XVIII secolo che è stata convertita in hotel.

Giorno 6
Da Riga seguite un percorso in piano verso ovest fino a Jūrmala, una città balneare affacciata sul Mar Baltico. Il giro in bicicletta di 19 km attraversa la città e i quartieri periferici, poi campi aperti e foreste e arriva alla spiaggia sabbiosa. Dopo pranzo, ripercorrete lo stesso itinerario per ritornare a Riga e salite sull'autobus che vi porterà a Šiauliai, situata a 132 km a sud, in Lituania, dove pernotterete. A nord della città, visitate la famosa Collina delle Croci, un sito di pellegrinaggio che sorge su un tumulo di terra coperto con circa 100.000 crocifissi di metallo e di legno. L'area, che dovrebbe risalire agli anni Trenta dell'Ottocento, è stata distrutta e ricostruita cinque volte durante l'era sovietica. Al giorno d'oggi i pellegrini continuano ad aggiungere sulla collina croci e altre icone religiose.

Giorno 7
Prendete l'autobus in direzione ovest verso la località balneare di Palanga, il punto di partenza di un percorso in bicicletta di circa 32 km lungo la costa del Mar Baltico fino a Klaipėda. Seguite un tratto asfaltato e libero da automobili della Lithuanian Seaside Cycle Route, attraverso il Parco regionale litoraneo protetto, passando davanti a spiagge e dune di sabbia bianca, pinete e scogliere, mentre pedalate verso sud. Camminate fino in fondo al molo di

Più di 100.000 crocifissi e altre icone religiose sulla Collina delle Croci, un luogo di pellegrinaggio di origine sconosciuta, in Lituania.

Palanga, dalla forma a L e lungo 470 m, per un panorama della costa libero da impedimenti visivi. A Klaipėda, pernottate nello storico porto marittimo all'Old Mill Hotel sulla Laguna dei Curi.

Giorno 8

Attraversate la laguna a bordo del traghetto fino alla penisola di Neringa, un sito Patrimonio dell'Umanità UNESCO. La penisola di dune di sabbia, lunga 98 km separa la Laguna dei Curi dal Mar Baltico ed è per metà lituana e per metà russa. Pedalate nel tratto della penisola Neringa della Lithuanian Seaside Cycle Route in direzione sud, dall'approdo del traghetto per circa 48 km fino a Nida, situata a circa 3 km a nord del confine russo.

Giorno 9

Guardate il sole sorgere sulla Russia in cima alla Duna di Parnidis, alta 52 m. Prendete una barca da Nida e andate verso est attraverso la Laguna dei Curi fino alla penisola Ventes Ragas, una delle principali mete europee della rotta migratoria dove, durante il picco della migrazione autunnale, ogni giorno volano nella zona fino a 300.000 uccelli. Girate per la penisola e oltre, nelle piste ciclabili che attraversano il Parco regionale del delta del Nemunas. Dal parco percorrete in autobus 193 km in direzione est per pernottare a Kaunas.

Giorno 10

Da Kaunas, proseguite in autobus verso est fino a Vilnius, la capitale della Lituania, facile da girare in bicicletta. Passate tutta la giornata a esplorare la città usando le apposite piste ciclabili che si snodano intorno a luoghi come la Città Vecchia medievale, parte del centro storico di Vilnius e sito Patrimonio dell'Umanità UNESCO, e il Parco regionale di Verkiai, dove si trova il complesso del Palazzo di Verkiai, che risale al XVIII secolo, e sei laghi color smeraldo.

DA NON PERDERE

- Visitare le Città Vecchie di epoca medievale di tre capitali che sono siti Patrimonio dell'Umanità UNESCO.
- Vedere castelli fiabeschi come il Palazzo Kadriorg, fatto costruire dallo zar Pietro I di Russia.
- Pedalare lungo il Mar Baltico e vedere la Russia dalla penisola di Neringa.

CORSICA

TREKKING IN CORSICA

Risvegliate tutti i cinque sensi sull'isola profumata.

La Corsica, la quarta isola più grande del Mediterraneo, vanta spiagge baciate dal sole e acque turchesi, requisiti necessari della regione mediterranea. Tuttavia, l'avventura su quest'aspra isola al largo delle coste della Francia e dell'Italia si basa più sulla terraferma che non sul mare.

La maggior parte degli 8682 km² della Corsica è costituita da montagne. Persino l'unico sito Patrimonio dell'Umanità UNESCO dell'isola, il Golfo di Porto con i Calanchi di Piana, il Capo Girolata e la Riserva naturale di Scandola, che tutela sia il mare sia la terraferma, è famoso soprattutto per la penisola di Scandola e le sue scogliere e i pinnacoli dalle sfumature rosse incandescenti.

Una rete di sentieri a lunga percorrenza e itinerari escursionistici attraversa l'isola, dando accesso a spiagge litoranee isolate, creste rocciose, laghi alpini, campi fertili e un aromatico sottobosco a macchia chiamato *maquis*, che dà alla Corsica il soprannome di "Isola profumata". Molti sentieri tendono a essere impegnativi per via del terreno montuoso; alcuni itinerari un po' più semplici si snodano lungo la costa. Quale che sia il vostro livello di forma fisica, spostarsi a piedi è sempre il modo migliore per esplorare la Corsica che, anche se ufficialmente è parte della Francia, è fortemente indipendente. Perciò, quando vi fermate in una delle *gites d'étape* (tradizionali case di sosta) durante le vostre escursioni, ringraziate il gestore in còrso, l'antico dialetto toscano ancora parlato da molti abitanti, dicendo *À ringraziavvi* piuttosto che *merci* in francese.

Consigli di viaggio

QUANDO ANDARE: Maggio, giugno o inizio settembre sono i mesi migliori per visitare l'isola ed evitare il sole e il calore intensi, e le folle di turisti del periodo di alta stagione di luglio e agosto.

ORGANIZZAZIONE: Alcune escursioni sono davvero impegnative: scegliete gli itinerari adatti alla vostra forma fisica e alle vostre competenze, e portate l'attrezzatura adatta all'escursione. Potete programmare l'itinerario da soli (è tutto in francese), ma appoggiarsi ai tour operator per le escursioni con una guida o in autonomia semplifica le cose.

SITI WEB: corsica.forhikers.com; gr20.co.uk/gr20-trips-holidays; visit-corsica.com/it; demeureloredana.com/it

Splendidi panorami attendono i visitatori sul GR20.

DOVE ANDARE

Il GR20

Considerato il più impegnativo dei Grande Randonnée, o GR, ossia sentieri a lunga percorrenza che attraversano il Belgio, la Francia, la Germania, la Spagna e i Paesi Bassi, il GR20 si snoda per 180 km lungo la frastagliata spina dorsale di granito della Corsica. Se siete escursionisti esperti che hanno affrontato il sentiero degli Appalachi negli Stati Uniti orientali o il GR10 attraverso i Pirenei francesi, allora potreste avere i requisiti giusti per affrontare le inesorabili sfide fisiche del GR20. Solo un terzo circa degli escursionisti che iniziano l'itinerario a Calenzana riescono a conquistare tutte le lunghe salite e discese su passi di montagna e pareti di granito necessarie per percorrere tutta la strada che conduce a sud nel villaggio di Conca, vicino a Porto Vecchio.

Il GR20 è diviso in due sezioni, settentrionale e meridionale, con le parti più ripide e rocciose a nord. All'estremità settentrionale (tipicamente il punto di partenza), i segni rossi e bianchi che indicano il percorso invitano gli escursionisti a sfidare talvolta la gravità attraverso il tipo di terreno roccioso liscio che di solito si raggiunge solo con corde o con i percorsi fissi delle vie ferrate.

La sezione meridionale, leggermente più facile, richiede comunque di inerpicarsi e arrampicarsi in certi punti lungo il crinale del Monte Alcudina, alto 2134 m, ma percorre anche chilometri di prati prevalentemente in piano e terreni ricoperti di boschi sul lussureggiante Plateau du Coscione. Se non avete tempo (di solito dai 12 ai 15 giorni) per percorrere tutto il GR20 o non siete sicuri di riuscire a farcela, la sezione meridionale è una soluzione più breve e più fattibile, e per completarla ci vogliono circa sette giorni. Sia che tentiate una sezione o tutto l'eroico itinerario, mettetevi in cammino partecipando a un tour guidato, privato o con un piccolo gruppo. Avere qualcuno che indica la strada (i cartelli sono in francese) e organizza i pasti e i pernottamenti lungo la via incrementerà le vostre probabilità di spuntare il GR20 dalla lista delle escursioni da fare.

Tra Mare e Monti Nord

Per un trekking a lunga distanza con meno salite, provate Tra Mare e Monti Nord. L'itinerario di 121 km incrocia il G20 al punto di partenza a Calenzana, ma è praticamente tutto quello che hanno in comune i due sentieri. Da Calenzana, il sentiero Tra Mare e Monti Nord si snoda a sud-ovest fino alla costa, al villaggio sul mare di Galeria e poi segue principalmente la costa per il resto del percorso fino alla fine a Cargese. Il punto di elevazione massima sul sentiero è vicino alla partenza: 1200 m sul livello del mare nelle montuose Forêt de Bonifatu. A sud di Galeria c'è la possibilità di virare nell'entroterra attraverso una foresta, tramite l'itinerario dell'anello di Capu Tondo, un sentiero più ombreggiato che dona un po' di sollievo dall'intenso sole estivo. Ma è nel principale sentiero costiero che potrete ammirare i panorami migliori della straordinaria Riserva naturale di Scandola, un sito Patrimonio dell'Umanità dell'UNESCO e un gioiello geologico protetto, inaccessibile al pubblico. Mentre proseguite il cammino a sud, tra Galera e Girolata (che è accessibile solo in barca o a piedi), fermatevi ad ammirare le meravigliose scogliere e gli archi di roccia rosso porpora di Scandola. Formata più di 250 milioni di anni fa dalle colate laviche, questa roccia dura è una rara forma di granito chiamata porfido, molto apprezzata per la sua qualità decorativa dagli antichi imperatori romani che la usarono per fare sculture ed elementi architettonici. Programmate di trascorrere dai nove agli undici giorni per percorrere l'intero itinerario del Tra Mare e Monti Nord. Tracciate il vostro percorso in anticipo, così potrete prenotare le camere alle piccole *gites d'étape* che si trovano lungo l'itinerario.

A FIANCO: **Le rovine della Torre Genovese a Mortella sovrastano il turchese Mar Mediterraneo.**
A DESTRA: **Le rocce rosse e rosa di Capo Rosso formano la costa del golfo di Porto.**

Désert des Agriates Sentier Littoral

Il modo migliore di visitare l'arido Désert des Agriates della Corsica, un'area disabitata di 5000 ettari nella regione nordoccidentale della Balagne, è fare un'escursione a piedi. Il gioiello della riserva naturale, nonché l'area più accessibile, è la sua costa intatta: 40 km di spiagge deserte e insenature rocciose incorniciate da querce e pini, oltre che da una macchia arida. Percorrete il poco battuto Sentier Littoral (sentiero costiero) lungo l'intatta via di mezzo dove l'aspro terreno incontra il Mediterraneo.

Per completare l'itinerario ci vogliono tre giorni, partendo dall'estremità occidentale del sentiero a Ostriconi e arrivando all'estremità orientale a San Fiorenzo. Fermatevi di frequente per sdraiarvi su splendide spiagge di sabbia bianca o di ciottoli, spesso deserte, nuotare nelle acque turchesi e respirare il piacevole profumo pungente della *maquis* selvatica, la macchia estremamente profumata che copre l'interno del Désert des Agriates e più della metà dell'isola. C'è poca ombra e praticamente niente acqua da bere disponibile lungo il sentiero, perciò indossate un cappello a tesa larga e portate con voi molta acqua. Potreste incontrare dei bovini che brucano la vegetazione sulle spiagge vicine all'estremità orientale, ma non vedrete nessun altro per lunghi tratti.

Sulla spiaggia il campeggio è vietato, perciò prenotate in anticipo il posto nelle uniche aree di campeggio del percorso, a Ghignu per la prima notte, e dietro la spiaggia di Saleccia per la seconda notte. Entrambi i siti presentano sorgenti d'acqua per riempire le bottiglie.

Quando raggiungete la fine del percorso, concedetevi una camera con balcone vista mare all'Hotel Demeure Loredana a San Fiorenzo e riposate i vostri piedi stanchi.

DA NON PERDERE

- **Affrontare il grandioso GR20, uno degli itinerari escursionistici e di arrampicata a lunga distanza più impegnativi d'Europa.**
- **Vedere le inaccessibili scogliere di roccia rosso porpora della Riserva naturale di Scandola, un sito Patrimonio dell'Umanità UNESCO.**
- **Visitare spiagge deserte di sabbia bianca camminando sulla costa lungo l'arido Désert des Agriates.**

L'itinerario Tra Mare e Monti di 9-11 giorni presenta lungo il percorso molti punti da cui ammirare spettacolari vedute del Mediterraneo.

GRECIA

UNA VACANZA IN BARCA A VELA A MISURA DI FAMIGLIA

Una grossa, grassa odissea greca in barca, adatta a più generazioni.

La vacanza in famiglia, come il concetto stesso di famiglia, si è evoluta. I bambini viaggiano con la nonna, con un genitore solo o con uno zio (o con tutti e tre). Di qualunque tipo sia la vostra famiglia, non mancano le avventure che possono essere condivise da generazioni diverse. Questo vale in particolare per le vacanze in barca nelle isole greche. Un viaggio tra le isole della Grecia, dalle ventose isole Cicladi alle più calme isole Ionie, è l'ideale per una vacanza in famiglia. Evitate la seccatura degli orari dei traghetti, delle coincidenze dei voli e della prenotazione di più hotel noleggiando una barca con skipper. Si possono trovare eleganti barche a vela per dormire fino alle 10, che offrano snorkeling e pesca subacquea, e un sacco di altre attività divertenti pensate per le famiglie.

Ci sono molte cose da fare anche a terra, come visitare antiche rovine e passare in bicicletta davanti ai mulini a vento lungo la costa. Questo itinerario vi porta a scoprire le isole del Dodecaneso, un arcipelago di 12 isole vicine alla costa della Turchia e piene di castelli, monasteri, villaggi variopinti e insenature riparate. Questa serie di isole si trova nell'angolo più soleggiato della Grecia, con acque cristalline, spiagge sabbiose o con ciottoli, e tanto da esplorare. Molte località sono praticamente disabitate, mentre altre sono piene di reperti archeologici e ristoranti vivaci. Si può dire che c'è qualcosa per tutti, perciò anche il vostro parente più irritabile non troverà nulla di cui lamentarsi.

Consigli di viaggio

QUANDO ANDARE: Il clima caldo e soleggiato arriva in Grecia già ad aprile e dura fino a ottobre. Evitate i mesi di alta stagione di luglio e agosto, quando le temperature e i prezzi salgono.

ORGANIZZAZIONE: Se noleggiare una barca non è nelle vostre corde, acquistate un pass per il traghetto valido per più giorni, ossia un biglietto che vi porta in più isole. Tour operator come National Geographic Expeditions e Greeka propongono anche tour per gruppi più grandi.

SITI WEB: astypalaia.com; aegeanislands.gr/; rhodos.gr/; nationalgeographic.com/expeditions; greeka.com

La Via dei Cavalieri nella Città Vecchia di Rodi.

DOVE ANDARE

Rodi
La capitale regionale di Rodi è il primo scalo per molti viaggiatori. La sua Città Vecchia, un sito Patrimonio dell'Umanità UNESCO, può spesso essere snobbata per le strade principali lungo le quali si susseguono negozi di souvenir, ma se sapete dove guardare, troverete monumenti, tranquille vie laterali e splendide fortezze da esplorare. Un tour a piedi con guida parte dal porto di Mandraki, dove si dice che un tempo si trovava una delle sette meraviglie del mondo: la grande statua del Colosso di Rodi, con una gamba appoggiata su ciascun lato. Da qui proseguite fino alla Porta di Eleftherias che celebra l'indipendenza della Grecia dalla Turchia e risale al 1330. In alcuni punti la porta ha uno spessore di 12 m. Il resto della visita include il Museo di Arti Decorative, il Museo Bizantino, la Via dei Cavalieri (sulla strada costruita nel XIV secolo si susseguono le Locande dei Cavalieri di San Giovanni che un tempo venivano usate come residenze e luoghi d'incontro), il Palazzo dei Gran Maestri dei cavalieri (ricostruito negli anni Trenta del Novecento dopo che l'originale venne distrutto da un'esplosione nel 1856) e altre due porte, la Porta di Agiou Athanasiou e la Porta di San Giovanni. Terminate la giornata alla Plateia Ippokratous, dove bar eccellenti offrono piatti spettacolari, prima di ritornare a bordo della vostra barca.

Simi
A Simi, palazzi di ogni sfumatura color pesca si affacciano sul porto a forma di ferro di cavallo. Il monastero di San Michele Arcangelo di Panormitis ospita arte bizantina e popolare, oltre a una collezione di bottiglie recuperate dal mare e contenenti offerte a san Michele, santo patrono dei marinai, che accenderà l'immaginazione dei navigatori più giovani. Il monastero gestisce un panificio con forno a legna dove potrete fare provvista di pane appena sfornato. Se arrivate al porto in estate, valutate l'idea di partecipare al Simi Festival, un evento movimentato con concerti, spettacoli di danza e arte.

A FIANCO: Case dalle tinte vivaci coprono le rupi dell'isola di Simi. SOPRA: Tentacoli di polpi freschi appesi a un filo a essiccare, a Nisiro.

Nisiro
La prossima tappa è Nisiro, un'isola tranquilla con un vulcano quiescente al centro. Ormeggiate a Pali, un paese di pescatori, poi salite fino al cratere sulfureo, camminando in punta di piedi tra le sorgenti termali che sbuffano anelli di fumo. È un'escursione facile, adatta a tutte le età. Fermatevi al Museo vulcanologico, che espone esempi di rocce vulcaniche. Nella capitale, Mandráki, camminate lungo vie strette fiancheggiate da case colorate costruite con materiale vulcanico. Per la sabbia bianca, raggiungete la vicina isola disabitata di Yiali per prendere il sole sulle sue spiagge e fare una nuotata.

Kounoupes
Fermatevi a Kounoupes, due piccolissime isole collegate da una striscia di sabbia, per raccogliere una manciata di sale marino naturale, un ricordo semplice e saporito del vostro viaggio.

Piscopi
Luogo di rifugio per più di cento specie di uccelli, tra cui il raro falco della Regina, Piscopi è un'isola in cui il tempo sembra essersi fermato prima dell'arrivo del turismo in Grecia. Il municipio ospita resti fossili di elefanti nani dell'età della pietra, scoperti in una grotta vicina. Nel villaggio abbandonato di Mikro Chorio, risalente al XV secolo e abitato prevalentemente da capre, una fatiscente casa di pietra è stata trasformata nell'unica discoteca dell'isola, dove gli adolescenti possono ballare sotto le stelle.

Stampalia
L'ultimo porto è l'aspra Stampalia, famosa per i mulini a vento, le antichità e gli spaghetti all'astice serviti in un ristorante sul mare dai colori vivaci. A Vathy, una laguna nascosta, fate un'escursione sul promontorio per ammirare incisioni rupestri preistoriche, poi gustate i calamari fritti nell'unico ristorante della laguna.

DA NON PERDERE
- Camminare nella Città Vecchia di Rodi per scoprire fortezze, porte e arte locale.
- Visitare nel corso di una giornata un rifugio per volatili e un villaggio abbandonato risalente al XV secolo.
- Raccogliere una manciata di sale marino su spiagge di sabbia bianca per ricordarsi di questo viaggio.

SCOZIA

TREKKING NELLA NATURA SCOZZESE

Camminate tra basamenti primordiali, laghi profondi e insediamenti dell'età della pietra.

I viaggiatori intrepidi sono da tempo attratti dalle regioni remote della Scozia settentrionale. Aspre isole, laghi cupi e Highlands splendide e spietate compongono un territorio affascinante per chi desidera entrare a contatto con una natura selvaggia. Fare trekking qui significa camminare su alcune delle rocce più antiche della Terra, che si sono formate tre miliardi di anni fa. È un luogo in cui le aquile di mare volano alto, le pulcinelle di mare nidificano sulla costa e le pecore che vagano nel territorio saranno probabilmente la vostra unica compagnia. Le isole Ebridi, battute dal vento, e il gruppo delle isole Orcadi ospitano siti archeologici dell'età della pietra che hanno un valore storico impareggiabile. L'isola di Skye, parte delle Ebridi Interne, presenta fenomeni geologici straordinari. E nelle Highlands scozzesi potete perdervi nei vasti spazi che comprendono le montagne più alte della Gran Bretagna, tra cui il Ben Nevis, a 1344 m di altitudine. Queste zone remote sono facilmente raggiungibili dalle città di Glasgow, Inverness e Aberdeen, e una grande varietà di strade forestali, sentieri lungo la costa e percorsi di montagna offrono diverse possibilità per escursionisti di tutte le età e capacità, anche quelli che preferiscono attraversare boschi e foreste soltanto con una bussola per orientarsi. Nelle fresche mattine di primavera o nei tempestosi pomeriggi autunnali, non c'è niente di meglio di una lunga camminata su colline ricoperte di erica, ovviamente seguita da un bicchierino di un ottimo Scotch whisky di una distilleria locale.

Consigli di viaggio

QUANDO ANDARE: Aprile, maggio, settembre e ottobre sono i mesi migliori per le escursioni. Evitate i mesi in piena estate che tendono a portare folle di visitatori e nugoli di Ceratopogonidi.

ORGANIZZAZIONE: Le Ebridi Esterne e le Isole Orcadi si possono raggiungere in aereo o con i traghetti delle compagnie Caledonian MacBrayne e NorthLink. National Geographic Expeditions propone il tour di otto giorni "Scotland Hiking Adventure" che comprende Loch Lomond, Ben Nevis e l'isola di Skye.

SITI WEB: visitscotland.com; cairngorms.co.uk; orkney.com; nationalgeographic.com/expeditions

L'insediamento neolitico di Skara Brae.

DOVE ANDARE

Vagare per gli angoli incantevoli del Quiraing

L'isola scozzese di Skye ha la reputazione meritata di luogo mistico e ultraterreno. In nessun luogo questo è più evidente che nel Quiraing. Parte del Trotternish Ridge, il Quiraing, è una meraviglia geologica dove gli smottamenti del terreno dovuti ai vulcani hanno formato pareti scoscese e pinnacoli di basalto su ripidi versanti affacciati sul mare. Un sentiero ad anello di 7 km si snoda in questo territorio affascinante, attraverso siti come il Table, un tavolato erboso nascosto, e il Prison, una struttura di roccia simile a una fortezza. Non perdetevi il Fairy Glen fuori dal villaggio di Uig, un Quiraing in versione mini, con colline verdi a forma di cono e piccoli laghi.

Tornare indietro nel tempo alle pietre di Callanish

Da circa 5000 anni gli uomini abitano l'isola di Lewis, che fa parte delle Ebridi Esterne. I primi colonizzatori lasciarono un monumento duraturo: le pietre di Callanish, erette circa 2000 anni prima di Stonehenge. Una tranquilla camminata in salita rivela il sito principale, che è composto di 50 pietre, alcune alte più di 4,5 m e dal peso di 4,5 tonnellate, disposte a formare una croce. Proseguendo il cammino lungo sentieri fangosi, si raggiungono diversi siti meno visitati che presentano caratteristiche uniche. Callanish III, Cnoc Fhillibhir Bheag in gaelico, è formato da 20 pietre disposte in uno straordinario doppio cerchio.

Ammirare la bellezza del Loch Lomond e del Parco nazionale delle Trossachs

A mezzora da Glasgow, il Loch Lomond, la "porta d'ingresso delle Highlands", è il lago più grande della Gran Bretagna. Il lago fa parte dei 1865 km^2 del Parco nazionale Trossachs formato da fitti boschi, laghi luccicanti e montagne minacciose. La regione è attraversata da sentieri che collegano villaggi caratteristici. A Breadalbane, l'angolo nord-est del parco, potete visitare la tomba di Rob Roy e le Cascate di Dochart, ossia una cascata d'acqua scrosciante che scorre intorno all'isola di Inchbuie.

Entrare a contatto con la natura nel Parco nazionale dei Cairngorms

Con un'area di 4528 km^2 nel cuore delle Highlands scozzesi tra Inverness e Aberdeen, Cairngorms è il parco nazionale più grande del Regno Unito. Centinaia di sentieri si snodano tra le antiche foreste di conifere caledoni, le valli profonde e le cime più elevate delle Isole britanniche (nel parco arrivano numerosi scalatori per conquistare i "Munro", ossia le montagne scozzesi che hanno un'elevazione superiore a 914 m). Quasi metà parco è considerata "territorio selvatico" e gli spiriti avventurosi possono provare uno dei Cairngorms Hill Tracks, percorsi accidentati che attraversano un territorio disabitato e richiedono l'ausilio di cartine dettagliate e bussole per l'orientamento. Gli escursionisti tenaci affrontano lo Speyside Way, uno dei quattro percorsi a lunga distanza ufficiali della Scozia, che segue la valle del fiume Spey per 104 km dalla spiaggia di Moray Firth ai margini dei Monti Grampiani.

Esplorare il villaggio neolitico di Skara Brae

Le Isole Orcadi, nel Mare del Nord, sono composte da 70 isole rocciose spesso battute dal vento e dalle onde. Nel 1850, una forte tempesta rivelò gli antichi tetti di pietra e le strutture cerimoniali di Skara Brae, il sito preistorico più completo e meglio conservato d'Europa. Più antico persino delle piramidi egizie, il villaggio di pietre risale al 3000 a.C. Un sentiero panoramico sulla costa lungo la Baia di Skaill conduce a sette abitazioni scavate nel terreno erboso, che contengono ancora i mobili di pietra originali. Circa 8 km a sud-est si trova il Cerchio di Brodgar, un cerchio di pietre risalente a 5000 anni fa, che faceva parte di un percorso di pellegrinaggio sacro che arrivava a un complesso templare e alla tomba ancestrale di Maeshowe, incisa con le rune dai vichinghi.

DA NON PERDERE

- Attraversare un territorio soprannaturale, ancora in formazione, sull'isola di Skye.
- Vagare per le Highlands scozzesi facendo un'escursione nel Parco nazionale dei Cairngorms.
- Visitare il villaggio neolitico di Skara Brae e i suoi sacri cerchi di pietre.

A FIANCO: Pinnacoli di basalto sovrastano il canale di Raasay nell'isola di Skye.
SOPRA: Un gufo reale in mezzo all'erica al Parco nazionale dei Cairngorms.

UNO SCATTO **MEMORABILE**

Una donna avanza tra i banchi di ghiaccio su una tavola da SUP gonfiabile, mostrando la straordinaria vastità della Laguna glaciale di Jökulsárlón. La laguna, che fa parte del Parco nazionale del Vatnajökull, è punteggiata di iceberg spezzati. Per gli effetti dei cambiamenti climatici sull'area, sempre più iceberg si stanno staccando e sciogliendo nella laguna, soprattutto nei mesi estivi. Tra il 1975 e il 1998 le dimensioni della laguna sono quasi raddoppiate. Attualmente si estende per 18 km^2.
Le rive del Jökulsárlón rendono questo luogo ancora più spettacolare.
La spiaggia di sabbia nera, punteggiata di sculture di ghiaccio trasparente, portate a riva dal mare, è stata soprannominata "Spiaggia dei diamanti".

FOTOGRAFIA DI BEN HORTON

IN SENSO ORARIO DALL'ALTO A SINISTRA: Una tigre reale del Bengala a Ranthambore, in India; il Grande Arco della Grotta di Chunzhang; i templi di Bagan nel Myanmar; la città di Canton si illumina di notte.

CAPITOLO 4

ASIA

Un continente ricco di storia, paesaggi maestosi e città frenetiche.

GIAPPONE

ESPERIENZE IN VETTA

Le sacre cime delle Alpi giapponesi e il monte Fuji nel Paese del Sol Levante.

Un viaggio in Giappone offre la possibilità di vivere tante esperienze spirituali. Potete visitare templi e santuari affascinanti, partecipare a cerimonie del tè con monaci buddhisti, trovare la pace interiore in mezzo a giardini di pietre, meditare insieme a monaci Zen e rilassarvi con un massaggio shiatsu. E poi ci sono i pellegrinaggi per eccellenza: fedeli e avventurieri scelgono parimenti di seguire itinerari secolari per raggiungere le vette più elevate del Paese, che secondo la tradizione sono le dimore sacre degli spiriti divini, chiamati *kami* nella religione shintoista.

A sud-ovest di Tokyo spunta tra le nuvole il mitico spettacolo del monte Fuji. Poco oltre si trovano le alte Alpi giapponesi, ossia una serie di catene montuose elevate che formano la spina dorsale dell'isola tra Kyoto e Tokyo. In mezzo alle tranquille foreste, ai canyon spettacolari e alle cascate scroscianti di questi monti, riuscirete quasi a sentire il sussurro degli dei.

Prendete in considerazione il monte Fuji in particolare: affrontare la vetta del Fuji seguendo il popolare sentiero Yoshida è un rito di passaggio giapponese nel vero senso della parola, e quello che si prova sulla cima è pura euforia. Potreste anche definirla un'esperienza religiosa. Nelle credenze shintoiste, si può ottenere la salvezza solo raggiungendo questo punto. Indipendentemente dalla vostra fede, stare sul cratere del Fuji significa ammirare la gloria della Terra del Sol Levante da uno dei punti d'osservazione più poetici del mondo.

Consigli di viaggio

QUANDO ANDARE: La neve copre le montagne elevate fino all'estate, con le zone d'alta quota chiuse da metà novembre a metà aprile. In primavera la fioritura dei ciliegi aggiunge pennellate di rosa, mentre il periodo delle foglie rosse autunnali dura da fine settembre ai primi di novembre. Attenti al periodo dei tifoni (agosto e settembre).

ORGANIZZAZIONE: Il Japan Rail Pass consente ai turisti stranieri di viaggiare illimitatamente tra le varie località per 7, 14 o 21 giorni.

SITI WEB: turismo-giappone.it; japan-guide.com; japan-alps.com/en; env.go.jp/en/nature/nps/park/index.html

Il castello di Matsumoto a Nagano.

DOVE ANDARE

Monte Fuji

Realizzate il sogno di scalare la vetta del Fuji, il monte più alto e simbolico del Giappone, che si erge a 3776 m di altezza con una simmetria pressoché perfetta. L'UNESCO riconosce il Fuji come una "fonte d'ispirazione artistica" radicata nel tempo e un elemento sacro del Buddhismo e dello Shintoismo. Anche se il sentiero Yoshida, lungo circa 13 km, è aperto solo da luglio ai primi di settembre, ogni anno più di 300.000 escursionisti intraprendono il percorso escursionistico più frequentato della montagna e formano un treno umano mentre risalgono lo stratovulcano innevato, pernottano nei rifugi, e comprano *ramen* caldi e ossigeno in bottiglia nei negozi lungo la via.

Seguite il loro esempio e salite prima dell'alba per raggiungere la folla di persone sul bordo del cratere quando spunta la luce del giorno. Per i Giapponesi l'alba vista dal monte Fuji è talmente solenne che hanno creato una parola speciale per definirla: *goraikou*. Per trovare un percorso meno affollato, seguite uno degli altri sentieri che risalgono il fianco della montagna: il sentiero Subashiri coperto di vegetazione, il più distante Gotenba, o il ripido e più breve Fujinomiya. Ricordate solo il vecchio adagio giapponese: "Chi non scala il monte Fuji almeno una volta è uno sciocco, ma chi lo scala due volte è un pazzo".

Gli escursionisti possono anche fare il giro del Fuji seguendo lo storico sentiero Ochudo, un percorso per lo più in piano che passa in mezzo ad antiche conifere a circa metà montagna.

Alpi Settentrionali

Esplorate i monti Hida delle Alpi settentrionali al Parco nazionale di Chubu Sangaku, che comprende molte località famose per le attività all'aperto. Ammirate il paesaggio dell'amatissima valle montana di Kamikochi, poi mettetevi in cammino attraverso il Kappabashi, ponte simbolo della valle, e lungo le rive ricoperte di vegetazione del fiume Azusa. Superate la "grotta del vento" e risalite il pendio fino al rifugio Dakesawa, oppure salite in cima all'aspro Yakedake ("monte che brucia"), un vulcano attivo la cui ultima eruzione risale al 1995.

Affrontate tutto o in parte l'itinerario alpino Tateyama Kurobe, lungo 90 km (chiuso d'inverno), che attraversa lo spettacolare territorio compreso tra Omachi e Toyama con sentieri, funivie, filobus e teleferiche. Non perdetevi i grandi muri di neve vicino a Morodo.

La valle di Hakuba con le sue cime alte quasi 3048 m, diventate famose durante i Giochi olimpici invernali di Nagano del 1998, è una località rinomata a livello internazionale per lo sci, le escursioni e l'arrampicata. Prendete la seggiovia per raggiungere la cima dei grandi trampolini dello Stadio del salto con gli sci di Hakuba. A Nagano visitate il castello di Matsumoto, Tesoro Nazionale e fortezza più antica esistente in Giappone, e fate un'escursione in canoa o in kayak in fiumi e laghi dalle acque calme, come il lago Aoki.

Nell'altopiano Norikura, raggiungete con le ciaspole o gli sci di fondo le cascate ghiacciate Zengora; e nei mesi più caldi percorrete i sentieri a piedi o in bicicletta. Rinvigorite il corpo esausto nelle lattiginose sorgenti termali situate a metà del monte Norikura, uno dei primi luoghi del Giappone dove le foglie si tingono dei colori autunnali. Durante tutto l'anno gli appassionati di sci si riversano nella Grande Valle Innevata, perennemente coperta di neve. Osservate la vertiginosa gola di Kurobe da un treno turistico dai lati aperti. Dal capolinea seguite i sentieri che attraversano la foresta incontaminata, abitata da macachi giapponesi selvatici e da cervi sika, fino a raggiungere sorgenti termali sperdute e ripide pareti rocciose. Per incontrare altre scimmie delle nevi, andate al Jigokudani Yaen Koen (ossia "Valle dell'Inferno"), dove si possono osservare più di 150 scimmie che fanno il bagno nelle terme naturali.

Fate una pausa dalle escursioni montane per vedere l'autentica campagna giapponese nell'aspra valle dello Shogawa. Visitate i villaggi di Shirakawa-go e Gokayama, siti Patrimonio dell'Umanità UNESCO, dove i tetti di paglia molto spioventi delle fattorie imitano le mani dei monaci buddhisti in preghiera e rispecchiano anche le montagne sullo sfondo.

Alpi Centrali

Attraversate a piedi la lussureggiante Valle del Kiso nelle Alpi Centrali. Seguite l'antico

A FIANCO: Escursionisti con bastoni da trekking in mano salgono sul monte Fuji lungo il sentiero Yoshida. A DESTRA: I macachi immersi nelle terme naturali del Parco delle scimmie di Jigokudani.

Nakasendo, una strada soprannominata anche Via dei samurai, che collegava Kyoto a Tokyo durante il periodo Edo (1603-1867). Passate una piacevole giornata camminando lungo il tratto ben conservato tra le stazioni di posta feudali ristrutturate di Magome ("cesto del cavallo") e Tsumago, che distano soli 8 km una dall'altra, per vedere com'era l'antico Giappone. Si dice che negli anni Sessanta dell'Ottocento la principessa Kazunomiya avesse viaggiato lungo questa strada con il suo seguito di 25.000 persone. Calpestate pietre irregolari poste lungo il sentiero nel XVII secolo, mentre camminate attraverso foreste di pini e cedri e in mezzo a risaie a terrazza e boschi di bambù. Fermatevi presso le cascate scroscianti e i tranquilli santuari che trovate lungo la via, e a circa metà percorso fate una pausa per prendere un tè in una casa in stile tradizionale. La strada è punteggiata da una decina di campane d'ottone: suonatele per annunciare il vostro arrivo agli orsi neri in cerca di cibo che si trovano nei paraggi.

Alpi Meridionali

Venerate come luogo spirituale per il culto delle montagne sin dall'antichità, le Alpi Meridionali costituiscono una Riserva della Biosfera UNESCO. In questa zona scende una quantità di pioggia maggiore rispetto a molte altre parti del Giappone, e nel terreno fertile crescono floridi i campi, i frutteti e la flora alpina. Dieci cime superano i 3048 m di altitudine, compreso il secondo monte più alto del Giappone, il Kitadake, perciò la catena montuosa è un luogo di richiamo per escursionisti e scalatori avventurosi. Un circuito ad anello molto frequentato passa per un gruppo composto da tre cime: l'Aino, il Kita e il Notori. Fate come gli abitanti del posto: dopo l'escursione andate a rigenerarvi presso le terme naturali della zona.

DA NON PERDERE

- **Attraversare a piedi la lussureggiante Valle del Kiso, seguendo un sentiero del periodo Edo che un tempo era frequentato da samurai e shogun.**
- **Guardare un'alba memorabile dalla sacra vetta del monte Fuji.**
- **Ammirare lo spettacolare panorama dell'altopiano di Kamikochi percorrendo sinuosi sentieri escursionistici.**

Alcuni escursionisti al di sopra delle nuvole, sulla cima del monte Fuji.

ALLA SCOPERTA DEL GUANGDONG

Fate il gran tour della Silicon Valley della Cina sudorientale.

Con i suoi 3368 km di costa affacciata sul Mar Cinese Meridionale, il Guangdong è la naturale porta d'accesso della Cina continentale verso il mondo. Canton, il capoluogo provinciale, si trova al centro del Delta del Fiume delle Perle, il punto di partenza dell'antica Via della seta marittima, che collega la Cina con il Medio Oriente e l'Europa. Attualmente Canton, Shenzhen, Zhuhai e Foshan, le principali città del Delta del Fiume delle Perle, sono poli d'innovazione. Insieme a Hong Kong e Macao, le vicine potenze dell'alta tecnologia, formano quella che viene definita "l'Area della Grande Baia", un nome che rivela chiaramente l'intenzione di competere con il più grande rivale della regione: la Silicon Valley californiana. Il Guangdong è una provincia di megalopoli interconnesse e dinamiche. Il movimento perpetuo di persone e veicoli attraverso corsi d'acqua, ponti e strade confonde i confini tra le città. Ogni anno un nuovo gruppo di grattacieli scintillanti si aggiunge a un paesaggio urbano già strapieno di torri di vetro e acciaio. Il Guangdong splende e abbaglia, non solo nella parte nuova e lucente. Presenta molti aspetti storici e un'entusiasmante cultura gastronomica da scoprire. Il primo insediamento della regione venne fondato durante il periodo della dinastia Qin (221-206 a.C.), inoltre la provincia è il luogo in cui è nata la cucina Yue o cucina cantonese, che gli immigrati del XIX secolo hanno fatto apprezzare a livello mondiale fondando delle Chinatown in tutto il mondo.

Consigli di viaggio

QUANDO ANDARE: Da ottobre a metà dicembre per il clima secco e le temperature gradevoli; da fine dicembre a metà febbraio per le fioriture a Canton.

ORGANIZZAZIONE: Conviene visitare il Guangdong come una tappa di un itinerario più lungo che comprende Hong Kong e il Macao. La provincia di Guangdong offre un visto di 144 ore per i visitatori internazionali che viaggiano con tour operator con sede a Hong Kong o a Macao.

SITI WEB: chinaadventureltd.com; eatingadventures.com/Guangzhou-Food-Tours.html

Un cuoco prepara il *chang fen*, un piatto servito a colazione.

COSA FARE

Vedere il Geoparco mondiale UNESCO dei Danxia Shan

Famoso per il terreno di arenaria rossa, il Geoparco mondiale UNESCO dei Danxia Shan ("monti delle nuvole rosso rosato") si trova a nord-est di Shaoguan. È un paesaggio splendido che presenta centinaia di incisioni rupestri delle dinastie Tang e Sung risalenti a un periodo compreso tra il X e il XV secolo, monti rossi, dirupi e affioramenti rocciosi che registrano i periodi geologici a partire dal Siniano (dagli 850 ai 570 milioni di anni fa), i fiumi Jinjiang e Zhenjiang, e varie grotte, canyon e valli. Il parco fa parte del vasto Danxia cinese, Patrimonio dell'Umanità UNESCO, che si estende ad arco dalla provincia di Guizhou a ovest alla provincia di Zhejiang a est, dove 4000 anni fa è nata la cultura Nian Yu Zhuan. Seguite le orme dell'ominide "Uomo di Maba" - di cui sono stati trovati nella vicina Maba i frammenti del cranio risalenti secondo le stime a circa 130.000 anni fa -, percorrendo alcuni dei nove sentieri escursionistici segnati che si snodano attraverso il geoparco di 293 km^2.

Un tour gastronomico in bicicletta

Pedalate lungo le strade secondarie del distretto di Haizhu del Guangzhou durante un tour gastronomico in bicicletta proposto da Guangzhou Eating Adventures. Il giro è breve (circa 4 km), ma vi permette di visitare un'area di gran lunga più vasta e scoprire molti più sapori rispetto a quanto potreste fare a piedi. Assaggiate i tradizionali cibi di strada cantonesi come il *cheung fun* (involtini di spaghetti di riso al manzo) cotto al vapore su una teglia di bambù e la zuppa di spaghetti di riso e punta di petto di manzo. Visitate i mercati pieni di specialità locali come le uova di gallina nere, la carne fresca di coccodrillo e i *tangyuan* (appiccicose palle di riso immerse in uno sciroppo allo zenzero). Il tour di quattro ore di solito comprende una fermata per provare il tradizionale *yum sa* (dim sum) del Guangzhou al Nan Yuan, un ristorante molto frequentato dagli abitanti del posto e una presenza fissa nel distretto di Haizhu dal 1958.

Osservare il panorama dal quarto edificio più alto del mondo

La foresta di grattacieli in crescita di Shenzhen conta 11 edifici elevatissimi che raggiungono un'altezza superiore a 300 m. Altri nove sono in costruzione. Le "torri che bucano le nuvole" incombono sull'espansione urbana, che comprende più di 150 edifici completati (e quasi altri 50 in costruzione) che superano i 137 m d'altezza. Per un panorama di 360 gradi degli scintillanti skyline di Shenzhen e della vicina Hong Kong, salite sull'ascensore ad alta velocità e tenetevi forte durante la corsa che dura meno di un minuto fino alla cima della terrazza panoramica al 116° piano del Ping An International Financial Center, ad oggi, nel 2019, il quarto edificio più alto al mondo con 599 m di altezza. Il momento migliore per salire in cima è appena prima del crepuscolo, quando il sole che tramonta aggiunge un bagliore naturale alla foresta luccicante e scintillante creata dall'uomo. Per un panorama ancor più spettacolare, programmate il vostro viaggio per il 2024, quando è previsto il completamento del grandioso grattacielo di Shenzhen, lo Shimao Shenzhen-Hong Kong International di 668 m d'altezza.

Fare un'escursione tra le nuvole sul monte Baiyun

Camminare lungo il sentiero che porta in cima al monte Baiyun, o della Nuvola Bianca, del Guangzhou è come allenarsi sullo stair-climber guardando panorami straordinari. L'area del monte, un mare verde circondato da una distesa urbana, occupa circa 26 km^2 e presenta 30 cime e molte zone caratteristiche. Tra queste ci sono i Giardini Yuntai in stile decorativo, con fiori che sbocciano tutto l'anno e un parco delle sculture di 45,7 ettari. Il terreno ripido e coperto di vegetazione è attraversato da diversi sentieri. Dall'ingresso alla cima del Moxing Ling ("monte che tocca le stelle") si impiegano più o meno tre ore di cammino. Tagliate il percorso circa a metà, prendendo la funivia fino al punto panoramico del Cheng Precipe. Dopo la pioggia, sulle cime montane del parco cala un velo di nebbia, perciò scegliete una giornata limpida per salire e ammirare le vedute del Guangzhou e del vasto Delta del Fiume delle Perle.

DA NON PERDERE

- Visitare il Geoparco mondiale UNESCO dei Danxia Shan per le antichissime incisioni rupestri.
- Gustare il meglio del distretto di Haizhu del Guangzhou durante un tour in bicicletta.
- Osservare il Delta del Fiume delle Perle dalla cima del monte Baiyun.

A FIANCO: **Il Parco dei giardini Yuntai, noto anche come Perla del Canton, è caratterizzato da fiori variopinti e da installazioni artistiche.** SOPRA: **Il panorama urbano di Canton con gli altissimi grattacieli.**

TIBET

TIBET VIA TERRA

Viaggio attraverso il Tetto del mondo.

Chiamato a ragione il "Tetto del mondo", l'Altopiano del Tibet si trova a più di 4800 m sul livello del mare. Ad arricchire le già altissime credenziali della regione ci sono le montagne vicine, tra cui le due cime più alte del mondo: il monte Everest alto 8848 m (chiamato Chomolungma in Tibet) e il K2 alto 8609 m.

La secolare Via del tè e dei cavalli un tempo attraversava l'altopiano come principale via commerciale tra la Cina e il Tibet. I blocchi di tè provenienti dalla provincia cinese del Sichuan venivano trasportati a ovest in Tibet con un corteo di muli o di yak, mentre i cavalli tibetani si spostavano a est verso la Cina. Nel XIII secolo, su questa strada passavano ogni anno milioni di chili di tè e circa 25.000 cavalli (ogni cavallo era scambiato al prezzo di 59 kg di tè in blocchi). Al giorno d'oggi, la tortuosa strada statale che collega il Sichuan e il Tibet, la G318, segue principalmente il percorso più meridionale della via antica. Ripercorrere la strada di circa 2092 km dal capoluogo del Sichuan, Chengdu (l'aeroporto internazionale della Cina da cui si raggiunge il Tibet), a Lhasa, la capitale del Tibet a quasi 3657 m di altitudine, vi permetterà di immergervi a fondo nella cultura buddhista tibetana e vi offrirà l'opportunità di acclimatarvi all'altitudine nel corso di diversi giorni. Viaggiare verso ovest attraverso uno dei luoghi più isolati della Terra è anche un'esperienza travolgente, con alti passi montani e tornanti da brivido che potenziano i pericoli dell'antica Via del tè e dei cavalli.

Consigli di viaggio

QUANDO ANDARE: Da maggio a ottobre quando il clima è più caldo. Le piogge estive possono provocare la chiusura delle strade a causa delle frane. L'autunno è la stagione escursionistica più affollata. Il governo cinese di solito chiude il Tibet ai visitatori da febbraio ai primi di aprile.

ORGANIZZAZIONE: Il Tibet ufficialmente è una regione autonoma della Cina e i viaggiatori indipendenti non possono ottenere il permesso d'ingresso in Tibet. Il programma del viaggio prevede di intraprendere questo itinerario come parte di un tour privato o con un piccolo gruppo che parte dalla Cina.

SITI WEB: tibettravel.org

Una corsa in auto lungo il fiume Yarlung Tsangpo.

ITINERARIO DI 9 GIORNI

Giorno 1
Partendo da Chengdu, seguite la strada statale G318 in direzione ovest lungo il fiume Dadu. L'itinerario di oggi, di 410 km, passa davanti al monte Zheduo alto 4298 m, il primo della serie di cime elevate del viaggio. Fermatevi per la notte a Xinduqiao, un paese da cartolina famoso per il ponte sul fiume Liqi.

Giorno 2
Da Xinduqiao, il tour prosegue in direzione ovest verso la regione dello Yalong, considerata la culla della cultura tibetana. Poco dopo aver superato metà dei 386 km del percorso di oggi, vi fermerete a Litang, uno degli insediamenti più elevati del mondo a circa 3962 m sul livello del mare. A Litang, dove l'atmosfera da selvaggio West è evidenziata dai cappelli da cowboy e dagli yak al pascolo, si trova un imponente monastero buddhista tibetano che potrete visitare. Proseguite a ovest fino a Batang, una storica tappa della Via del tè e dei cavalli.

Giorno 3
L'itinerario in auto di oggi è più breve, con 257 km, ma anche spaventoso e accidentato, e si svolge su strade sterrate o coperte di ghiaia (e spesso cosparse di rocce). La guida procede lenta mentre la strada si snoda lungo profonde gole fluviali, si avvinghia a pareti a strapiombo e attraversa in salita e in discesa il passo innevato di Dongda La a 5181 m di altitudine. Scattate il selfie di rito al cartello di confine sul ponte sul fiume Jinshan che collega il Sichuan e il Tibet.

Giorno 4
Osservate i nomadi tibetani che si occupano di yak, cavalli e pecore al pascolo lungo l'itinerario che attraversa le praterie di Bangda verso Yela Shan, un passo montano più famoso per la discesa spaventosa attraverso 72 curve a tornante che per l'elevazione. L'itinerario di oggi copre circa 201 km e termina a Rakwa Tso, uno splendido lago alimentato da un ghiacciaio.

A FIANCO: **Il Palazzo del Potala, a 3700 m di altitudine, è il palazzo dall'altitudine più elevata al mondo.** SOPRA: **Un giovane nomade tibetano Thuma.**

Giorno 5
L'itinerario di 136 km di oggi supera il ghiacciaio Midui, vicino alle sorgenti del fiume più alto del mondo, lo Yarlung Tsangpo. Una breve escursione offre la vista della base del ghiacciaio, mostrando la sua ritirata dalla rapidità allarmante (le sue dimensioni si sono ridotte circa del 13 per cento rispetto agli inizi degli anni Duemila).

Giorno 6
Preparatevi a meravigliarvi di fronte a 230 km di continui panorami mozzafiato, iniziando con l'enorme canyon frastagliato del Yarlung Tsangpo, soprannominato "l'Everest dei fiumi" per l'elevazione media della strada che supera 3962 m, e terminando a Nyingchi, la città più grande del Tibet orientale, che in primavera è coperta da peschi in fiore.

Giorno 7
L'ultimo itinerario lungo del viaggio, di 418 km, porta all'elevata Lhasa (3648 m di altitudine), un centro di pellegrinaggi buddhisti che emana un'atmosfera mistica. Da Nyingchi, seguite il percorso del fiume Nyang attraverso le valli verdeggianti e i passi elevati dei monti Hengduan, considerati un hotspot di biodiversità globale. Dopo aver superato il passo Mila a 5074 m, l'itinerario scende nella valle di Lhasa passando per la nuova strada di alto livello Lhasa-Nyingchi aperta alla fine del 2018. Mentre vi avvicinate a Lhasa, iniziate a vedere il magnifico Palazzo del Potala, un sito Patrimonio dell'Umanità UNESCO, nonché il palazzo dall'altitudine più elevata del mondo, situato sulla Montagna Rossa a 3700 m sul livello del mare.

Giorni 8 e 9
Trascorrete almeno due giorni a esplorare i luoghi di pellegrinaggio buddhisti di Lhasa, cominciando dal Palazzo del Potala, risalente a 1300 anni fa, la residenza invernale del Dalai Lama. Esplorate i giardini del vicino Norbulingka, il palazzo estivo del Dalai Lama, e l'adiacente Jokhang, considerato il più sacro dei templi tibetani. Ascoltate il canto cadenzato dei monaci mentre girovagate per le antiche sale del Monastero Drepung. Osservate i discorsi animati e teatrali dei monaci residenti tenuti al Monastero Sera. Visitate lo storico Monastero Ganden, considerato uno dei "Tre grandi templi" insieme ai monasteri Sera e Drepung, anch'esso a Lhasa. Non perdetevi la visita della via Barkhor, sede dell'antico mercato della città.

DA NON PERDERE

- Ripercorrere l'itinerario dell'antica Via del tè e dei cavalli dalla Cina al Tibet.
- Scendere lungo il Passo Yela Shan attraverso le sue 72 curve a tornante.
- Esplorare il leggendario Potala, il palazzo dall'altitudine più elevata del mondo.

C'era una volta in Mongolia

di Erin Craig

GLI TSAATAN ALLEVANO RENNE nella taiga subartica da secoli, inizialmente nella loro nativa Tuva, poi in Mongolia, dopo che nel 1944 i confini furono ridisegnati sotto l'influenza sovietica. Sono diventati un'attrazione turistica solo nell'era di internet, quando grazie ai motori di ricerca si sono scoperti gli angoli segreti del mondo.

Questo non significa che sia facile raggiungerli. La taiga è un luogo remoto anche per gli standard mongoli, e viaggiare via terra richiede molto tempo. La Mongolia è grande tre volte la California, ma presenta meno chilometri di strade asfaltate rispetto a Rodi.

Il cielo si schiarisce, diventando azzurro oceano quando l'auto sbanda in salita lungo il margine della taiga. Il nostro anfitrione Tsaatan, Delgermagnai Enkhbaatar, ci sta aspettando con i cavalli. Si vede la neve sulle montagne vicine, ma il nostro percorso attraversa per lo più una zona acquitrinosa. I nostri cavalli barcollano attraverso la palude. Arriviamo all'accampamento quando è buio e fa freddo. Un lago riflette la luna che sta sorgendo. Le renne dalle zampe allampanate stanno in piedi intorno al rifugio a forma conica della famiglia, che viene chiamato *ortz*. Il cielo è rigato da stelle cadenti. *Pazzesco,* penso. Tutto *questo ha un che di magico*.

"Gli Tsaatan non sono una 'tribù sconosciuta'", avverte il sito web della comunità di allevatori. Proprio così, hanno un sito web. E Tsaatan significa "persone con le renne" in mongolo, che non è la loro lingua madre. Gli allevatori chiamano se stessi Dukha. "Non sarete né le prime né le ultime persone che ospiteranno", continua il sito. "Sono un popolo moderno che accoglie i visitatori da ogni parte del mondo".

Mentre ci dirigiamo a cavallo verso la taiga, incontriamo alcuni di questi visitatori, con le giacche impermeabili di

SOTTO: Gli Tsaatan lasciano l'accampamento invernale formando una carovana di renne attraverso i monti Hunkher. A FIANCO: Un anziano Tsaatan prepara il tè al fuoco di un falò.

nylon che si distinguono per i colori vivaci sullo sfondo della foresta sempre più scura. Le nostre guide si salutano calorosamente. Gli stranieri si scambiano un cenno col capo, guardandosi l'un l'altro come intrusi. Poi proseguiamo, facendo finta che l'incontro non sia mai avvenuto.

A dispetto della nostra arroganza, appare presto chiaro che l'unica tribù che si sente persa nella taiga siamo noi. Ci siamo armati contro l'isolamento fisico con cartine e GPS, ma non esiste un'app per lo spaesamento culturale. Non è solo imbarazzante, ma anche potenzialmente pericoloso. La taiga non è un territorio clemente. Tra i ciondoli intagliati che Enkhbaatar vendeva, c'erano anche denti di orso e di lupo. C'è davvero il rischio di ipotermia, anche ad agosto. Sono una viaggiatrice esperta, ma non ho portato con me niente di utile per questa esperienza, a parte l'atteggiamento positivo.

La famiglia di Enkhbaatar, invece, è visibilmente a proprio agio sia con il suo modo di vivere sia col nostro. I bambini sanno smanettare con le app dello smartphone, ma gran parte dei loro giochi consiste nell'imitare il lavoro degli adulti: accendere i falò, andare a prendere l'acqua, accudire gli animali. La mia inettitudine mi è chiara quando Enkhbaatar fa vedere come cambiare direzione con la briglia singola. Veniamo interrotti da un suono strano: la suoneria di "Per Elisa". Senza dire una parola, Enkhbaatar passa la corda al figlioletto e scompare nell'*ortz*. "*Baina uu*?", lo sento rispondere al telefono. Il mio cellulare non prende un segnale da giorni.

Di colpo mi rendo conto che sono su una renna senza avere la minima idea di come si cavalca. Se si mettesse a correre, mi ritroverei a metà strada per la Siberia prima che Enkhbaatar torni. Guardo il piccolo di un anno e mezzo che tiene le mie redini. "*Hai tutto sotto controllo, vero?*".

L'arte della narrazione è riflessiva. Le parole che scegliamo per descrivere gli Tsaatan, come per esempio *mistici, perduti, sfruttati, a rischio di estinzione, nobili, saggi,* implicano anche i nostri stessi ruoli nella storia. Potremmo scegliere per noi la parte di avventurieri, scettici presuntuosi, o di intermezzo comico. Nessuna di queste versioni ha a che fare con gli allevatori: siamo noi che vaghiamo per la taiga in cerca di uno specchio.

Inevitabilmente questo tipo di riflessioni porta alle discussioni che riguardano "l'autenticità", che non è altro che la versione erudita del parlare alle spalle di un'altra cultura. L'argomento salta fuori un pomeriggio mentre siamo seduti nell'*ortz* per gli ospiti di Enkhbaatar, con indosso delle collane di corna intagliate che sua moglie ci ha venduto come souvenir. Il turismo sta danneggiando la cultura tradizionale degli Tsaatan? Il fatto che altri siano giunti qui prima di noi sminuisce la nostra esperienza?

Nel frattempo, in un altro *ortz*, il padre di Enkhbaatar ha la TV satellitare. La alimenta con dei pannelli solari trasportati in questa terra selvaggia a dorso delle renne. I membri della famiglia sanno tutto del mondo esterno, prendono ciò che desiderano e sono felici di tenere il resto a distanza.

Seduta all'accampamento, durante la nostra ultima notte, conto le stelle cadenti che attraversano la Via Lattea. Il cielo brilla di una luce gialla, quando la luna piena sorge dietro alle montagne. Spettacoli simili sono indelebili, indipendentemente da come la storia viene raccontata. Sono solo felice di farne parte.

• *Erin Craig è una giornalista freelance che vive in Asia.*

A FIANCO: Un bambino Tsaatan indossa un tradizionale abito dei nomadi mongoli mentre è a cavallo di una renna appartenente alla sua famiglia.
SOPRA: Una iurta dei Tsaatan sotto un arcobaleno nel meraviglioso paesaggio della Taiga.

I 10 LUOGHI MIGLIORI PER

VISITARE I TEMPLI

1 VAT PHOU, LAOS

Un viaggio in Laos promette tour di templi per ogni mezzo di spostamento: in bicicletta al dorato Pha That Luang a Vientiane, o in kayak fino alle rovine khmer di Vat Phou del periodo pre-Angkor. Il complesso di Vat Phou, del VI secolo, consiste in una serie di templi, santuari e strutture idrauliche nelle rigogliose valli fluviali tra il Mekong e il monte Lingaparvata.

2 SENTIERI DEI TEMPLI, GIAPPONE

In Giappone il Kumano Kodo, uno dei due antichi sentieri di pellegrinaggio riconosciuti dall'UNESCO, serpeggia tra santuari, templi e sorgenti termali attraverso le foreste e gli alberi di 800 anni del monte Kii, terminando al Kumano Nachi Taisha, un santuario rosso vermiglio incorniciato dalle cascate a getto singolo più alte del Giappone.

3 TEMPLI DELLE GROTTE DAMBULLA, SRI LANKA

Dambulla ospita il complesso di templi costruiti nelle grotte più grande e meglio conservato dello Sri Lanka. Oltre 80 templi delle grotte, molti risalenti a più di 2000 anni fa, punteggiano la regione. Le cinque grotte del Tempio d'Oro, aperte al pubblico, ospitano centinaia di statue, un Buddha sdraiato di 14 m, e oltre 2043 m^2 di affreschi.

4 TEMPIO DI BEOPJUSA, COREA DEL SUD

La statua più grande della Corea, il dorato "Buddha del futuro", alto 33 m, si trova presso il Tempio di Beopjusa del VI secolo, nel Parco nazionale del Songnisan. A meno di quattro ore da Seul, il complesso del tempio comprende una pagoda di legno del XVII secolo, sale decorate con affreschi raffinati e tre tesori nazionali.

5 TEMPLI DEL MONTE LAOJUN, CINA

I templi dai tetti dorati in cima al monte Laojun in Cina sfiorano il cielo a un'altezza complessiva di oltre 2134 m di altitudine. Unitevi alle centinaia di Taoisti che salgono in ginocchio le ripide scale del sentiero che porta al tempio per visitare questo antico rifugio del filosofo cinese Laozi. Poi visitate le antiche sculture rupestri delle grotte di Longmen della città di Luoyang, risalenti a 1700 anni fa, o il Tempio del cavallo bianco, il più antico tempio buddhista cinese.

6 MONASTERO DI TAKTSANG, BHUTAN

In Bhutan, il tempio della Tana della Tigre, incastrato nella roccia a 3048 m sul livello del mare e costruito su più livelli, commemora la rupe di granito dove venne a meditare il Guru Rinpoche nato da un loto. Il guru sarà anche arrivato con una tigre volante, ma gli escursionisti odierni devono camminare lungo un ripido sentiero che supera cascate fragorose e foreste piene di uccelli. Esplorate con calma i quattro spazi templari luminosi, le otto grotte e le gallerie variopinte di Taktsang.

7 TEMPLI DELLE GROTTE, INDIA

Le grotte di Ellora scavate nella roccia contengono un complesso di templi induisti, buddhisti e giainisti, alcuni risalenti al 200 a.C. Il complesso di Kailasa comprende una serie di statue di elefanti a grandezza naturale e ritratti di un re demone a 10 teste. Date un'occhiata alla cascata vicina alla grotta 29 e allo spettacolare *chaitya*, un santuario ad arco, nella grotta 10. I visitatori dovrebbero prendere in considerazione l'idea di fare un'escursione fino al Phugtal, un tempio-monastero abbarbicato alla parete rocciosa nella Valle del Lungnak.

8 TEMPIO DI BADRINATH, INDIA

Ai margini del nevoso Tibet, il variopinto Tempio di Badrinath dell'Uttarakhand è il tempio più importante dedicato a Visnù e il sacro santuario finale dell'itinerario di pellegrinaggio indiano nell'Himalaya del Garhwal. Organizzate il vostro viaggio per maggio, giugno, settembre o ottobre per evitare sia le bufere di neve sia i monsoni.

9 PARCO STORICO DI AYUTTHAYA, THAILANDIA

Dopo una nuotata mattutina sotto la cascata a sette livelli del Parco nazionale di Erawan, procedete per tre ore verso est fino agli antichi templi della storica Ayutthaya, un tempo una delle città più potenti del mondo. Visitate Bang Pa-in, i palazzi reali, il tempio Wat Bang Kung, costruito dentro a un albero, e altri wat di Ayutthaya durante un tour fuori Bangkok in bicicletta e in traghetto organizzato da Grasshopper Adventures.

10 VALLE DI KATHMANDU, NEPAL

Soprannominata "Città dei templi", Kathmandu è abbellita con siti UNESCO decorati con bandiere di preghiera e con la raffinata architettura Newari. Fate il giro dell'enorme stupa di Boudhanath, salite al tempio della "scimmia sacra" dello Swayambhunath e visitate il tempio di Pashupatinath del V secolo durante il *bagmati aarati*, un rituale notturno fatto di canti e danze con torce accese che si svolge lungo il sacro fiume Bagmati.

A FIANCO: Il Tempio reale della roccia è costruito all'interno di una parete rocciosa in Sri Lanka.
SOPRA: Un'artista si esibisce in una danza spettacolare fuori dal tempio buddhista di Beopjusa.

VIETNAM

IL VIETNAM IN CANOA E IN BICI

Viaggio lungo incantevoli piste ciclabili e antiche vie d'acqua.

Descrivendo una curva di oltre 1610 km lungo la penisola dell'Indocina, il Vietnam attrae appassionati di rafting e ciclisti che vengono a esplorare le sue verdi montagne, le risaie terrazzate e affascinanti grotte marine.

Il Paese vanta una forte cultura del ciclismo. Si stima che a Ho Chi Minh City (Saigon), la città più grande, ci siano più di due milioni di biciclette e milioni di motociclette, perciò i viaggiatori attivi saranno in buona compagnia quando esploreranno il paese su due ruote. La Strada nazionale 1, luogo di molte battaglie decisive durante la guerra del Vietnam, si estende per la lunghezza del paese dal confine settentrionale con la Cina fino a Năm Căn all'estremità meridionale. I tratti panoramici di questo percorso molto amato dai ciclisti seguono la costa del Mar Cinese Meridionale. La bicicletta è anche il mezzo migliore per girare per le città storiche, tra cui l'antica capitale Hanoi, fondata all'inizio dell'XI secolo e abitata sin dal periodo preistorico, e il rifugio costiero di Hoi An, la cui Città Vecchia è una capsula del tempo che racchiude un porto marittimo dei secoli passati.

Gli innumerevoli corsi d'acqua del Vietnam permettono di esplorare il territorio in vari modi. In canoa o kayak, scoprirete le meraviglie più naturali del Paese, dall'immenso delta del Mekong al lago Ba Be all'ombra delle montagne, alle incredibili formazioni carsiche della baia di Halong e del Parco nazionale Phong Nha-Ke Bang. Questa è la terra (e il mare) delle opportunità di vivere avventure.

Consigli di viaggio

QUANDO ANDARE: Il periodo migliore per le gite in bici e in kayak va da ottobre a febbraio, quando la stagione delle piogge è finita e le temperature sono più fresche.

ORGANIZZAZIONE: Teoricamente in Vietnam i veicoli viaggiano solo sul lato destro della strada, ma possono convergere in tutte le direzioni quando c'è molto traffico. La precedenza è decisa dal veicolo più grande, quindi raramente dal ciclista. Tra i tour operator che offrono escursioni dinamiche ci sono National Geographic Expeditions, G Adventures e World Expeditions.

SITI WEB: vietnam.travel; nationalgeographic.com/expeditions; gadventures.com; worldexpeditions.com

Un villaggio galleggiante nella baia di Ha Long, in Vietnam.

COSA FARE

Andare in bicicletta ad Hanoi

L'affascinante capitale del Vietnam offre piacevoli giri in bici in città per visitare siti ricchi di cultura, dai monumenti imponenti come il Mausoleo di Ho Chi Minh e il Tempio della Letteratura risalente all'XI secolo all'incantevole dedalo di stretti vicoli del Vecchio Quartiere, pieni di negozi di seta e di oggetti laccati e di bancarelle di cibo di strada che vendono scodelle fumanti di *pho*. Per fare un giro in strade meno congestionate, andate alla pista ciclabile lungo il Fiume Rosso (con corsie separate per biciclette e motociclette) e pedalate lungo tre ponti sul caratteristico Lago dell'Ovest per ammirare la pagoda Tran Quoc, il più antico tempio buddhista di Hanoi.

Un giro in kayak nella baia di Ha Long

Costellata di quasi 2000 pinnacoli carsici che fuoriescono dal mare verde giada, la baia di Halong è uno dei luoghi più magici del Vietnam. Portatevi in acqua per esaminare da vicino gli isolotti di roccia calcarea, scoprire lagune turchesi, grotte nascoste ed eleganti archi che risplendono di luce purpurea al tramonto.

Un giro in bici a Sa Pa

La zona intorno alla città di Sa Pa, situata tra le alte montagne della provincia di Lao Cai a un'altitudine di 1500 m, offre panorami splendidi per ciclisti intrepidi: ciuffi di nuvole avvinghiati a cime ricoperte di vegetazione e risaie terrazzate che digradano sui pendii collinari. Una serie di sentieri accidentati passano vicino ad accoglienti villaggi etnici sulle colline, abitate dai popoli Hmong, Zay e Yao. Visitate la regione a settembre, il tempo della raccolta, quando le risaie diventano di un colore giallo brillante.

Un'escursione in canoa al lago Ba Be

Noto come lo "smeraldo del Vietnam settentrionale", Ba Be è il lago naturale più grande del Paese. Una tranquilla gita in canoa lungo il lago di 8 km, situato nella provincia di Bac Can, mostra montagne di calcare, valle profonde, grotte e cascate del circostante Parco nazionale di Ba Be. Il parco, caratterizzato da una ricca biodiversità, ospita centinaia di specie di piante senza nome, oltre a minoranze etniche come i Tay, che costruiscono le loro abitazioni su palafitte vicino al lago.

Visitare in bici Hoi An

Le strade della Città Vecchia di Hoi An, dichiarata sito Patrimonio dell'Umanità UNESCO per l'eccezionale conservazione di quello che fu un porto commerciale dell'Asia sudorientale tra il XV e il XIX secolo, sono chiuse al traffico automobilistico per la maggior parte della giornata, permettendo così di fare un giro senza fretta, superando antichi ponti, mercati animati e vicoli illuminati da lanterne. Continuate a pedalare fuori dalla città verso la campagna per visitare i villaggi degli artigiani, come Cam Thanh, Kim Bong e Thanh Ha, dove potete osservare la costruzione di barche tradizionali, la lavorazione del legno e la produzione di ceramiche.

Girare tra le isole Cham in kayak

Situate a circa 18 km al largo di Hoi An, le otto isole Cham sono una Riserva della Biosfera UNESCO. Le acque circostanti del Parco marino di Cu Lao Cham forniscono un habitat protetto a circa 135 specie di corallo, cinque specie di astice e più di 200 tipi di pesci, tra cui l'enorme pesce napoleone lungo 1,8 m e a rischio di estinzione. A causa del clima monsonico in inverno, le isole sono accessibili solo sette mesi all'anno, il che aiuta a preservare le loro condizioni allo stato naturale e la varietà di fauna selvatica. Girate in kayak o fate un'immersione nelle acque cristalline per scoprire i tesori che si nascondono sotto la superficie, le spiagge immacolate e le giungle lussureggianti.

Superare in bici il passo di Hai Van

Hai Van, che significa "passo delle nuvole dell'oceano", attraversa uno sperone della Catena Annamita, serpeggiando per 21 km su un terreno accidentato, lungo la strada costiera tra Hue e Da Nang. Questo percorso è solo per ciclisti seri: sono circa 11 km in salita fino alla cima, in gran parte a una pendenza del 7 per cento. La salita letteralmente mozzafiato vi farà pompare il sangue nelle vene e bruciare le cosce, ma sarete ricompensati con panorami ineguagliabili delle montagne nebbiose e dell'oceano azzurro, seguiti da un'esaltante discesa verso il mare.

A FIANCO: Una barca scorre sul lago Ba Be con le colline ricoperte di alberi sullo sfondo. A DESTRA: Due ciclisti avanzano in mezzo a risaie verdeggianti nelle periferie del Vietnam.

Esplorare in kayak la grotta Phong Nha

Lo straordinario Parco nazionale di Phong Nha-Ke Bang, un sito Patrimonio dell'Umanità UNESCO, contiene le più antiche montagne carsiche dell'Asia, formatesi circa 400 milioni di anni fa. Gli audaci escursionisti in kayak possono immergersi in una vasta rete di fiumi sotterranei che scorrono attraverso centinaia di caverne, tra cui la grotta Phong Nha, una delle grotte con presenza di acqua all'interno più grandi del mondo. Pagaiate per più di 1,7 km sulle acque verde bottiglia superando grotte inquietanti e stalattiti dalle forme bizzarre con la sola luce delle lampade da speleologi a illuminare l'ambiente.

Giri in bici e in barca nel delta del Mekong

Con un paesaggio ultrapiatto inciso da un intrico di fiumi e ruscelli, il delta del Mekong è il luogo ideale per andare in bicicletta e in barca. Soprannominato la "ciotola di riso" del Vietnam, il vasto e fertile delta alimenta innumerevoli risaie e giardini galleggianti che si estendono all'orizzonte. Scivolate lungo canali costeggiati da alberi, attraversati da ponti fatti con canne di bambù; poi pedalate verso le piantagioni di frutta e le comunità che vivono sulla riva del fiume che producono oggetti di artigianato con le fibre delle noci di cocco.

Girare in bici il Parco nazionale di Cat Tien

Con un'area di 720 km^2 nella provincia di Dong Nai, a circa 150 km a nord di Ho Chi Minh City, il Parco nazionale di Cat Tien è un paese delle meraviglie per la fauna selvatica. Il percorso per mountain bike passa su rocce vulcaniche, mentre si snoda attraverso la foresta pluviale del bassopiano del parco e i terreni acquitrinosi, superando tunnel di lava e alti alberi di *Tectona grandis*. Protetti dalla fitta vegetazione ci sono elefanti asiatici selvatici, orsi del sole, goffi gaur, gibboni dalle guance rosa, serpentari crestati e forse alcune delle ultime tigri indocinesi a rischio di estinzione.

DA NON PERDERE

- Esplorare in kayak i fiumi sotterranei nelle grotte del Parco nazionale di Phong Nha-Ke Bang.
- Fare un giro in bici nella storica città vecchia di Hoi An e nei vicini villaggi degli artigiani.
- Scorgere elefanti asiatici e orsi del sole girando per il Parco nazionale di Cat Tien in bicicletta.

Turisti accompagnati in barca sotto le grotte carsiche della baia di Ha Long.

INDIA

I SEGRETI DEL KASHMIR

Scoprite un paradiso moghul sulla Terra.

L'imperatore moghul Jahangir considerava il Kashmir, la residenza estiva della famiglia reale nell'India settentrionale, come un paradiso sulla Terra, un luogo "profetizzato dai sacerdoti e cantato dai poeti". I Moghul crearono gli incantevoli giardini terrazzati della valle del Kashmir e fecero della regione un centro delle arti e dei mestieri. Durante il loro regno, il Kashmir indiano si limitava alla valle di 13.986 km^2, isolata dal resto del Paese dalle catene montuose himalayane coperte di neve. Oggi, il Kashmir fa parte dello stato del Jammu e Kashmir dell'India, che comprende il Jammu, il Kashmir e il Ladakh sull'alto altopiano del Tibet.

La fredda aria di montagna, i laghi cristallini, i panorami visti da punti d'osservazione elevati e la sensazione di essere lontani da tutto, che un tempo aveva attirato qui la famiglia reale Moghul, continua ad affascinare i viaggiatori odierni. Ma chiunque decida di avventurarsi nel Kashmir deve tener presente le sue realtà geopolitiche moderne. L'India, il Pakistan e la Cina rivendicano tutti in parte o per intero la più ampia regione del Kashmir. Lo stato indiano del Jammu e Kashmir occupa la parte meridionale e orientale della regione ed è separato dal Kashmir pachistano dalla linea di controllo del confine militare lunga 700 km. Anche se viaggiare all'interno del Jammu e Kashmir è in genere sicuro, le implicazioni politiche e le barriere geografiche hanno tenuto segreto il paradiso dell'imperatore Jahangir per gran parte del mondo esterno.

Consigli di viaggio

QUANDO ANDARE: Da maggio a metà ottobre per la maggior parte delle attività, visto che molte strade e passi montani di solito sono chiusi da novembre ad aprile; da metà ottobre a novembre per la stagione del calore dei cervi; da dicembre a marzo per i tour per osservare il leopardo delle nevi.

ORGANIZZAZIONE: Molti tour operator come National Geographic Expeditions e Responsible Travel offrono tour guidati nel Jammu e Kashmir. Vestitevi in modo sobrio perché la regione è prevalentemente musulmana.

SITI WEB: jktourism.org; kashmirtreks.in; nationalgeographic.com/expeditions; responsibletravel.com

Le imbarcazioni punteggiano le acque del lago Dal.

COSA FARE

Salire su una funivia ad alta quota

Situata nelle prime pendici del monte Apharwat alto 4390 m, Gulmarg è una piccola località sciistica che vanta discese fuoripista da brivido e una delle funivie più alte del mondo. Gli sciatori esperti con l'equipaggiamento antivalanga possono inoltrarsi nei sentieri fuoripista non battuti della zona, a condizione che stiano alla larga dalla linea di controllo indiana e pachistana, oggetto di veementi contese, situata proprio sotto alla località sciistica. Per fare un giro sulla funivia di Gulmarg fino ai 3747 m sul livello del mare non è necessario sciare. Il viaggio di andata e ritorno (con il tempo per fare escursioni in cima) permette di ammirare dall'alto i panorami della Valle del Kashmir, con le cime innevate dell'Himalaya sullo sfondo.

Attraversare in bicicletta la remota Valle Gurez

Siate tra i pochi visitatori a scoprire la regione verde e isolata di Gurez nel Kashmir durante una spedizione guidata in bicicletta lungo il Percorso ciclistico della valle Gurez. Situata a cavallo del fiume Kishanganga, vicino alla linea di controllo indiana e pachistana, Gurez è fatta per l'avventura con le sue pareti rocciose di granito, le fitte foreste di pini e abeti, e chilometri di strade montane poco frequentate. Da giugno a settembre gli operatori che organizzano tour in mountain bike propongono escursioni di più giorni su itinerari ciclistici ad alta quota (prevalentemente sopra i 3000 m). Preparatevi a pedalare fino a quattro ore al giorno e a dormire in tenda. I momenti migliori dell'escursione comprendono la visita degli sperduti villaggi di Ganderbal, la pedalata lungo i laghi Dal, Manasbal e Wular, e la spinta in salita fino al passo Razdan a 3558 m di altitudine e il suo superamento.

Fare rafting nel "Grand Canyon dell'Asia"

Affrontate le rapide di II-IV grado del torbido fiume Zanskar, mentre scorre tumultuoso attraverso l'omonimo canyon, soprannominato solitamente "Grand Canyon dell'Asia". La stupenda gola dalle pareti a strapiombo si trova nelle zone sperdute del Ladakh. Prenotate presso un tour operator specializzato in rafting un'escursione di più giorni su diversi tratti dello Zanskar, quando il fiume cresce bruscamente a nord verso il punto d'incontro con l'Indo, che nasce nel Kashmir e scorre attraverso il Pakistan per raggiungere il Mar Arabico. Il tratto di circa 72 km dello Zanskar tra i villaggi di Nyerak e Nimu offre una corsa davvero sfrenata, caratterizzata da rapide multiple di III e IV grado, alte pareti rocciose e un forte restringimento attraverso uno stretto passaggio.

Volare su Srinagar

Il volo con parapendio sta emergendo come sport d'avventura a Srinagar, la città più grande del Jammu e Kashmir. Da metà aprile a metà ottobre, i tour in tandem con parapendio partono da un prato alpino nei monti Zabarwan dietro al lago Dal. Sorvolate l'acqua, le circostanti colline verdi e il paesaggio urbano per le vedute aeree delle tradizionali *shikara* (imbarcazioni simili a gondole), dei giardini moghul terrazzati di Nishat Bagh e dei mercati della città vecchia, oltre ai monti Pir Panjal e Zabarwan in lontananza.

Vedere i cervi del Kashmir

Il Parco nazionale di Dachigam ospita gli hangul, o cervi del Kashmir, considerati in pericolo critico e ritenuti l'unica sottospecie superstite in Asia del cervo nobile europeo. Il maschio di hangul color rame con il palco a più punte è spesso usato come simbolo dello stato del Jammu e Kashmir. Gli animali si rifugiano nelle zone più elevate del parco sopra il piano nivale in estate, perciò il periodo migliore per osservare i cervi va dall'autunno all'inizio della primavera (in genere da metà ottobre a marzo). Programmate la visita durante la stagione del calore (da metà ottobre a novembre), quando i rumorosi richiami d'accoppiamento dei maschi riecheggiano nelle foreste a bassa quota.

Esplorare i monasteri buddhisti in cima alle montagne

Ladakh, un'isolata zona desertica d'alta quota aperta ai turisti solo a partire dagli anni Settanta, nasconde un tesoro di reperti storici della cultura buddhista. L'enclave buddhista sul bordo meridionale dei monti Karakoram ospita monasteri imbiancati costruiti su più piani, decorati con bandiere di preghiera svolazzanti e spesso protetti da imponenti statue di Buddha. Visitate il Monastero di Hemis e il suo notevole museo per vedere la statua di Buddha color rame, gli stupa d'oro e d'argento (strutture a forma conica usate

A FIANCO: Uno sciatore produce spruzzi di neve fresca mentre continua la sua discesa tra gli alberi a Gulmarg. SOPRA: La strada statale Leh Manali attraversa le zone d'alta quota della grande catena dell'Himalaya.

Un leopardo delle nevi a rischio d'estinzione viene immortalato da una videocamera a distanza mentre si arrampica su un pendio roccioso.

per la meditazione e il culto buddhista), gli antichi affreschi e le ruote delle preghiere, e il *thangka* (un dipinto tradizionale su cotone o seta, che ritrae una divinità buddhista).

Guidare una motocicletta su alcuni dei passi montani più alti del mondo

Affinate la vostra guida durante una memorabile avventura in motocicletta. Attraversate su due ruote quattro passi montani che superano i 3900 m di altitudine vicino a Leh, la città più grande del Ladakh. Il passo più elevato, il Khardung La a 5602 m di altitudine, è la seconda strada carrabile più elevata del mondo, nonché una delle più pericolose. Anche se sono naturalmente rischiosi per l'altitudine, le condizioni della strada e le pendenze incredibilmente ripide, i viaggi in motocicletta attraverso il Ladakh sono un'importante attrazione turistica, con numerosi tour operator che offrono gite di un giorno e tour di più giorni.

Cercare lo sfuggente leopardo delle nevi

È raro avvistare un leopardo delle nevi selvatico, persino nel Parco nazionale di Hemis, che vanta la popolazione più numerosa al mondo del grande felino vulnerabile. Durante una spedizione guidata nel parco, però, gli amanti degli animali, dotati di pazienza, vista acuta e voglia di camminare (il mulo porta le vostre attrezzature) a temperature invernali sottozero, possono riuscire a scorgere gli sfuggenti "fantasmi grigi". Partecipate a un tour insieme a un piccolo gruppo di persone nella valle di Rumbak, famosa per gli avvistamenti di animali selvatici. Se non doveste riuscite a vedere uno dei leopardi delle nevi, nel parco vivono altre specie come la lince eurasiatica, la volpe rossa e il lupo grigio tibetano, che sono più facili da avvistare nel territorio invernale bianco e spoglio.

DA NON PERDERE

- Fare rafting nel maestoso "Grand Canyon dell'Asia".
- Fare una gita in motocicletta su alcuni dei passi montani più alti del mondo.
- Partire per una spedizione invernale in cerca dello sfuggente leopardo delle nevi nel Parco nazionale di Hemis.

PROSPETTIVE

In Oman a cavallo

di Peter Gwin

QUANDO DICO ALL'ALLEVATORE DI CAVALLI che sono venuto in Oman per montare un cavallo arabo, ha un lampo negli occhi e penso che si offrirà di farmi cavalcare uno dei suoi magnifici cavalli. Invece suo nipote mi chiede il mio taccuino e ci scrive sopra un nome.

Qualche giorno dopo mi trovo all'ombra di una piantagione di datteri fuori dalla città-oasi di Al Hamra, a ovest di Mascate. Grazie all'anziano Beduino e a una serie di contatti a catena, incontro Al Sher, che, a quanto pare, è un addestratore delle scuderie di proprietà del monarca dell'Oman, il sultano Qābūs bin Sa'īd Āl Sa'īd, grande appassionato di cavalli. Ha accettato di portarmi a fare un giro a cavallo mentre si trova in visita al suo villaggio natale. Arriva in groppa a una giumenta marrone scuro, cavalcando scalzo e con indosso larghi pantaloni di cotone, una lunga camicia bianca e un immacolato cappello da preghiera omanita. Dietro di lui conduce un'altra giumenta marrone. Noto che entrambe le cavalle rientrano perfettamente nella descrizione dei classici cavalli arabi: non troppo alti, dal torace ampio e con le orecchie corte. Secondo gli storici, i cavalli vennero addomesticati per la prima volta in Eurasia, ma si può affermare che siano stati perfezionati in Arabia. Plasmati dalle dure condizioni del deserto, questi cavalli potevano resistere al caldo, al freddo e alla sete, ed erano considerati di gran valore. Durante gli assalti o in battaglia, un Beduino si fidava ciecamente solo di un cavallo arabo.

Noto inoltre che ciascuna giumenta è equipaggiata con la tradizionale sella omanita, che è poco più di una coperta e non ha le staffe, per cui il cavallerizzo è obbligato a mantenere un equilibrio perfetto e a stringere il cavallo con le gambe.

SOTTO: **Un cavallerizzo omanita e il suo cavallo si esibiscono durante il festival del cavallo di Bahla.** A FIANCO: **Ali Salem Mehsin, 74 anni, proprietario delle scuderie Al Hamri a Bidiya, continua a cavalcare ai festival dei cavalli.**

Ho un brutto presentimento. Non vedo in giro punti su cui fare un atterraggio morbido. Il sentiero attraverso i frutteti è lastricato di pietre, e i bambini ridono e sfrecciano tra gli alberi. Ma Al Sher sorride e mi fa cenno di montare a cavallo. Faccio di tutto per nascondere il mio nervosismo, ricordandomi del vecchio detto secondo cui le emozioni di un fantino si trasmettono attraverso le briglie.

Si parte, con Al Sher che apre la strada al trotto rapido e la mia piccola giumenta marrone che lo segue a testa alta. La palme da dattero lasciano il posto a frutteti di manghi e banani, finché non entriamo nella vecchia città di mattoni di fango dove inizia un percorso in salita lungo una serie di tornanti. Nel tardo pomeriggio, con l'aria che diventa più fresca, raggiungiamo un altopiano che si affaccia sull'intera valle. Sotto di noi compaiono le piantagioni come un tappeto verde brillante srotolato ai piedi delle aride montagne.

Al Sher indica un lungo tratto in piano e mi dice: "Siamo venuti qui per fare una gara". Sprona il suo cavallo e mi fa cenno di seguirlo, ma io stringo le redini per trattenere la giumenta.

A FIANCO: **Un cavallo arabo indossa le tradizionali briglie omanite alla cavalleria reale. SOPRA: Dune di sabbia si estendono in lontananza nei pressi di Raaqa, a Bidiya, nell'Oman.**

"Sono a posto così", grido. "Niente gare per me".

Torna indietro al trotto. "Questo è un buon cavallo", mi dice rassicurante. "Non avrai problemi". Poi si sporge verso la mia giumenta, le dà un forte colpo sul fianco e grida: "Yi!".

La giumenta si contrae, ma non fugge via. È come se sapesse che deve aspettare il segnale del suo cavallerizzo. È questa la ferma lealtà che gli allevatori beduini hanno cercato di instillare nei loro cavalli. Sento che mi si irrigidisce il petto e, seguendo l'impulso di una frazione di secondo, calcio i suoi fianchi.

La giumenta balza in avanti e quasi mi disarciona, ma mi tengo e spingo il mio peso in avanti, cercando di piegarmi sul suo collo. È sgradevole cavalcare così. Senza staffe o una sella, continuo a rimbalzarle su tutto il dorso. "Yi!", grida ancora Al Sher, e sento che la giumenta accelera. Poi, tutt'a un tratto, ecco che accade: troviamo il nostro ritmo, cavallo e cavaliere. Non le rimbalzo più sul dorso, ma ci muoviamo all'unisono: sono un centauro. Le due giumente corrono fianco a fianco. Mi giro per sorridere ad Al Sher, ma lui non è seduto sulla sella. Mentre il suo cavallo galoppa, sta in piedi sul dorso dell'animale, con le braccia alzate, come se stesse cavalcando un tappeto magico.

• *Peter Gwin è redattore capo di* National Geographic.

MALDIVE

NAVIGANDO ALLE MALDIVE

Tracciate il vostro itinerario attraverso 1200 isole ed esplorate le meraviglie sottomarine.

Immaginate la vostra isola tropicale ideale: è molto probabile che alle Maldive riusciate a trovarla. I 26 atolli naturali del Paese, cime di una catena montuosa sommersa, comprendono 1190 isole, contornate di sabbia bianca e palme, che punteggiano circa 924.626 km^2 di mare. Questo remoto paesaggio romantico, lussuoso e in gran parte oceanico si trova a sud-ovest dello Sri Lanka e presenta una varietà di lagune dall'acqua limpida e poco profonda, barriere coralline variopinte e vivaci, profonde discese dall'acqua cerulea e punti in cui praticare surf. Le Maldive sono tra i Paesi con l'altitudine più bassa del mondo - spesso si dice che un delfino può saltare più in alto del punto più elevato delle isole a 5 m -, inoltre affrontano drastici cambiamenti con l'innalzamento del livello del mare. Molti visitatori sono felici di starsene in un meraviglioso *bure* (bungalow sull'acqua) in uno dei tanti resort delle isole private, un tipico piacere da sposini in luna di miele, ma l'urgenza di vedere tutto alimenta il desiderio dei viaggiatori avventurosi di spostarsi di isola in isola. Se il movimento è al centro del vostro viaggio, potrete esplorare ogni giorno un'isola diversa con la sua barriera corallina. Sia che scegliate di fare un tour guidato a bordo di uno yacht o di una tradizionale nave da crociera, o che noleggiate un tipico *dhoni* (una tradizionale imbarcazione artigianale) per seguire un vostro percorso personalizzato, vale la pena vivere un'avventura acquatica in queste isole e viaggiare per scoprirle una dopo l'altra.

Consigli di viaggio

QUANDO ANDARE: Anche se le Maldive godono di un clima caldo tutto l'anno, molti turisti preferiscono visitarle durante i mesi dal clima più secco, da dicembre ad aprile.

ORGANIZZAZIONE: Per visitare i villaggi locali al di fuori delle isole dei resort potrebbero occorrere permessi speciali, specie se si rimane più di un giorno. Portate da casa una scorta di farmaci contro il mal di mare, una protezione solare che non danneggi la barriera corallina e altri beni di consumo. Alle Maldive è importata quasi ogni cosa, perciò i prezzi di solito sono alti.

SITI WEB: visitmaldives.com; hudhuranfushisurfresort.com; anantara.com/en/kihavah-maldives

Pesci pagliaccio intorno a un anemone.

DOVE ANDARE

Malé
Arrivate a Malé, la capitale della nazione insulare, nonché porto d'ingresso principale e luogo di residenza per circa un terzo degli abitanti dello stato. Cominciate la giornata al mercato del pesce lungo la banchina, dove i pescatori scaricano il pescato del giorno. Poi andate a visitare le due moschee di pietra corallina della città: la Moschea del Venerdì, una delle più grandi del mondo costruita nel 1658, e la Moschea dell'Eid che risale al 1815, che condividono la candidatura per essere inserite in futuro nella lista del Patrimonio dell'Umanità UNESCO. Trascorrete il resto del pomeriggio passando da un bar all'altro per gustare gli *hedhikaa*, i tapas maldiviani dolci e salati, spesso a base di cocco, pesce e curry.

Atollo Kaafu
A nord, a breve distanza dalla capitale affollata, troverete decine di isole disabitate da esplorare. Trascorrete la giornata rapiti dal paesaggio ricco di colori, poi decidete se fare un picnic pomeridiano o andare all'isola di Lhohifushi sul margine orientale dell'atollo. Lì il famoso sito per praticare surf chiamato Lohis è limitato a un massimo di 45 surfisti al giorno per evitare che le onde siano affollate. Chi non pratica il surf può partecipare a lezioni di yoga, fare un trattamento in un centro benessere o ammirare il panorama gustando una bevanda tropicale dalla terrazza panoramica dell'Hudhuranfushi Surf Resort. Due isole a nord si trova Thulusdhoo, un'isola dove non ci sono resort, famosa per la produzione dei tradizionali tamburi *boduberu* e per l'impianto di imbottigliamento della Coca-Cola, l'unico al mondo a usare acqua desalinizzata, da cui deriva il nome di un punto per praticare surf, il Cokes.

Atollo Baa
Al mare il cielo notturno è incredibile. Siccome questo atollo è vicino all'equatore, potrete ammirare sia le stelle dell'emisfero nord sia quelle dell'emisfero sud, ma gli astrofili veri dovrebbero considerare l'idea di visitare l'Anantara Kihavah Maldives Villas. Qui un astronomo e narratore che abita sull'atollo dà indicazioni agli ospiti che osservano il cielo con il telescopio più potente del Paese ospitato all'interno di un osservatorio sull'acqua. I lettini che si trovano sul vicino ponte circolare sono perfetti per continuare l'esplorazione del cosmo fino a tarda notte, sorseggiando, se lo volete, un Cosmopolitan del contiguo cocktail bar SKY.

Atollo Alif Alif
Proseguite il viaggio a sud, da Baa a Rasdhoo e alla vicina Kuramathi, al largo dell'estremità nordorientale dell'atollo Alif Alif. Fate snorkeling nelle lagune poco profonde o sui *thila* (plateau corallini) splendenti di coralli molli di colore rosa, arancio e giallo alla ricerca di murene e nuvole di pesci tropicali. Chi ha il brevetto da sub può provare una scarica di adrenalina esplorando le grotte sottomarine o dirigersi nel punto dove l'acqua è più profonda per vedere i banchi di squali martello che spesso si radunano qui. Tra novembre e aprile si possono avvistare le mante che si riuniscono per le sessioni di pulizia delle acque intermedie.

Atollo Alif Dhaal
Il viaggio da Rasdhoo e Kuramathi verso sud attraversa splendide isole sperdute, alcune delle quali sono poco più che banchi di sabbia. L'isola di Ariadhoo, al largo della più grande isola di Maamigili all'estremità meridionale dell'atollo Alif Dhaal, è abitata da secoli. Rari resti buddhisti, tra cui uno stupa fatiscente, testimoniano la presenza di una delle prime religioni dominanti delle isole, che sopravvisse fino al XII secolo e precedette l'Islam. Ariadhoo si trova all'interno dell'Area marina protetta di Alif Dhaal, istituita nel 2009, uno dei posti migliori al mondo per osservare tutto l'anno alcuni dei quasi 400 squali balena che abitano nelle Maldive, ciascuno dei quali viene identificato tramite i caratteristici disegni a puntini sulla pelle. Prima di arrivare, scaricate l'app del Maldives Whale Shark Research Program per partecipare a un progetto di *citizen science*: caricate le fotografie e vi verrà fornita l'identità di qualsiasi esemplare abbiate avuto la fortuna di incontrare.

A FIANCO: Le accoglienti spiagge di sabbia bianca, le palme e le acque calde di Thulusdhoo. SOPRA: Un subacqueo osserva una parete di corallo nell'atollo di Ari.

DA NON PERDERE

- Trascorrere i pomeriggi passando da un'isola tropicale disabitata all'altra e facendo snorkeling nelle acque limpide, e passare una serata a osservare un incredibile cielo stellato.
- Vedere gli squali balena tutto l'anno nell'Area marina protetta dell'atollo Alif Dhaal.
- Andare incontro alle onde di Lohis, un punto molto famoso per praticare surf, ma non affollato.

PAGAIARE IN THAILANDIA E NEL LAOS

Le avventure più incredibili sui fiumi del Sud-est asiatico.

I fiumi serpeggiano attraverso gli altopiani montani della Thailandia e del Laos coperti da una giungla lussureggiante, scorrendo davanti a templi buddhisti, tradizionali villaggi etnici e riserve naturali che ospitano scimmie e tigri. I corsi d'acqua nell'entroterra di queste zone sono da tempo importanti arterie della vita rurale, in quanto vengono usati come strade principali e fonti di acqua potabile. Le associazioni turistiche locali hanno iniziato a sfruttare l'aspetto più selvaggio dei fiumi solo nell'ultimo decennio, escogitando modi eccezionali di combinare cultura e natura con adrenaliniche escursioni di rafting o in kayak. Queste attività hanno preso piede perché durante le escursioni si raggiungono luoghi aspri e sperduti, da ultima frontiera. La maggior parte delle rapide non ha nome, si trova su fiumi di cui non avete mai sentito parlare e, a parte per le comunità sparse lungo le rive dei fiumi, non c'è nessun altro intorno per chilometri e chilometri. Se volete uscire dai percorsi più battuti in un Paese che si riempie in fretta di turisti, l'ideale è partecipare a un'escursione di uno o due giorni per fare rafting con un piccolo gruppo. Durante la vostra avventura sull'acqua, immergetevi in alcuni degli ultimi avamposti naturali di questa regione molto visitata, prima che la proliferazione delle dighe idroelettriche lo renda quasi impossibile. Questi tratti di fiume panoramici sono ricchi di elettrizzanti rapide di III e IV grado accessibili agli escursionisti di quasi tutte le età e capacità. Ecco alcuni dei punti più belli da esplorare.

Consigli di viaggio

QUANDO ANDARE: Molti fiumi della regione presentano le rapide solo nella stagione delle piogge, da giugno a dicembre, il periodo di bassa stagione per le altre attività della zona.

ORGANIZZAZIONE: Tra le compagnie di rafting scegliete un tour operator che offra informazioni dettagliate sulla sicurezza, guide ben addestrate al primo soccorso e ai salvataggi in acque con le rapide, e che fornisca attrezzature per la sicurezza di qualità, compresi caschi e giubbotti di salvataggio.

SITI WEB: greendiscoverylaos.com; thairafting.com; siamrivers.com; paiadventures.com

Una coppia di elefanti riabilitati all'Elephant Nature Park in Thailandia.

DOVE ANDARE

Nam Wah

Caratterizzato da alcune delle rapide più impetuose della Thailandia, lo zampillante Nam Wah (Wa) verde curva e si dirama attraverso una regione rurale, raramente visitata, lungo il confine laotiano. Circa 80 km del tratto medio del fiume sono sfruttati per organizzare escursioni di rafting, e per affrontare i tratti più entusiasmanti bisogna trascorrere tre giorni e due notti sul fiume. Le escursioni partono da Nan, un paese pieno di templi, influenzato dalla cultura cinese, nonché la località da cui si accede al remoto Parco nazionale di Doi Phu Kha a nord. È l'unico vero insediamento nei pressi di questa parte del fiume, ma non è vicino. Per raggiungere i punti da cui inizia la discesa di rafting ci vogliono una o due ore di macchina. Il Wah si snoda a sud attraverso foreste decidue e sempreverdi nelle montagne poco elevate della catena di Luang Prabang e attraverso il Parco nazionale di Mae Charim (Jarim), dove vivono diverse specie aviarie tra cui grandi calai indiani, falchi pigmei orientali e un'importante popolazione di pavoni verdi a rischio di estinzione (i maschi dei familiari pavoni comuni sono subito riconoscibili come pavoni). Presentando 80 tratti di grado basso, distanziati in modo abbastanza regolare, e 20 rapide di III e IV grado degne di nota, il fiume minaccia regolarmente di sbalzare i passeggeri e scorre a una velocità stabile. Fermatevi nei tratti più tranquilli per nuotare e cercare le rane della specie *Limnonectes blythii*. Nei punti più bassi del fiume, è anche possibile spostarsi sulle zattere di bambù tradizionali.

Pai

Più a ovest nella provincia di Mae Hong Son in Thailandia, al confine con il Myanmar ci sono due fiumi impetuosi adatti al rafting che scorrono in mezzo a terre ricoperte di giungla. Alcuni scelgono un'avventura sul Khong, superando per 45 km 15 serie di rapide di IV grado, mentre il fiume serpeggia verso la confluenza con il Pai.

A FIANCO: Alcuni escursionisti remano insieme per attraversare il fiume Mae Hong Son.
SOPRA: Nelle grotte di Pak Ou si trovano quasi 2500 statue di Buddha.

Durante il viaggio fate una breve escursione a piedi per nuotare nelle pozze sotto l'ampia cascata di Su Sa, affrontare un salto di 7 m dalle rocce e poi immergervi in alcune sorgenti termali. Anche se potete fare tutto in una lunga giornata, vale la pena visitare questa zona con calma. Un'escursione di due giorni lungo il Pai medio, partendo da Muang Pang, attraversa circa 60 rapide lungo un percorso di 70 km in mezzo a gole rocciose e giungle piene di manghi selvatici, prima di terminare nella suggestiva città thai-birmana di Mae Hong Son. Anche qui troverete cascate, sorgenti termali e bagni di fango. Entrambi gli itinerari terminano vicino al confine settentrionale del Parco nazionale di Namtok Mae Surin, dove vivono gibboni, orsi, civette delle palme comuni e persino qualche tigre. Alcuni visitatori combinano le gite di rafting nella regione con trekking, speleologia e visite alle riserve naturali o ai villaggi tradizionali di Lahu, Lisu e Shan.

Mae Taeng

Il fiume Mae Taeng vi aspetta a 90 minuti di macchina a nord-ovest di Chiang Mai, la più grande città della Thailandia settentrionale: acqua schiumante color marrone, alimentata dalla pioggia, attraversa per 12 km la valle del Mae Taeng, passando in mezzo a risaie e piccoli villaggi con un tratto irruento di rapide di III e IV grado. In questa regione che offre l'opportunità di vedere elefanti addomesticati e uccelli come l'*Hirundo smithii* e la *Timalia pileata*, vale la pena fare un'escursione di rafting di un giorno partendo dall'antica città vitale. Desiderate qualcosa di ancor più entusiasmante? Da novembre a gennaio, il Siam River Tours offre gite notturne nei periodi di luna piena. Di notte, gli escursionisti si avventurano nuovamente nell'acqua per percorrere senza luce elettrica un tratto più tranquillo di 4 km. Potrete vedere il percorso illuminato dai tenui raggi lunari e ascoltare i rumori della giungla.

Nam Ou

Il sonnolento Nam Ou, un affluente del Mekong, scorre attraverso un territorio spettacolare procedendo in direzione sud verso l'artistica Luang Prabang. Non è un corso d'acqua particolarmente impetuoso, ma si possono trovare alcune rapide di

II e III grado, oltre a elettrizzanti vortici e mulinelli, quando i livelli dell'acqua sono bassi e le rocce sono esposte. Comunque, l'ampia via fluviale di colore verde è famosa tra gli appassionati di kayak per un'ottima ragione: alberi adorni di piante rampicanti rivestono colline carsiche appuntite, villaggi rurali sorgono lungo le sponde, e bufali d'acqua, elefanti e monaci in abiti color zafferano fanno il bagno in riva al fiume. Non sorprendetevi se non sarete soli. Al largo delle spiagge di sabbia bianca si riunisce una moltitudine di altre imbarcazioni, tra cui zattere di bambù spinte sull'acqua da guide con lunghe aste, per visitare le migliaia di statue d'oro di Buddha che si trovano all'interno della sacra Grotta di Pak Ou.

Nam Tha

I tour operator immettono gommoni e kayak nel fiume Nam Tha fuori da Luang Namtha per gite di un giorno durante le quali si percorrono brevi tratti con rapide di II e III grado. Anche se non è particolarmente impetuoso, questo sperduto corso d'acqua del Laos centro-settentrionale offre incredibili opportunità di ammirare culture e animali selvatici. Il fiume serpeggia lungo il confine orientale dell'Area nazionale protetta di Nam Ha, una riserva di 2224 km^2 vicino al confine cinese. I villaggi etnici dei Khamu, degli Akha e dei Lanten, che si trovano all'interno del parco e dipendono dalle foreste, accolgono i visitatori, mentre gli abitanti dei villaggi sono spesso assunti dalle aziende che organizzano escursioni di rafting per preparare un tipico pranzo cucinato su un fuoco all'aperto.
Per immergervi più a fondo nel modo di vivere tradizionale di questi popoli, scegliete escursioni di rafting di più giorni o una combinazione di rafting e trekking che comprende il pernottamento presso le famiglie dei villaggi. Lungo il fiume tenete gli occhi aperti per avvistare gli altri abitanti della giungla: innumerevoli farfalle colorate, fagiani argentati, enormi gaur, muntjak della Sonda, elefanti asiatici e gli sfuggenti leopardi nebulosi.

DA NON PERDERE

- **Vedere territori selvatici sperduti e visitare villaggi etnici in zone del Sud-est asiatico altrimenti difficili da raggiungere.**
- **Provare il brivido di affrontare rapide impegnative di III e IV grado, e accamparsi sotto le stelle.**
- **Osservare la fauna presente lungo le rive dei fiumi, come gibboni, volatili, rane, bufali addomesticati ed elefanti.**

Il fiume riflette le luci di Wat Chong
Kham al tramonto.

LE 10 AVVENTURE PIÙ BELLE PER

VEDERE POSTI CHE STANNO SCOMPARENDO

1 LA GRANDE MURAGLIA CINESE

La Grande muraglia cinese, lunga più di 16.000 km e risalente a più di 2000 anni fa, col tempo sta perdendo mattoni e visitatori di giorno in giorno. Nonostante i recenti sforzi per rilevare i danni e rafforzare i tratti instabili, sembra quasi impossibile preservare l'intera struttura. Limitate il vostro impatto visitando il meno affollato tratto di Jiankou o partecipando a un tour in elicottero.

2 GHIACCIAI DELL'HIMALAYA, NEPAL

Gli scienziati prevedono che più di un terzo dei ghiacciai dell'Himalaya potrebbe scomparire entro il 2100. Perciò, anche se non avete in programma di raggiungere la vetta dell'Everest, vale la pena visitare ora gli oltre 3000 ghiacciai. In autunno si troverà un tempo più sereno e stabile per fare un'escursione tra laghi, sperduti villaggi Sherpa, antichi stupa e il Ngozumpa, il ghiacciaio più lungo del Nepal.

3 METE PER OSSERVARE LE STELLE, CINA

Oggi in Cina è difficile osservare le stelle: Hong Kong è tra i posti con maggiore inquinamento luminoso al mondo, Chengdu sta costruendo una luna artificiale e il cielo pieno di smog di Pechino è stato soprannominato "*airpocalypse*". Tuttavia esistono ancora spazi per guardare il cielo. Le gole lussureggianti del fiume Azzurro continuano a essere una delle mete migliori al mondo per osservare il cielo notturno.

4 VILLAGGIO DI ITA THAO, LAGO RIYUE, TAIWAN

Il lago più grande di Taiwan, nonché l'unico naturale, è un paradiso azzurro intenso circondato da montagne. La pista ciclabile ad anello del lago Riyue, lunga 29 km, serpeggia lungo colline verdeggianti, templi buddhisti e ponti sospesi su cui non passano auto. Il lago Riyue ospita la più piccola etnia riconosciuta dalle autorità di Taiwan. Come molti altri gruppi indigeni, i Thao perdono i legami con la tradizione ogni anno. Visitate Ita Thao ora, per vedere le danze tradizionali e la tecnica per intrecciare le trappole di bambù per prendere i pesci finché viene ancora usata.

A FIANCO: La Grande Muraglia cinese si estende complessivamente per circa 8850 km dal confine coreano al deserto del Gobi. SOPRA: Un orso bruno cammina lungo un fiume nella Kamčatka, in Russia.

5 KAMČATKA, RUSSIA

L'UNESCO ha definito la penisola come un "territorio di eccezionale bellezza naturale con grandi vulcani simmetrici, laghi, fiumi impetuosi e coste spettacolari". Anche gli escursionisti e i pescatori a mosca sono innamorati di questa penisola, grazie a posti per pescare difficilissimi da raggiungere, paesaggi immacolati e straordinarie escursioni sui crateri. Tuttavia, è meglio visitare in fretta una terra in cui a volte eruttano quattro vulcani contemporaneamente.

6 LE SUNDARBANS, INDIA

Con quasi un milione di ettari, le Sundarbans sono una delle più grandi reti di mangrovie del mondo, che ospita più di 260 specie aviarie, coccodrilli estuarini, cobra reali, delfini, pesci che si arrampicano sugli alberi, tartarughe marine e tigri reali del Bengala a rischio d'estinzione. Purtroppo i livelli del mare in questa regione stanno salendo più velocemente rispetto a qualsiasi altro posto del mondo, minacciando le specie in pericolo e milioni di altre specie residenti. Le barche sono il mezzo migliore per esplorare questo luogo a rischio.

7 BAGAN, MYANMAR

Come risultato di terremoti, erosione e turismo irresponsabile, nel Myanmar è rimasta meno della metà dei famosi templi di Bagan. Detto ciò, esistono ancora più di 2000 templi e pagode tra cui scegliere. Prendete in considerazione l'idea di esplorare la zona in bici elettrica, carretto trainato da cavalli o mongolfiera (vedi pagina 254). Per via degli sforzi di conservazione, si sconsiglia di salire sui templi.

8 LAGO POYANG, CINA

Essendo situato in mezzo al terzo fiume più lungo del mondo, si penserebbe che il lago Poyang sia costantemente rifornito di acqua, ma con la stagione secca che inizia ogni anno in anticipo, il lago di acqua dolce si è ritirato più che mai, restringendo l'habitat di rare neofocene, gru siberiane a rischio di estinzione e migliaia di uccelli migratori. Le escursioni in barca per osservare i volatili partono da Nanchang verso la sponda settentrionale del lago Poyang per vedere garzette, spatole, cicogne, oche cignoidi e altre specie.

9 MERCATI GALLEGGIANTI, MEKONG

Gli spettacolari mercati galleggianti del Mekong, sempre più dipendenti dall'industria del turismo, stanno scomparendo, poiché lo sviluppo altera l'interesse per il commercio locale. Che esploriate il Mekong in kayak, barca a remi, aliante, o vicino alla riva in mountain bike, fate una pausa per gustare un'anguria fresca, il caffè del posto e i tagliolini vietnamiti serviti da un sampan locale.

10 PARCO NAZIONALE DI SHIRETOKO, GIAPPONE

Il Parco nazionale di Shiretoko nello Hokkaido orientale, una delle ultime aree di natura incontaminata del Giappone, è un paradiso per gli escursionisti. Una passerella di legno previene i danni ai circostanti terreni acquitrinosi, laghi vulcanici e montagne innevate. Il congelamento stagionale e il disgelo dei banchi di ghiaccio (un processo delicato, sensibile ai cambiamenti climatici) mantengono il caratteristico ecosistema del parco in cui vivono fitoplancton, salmoni, trote, gufi pescatori di Blakiston a rischio di estinzione e una delle più grandi popolazioni di orsi bruni del mondo.

GIAPPONE

SPELEOLOGIA NELLE GROTTE NASCOSTE DI TOKYO

Esplorate le profondità del Giappone in un modo che non avreste mai creduto possibile.

Tokyo è un posto incredibile. Le esperienze che si possono fare qui sono tanto disparate quanto meravigliose. Alcune di queste sono profonde e significative, mentre altre sono spettacolari e ricche di fantasia.

Ci sono grattacieli altissimi, luci al neon, cibi stravaganti e meraviglie della robotica, per non parlare delle moderne tecnologie e innovazioni che vi sbalordiranno. Quello che non vi aspettate da un viaggio a Tokyo è un rifugio naturale.

Coloro che desiderano andare fuori città (o meglio, sotto) per una piccola avventura, troveranno a Okutama una delle esperienze migliori che si possano fare. Situata nella parte occidentale di Tokyo, a circa due ore dal centro della città, questa cittadina di circa 5000 abitanti permette di vivere un'esperienza autenticamente naturale, difficile da provare nella città di vetro e cemento.

Si presenta sotto forma di grotte di roccia calcarea risalenti a 250 milioni di anni fa. Al loro interno troverete meraviglie nascoste e formazioni rocciose, spesso illuminate da luci al neon colorate (dopotutto è sempre Tokyo!). Combinate la vostra avventura sotterranea con escursioni sul monte Odake e sul monte Mitake dove si trovano alti alberi, cascate scroscianti e una forte fauna selvatica.

Queste grotte non sono ciò che vi aspettereste di solito da una metropoli famosa per l'elettronica, ma è questo il bello di Tokyo e della regione di Tama.

Consigli di viaggio

QUANDO ANDARE: È meglio visitare la regione da marzo a maggio e da settembre a novembre, quando ci sono scarse precipitazioni e temperature miti.

ORGANIZZAZIONE: Per raggiungere le grotte del monte Odake prendete il treno alla stazione di Musashi Itsukaichi della JR e poi l'autobus per Kamiyozawa fino alla fermata di Ootake Shonyudo Iriguchi. Per raggiungere le Grotte di Nippara prendete il treno per la stazione di Okutama e poi l'autobus per la fermata di Shonyudo, che dista cinque minuti a piedi dall'ingresso.

SITI WEB: gotokyo.org/en; japan.travel/en

L'ingresso alle grotte calcaree di Ootake.

DOVE ANDARE

Grotte calcaree di Ootake

Okutama vi consente di visitare due tipi diversi di grotte. Le prime, le grotte calcaree di Ootake, furono scoperte nel 1961 e aperte al pubblico nel 1962. Offrono un'ottima occasione di esplorare i grandi spazi aperti e l'ignoto che si trova nel sottosuolo.

Chi ha sempre voluto provare a esplorare una grotta qui troverà il posto perfetto per iniziare a farlo. La grotta dà ai visitatori la possibilità di uscire dalla propria zona di comfort per affrontare un'avventura fattibile. Al vostro arrivo vi verrà dato un casco. Mentre vi addentrate nella grotta di 300 m, vi troverete presto a dovervi arrampicare e accovacciare per passare attraverso strette aperture. Sul sito in cui si trovano le grotte c'è un'area di campeggio, perciò potrete esplorare con calma la zona sia in superficie sia nel sottosuolo senza dover tornare di corsa al vostro hotel nel caotico centro di Tokyo.

Monte Mitake

Al monte Mitake avete due opzioni.

La prima è quella di salire dalla base, che dista circa 2,5 km dalla cima di 929 m sul livello del mare, impiegando all'incirca un'ora. Sulla sommità vi aspetta non solo una vista mozzafiato, ma anche il santuario Musashi Mitake, considerato un luogo di culto da quasi 2000 anni.

Il percorso per raggiungere la vetta è di per sé un paradiso per gli amanti della natura: qui vivono diverse varietà di piante, come i fiori di brina, e animali come il petaurista del Giappone.

Per coloro che invece desiderano ammirare il panorama senza sforzo, c'è una funivia che porta i visitatori fino in cima. Il viaggio di andata costa 590 yen (5 euro) e dura circa sei minuti.

Monte Odake

Non dovete assolutamente perdervi la cima del monte Odake. Per raggiungere la sua cima dal monte Mitake ci vuole circa un'ora di cammino e vale la pena fare lo sforzo per la vista che si gode dalla vetta, a un'altitudine di 1267 m.

Il panorama della campagna circostante è straordinario e porta con sé il dolce sentimento di orgoglio escursionistico che soltanto la conquista di una cima può dare.

Grotte calcaree di Nippara

Le Grotte calcaree di Nippara, composte da una gran quantità di formazioni geologiche naturali, offrono un altro modo di esplorare le profondità del Giappone. Vedrete stalattiti e stalagmiti, inoltre potrete dare un'occhiata ad alcuni affascinanti santuari sotterranei e luoghi sacri del Giappone. Come per le grotte calcaree di Ootake, quelle di Nippara si trovano vicino a Okutama, nella regione di Tama di Tokyo.

La prima cosa che noterete quando vi troverete dentro le grotte è la temperatura, che rimane costante durante tutto l'anno a 11 °C. La seconda cosa è la bellezza surreale delle formazioni rocciose che pendono dal soffitto (stalattiti) e si alzano verso l'alto dal suolo (stalagmiti). Inoltre, le grotte sono state illuminate con le luci a LED tipiche di Tokyo, che mettono in risalto le forme spettacolari delle rocce.

All'interno delle grotte si avverte una sensazione di serenità che ha attirato per secoli le persone. Le grotte calcaree di Nippara erano considerate un luogo sacro per i monaci buddhisti della dottrina Shugendo e, come risultato, vi trovano sede santuari, statue e altri cimeli sacri risalenti almeno al 774 d.C.

Non dimenticatevi di dare un'occhiata al punto in cui si trova il *suikinkutsu*, dove un recipiente sepolto nel terreno raccoglie goccioline d'acqua e risuona con un leggero mormorio. È un'esperienza eccezionale.

Fiume Tama

Non c'è modo migliore per terminare la giornata di escursioni ed esplorazioni nel sottosuolo che immergersi nelle acque fresche del placido fiume Tama. Situato nei pressi della stazione ferroviaria di Mitake, è il posto perfetto per staccare e rilassarsi prima di ritornare nella frenetica Tokyo. Al fiume potete nuotare, noleggiare canne da pesca (e cucinare quello che pescate) o semplicemente ammirare il paesaggio dalla riva.

DA NON PERDERE

- Fuggire dal caos cittadino per esplorare due grotte calcaree sotterranee.
- Salire in cima a due monti per ammirare panorami mozzafiato e siti sacri.
- Rinfrescarsi nelle acque di un fiume a meno di due ore dal centro di Tokyo.

A FIANCO: **Uno speleologo osserva dentro le nicchie e attraverso le fessure delle grotte calcaree di Ootake.** SOPRA: **Le grotte calcaree di Nippara sono illuminate da luci colorate.**

Due escursionisti seguono il facile
percorso per salire al monte Mitake.

GIAPPONE

FUORI DAI SENTIERI BATTUTI

Dalle suggestive piste sciistiche alle acque termali ricche di minerali, in Giappone c'è molto altro oltre a Tokyo.

I viaggiatori trovano parecchie regioni per visitare Tokyo, ma c'è un altro motivo per fare il viaggio: la capitale del Giappone è il punto di partenza ideale per molte avventure. Si possono fare escursioni sorprendenti, tutte in destinazioni che si trovano nel raggio di poche ore dalla città, dove si scia, ci si immerge nelle terme o si assaporano prelibatezze locali, per poi tornare a Tokyo in un attimo. Potete sciare in Hokkaido, immergervi nelle sorgenti termali sotto - ai monti di Hakone e gustare le specialità gastronomiche di Osaka, la terza città più grande del Giappone.

E poi c'è Kyoto, un'altra meta che richiama molti turisti. Il rapidissimo *shinkansen* ("treno ad alta velocità") vi porta in questa vecchia capitale imperiale a 452 km da Tokyo in sole due ore e un quarto. Quello che vi aspetta nella settima città più grande del Giappone è davvero eccezionale: siti Patrimonio dell'Umanità UNESCO, splendidi santuari, luoghi naturali e fauna selvatica. Kyoto incarna perfettamente il Giappone antico ed è stracolma di meravigliose vestigia del passato glorioso. Oltre alla stazione ferroviaria futuristica, la città racchiude meraviglie secolari, templi stupendi, placidi giardini zen, stretti vicoli acciottolati, mercati vivaci e un'animata vita notturna. Mescolando senza sforzo passato e presente, Kyoto è un luogo che affascina esperti di storia, appassionati di arte, buongustai e amanti delle attività all'aperto, e vi farà dimenticare ogni cosa della Tokyo che vi siete lasciati alle spalle.

Consigli di viaggio

QUANDO ANDARE: A Tokyo e Kyoto c'è un clima caldo-umido d'estate e freddo in inverno, perciò visitatele fuori stagione: da settembre a novembre e da marzo ad aprile compreso.

ORGANIZZAZIONE: Se avete in programma di fare una qualsiasi gita partendo dal centro di Tokyo, vale la pena comprare il Japan Rail Pass per 7 giorni, che costa più o meno quanto un biglietto di andata e ritorno per una delle destinazioni dei treni ad alta velocità.

SITI WEB: niseko.ne.jp/en/; moku nosho.com/en/; gorakadan.com; hajime-artistes.com

Il Padiglione d'oro di Kyoto, un tempio buddhista Zen.

COSA FARE

Cimentarsi sulle piste da sci dello Hokkaido

Quest'isola situata a nord, che costituisce quasi un quarto della superficie del Giappone, ospita meno del 5 per cento della popolazione del Paese. La regione di Hokkaido, caratterizzata da montagne elevate, fattorie caratteristiche e spazi aperti. Prendete un volo di 90 minuti per l'aeroporto di Shin-Chitose di Sapporo, a nord, poi fate un viaggio in macchina di due ore fino al celebre comprensorio sciistico Niseko United. Dopo esservi cimentati con sci o snowboard sull'abbondante neve del resort, provate la leggendaria ospitalità giapponese presso il Moku No Sho di Niseko, un *ryokan* (albergo tradizionale) di 25 camere. Riscaldatevi vicino al caminetto con un whisky *single malt* di Hokkaido, un rimedio perfetto per le gambe stanche.

Immergersi nelle acque termali di Hakone

Poiché il Giappone è vulcanicamente attivo, il Paese è costellato di migliaia di *onsen* (sorgenti termali). Il posto perfetto per provare la cultura degli *onsen* è Gora Kadan, un rinvigorente *ryokan* di Hakone, piccola cittadina di montagna. Dalla stazione di Tokyo, prendete un treno ad alta velocità che impiega 40 minuti per arrivare alla stazione di Odawara. Gora Kadan si trova a 40 minuti di auto da lì. L'albergo, all'interno del Kan'in-nomiya, la residenza estiva della famiglia imperiale, presenta due vasche all'aperto (una per le donne e una per gli uomini) piene di acqua ricca di minerali. Il Gora Kadan espone cartelli in inglese e offre agli ospiti ciò di cui hanno bisogno, dagli asciugamani ai saponi da bagno, rendendo così meno intimidatorio il galateo dei bagni termali per chi entra in un *onsen* per la prima volta.

Gustare le specialità locali a Osaka

La terza città più grande del Giappone è una meta molto amata dai buongustai, tanto che la parola giapponese *kuidaore*, che significa "mangiare fino ad andare in bancarotta", è sinonimo della città. Dopo una corsa in treno ad alta velocità in direzione sud-ovest fino a Osaka, andate al quartiere di Dotonbori, pieno di luci al neon, che ospita centinaia di venditori di cibi di strada e di ristoranti ammassati nei vicoli. Provate i due piatti più famosi: i *takoyaki* (frittelle di polpo) e gli *okonomiyaki* (una specie di pancake salato). La città vanta anche quattro ristoranti a tre stelle Michelin, uno dei quali è Hajime, la cui specialità è il *chikyu* ("pianeta Terra"), preparato con 110 erbe e verdure. Prima di lasciare la città, non perdetevi il Museo del ramen istantaneo Ando Momofuku.

Osservare la fauna selvatica di Arashiyama

Arrivati a Kyoto, raggiungete Arashiyama ("montagna della tempesta") e seguite senza fretta un percorso di 40 minuti che vi porterà al Parco delle scimmie di Iwatayama, abitato da oltre 170 macachi giapponesi che si aggirano liberi nel loro habitat naturale. È il posto perfetto per osservare questi animali giocosi e al tempo stesso ammirare la vista panoramica della città.

Visitare un tempio che è diventato una meraviglia naturale a Kyoto

Il Saiho-ji, di solito chiamato Kokedera, è un tempio buddhista Zen dell'VIII secolo e un Patrimonio dell'Umanità UNESCO che attrae i visitatori con il suo giardino di muschio intatto. Questo giardino a due livelli è la conseguenza fortuita di un'alluvione avvenuta durante il periodo Edo (1603-1867). Oggi, questa meraviglia naturale verdeggiante è curata e preservata meticolosamente dai monaci, e presenta più di 120 varietà diverse di muschio che rivestono il terreno con varie tonalità di verde.

Trovare la serenità nella Foresta di bambù di Sagano

Le dolci colline pedemontane del Parco nazionale di Arashiyama a Kyoto ospitano la caratteristica Foresta di bambù di Sagano. Il bosco verdeggiante è accessibile attraverso un tempio buddhista del XIV secolo, il Tenryu-ji. Provate la serenità

A FIANCO: Ciliegi in fiore costeggiano la ferrovia locale di Kyoto. A DESTRA: Una donna inginocchiata sui tatami per la tradizionale cerimonia del tè.

Un cuoco prepara delle specialità locali in un mercato notturno di Osaka.

straordinaria data dal vento che attraversa gli alberi elevati, producendo un suono frusciante, e dalla luce solare che filtra attraverso le piante e riempie lo spazio di un placido bagliore verde.

Sorseggiare il tè a Gion e Higashiyama

In quanto luogo di nascita del *sado*, la cerimonia del tè giapponese, gli storici quartieri di Gion e Higashiyama sono i posti perfetti per visitare i *machiya* (tradizionali case a schiera giapponesi in legno) e scoprire l'antica arte di preparare il tè a Kyoto. Durante un rituale eseguito sul tatami da un maestro del tè professionista, avrete la possibilità di conoscere la filosofia e l'etichetta della cerimonia del tè, oltre che di imparare le basi della preparazione del *maccha*.

Visitare monumenti antichi a Kyoto

Nella Città dei mille templi, il Kinkaku-ji, chiamato comunemente Padiglione d'oro, è collocato in mezzo a un grande stagno ed è il fiore all'occhiello della zona circostante. Il tempio prende il nome dalla foglia d'oro che copre tutta la parte esteriore dei due piani superiori dell'edificio, ed è stato giustamente definito uno dei 17 siti che fanno parte dei Monumenti storici dell'antica Kyoto.

Entrare nelle sale di un castello feudale

Il Castello di Nijo, la residenza degli shogun Tokugawa, si trova nel cuore di Kyoto e rappresenta il potere che gli shogun esercitavano sugli imperatori durante tutto il periodo Edo. Il castello è impressionante per il suo fossato e le mura esterne di pietra, oltre che per i paraventi dai dipinti elaborati che decorano l'interno. Gli edifici del palazzo sono probabilmente i migliori esempi rimasti dell'architettura di epoca feudale del Giappone.

DA NON PERDERE

- **Assaggiare le prelibatezze locali mentre si gira per i mercati di strada di Osaka.**
- **Camminare in mezzo a una frusciante foresta di bambù e visitare un tempio buddhista del XIV secolo.**
- **Sciare in montagne straordinarie e poi riposare le stanche membra presso sorgenti termali ricche di minerali.**

RUSSIA

LA FERROVIA TRANSIBERIANA

Questa leggendaria ferrovia vi porta attraverso la Russia, dal Cremlino ai villaggi d'altri tempi dell'entroterra.

Partite per uno straordinario viaggio in treno che attraversa un terzo del mondo, da Vladivostok, in Russia, al centro di Mosca lungo la leggendaria ferrovia Transiberiana. Seguite la storia di zar, esuli e Mongoli, dalla steppa mongola alle lontane rive del lago Baikal e agli innevati monti Urali. Scoprite le culture isolate e l'architettura straordinaria dei cottage di legno della Siberia e delle cupole a bulbo di Mosca.

Viaggiare in treno evoca un senso di nostalgia e di avventura, mentre si percorrono velocemente e con facilità grandi distanze, si visitano città e paesi remoti e si osserva la vita quotidiana in uno splendido scenario che cambia di continuo.

Non c'è modo migliore di avere una visione complessiva della Russia, la nazione più grande del mondo, e di esplorare tutta la sua ricca cultura e i tesori nazionali. National Geographic Expeditions offre un tour in questo Paese spettacolare a bordo del confortevole *Golden Eagle Trans-Siberian Express*.

Scesi dal treno, l'avventura vi aspetta. Con 11 fermate in località della Russia e della Mongolia, c'è tanto da vedere e da fare, dalla visita guidata del Cremlino durante l'ultima tappa a Mosca, all'esplorazione del Parco nazionale di Gorkhi-Terelj in Mongolia. Lungo il percorso, potrete ammirare appena fuori dal finestrino i panorami spettacolari del Selenga e della vasta campagna.

Consigli di viaggio

QUANDO ANDARE: È meglio programmare il vostro viaggio per il periodo della tarda primavera, da fine aprile a inizio giugno. Il clima è mite e il sole tramonta più tardi, permettendovi di avere più ore a disposizione per visitare i luoghi a piedi e osservare i panorami dai finestrini del treno.

ORGANIZZAZIONE: Il clima può cambiare da un posto all'altro mentre viaggiate attraverso la Russia, perciò mettete in valigia indumenti per vestirvi a strati.

SITI WEB: nationalgeographic.com/expeditions/; kosmo-museum.ru; lakebaikal.org; nationalmuseum.mn/

Cabine di lusso a bordo del *Golden Eagle*.

ITINERARIO DI 14 GIORNI

Giorno 1
Il viaggio inizia a Vladivostok, uno strategico avamposto navale che fu chiuso per gran parte del mondo dalla Seconda guerra mondiale fino alla fine della Guerra Fredda. Scoprite questa città moderna partecipando a un tour che comprende la stazione ferroviaria dipinta con colori vivaci e la chiesa ortodossa di Nostra Signora Addolorata. Visitate il Memoriale della Gloria della flotta del Pacifico e la nave a vapore *Krasny Vympel*, ammirate la città e la baia dalla piattaforma d'osservazione del Nido d'aquila, e passeggiate nello storico Cimitero della Marina militare di Vladivostok. Poi salite a bordo del *Golden Eagle* e partite per il viaggio attraverso la Russia.

Giorno 2
La prima fermata è Chabarovsk. Scendete a esplorare le vivaci piazze della città e visitate il Museo di storia naturale vicino al fiume Amur. Scoprite la flora e la fauna della regione e osservate i manufatti dei gruppi etnici indigeni, i Goldi e i Giliaki.

Giorni 3, 4 e 5
Mentre il treno supera dolci colline e villaggi siberiani fatti di case di legno, osservate la campagna remota in continuo mutamento che scorre sotto ai vostri occhi quando entrate nella vasta steppa mongola. Per raggiungere Ulan Bator, la capitale della Mongolia, ci vogliono due giorni di viaggio in treno, ma l'attesa vale la pena. La mattina del vostro arrivo, visitate il Museo nazionale per ripercorrere la storia di Genghis Khan ed esplorare la cultura dei nomadi della steppa. Poi andate al vicino Parco nazionale di Gorkhi Terelj per ammirare il paesaggio montano mentre camminate lungo i suoi sentieri, vedere una dimostrazione della cavalcata dei Mongoli e visitare un *ger* (tenda di feltro) tradizionale. A Ulan Bator potete anche assistere a uno spettacolo tradizionale di danza e canto armonico mongolo, durante il quale un cantante crea contemporaneamente toni multipli.

Giorno 6
Il treno corre attraverso la valle del fiume Selenga, che fluisce nel lago Baikal. Fermatevi a Ulan-Ude, la capitale della Repubblica di Buriazia che un tempo era un principale centro di scambio tra la Cina e Irkutsk. Fate una visita al villaggio dei Vecchi credenti, discendenti degli esiliati del XVII secolo, la cui cultura affascinante è cambiata di poco nel corso dei millenni. Ascoltateli mentre eseguono la loro straordinaria musica corale.

Giorno 7
Arrivate allo splendido lago Baikal, un sito Patrimonio dell'Umanità UNESCO soprannominato dagli abitanti della zona "mare sacro". Il bacino lacustre contiene quasi il 20 per cento di acqua dolce non congelata del mondo. La Roccia dello Sciamano del lago Baikal, un sito sacro per gli sciamani Buriati, è avvolta nella leggenda. Mentre il percorso del treno abbraccia le sponde rocciose e attraversa 33 gallerie, ammirate le viste spettacolari prima di fermarvi per una passeggiata lungo le rive. Poi esplorate il villaggio di Listvyanka dove le famiglie locali spesso ospitano i visitatori nelle loro case per prendere il tè.

Giorno 8
Irkutsk è un importante avamposto siberiano fondato dai Cosacchi nel 1652. All'inizio del XIX secolo, molti artisti, ufficiali e nobili russi vennero esiliati qui per il loro coinvolgimento nell'insurrezione decabrista. Visitate i monumenti storici della città e girate in mezzo a una deliziosa collezione di classici cottage russi e siberiani presso il Museo dell'architettura lignea. Poi assistete allo

A FIANCO: Il *Golden Eagle* costeggia la costa rocciosa del lago Baikal. A DESTRA: Shamanka, la Roccia dello Sciamano, si trova nel lago Baikal, il lago d'acqua dolce più profondo del mondo.

spettacolo del suono delle campane nella Casa-museo dei Decabristi.

Giorni 9, 10 e 11

Ammirate lo splendido panorama mentre la vasta taiga siberiana si dispiega nel corso del viaggio che dura tutto il giorno fino alla prossima fermata. A Novosibirsk, la città più grande della Siberia, fermatevi per qualche ora per vedere il teatro dell'opera e piazza Lenin. Poi proseguite per Ekaterinburg, dove l'ultimo zar di Russia, Nicola II, e la sua famiglia vennero uccisi dai Bolscevichi nel 1918. Visitate il sito in cui avvenne l'esecuzione dei Romanov, dove oggi sorge una chiesa dedicata alla loro memoria, e osservate le case di legno riccamente decorate della città.

Giorno 12

Esplorate Kazan', la capitale del Tatarstan, che sorge sulle rive del Volga. Visitate il Cremlino della città, la Moschea Qol-Särif dalla parte superiore turchese, e la cattedrale dei Santi Pietro e Paolo. Fate una visita al Conservatorio di Kazan' e assistete a un concerto eseguito dai suoi studenti. Poi partite per una crociera fluviale intorno alle mura del Cremlino della città prima di riprendere il viaggio per Mosca.

Giorni 13 e 14

Nel pomeriggio partecipate a un tour della città di Mosca e di sera a una passeggiata guidata attraverso la famosa Piazza Rossa. Al mattino è ora di esplorare il celebre Cremlino. Successivamente, visitate la cattedrale di San Basilio e ammirate i regalia della dinastia Romanov al Palazzo dell'Armeria. Poi andate a vedere il Monumento ai conquistatori dello spazio, che svetta nel cielo per circa 110 m di altezza.

DA NON PERDERE

- **Salire a bordo del *Golden Eagle Trans-Siberian Express* e viaggiare lungo una delle ferrovie più celebri del mondo.**
- **Fare una visita guidata approfondita del Cremlino.**
- **Sorseggiare il tè nel villaggio di Listvyanka, sulle rive dello splendido lago Baikal.**

Il Cremlino di Kazan' presenta delle strutture che risalgono al X secolo e al periodo musulmano del Khanato dell'Orda d'Oro.

INDIA

IL LATO SELVAGGIO DELL'INDIA

In cerca di rinoceronti, tigri, leopardi e orsi nei parchi nazionali dell'India.

Oltre le animate città dell'India, gli amanti della natura possono trovare tranquille aree protette brulicanti di animali selvatici. Anche se l'emblematica tigre del Bengala, animale nazionale dell'India, è l'attrazione principale per i turisti, nelle foreste di teck, nelle praterie, sulle montagne, nei fiume e in altri spazi naturali dell'India è possibile scorgere una quantità impressionante di animali selvatici, come leopardi, orsi e rinoceronti, solo per citarne alcuni.

In India ci sono oltre cento parchi nazionali, che occupano più di 40.404 km^2 di territori protetti. Molti parchi naturali del Paese un tempo erano riserve di caccia dei maragià, e più di 50 sono stati dichiarati riserve delle tigri. Secondo l'ultimo censimento disponibile, effettuato nel 2014 dal Wildlife Institute of India (WII), in India vivono 2226 tigri, il 70 per cento delle quali risiede in queste riserve delle tigri. Per esempio si era calcolato che il Parco nazionale di Nagarhole a Karnataka avesse più di 100 tigri residenti entro i suoi confini al tempo in cui è stato fatto il censimento. Il parco vanta anche centinaia di specie aviarie e la pantera nera, difficile da avvistare.

Se siete pronti a realizzare il sogno di vedere una tigre del Bengala in natura o se desiderate avvistare gli elefanti asiatici, i cuon alpini e altre specie raramente visibili al di fuori dei parchi zoologici, ecco sei luoghi eccezionali per osservare gli animali selvatici in India.

Consigli di viaggio

QUANDO ANDARE: Visitate il Nagarhole e il Keoladeo da ottobre a febbraio, il Satpura da novembre a febbraio, e l'Hemis da gennaio a marzo. Il Kaziranga è chiuso durante la stagione dei monsoni (da luglio a settembre) ed è meglio visitarlo da novembre a marzo.

ORGANIZZAZIONE: La conservazione è fondamentale per ciascuno di questi parchi e riserve naturali, perciò seguite le regole delle guide e rispettate tutti gli animali che incontrate.

SITI WEB: incredibleindia.org; nagarahole.com; kaziranga.co.in; keoladeonationalpark.com; satpura-national-park.com

Tantali variopinti si radunano al Bharatpur Bird Sanctuary del Parco nazionale di Keoladeo.

DOVE ANDARE

Parco nazionale di Nagarhole, Karnataka

Le foreste lussureggianti e i terreni paludosi del Parco nazionale di Nagarhole nell'India meridionale, chiamato anche Parco nazionale Rajiv Gandhi, costituiscono una delle mete principali del Paese per vedere le tigri. Il parco, incorniciato dalle colline dei Ghati occidentali, è pieno di profumati alberi di sandalo e di teck, fitti boschi di bambù e decine di tortuosi ruscelli. Un safari in jeep è la soluzione migliore per avvistare grandi felini, mentre scivolare lentamente a bordo di un *coracle*, ossia una piccola barca rotonda, lungo il fiume Kabini offre molte occasioni di vedere uccelli acquatici, coccodrilli ed elefanti indiani.

Parco nazionale di Kaziranga, Assam

Il Parco nazionale di Kaziranga nasce nel 1905 nelle pianure alluvionali del Brahmaputra come una riserva forestale con lo scopo di salvare il rinoceronte indiano dal rischio di estinzione. Dichiarato Patrimonio dell'Umanità UNESCO nel 1985, il Kaziranga è una delle ultime zone dell'India orientale in gran parte inviolata dall'uomo. Grazie alla protezione del Kaziranga, oggi vivono nel parco quasi due terzi della popolazione mondiale del rinoceronte indiano. Le numerose tigri della riserva si nascondono bene nella fitta giungla, ma potrete vedere bufali, barasinga a rischio d'estinzione, e delfini di fiume.

Parco nazionale di Keoladeo, Rajasthan

Situato tra le storiche città di Jaipur e Agra, il piccolo Parco nazionale di Keoladeo è il sogno degli ornitologi, con centinaia di specie aviarie presenti all'interno dei suoi confini. Questa riserva, che nel XIX secolo era terreno di caccia alle anatre dei maragià, è diventata un'area protetta per uccelli nel 1976 e un parco nazionale nel 1982. Attualmente è un sito Patrimonio dell'Umanità UNESCO e gioca un ruolo essenziale nella protezione degli uccelli migratori. Molte specie che seguono la rotta migratoria dell'Asia centrale, alcune delle quali sono in pericolo critico, passano l'inverno qui. Il parco, composto in parte da terreni acquitrinosi e in parte da savana, è pieno di tantali variopinti, e gli appassionati del birdwatching si divertono ad avvistare gru antigoni, spatole e ibis testanera.

A FIANCO: Alcuni visitatori osservano gli animali selvatici mentre attraversano il Parco nazionale di Keoladeo Ghana in risciò a pedali. SOPRA: Una pantera nera, spesso difficile da trovare, perlustra un sentiero nel Parco nazionale di Nagarhole.

Parco nazionale di Satpura, Madhya Pradesh

Il suggestivo Parco nazionale di Satpura, negli altopiani dell'India centrale, è un paradiso per fotografi. Praterie e foreste di un verde malachite sono pieni di gole e canyon a fessura, e nascondono templi e cascate. Nel parco vivono leopardi, volatili e orsi labiati, ma il pezzo forte è la grande varietà di specie di antilopini e cervi. Tenete gli occhi aperti per vedere tranquille mandrie di piccoli muntjak rossi meridionali, chital maculati dalle zampe lunghe, e sambar indiani e antilopi dalle splendide corna.

Parco nazionale di Hemis, Jammu e Kashmir

Situato ad altitudini elevate sull'Himalaya, il Parco nazionale di Hemis comprende cime innevate e tundra alpina all'estremità settentrionale dell'India. Molti visitatori arrivano d'estate, quando le bandiere di preghiera buddhiste sventolano al sole, ma nel parco si trovano tutto l'anno bellezze sparse da scoprire. L'inverno è la stagione migliore per avvistare la principale attrazione di questo parco remoto: i leopardi delle nevi (soprannominati "fantasmi grigi"). Il Wildlife Institute of India, citando una stima del 2013, ha riferito che in natura potrebbero essere rimasti tra i 3920 e i 6390 leopardi delle nevi. L'Hemis probabilmente ospita la popolazione più numerosa, ma gli avvistamenti sono rari.

Parco nazionale marino Mahatma Gandhi, Isole Andamàne

Il Parco nazionale marino Mahatma Gandhi è formato da 15 isole, coperte di foreste e circondate da barriere coralline, che ospitano gruppi etnici indigeni. Il turismo sta iniziando a prendere piede da poco qui e solo due isole, Jolly Buoy e Red Skin, che ospitano 560 specie identificate di corallo, sono aperte al pubblico. Osservate i cobra reali nei loro nidi e le mante che si cibano nella corrente.

DA NON PERDERE

- Cogliere l'occasione di vedere gli sfuggenti leopardi delle nevi nel Parco nazionale di Hemis.
- Esplorare il Parco nazionale di Kaziranga, un Patrimonio dell'Umanità UNESCO, per avvistare le tigri del Bengala.
- Osservare il cielo per vedere centinaia di specie aviarie nel Parco nazionale di Keoladeo.

Un sentiero escursionistico spruzzato
di neve segue un ruscello ghiacciato
nella Valle di Stok.

BORNEO

NEL CUORE DEL BORNEO

La splendida e selvaggia isola del tesoro del Sud-est asiatico.

Esplorare l'isola del Borneo nel Sud-est asiatico è come un infinito momento di meraviglia. Ci sono invitanti giungle umide, ricche di segreti pronti per essere scoperti mentre camminate lungo sentieri fangosi o scivolate lungo fiumi sinuosi a bordo di un'imbarcazione tradizionale. Al largo vi aspettano barriere coralline straordinarie, mentre nell'entroterra si trovano imponenti montagne nebbiose. E poi ci sono le spettacolari grotte carsiche e i lodge delle giungle, nascosti in riserve naturali incontaminate. In questa Zootropolis del mondo reale, in cui vivono 44 mammiferi endemici e una strabiliante varietà di uccelli, potrete trovarvi faccia a faccia con la scimmia nasica, dal naso incredibilmente lungo, o l'orango del Borneo. Qui si nascondono anche il tarside, che sembra una creatura uscita da *Star Wars*, il piccolo orso del sole birmano e l'elefante pigmeo del Borneo. E in ogni momento sbuca fuori una rana volante o una lucertola accattivante.

Gli incontri indimenticabili sono all'ordine del giorno sulla terza isola più grande del mondo. A nord, il Borneo malese si presenta come un microcosmo dell'isola relativamente accessibile, dall'aspro entroterra alla splendida Isola Gaya, mentre la parte meridionale dell'Indonesia e l'indipendente Brunei offrono esperienze caratteristiche della zona. Lasciando da parte i confini politici, l'intera massa continentale prepara lo scenario per un safari sconfinato per osservare animali selvatici che ricorderete a lungo.

Consigli di viaggio

QUANDO ANDARE: Il periodo di alta stagione va da giugno a settembre; organizzate il viaggio con mesi i anticipo. La stagione dei monsoni (da novembre a febbraio) allaga le foreste del bacino idrografico del Kinabatangan e permette di accedere alle lanche che attirano gli animali selvatici.

ORGANIZZAZIONE: La maggior parte dei turisti internazionali arrivano all'aeroporto di Kota Kinabalu, nel Borneo malese. Usate zanzariere e antizanzare per proteggervi dalla malaria e dalla febbre dengue.

SITI WEB: bruneitourism.com; sabahtourism.com; sarawaktourism.com; sabahparks.org.my

Un orango nel Parco nazionale di Tanjung Puting.

COSA FARE

Un giro nella zona selvaggia a Sabah

Gli amanti delle avventure adrenaliniche di solito rivolgono la loro attenzione allo stato malese del Sabah, all'estremità settentrionale dell'isola, e lo fanno per ottime ragioni: inoltrarsi nella giungla, avvistare animali rari durante i safari, immergersi tra le barriere coralline, esplorare le grotte e scalare le montagne più alte dell'isola, solo per darvi un'idea.
Attraversate la cupola della giungla sulle passerelle sospese della Riserva forestale di Kabili-Sepilok, sulla costa orientale. Da ponti che si trovano a 15 m da terra, potrete scrutare gli alberi in cerca di uccelli tropicali come trogonidi e i buceri neri. Tornate al crepuscolo per vedere gli animali notturni come le raganelle e i tarsidi simili ad alieni. Il giorno successivo, osservate il momento del pasto al Sepilok Orangutan Rehabilitation Centre, dove gli oranghi ristabiliti vengono reintrodotti in natura. Nel vicino Bornean Sun Bear Conservation Center, potete vedere da vicino l'orso più piccolo del mondo. Partecipate a una crociera-safari lungo il fiume Kinabatangan, attraverso un paese delle meraviglie allagato, che pullula di biodiversità, comprese diverse specie di primati e una serie di uccelli variopinti. Esplorate le vicine grotte di Gomantong, che ospitano migliaia di pipistrelli e di uccelli del genere Collocalia, oltre a scorpioni e scarafaggi.
Per avere l'occasione di vedere il fior fiore delle specie animali insolite, andate alla Riserva faunistica di Tabin. Tra i suoi abitanti ci sono gli elefanti pigmei, i banteng, i gatti leopardo e i gatti marmorizzati, gli scoiattoli volanti e i binturong (gatti orsini). Fate un'escursione su uno dei sette vulcani gorgoglianti di fango della riserva, che servono come blocchi di sale ricchi di minerali per gli animali selvatici della zona, e salite alla torretta panoramica per ammirare ampie vedute del territorio circostante. In un'altra riserva, l'incontaminata Danum Valley Conservation Area, è possibile fare escursioni guidate per esplorare la giungla in cerca di specie rare come il gibbone di Müller e il presbite marrone.

A FIANCO: Un fiume attraversa la lussureggiante Valle del Danum. SOPRA: Gibboni di Müller saltano tra le chiome degli alberi della Riserva faunistica di Tabin.

Durante la stagione secca (da marzo ad agosto), fate delle escursioni lungo i ripidi pendii del monte Kinabalu, coronato da spettacolari guglie di granito. È il punto più alto tra l'Himalaya e la Nuova Guinea, ed è il primo sito Patrimonio dell'Umanità UNESCO della Malaysia. Nelle giornate limpide, la vista dalla cima può spaziare fino alle Filippine.
Dalla capitale di Sabah, Kota Kinabalu, prendete il traghetto per l'Isola Gaya, dove i giardini di corallo offrono un paradiso per tartarughe verdi a rischio di estinzione, pesci pagliaccio e cavallucci marini, oltre a straordinarie opportunità di fare snorkeling e immersioni subacquee.

Attraversare il Sarawak a piedi

Lungo la costa nordoccidentale del Borneo malese, il Sarawak offre un facile accesso a foreste pluviali equatoriali, altopiani e leggendarie grotte di pipistrelli, oltre alle ricchezze culturali di Kuching, la movimentata capitale del Sarawak.
Scoprite le scogliere a picco e le baie sabbiose del Parco nazionale di Bako, spostandovi da Kuching a bordo di un veicolo e di una lancia.
Sentieri ben segnati conducono a caratteristici faraglioni, spiagge solitarie e colline coperte di vegetazione.
Lungo il cammino incontrerete le scimmie nasiche e i macachi cinomolghi che vivono nella regione, oltre a centinaia di specie aviarie.
Successivamente, fate un'escursione tra le case lunghe seguendo antiche strade forestali nei remoti altopiani Kelabit.
Scivolate lungo il fiume Santubong, cercando con lo sguardo i coccodrilli e la rara orcella asiatica mentre attraversate la foresta di mangrovie. Salite a bordo di un'imbarcazione tradizionale per una crociera sul fiume nel Parco nazionale di Batang Ai, che ospita i famosi cinghiali barbati e gli sfuggenti oranghi selvatici che potrete scorgere mentre camminate lungo i sentieri della giungla.
Andate a esplorare il complesso sistema di grotte del Parco nazionale di Gunung Mulu, un sito Patrimonio dell'Umanità UNESCO. Nella Grotta del Cervo, il passaggio cavernoso più grande del mondo, si è stabilita una colonia di più di tre milioni di pipistrelli. Seguite una guida locale per una passeggiata notturna tra le lucciole brillanti e i funghi luminescenti del parco.

Un'esperienza rara nel Brunei

L'indipendente sultanato del Brunei taglia in due il Borneo malese. Anche se i turisti internazionali spesso lo saltano, questa piccola nazione è ricca di foreste pluviali protette che non aspettano altro che essere esplorate. I viaggiatori intrepidi sono

La grotta Gua Air Jernih del Parco nazionale di Gunung Mulu è l'ottava grotta più lunga del mondo.

ricompensati con immersioni eccezionali nelle barriere coralline e tra i relitti della Seconda guerra mondiale. A Bandar Seri Begawan, la capitale dorata, una passerella lunga 37 km collega un esteso insediamento su palafitte. Kampong Ayer, risalente a 600 anni fa, è considerato il più grande villaggio sull'acqua del mondo.

Per vivere un'autentica esperienza in mezzo alla natura, salite a bordo di una lancia per fare un giro emozionante lungo i corsi d'acqua serpeggianti del Parco nazionale di Ulu Temburong, accessibile solo attraverso tour guidati (e agli studiosi che arrivano in gran numero per le loro ricerche). Salite i gradini che portano a una torre e a una passerella tra le chiome degli alberi, seguite le farfalle nella giungla lungo brevi percorsi e nuotate nelle cascate e nei torrenti montani.

La natura al massimo dello splendore nel Kalimantan

L'Indonesia rivendica un ampio tratto della parte meridionale dell'isola del Borneo chiamato Kalimantan. Avventuratevi in questo territorio coperto dalla giungla per scoprire la natura allo stato puro. Esplorate il sinuoso fiume Sekonyer a bordo di un'imbarcazione tradizionale, o *klotok*, e tenete gli occhi aperti per vedere gli oranghi selvatici e le scimmie nasiche che oscillano tra gli alberi. Con una guida locale visitate il Camp Leakey, avamposto della ricerca sugli oranghi, fondato nel 1971 nel remoto Parco nazionale di Tanjung Puting da Birute Galdikas, un'allieva del famoso antropologo Louis Leakey.

Gli escursionisti più audaci possono attraversare tutto il Borneo seguendo un grandioso cammino lungo più di 885 km nell'aspro entroterra: un viaggio di 16 giorni da est a ovest. In alternativa, affrontate escursioni più brevi attraverso i nebbiosi monti Meratus.

I subacquei raggiungono le Isole Derawan nel mare di Celebes per vedere da vicino le mante e le tartarughe verdi che vengono in queste acque cerulee per nidificare.

DA NON PERDERE

- **Esplorare la Riserva naturale di Tabin, dove vivono nove specie di primati, tre specie di felini e circa 220 specie di volatili.**
- **Scendere nel complesso sistema di grotte del Parco nazionale di Gunung Mulum, un sito Patrimonio dell'Umanità UNESCO.**
- **Salire a bordo di un'imbarcazione tradizionale e scivolare lungo i corsi d'acqua della giungla.**

PROSPETTIVE

La cultura racchiusa in un pasto in Afghanistan

di Paul Kvinta

NON RIESCO A VEDERE IL VOLTO DELLA DONNA, ma non perché lei indossi un burka come fanno molte donne a Kabul. È perché non apre la porta d'ingresso più di cinque centimetri. Mi fissa da dietro la catena di sicurezza e biascica qualcosa a un cellulare. Dopo quella che sembra un'eternità, chiude la conversazione e dice qualcosa in Dari al mio autista che sta accanto a me.

"Faheem è bloccato nel traffico", mi comunica. "Sarà qui fra 30 minuti. La signora dice che puoi entrare ad aspettarlo".

Faheem è il noto direttore di un giornale di Kabul e mi ha invitato al suo appartamento per cena.

Sua moglie spalanca la porta e mi fa cenno di entrare. Porta un copricapo azzurro e accenna un sorriso. È timida e ospitale. Mi tolgo le scarpe, com'è usanza, e lei mi conduce in silenzio in una stanza lontana dall'ingresso principale. Dopo se ne va, chiudendo la porta dietro di sé. Non la vedrò più.

Non ci sono mobili nella stanza, solo un tradizionale tappeto afgano e un televisore con tre bambini spaparanzati davanti che giocano ai videogiochi.

Mi lanciano un'occhiata indifferente e continuano a giocare. Mi siedo anch'io sul tappeto. Dopo pochi minuti sento la voce della donna provenire dall'altra stanza, e il più grande dei bambini, un maschio di circa otto anni, posa il suo controller ed esce dalla stanza. Quando torna, porta un vassoio con una teiera di fumante tè verde, e una tazza e un piattino di porcellana. Riempie la tazza per me, poi riprende a giocare con il suo videogioco.

Quasi subito la madre lo chiama di nuovo. Questa volta torna da me con una ciotola di pistacchi. Fa per riprendere il controller, ma la voce ferma della madre

SOTTO: **Una melagrana tagliata a metà per mostrare i semi rosso rubino.**
A FIANCO: **Un uomo vende del *naan* dalla sua bancarella a Kabul.**

lo interrompe ancora una volta. Mi porta una ciotola di datteri, poi una di pinoli, poi ancora la teiera. Per il resto della serata, rimane vigile sul posto. La mia tazza non è mai vuota.

Mentre spilucco questi spuntini e aspetto il padre del bambino, rifletto su questa ospitalità straordinariamente gentile e generosa, che ho incontrato dappertutto in Afghanistan. Offrire agli ospiti il meglio che si ha è uno dei famosi principi di questa cultura. Nessuno lo sa meglio della donna dietro quella porta, anche se non le è permesso servirmi di persona. Allora lo fa attraverso il figlio, prevedendo ogni mia necessità.

Faheem arriva, mi dà un caloroso benvenuto e abbraccia i suoi figli. I piccoli corrono via, ma il maggiore di otto anni continua a darsi da fare. Mentre io e suo padre siamo assorti in una chiacchierata, il bambino spiega sul tappeto davanti a noi un *dastarkhan*, la tovaglia tradizionale. Poi ci dà una bacinella e un vaso di rame, versandoci l'acqua sulle mani, e ci porge il sapone e un asciugamano.

Presto compaiono diversi piatti colmi di cibo: prima pezzi di pane *naan* caldo a forma ovale conditi con semi di sesamo, seguiti da *dolma* (foglie di vite ripiene di riso), carne tritata e spezie. Poi arriva il *palao*, un pilaf con uvetta, carote e noci; e il *qorma*, uno stufato di agnello con cipolle e coriandolo. Mangiamo alla maniera tradizionale, con la mano destra, usando il *naan* per prendere ogni pietanza. Il cibo intanto continua ad arrivare: yogurt, arance, melagrane, baklava al miele. Non solo il risultato finale si avvicina al nirvana del gusto, col salato squisitamente in contrasto col dolce e le spezie che danzano leggere sulla mia lingua, ma il *dastarkhan* su cui sono disposti i piatti suggerisce un'opera d'arte ricca di colori.

Per due ore Faheem mi intrattiene con delle storie: di come ha perso un occhio durante la guerra russo-afghana, di come si trovasse nella stessa stanza con Ahmad Shāh Massoūd quando il leggendario leader dell'Alleanza del Nord è stato assassinato dai combattenti di Al Qaida. Ma per quanto tutto questo sia interessante,

i miei pensieri continuano a tornare alla donna nella stanza accanto.

La immagino affettare, tagliare a cubetti, bollire e friggere instancabilmente in una cucina senza dubbio soffocante. Ma almeno le piacerà cucinare, mi chiedo? Ha qualche hobby? Condivide le idee politiche del marito? E le esprime?

È tardi quando alla fine Faheem mi accompagna alla porta. Mi rimetto le scarpe e lo ringrazio per la cena straordinaria e la conversazione coinvolgente.

È stato suo il piacere, mi assicura, e mi promette che parleremo ancora. Mentre mi avvio nella gelida sera invernale, sento lo stomaco caldo, pieno e soddisfatto. Quanto alla moglie di Faheem, la cuoca favolosa, non ho mai saputo il suo nome.

• *Paul Kvinta è un giornalista che vive ad Atlanta, in Georgia.*

A FIANCO: **Piatti tradizionali afgani serviti in stile familiare.**
SOPRA: **Torte e biscotti afgani vengono condivisi con gli ospiti.**

INDIA

SAFARI DEL RAJASTHAN E FIERA DEL PUSHKAR

Crogiolatevi nello splendore regale di un safari indiano e di una festa tradizionale.

Nel regale stato del Rajasthan, nell'India nordoccidentale, sorge dalle sabbie color rame un tesoro architettonico, fatto di forti medievali in pietra, templi Maru-Gurjara del VI secolo, palazzi riccamente ornati, antiche rovine con incisioni raffinate, le leggendarie città blu e rosa di Jodhpur e Jaipur, e la regale Udaipur con i suoi sontuosi palazzi di marmo bianco e i giardini maestosi. Il regale Rajasthan vanta anche il Parco nazionale di Ranthambore, uno dei posti migliori dell'India per vedere e fotografare le tigri del Bengala, e ospita l'annuale Fiera del Pushkar, o Pushkar Mela, uno dei mercati di cammelli più antichi del mondo nonché uno dei caratteristici festival culturali e religiosi dell'India.

Per rendere l'avventura in questo Paese più significativa e memorabile, resistete alla tentazione di vedere in una volta tutte le principali mete turistiche del Rajasthan. Invece, visitate in modo approfondito Jaipur, la capitale e la città più grande del Rajasthan, e dedicate molto tempo a esplorare il Ranthambore e scoprire lo spettacolo, i suoni e gli odori pungenti (prevedibili quando si radunano migliaia di cammelli) della Fiera di Pushkar.

Questo viaggio straordinario è un itinerario ad anello di sei giorni che parte e termina a Jaipur. Durante il percorso ci sono occasioni di osservare animali selvatici e il gran finale consiste in due giorni frenetici tra le folle di commercianti di cammelli, turisti e pellegrini che si riuniscono a Pushkar.

Consigli di viaggio

QUANDO ANDARE: La fiera annuale di Pushkar ha luogo a ottobre o novembre e dura due settimane. Visitatela durante la prima settimana per vedere lo scambio commerciale di cammelli e le competizioni della fiera. La seconda settimana è dedicata alle attività religiose.

ORGANIZZAZIONE: Il modo più semplice per spostarsi nel Rajasthan e per raggiungere la fiera è con auto e autista privati, o insieme un gruppo di piccole dimensioni o con viaggi personalizzati come quelli proposti da G Adventures o Kensington Tours.

SITI WEB: tourism.rajasthan.gov.in; gadventures.com; kensingtontours.com; deraamer.com; khemvillas.com; sewara .com/property/history-pushkar-resort

Fiori raccolti per le offerte *puja*.

ITINERARIO DI 6 GIORNI

Giorno 1

Di mattina fate il giro di Jaipur in tuk-tuk (risciò motorizzato). Nota come la città rosa per la prevalenza di edifici dipinti di un rosa terracotta (il colore è stato scelto per dare una tonalità calda e accogliente per la visita reale del principe Alberto, consorte della regina Vittoria, nel 1853), Jaipur è un affascinante labirinto di bazar, giardini e palazzi. Entrate nel Chandra Mahal del City Palace, o "Palazzo della luna", una dimora di sette piani dei maragià (il piano terra è aperto al pubblico). Visitate il gioiello di arenaria rossa e rosa della città, il "Palazzo dei venti". Guardate che ore sono usando la meridiana di pietra più grande del mondo presso l'Osservatorio del Jantar Mantar del XVIII secolo, Patrimonio dell'Umanità UNESCO. Poi scoprite il lato selvaggio della città pernottando nelle tende rustiche o lussuose del Dera Amer, un campeggio immerso nella natura e una riserva faunistica a nord della città.

Giorno 2

Iniziate la giornata con un intenso allenamento cardio: i 10 minuti di salita lungo la "Collina delle aquile" fino al Forte Amber. La ripida pendenza rende la salita impegnativa (un'ambulanza è stazionata in cima alla collina), ma vale assolutamente la pena per il panorama della città rosa che si vede di sotto e per i cortili raffinati, i mosaici complessi e le maestose sale all'interno del magnifico complesso del forte. Dedicate la giornata a una tripletta di forti di Jaipur, visitando anche i forti Nahargarh e Jaigarh.

Giorno 3

Dirigetevi a sud, verso il Parco nazionale di Ranthambore, situato a circa tre ore e mezza di distanza in auto. In passato terreno di caccia privato dei maragià di Jaipur, i 391 km^2 di fitte foreste e pianure aperte del parco ospitano un assortimento di animali esotici, tra cui tigri, leopardi, orsi labiati e coccodrilli palustri dal naso camuso. Partite per un safari in jeep nel tardo pomeriggio per vedere le tigri reali del Bengala del Ranthambore che si aggirano regolarmente tra le rovine fatiscenti dell'antico complesso del Forte Ranthambore. Passate la notte appena fuori dal parco in una tenda di lusso al Khem Villas.

Giorno 4

Svegliatevi prima del sorgere del sole per un safari in jeep all'alba attraverso il parco o il Chambal River Safari (proposto da Khem Villas) per vedere i gaviali del Gange in pericolo critico. Osservare gli animali sia nel tardo pomeriggio sia di mattina presto aumenta il numero di animali che vedrete. Dopo il safari via terra o via acqua, proseguite a est (per circa sei ore) fino a Pushkar. Nel tardo pomeriggio visitate il lago di Pushkar, uno dei luoghi più sacri dell'India (si crede che immergersi nelle acque del lago possa lavare via i peccati), per vedere i pellegrini induisti che fanno il bagno presso le 52 *ghat* (scalinate sull'acqua) che circondano il lago. Pernottate al Green House Resort, un boutique hotel ecologico, o in una villetta del tranquillo Pushkar Resorts per riposare in vista della prima giornata frenetica che vi attende l'indomani alla Fiera di Pushkar.

Giorno 5

Immergetevi nel "mare di umanità" per vivere appieno quel turbinio di sabbia, animali e attività incessanti che è la Fiera di Pushkar. Programmare la vostra visita in modo da farla coincidere con i primi giorni della fiera dedicati ai festival vi offre l'opportunità di vedere gare come quella dei "baffi più lunghi", partite di cricket, corse di cammelli e concorsi di bellezza. Passate l'intera giornata ad ammirare lo spettacolo: il vivace scambio commerciale di bestiame, i cammelli ornati di elaborati accessori decorati con gioielli e selle variopinte, ed esibizioni di musica e danza.

Giorno 6

Arrivate presto alla fiera per fare un safari mattutino a dorso di cammello nel Deserto del Thar e vedere i cammelli e i commercianti prima che arrivino le folle di persone. Non lasciate Jaipur senza aver assaggiato alcuni dei cibi di strada del Rajasthani che trovate alla fiera, come gli appaganti *rabdi malpua* (pancake fritti, dolci e leggermente croccanti), *idli* (torte di riso cotte al vapore) e *dal vada* (polpette di lenticchie fritte).

A FIANCO: Una giovane tigre del Bengala si riposa su un albero. Al mondo sono rimaste meno di 2500 tigri del Bengala. SOPRA: L'Hawa Mahal (Palazzo dei venti) si affaccia sul Sireh Deori Bazar.

DA NON PERDERE

- Vedere palazzi e forti splendidi durante un tour in tuk-tuk di Jaipur, la città rosa.
- Partecipare a safari in jeep e in barca per osservare tigri e coccodrilli a rischio di estinzione.
- Scoprire la colossale Fiera di Pushkar, uno dei più antichi mercati di cammelli.

SRI LANKA

LE COLLINE DELLO SRI LANKA

Lussureggianti paesaggi verdi e rilassanti evasioni tra le piante di tè.

Lontano dal caos delle città costiere densamente popolate dello Sri Lanka, il ritmo frenetico si calma e le temperature si abbassano a mano a mano che si sale di altitudine. Le palme lasciano il posto a piantagioni di spezie profumate con file di alberi di cannella autoctoni, la cui corteccia viene esportata sin dai tempi degli antichi Egizi. Oltre le dolci colline e i laghi delle valli, le cime più alte sono rivestite di foreste sempreverdi. Qui si estendono nell'entroterra dello Sri Lanka giungle selvagge e terrazze nebbiose di piante del tè. Una grande striscia degli altopiani centrali si è guadagnata il titolo di Patrimonio dell'Umanità UNESCO nel 2010: è lo Sri Lanka più selvaggio e affascinante. Parchi nazionali e riserve forestali proteggono praterie e foreste nebulose che ospitano piante endemiche e animali rari e insoliti, tra cui scoiattoli giganti dello Sri Lanka, langur dalla faccia viola, lori gracili e leopardi dello Sri Lanka. Le cime degli alberi risuonano del cinguettio di turdidi, pigliamosche del Vecchio Mondo, picnonotidi e silvidi. Nascosti in mezzo a un territorio collinare si trovano sacri siti religiosi e stazioni di montagna inglesi, residui dei 152 anni di dominio coloniale del paese. File su file di tè in siepi ordinate coprono il territorio, facendo dello Sri Lanka il quarto maggior produttore di questa bevanda. Vagoni ferroviari affollati, costruiti per trasportare il tè alla costa, oggi portano i turisti in viaggio tra Ella e Kandy, un percorso in treno tra i più panoramici del mondo. Salite a bordo per vedere quello che le colline dello Sri Lanka hanno da offrire.

Consigli di viaggio

QUANDO ANDARE: Per via delle stagioni dei monsoni alternate dello Sri Lanka, è fondamentale programmare il viaggio nel periodo giusto. Rimanete negli Altopiani Centrali (e nelle spiagge meridionali) tra dicembre e marzo, quando il clima è più secco e ci sono più turisti, o nel periodo di bassa stagione ad aprile e settembre per evitare gran parte delle piogge e delle folle di turisti.

ORGANIZZAZIONE: Leggete *Elephant Complex* di John Gimlette prima di partire. Il diario di viaggio esplora la storia e le complessità dello Sri Lanka conseguenti alla recente guerra civile.

SITI WEB: srilanka.travel; nationalgeographic.com/expeditions

Il Tempio del Dente a Kandy.

ITINERARIO DI 7 GIORNI

Giorno 1
La frenetica capitale Colombo (un porto importante a partire dal V secolo) mescola elementi nuovi e storici. Osservate i tessuti colorati, le maschere di demoni e le armi coloniali nel Museo Nazionale che si sviluppa su due piani, poi seguite la passeggiata del Galle Face Green, un parco cittadino che si estende per 500 m lungo la costa, per guardare i pellicani appollaiati e gli aquiloni in volo sulla spiaggia. Prendete un tuk-tuk per arrivare al forte del XVII secolo, dove l'ex ospedale della Compagnia olandese delle Indie orientali oggi ospita alcune boutique e ristoranti di alto livello. Pranzate al Ministry of Crab per gustare succulenti granchi locali, serviti cotti al forno, imburrati, conditi con curry o con aglio e peperoncino.

Giorno 2
Andate verso le colline passando per Hatton e Dalhousie, piccole cittadine a nord-est del Picco di Adamo, alto 2243 m e venerato da molte delle principali religioni. Sulla vetta del monte, chiamato anche Sri Pada, che in sanscrito significa "piede sacro", sorge un monastero all'interno del quale si trova una grande impronta di piede, lunga 1,8 m. I Buddhisti credono che sia stata fatta da Buddha stesso, gli Induisti dicono che appartiene al dio Siva, mentre i Cristiani sostengono che sia l'impronta di San Tommaso. Durante la stagione dei pellegrinaggi, tra dicembre e maggio, i devoti si mettono in fila al buio per salire più di 5000 gradini malridotti e raggiungere la vetta all'alba (i visitatori possono compiere l'escursione di quattro ore fino alla cima in qualsiasi momento della giornata). Sulla cima, ammirate il panorama dall'alto dei fiumi e delle foreste della Peak Wilderness Protected Area che occupa un'area di 224 km^2 intorno al sito.

Giorni 3 e 4
Proseguite a est per Nuwara Eliya, un'ex stazione di montagna inglese che conserva gran parte del suo fascino coloniale. Lungo la strada panoramica, fermatevi per vedere due cascate del fiume Kotmale Oya in rapida successione. Piantagioni di tè di Ceylon ben consolidate, che crescono nella regione a partire dagli anni Sessanta dell'Ottocento, si estendono nelle colline oltre la città. Partecipate a un tour per attraversare le file di piante che arrivano all'altezza del fianco e imparare a riconoscere le foglie più pregiate mentre aiutate le raccoglitrici, che per tradizione sono donne, a staccarle dalla pianta. Nel vicino Parco nazionale delle pianure di Horton, le pianure dell'altopiano collegano Kirigalpotta (2395 m) e Totapola (2357 m), due delle montagne più alte del paese. La topografia variegata, dai fiumi e dai laghi alle praterie e alle foreste nebulose, assicura una grande assortimento di piante, tra cui i profumati rododendri selvatici e i fiori *nelu* che fioriscono solo una volta ogni 12 anni. Un sentiero ad anello di 9 km dal centro visitatori offre l'opportunità di vedere alcuni animali locali: sambar indiani, scoiattoli autoctoni, lontre di fiume e uccelli variopinti. Una specie endemica di loris, un piccolo primate notturno, si nasconde nel parco, ma non aspettatevi di vederne uno: possono passare decenni tra un avvistamento e l'altro.

Giorno 5
Le mandrie di elefanti selvatici delle pianure di Horton sono state cacciate fino a provocarne l'estinzione più di un secolo fa. Quindi vale la pena fare una deviazione di quattro ore a sud fino al Parco nazionale Udawalawe, che ospita alcune centinaia di questi giganti ed è uno dei luoghi del Paese dov'è più facile vederli. Le jeep sobbalzano attraversando prati, terreni con arbusti e foreste fluviali, in cerca di gruppi che fanno il bagno o intenti a mangiare. È probabile che lungo il percorso incontriate altri abitanti dell'Udawalawe, come

A FIANCO: I danzatori si esibiscono alla processione del Kandy Esala a Kandy, un sito Patrimonio dell'Umanità UNESCO.
SOPRA: Lo splendido paesaggio verde delle colline dello Sri Lanka.

Un treno attraversa il Nine Arches Bridge.

coccodrilli, scimmie e alcune delle 210 specie di uccelli migratori e stanziali.

Giorno 6

La vivace Ella è il centro della Hill Country, e molte piantagioni di tè ne circondano la periferia. Nel 1890, un imprenditore scozzese di nome Thomas Lipton comprò 2225 ettari delle colline circostanti e iniziò a costruire il suo impero del tè. Al Lipton's Seat, un punto d'osservazione fuori dalla città, osservate le file e le spirali interminabili di piante di tè, che formano delle ordinate striature verdi nel paesaggio. Si dice che lo strano nome del punto d'osservazione sia un riferimento all'abitudine dello stesso Sir Thomas di sedersi lì ad ammirare tutto il paesaggio. Successivamente andate a visitare l'Uva Halpewatte Tea Factory, una grande e celebre fabbrica del tè che venne costruita nel 1940 e lavora ancora separatamente i tè delle singole piantagioni. Scoprite il processo di lavorazione, la produzione e la storia del famoso tè di Ceylon della regione.

Giorno 7

Tornate indietro al limite degli altopiani attraverso un suggestivo percorso ferroviario che arriva a Kandy. Il treno azzurro avanza piano sul Nine Arch Bridge che attraversa la gola di Ella, mentre prosegue il suo lento viaggio di sette ore verso nord, passando davanti a cascate, piccoli villaggi e foreste (per le foto migliori, scegliete posti in seconda classe, perché nelle carrozze di prima classe con l'aria condizionata i finestrini non si aprono). Kandy fu la capitale dell'ultima resistenza singalese per l'indipendenza dello Sri Lanka, e passò sotto il dominio coloniale solo nel 1815. Esplorate l'architettura tradizionale della città.
Non perdetevi il Tempio del Dente sulla riva del lago. Il complesso venerato ospita una reliquia sacra, un canino che si dice sia appartenuto a Buddha, nascosto in un piccolo scrigno dorato, visibile solo durante la *puja* (preghiera).

DA NON PERDERE

- Raccogliere e sorseggiare il tè di Ceylon in splendide piantagioni terrazzate.
- Fare un sinuoso viaggio panoramico in treno tra colline ricoperte di giungle e cascate.
- Scoprire la cultura e la religione singalese con tradizionali spettacoli di danza e una visita al Tempio del Dente a Kandy.

MYANMAR

MYANMAR VIA TERRA, VIA ARIA E VIA MARE

Scoprite affascinanti templi buddhisti e paesaggi incontaminati in un Paese a lungo proibito.

Dopo essere stato chiuso alla maggior parte dei viaggiatori per quasi 50 anni, mentre veniva governato da una giunta militare, il Myanmar ha iniziato ad aprirsi. Decenni di isolamento hanno fatto sì che il Paese conservi ancora siti straordinari praticamente inviolati che sono poco conosciuti dal mondo esterno. Questo isolamento comporta anche che ci possano essere strade non sviluppate e dissestate, inoltre per raggiungere i luoghi d'interesse più remoti ci possono volere molte ore, ma gli avventurieri audaci, pronti alle sfide, possono essere tra i primi visitatori a vedere le meraviglie del Paese.

Il 90 per cento della popolazione del Myanmar pratica il Buddhismo, un retaggio culturale che si riflette sugli innumerevoli siti sacri birmani, dalla Pagoda Shwedagon e dalla Roccia d'Oro alle migliaia di templi sparsi per l'antica città di Bagan. Dei 10.000 templi costruiti sulla pianura di Bagan tra il IX e il XIII secolo, ne restano circa 2200, tra cui la pagoda dorata di Shwezigon e il Tempio di Ananda con le sue quattro statue di Buddha alte 9,5 m rivolte nelle direzioni dei punti cardinali.

Nel Myanmar c'è molto altro oltre ai templi. Potrete assaggiare lo sfrigolante cibo di strada birmano al mercato notturno che si svolge sulla riva del fiume a Yangon, visitare incantevoli villaggi galleggianti sul lago Inle, rifugiarvi nelle isole tropicali disabitate dell'arcipelago di Mergui nel mare delle Andamane e fare una crociera lungo il famoso fiume Irrawaddy, il leggendario corso d'acqua che Rudyard Kipling chiamò la "strada per Mandalay".

Consigli di viaggio

QUANDO ANDARE: Da novembre a febbraio si trova il clima migliore, con giornate calde e secche. Gli alberghi possono riempirsi in fretta, perciò prenotate con largo anticipo; ottobre è un'ottima alternativa. Il periodo da novembre a maggio offre le condizioni migliori per fare immersioni e giri in barca, con il mare calmo e il vento stabile.

ORGANIZZAZIONE: Per visitare i siti sacri per i Birmani, sia gli uomini sia le donne devono avere ginocchia e spalle coperte, e devono togliersi le scarpe prima di entrare.

SITI WEB: myanmar.travel; burmaboating.com; intrepidtravel.com; balloonsoverbagan.com; nationalgeographic.com/expeditions

L'arcipelago di Mergui nel Myanmar.

COSA FARE

Un giro in mongolfiera sopra Bagan

È uno spettacolo caratteristico: mongolfiere che fluttuano dolcemente, vagando sulle migliaia di templi della pianura di Bagan. Attualmente sono tre le compagnie che offrono voli. La prima a essere stata fondata, Balloons Over Bagan, è in attività da 20 anni. Durante la stagione dei voli in mongolfiera (da ottobre a marzo), i passeggeri si radunano prima dell'alba, quando è ancora scuro, per guardare i palloni aerostatici che vengono riempiti di aria, e prendono il volo alle prime luci per guardare l'alba che illumina i templi secolari con dei bagliori rosati. Per 45 minuti volerete dove il vento deciderà di portarvi, sopra un antico territorio punteggiato di templi, pagode e stupa, la più antica delle quali risale all'XI secolo.

Visitare i villaggi galleggianti del lago Inle

Il lago Inle, una striscia di azzurro in una valle tra due catene montuose nello stato del Shan, è famoso per i suoi villaggi galleggianti e i giardini, oltre che per i pescatori che usano reti coniche e hanno un particolare modo di remare tradizionale, con una gamba avvinghiata a un remo. Saltate su una slanciata barca a coda lunga in legno per accedere ai punti nascosti del lago lungo quasi 22,5 km, come il mercato galleggiante di Ywama (che ospita botteghe artigianali di tessitori di seta e intagliatori del legno) e le centinaia di piccoli stupa fatiscenti dello Shwe Inn Thein Paya, un complesso di pagode raggiungibile dal villaggio di Inn Thein attraverso un lungo passaggio coperto.

Guardare incantati la Pagoda Shwedagon

Arroccata su una collina che domina Yangon (in passato Rangoon, la città più grande del Myanmar), la scintillante Pagoda Shwedagon è il luogo più sacro per i Buddhisti birmani. Si pensa che nel tempio risalente a 2500 anni fa, rivestito in oro e tempestato con oltre 4500 diamanti, siano conservate ciocche di capelli del Buddha. Il complesso templare è un importante luogo di ritrovo serale per gli abitanti del posto: i monaci meditano, gli amici si incontrano e i fedeli accendono candele, offrono fiori e acquistano piccoli quadrati dorati da applicare sulle statue di Buddha. Unitevi alla folla di persone che passeggiano intorno all'immenso stupa, alto 110 m, per trovare l'angolo della vostra nascita. Siete nati di martedì sera, sabato mattina, venerdì pomeriggio o in un qualsiasi altro momento? C'è un santuario per tutti, dove potete attingere acqua da versare su una statua di Buddha per attirare a voi la buona fortuna.

Salire sulla Roccia d'Oro

La Roccia d'Oro, uno dei luoghi più sacri del Myanmar, si trova in cima al Monte Kyaiktiyo, alto 1100 m, nello Stato Mon. Il masso dorato, coperto di foglie d'oro incollate da fedeli uomini, con una piccola pagoda posta sulla cima, sembra sfidare la forza di gravità essendo in precario equilibrio sul bordo di uno strapiombo. Molti visitatori pernottano nella cittadina di Kinpun ai piedi della montagna. Per raggiungere la cima potete prendere un autobus o una funivia (la prima del Myanmar). Per chi è allenato, una camminata di cinque ore da Kinpun lungo una strada asfaltata passa davanti a stupa e si affaccia sui panorami delle colline circostanti. A novembre il Festival della pagoda Kyaiktiyo vede i fedeli accendere 9000 candele e presentare offerte di cibo e fiori al Buddha.

Girare in barca a vela l'arcipelago di Mergui

Nel mare delle Andamane al largo della costa meridionale del Myanmar si trova l'incantevole arcipelago di Mergui, formato da circa 800 isole, di cui solo 50 sono abitate. Poco conosciute o visitate per via del lungo isolamento del Myanmar, le isole non sono state alterate dallo sviluppo urbano o dall'inquinamento. Offrono giungle lussureggianti, bianche spiagge

A FIANCO: Il modo migliore per vedere gli oltre 2000 templi di Bagan è fare un giro in mongolfiera e ammirarli dall'alto. SOPRA: Un pescatore getta le reti nel lago Inle.

deserte, acque turchesi che brillano di notte per il plancton bioluminescente e barriere coralline piene di vita che invitano a fare snorkeling e immersioni. I viaggi in barca a bordo di catamarani muniti di kayak e tavole per stand up paddle sono il modo migliore per esplorare questo paradiso. Probabilmente riuscirete anche a vedere i Moken, la popolazione indigena dell'arcipelago che vive a bordo di imbarcazioni di legno e pesca pesci e molluschi facendo immersioni in apnea.

Fare una crociera lungo il fiume Irrawaddy

Il fiume Irrawaddy, la linfa vitale del Myanmar, è navigabile tutto l'anno per circa 1600 km da Bhamo, vicino al confine con la Cina, fino al mare delle Andamane. Serpeggia nel cuore del Paese, dalla sorgente nell'Himalaya, attraversando risaie, ripide pareti rocciose, una fitta vegetazione e le storiche città di Mandalay, Bagan e Yangon. Diversi tour operator, compreso National Geographic Expeditions, offrono viaggi a bordo di imbarcazioni fluviali di lusso.

Esplorare le Grotte di Pindaya

Le Grotte di Pindaya nel Myanmar centrale custodiscono un'incredibile sorpresa tra le stalattiti: una gran quantità di immagini di Buddha. La grotta principale, profonda 152 m, l'unica aperta al pubblico, ospita circa 8000 statue di Buddha che risalgono al XVIII secolo. Le statue sono fatte di molti materiali diversi, tra cui marmo e legno di teak, e sono caratterizzati da elementi che non si vedono da altre parti, come per esempio il Buddha che tiene un solo seme sul palmo della mano girato all'insù. Marzo è il momento migliore per visitare le grotte, quando durante il Festival delle Grotte di Pindaya si festeggia la fine della stagione del raccolto e gruppi di danza tradizionale si esibiscono sotto secolari alberi di baniano.

DA NON PERDERE

- Sorvolare in mongolfiera le migliaia di templi secolari di Bagan.
- Viaggiare a bordo di un catamarano tra le isole incontaminate dell'arcipelago di Mergui.
- Fare una gita in barca per visitare i tessitori di seta ai mercati galleggianti del lago Inle.

La gente del posto passeggia davanti alla Pagoda Shwedagon all'alba.

HONG KONG

VISITATE HONG KONG COME UN ESPLORATORE

Dalle isole incontaminate agli splendidi skyline, esplorate questa affascinante città come un abitante del posto.

All'inizio Hong Kong sembra non avere alcun senso. È occidentale e asiatica allo stesso tempo, è sia una giungla di cemento sia una giungla reale, è ugualmente sfarzosa e grintosa. Ma in qualche modo la città riesce a tenere tutto in equilibrio in modo eccezionale, e il suo DNA straordinario scorre nelle vene di ogni suo abitante e di ogni quartiere. La vita della città ha un ritmo veloce perché Hong Kong rende facile fare ogni cosa. Viene soprannominata "Manhattan esagerata", "Città che non dorme" dell'Est e "Città globale dell'Asia", ma nessun appellativo può rendere giustizia all'altezza, alla velocità e all'ampia portata della vita quotidiana di Hong Kong. L'ex colonia inglese, ufficialmente ceduta alla Cina nel 1997, mostra quanto siano radicate nel profondo le tradizioni in questa città di luci al neon. Potete fare un'escursione prima di andare al lavoro, gustare un *dim sum* a un prezzo stracciato a pranzo, e poi concedervi una cena in un ristorante stellato. Succedono molte cose in questa città moderna, perciò non dimenticate di fermarvi ad assimilare tutto. In mezzo ai grattacieli e alle strade trafficate, né i turisti né gli abitanti della città si rendono conto che a Hong Kong restano solo poche decine di delfini rosa, che la città ospita più specie di corallo dei Caraibi o che qui si trovano più specie endemiche che in qualsiasi altro posto al mondo. La Hong Kong Explorers Initiative ha lo scopo di incoraggiare le persone a esplorare e apprezzare il lato selvaggio della città. Qui troverete alcuni modi per farlo, in una città che offre tante opportunità.

Consigli di viaggio

QUANDO ANDARE: Da ottobre ai primi di dicembre troverete il sole e le temperature gradevoli. L'inverno è secco e l'estate calda, umida e piovosa. Evitate la primavera, una stagione nuvolosa a Hong Kong.

ORGANIZZAZIONE: *Gweilo*, il libro di memorie di Martin Booth, descrive la Hong Kong coloniale degli anni Cinquanta. È un'ottima lettura per capire la storia della città moderna che state per visitare.

SITI WEB: hkmaritimemuseum.org/eng; henest.com.hk; pmq.org.hk; hk.history.museum/en_US; hkdolphin watch.com/

Un tradizionale pasto *dim sum*.

COSA FARE

Viaggiare a fin di bene
Fate un salto al Café 8, presso il Central Pier No. 8 all'Hong Kong Maritime Museum, oppure al Nest vicino alla cattedrale di San Giovanni nel Central. Sono gestiti dal Nesbitt Centre, che offre opportunità di formazione e di lavoro alle persone con disturbi dell'apprendimento.

Trovare l'artigianato tradizionale
Andate al PMQ nel quartiere Central, dove l'amministrazione ha convertito i vecchi alloggi della polizia in un centro per designer e creativi locali. Troverete di tutto, da oggetti di artigianato tradizionali a moderni articoli per la casa. E poi c'è il cibo: una panetteria e un negozio di dolciumi con tantissime golosità, cucina taiwanese al Garden Meow, tè pregiati alla Gong Fu Teahouse, e il Sake Central, un bar che serve *otsumami*.

Prendere lezioni
Partecipate a una lezione di tai chi, così potrete iniziare a capire perché Hong Kong ha una delle aspettative di vita più alte al mondo. Questa arte marziale cinese è praticata sia come allenamento di difesa sia per i suoi molteplici benefici per la salute. La sua filosofia è plasmata sullo yin e sullo yang, forze di equilibrio che ispirano i movimenti degli esercizi.

Viaggiare indietro nel tempo
Il Museo della storia di Hong Kong offre un quadro d'insieme incredibilmente ben fatto della storia della città, dal big bang (davvero) alla restituzione di Hong Kong alla Cina da parte del Regno Unito nel luglio del 1997. Aspettatevi delle riproduzioni a grandezza naturale di simboli di Hong Kong, come sampan, tram a due piani e negozi tradizionali che non esistono più da molto tempo.

A FIANCO: **Clear Water Bay offre spiagge di sabbia bianca perfette per accamparsi e fare un picnic.** SOPRA: **Un maestro di tai chi e i suoi allievi praticano quest'arte marziale al Peak Tower.**

Fare il giro delle isole
Fate un'escursione in una delle isole meno visitate di Hong Kong, come Tung Ping Chau o Peng Chau. Tung Ping Chau, parte del Geoparco mondiale UNESCO di Hong Kong, si trova nella Mirs Bay ed è l'isola più a est di Hong Kong. La massa di terraferma a forma di mezzaluna è famosa per le particolari formazioni rocciose di stilite, lutite e selce. Peng Chau è spesso definita la gemma nascosta di Hong Kong. Qui il turismo limitato ha lasciato la natura in gran parte intatta e uno stile di vita molto rilassato. Sull'isola non ci sono auto, perciò preparate le vostre scarpe da trekking. Il Peng Chau Heritage Trail consente una piacevole passeggiata tra siti storici, oppure ammirate una vista a 360° di Hong Kong dalla cima di Finger Hill, raggiungibile con una camminata di 45 minuti.

Vedere gli ultimi delfini rosa
Se volete vedere i pochi delfini rosa rimasti a Hong Kong, prenotate uno dei tour organizzati da Hong Kong Dolphinwatch un paio di volte a settimana. Anche se la prassi sta migliorando, i tour operator più piccoli di Tai O sull'isola di Lantau raramente si spingono abbastanza lontano perché gli ospiti possano davvero vedere i delfini e, quando li incontrano, spesso si avvicinano troppo o li inseguono. Dolphinwatch segue un comportamento etico e offre maggiori opportunità di vedere questi mammiferi rari.

Gustare i sapori
Andate a Temple Street nel quartiere di Jordan e assaggiate le prelibatezze di uno qualsiasi dei ristoranti e delle bancarelle affacciati sulla strada che offrono vari piatti della cucina cantonese, come il riso cucinato in pentole di terracotta.

Esplorare gli spazi esterni
Una visita a Hong Kong sarebbe incompleta se non si trascorresse un po' di tempo nei grandi spazi aperti della città. Fate un'escursione a piedi per ammirare vedute incredibili del famoso skyline della città: potreste incontrare scimmie selvatiche, cinghiali o istrici. Oppure andate a Sai Kung, dove troverete spiagge incontaminate e acque azzurre adatte a escursioni in kayak o allo snorkeling. A Hong Kong ci sono più specie di pesci di barriera corallina che nelle Hawaii.

DA NON PERDERE
- Vedere alcuni degli ultimi delfini rosa al largo delle coste dell'isola.
- Assaggiare i piatti tipici delle bancarelle e dei migliori ristoranti della città.
- Fare un'escursione su una spiaggia pietrosa e su un'isola incontaminata.

RUSSIA E GEORGIA

LA CATENA DEL CAUCASO

Fate un viaggio in uno dei resort utilizzati durante i Giochi olimpici invernali del 2014.

Krasnaja Poljana è la risposta della Russia a Vail o Aspen. È la località sciistica più famosa del paese con tre comprensori sciistici, numerosi hotel e una gran quantità di neve. È anche stata la sede di molti eventi dei Giochi olimpici invernali di Soči.

Gran parte delle gare di sci alpino dei Giochi del 2014 si sono svolte nei dintorni della loro sede, a Roza Chutor, un maxi comprensorio nella catena del Caucaso, a 40 km da Soči. Il paese sottostante, Krasnaja Poljana, era poco più di un villaggio di 300 abitanti, noto per il miele e i fiori selvatici, e senza strade d'accesso affidabili fino al 2006. Nel 2007, la pista era servita da un solo impianto di risalita. Nel 2014 tutto è cambiato. La sola area spettatori della montagna ospitava dieci volte il numero di persone che un tempo venivano trasportate in un anno da quel singolo impianto di risalita. Roza Chutor è oggi uno dei più grandi comprensori di lusso d'Europa, con il wifi presumibilmente presente dappertutto e le funivie che risalgono i pendii come fossero file di formiche trasportate dall'aria.

I visitatori si muovono su vaste distese di neve fuori pista, piste curate e gole scoscese ornate da cascate. Se sciare in questa località è allettante, la grande quantità di attrattive che si trovano oltre al resort lo sono ancora di più. Le guide di sci alpinismo e il servizio di trasporto in elicottero con base a Soči portano gli avventurosi nelle aree selvagge del Caucaso, distese di neve ancora intatte che nei mesi più caldi offrono altre opportunità.

Consigli di viaggio

QUANDO ANDARE: Se volete sciare, organizzate il viaggio da dicembre ad aprile, il periodo ideale per trovare la neve fresca. Per viaggiare con un clima più caldo, si consiglia il periodo che va dai primi di maggio a fine settembre. Un viaggio estivo offre la possibilità di fare escursioni e giri in barca.

ORGANIZZAZIONE: Consultate i siti web delle stazioni sciistiche per scoprire quando viene garantita la neve artificiale. Potete raggiungere le località sciistiche più rinomate da Soči con i treni ad alta velocità. Roza Chutor e Krasnaja Poljana si trovano a 30-40 minuti dal centro della città.

SITI WEB: rosaski.com/en/

La fortezza medievale di Keselo a Omalo superiore.

COSA FARE

Scendere in pista

Grazie ai Giochi olimpici invernali del 2014 diversi comprensori sciistici della zona sono stati ricostruiti e ora vantano strutture di prim'ordine. Krasnaja Poljana, per esempio, è stata ingrandita di 10 volte rispetto alle dimensioni precedenti, e Roza Chutor è stata dotata di un sistema di cannoni sparaneve che consentono di sciare per quattro mesi all'anno. A Roza Chutor, 77 km di piste in discesa aspettano sciatori e snowboardisti ad altitudini che arrivano a 2320 m. Altri tre comprensori sciistici nella zona di Krasnaja Poljana offrono strutture impeccabili per lo sci e lo snowboard: Alpika Service (10 impianti di risalita, 25 km di piste), Gazprom Mountain Resort (16 impianti di risalita, 20 km di piste) e Gorky Gorod (11 impianti di risalita, 30 km di piste).

Scalare il monte Elbrus

Naturalmente le montagne non si frequentano solo per gli sport invernali. Fuori stagione le escursioni, come quella al monte Akhun, che presenta una torre d'osservazione, rappresentano delle ottime opzioni. In lontananza si trova il monte Elbrus, tecnicamente un vulcano inattivo, con i suoi 5642 m di altezza che lo rendono il monte più alto della Russia. Interessante sia per la regione sia per il terreno, il monte Elbrus si erge come una torre di guardia nella catena del Caucaso tra l'Asia e l'Europa. L'Elbrus è un grande vulcano con due coni, che presentano una differenza di altezza di circa 20 m. Per gli scalatori con discrete competenze, il monte Elbrus presenta una salita faticosa, ma gratificante. La posizione della montagna offre ai visitatori eccellenti occasioni di incontrare il grande crogiolo di gruppi etnici della regione, come i Turchi, i Georgiani, gli Azeri e i Russi.

A FIANCO: Sciatori e snowboardisti affrontano le piste di uno degli impianti sportivi invernali di Soči. SOPRA: Un tradizionale banchetto a base di tè e pane viene servito in una casa da tè della zona di Soči.

Attraversare il Parco nazionale di Tusheti

Il Parco nazionale di Tusheti si trova nelle pendici settentrionali del Gran Caucaso. I monti e le valli della regione di Tusheti offrono un'escursione appagante, benché faticosa. Partendo dal villaggio di Omalo, proseguite attraverso un meraviglioso territorio fino al bel villaggio montano di Dartlo, uno dei più affascinanti della regione di Tusheti, seguito da Chesho e Parsma. Lungo il cammino potrete pernottare presso degli affittacamere e trascorrere tranquillamente un paio di giorni solo in questa zona. Se proseguite, incontrerete il villaggio abbandonato di Dadikurta e vi collegherete a un altro sentiero che attraversa la valle fluviale, punteggiata di altri villaggi abbandonati, per ritornare infine a Omalo. Un'alternativa popolare consiste nel continuare il viaggio dal villaggio di Parma verso il passo di Atsunta. Una volta attraversato, vi troverete a Khevsureti, una sperduta regione di alta montagna nel nord-est.

Sorseggiare del tè a Soči

Situata ai piedi dell'alta catena del Caucaso, con un'estensione di 145 km lungo il Mar Nero, Soči è una località di villeggiatura subtropicale con un tocco particolare: le montagne bloccano l'aria fredda che arriva da nord, perciò la città è immersa nell'aria calda e umida che arriva da sud. Questa città subtropicale presenta delle spiagge e un facile accesso alle piste da sci. Soči è l'unico posto in Russia dove si produce il tè, di cui ospita una delle piantagioni più a nord del mondo. Scoprite la scienza e la storia della coltura del tè presso la piantagione Dagomys, dove potrete anche prendere parte a una tradizionale cerimonia del tè, con la bevanda che viene versata da un samovar e uno spettacolo folcloristico in costume.

DA NON PERDERE

- Sciare su piste moderne lungo alcuni dei monti più alti del mondo.
- Scalare un vulcano inattivo, il monte più alto d'Europa.
- Camminare attraverso splendidi paesaggi montani e costieri, e partecipare a una tradizionale cerimonia del tè a Soči.

Yacht e barche ancorate nel porto di Soči, la piccola città rilanciata dai Giochi olimpici invernali del 2014.

UNO SCATTO **MEMORABILE**

Emily Harrington procede con complicati movimenti di arrampicata lungo la formazione carsica di roccia calcarea della Collina della Luna a Yangshou, in Cina. L'arco di 61 m è il cuore della comunità locale di arrampicata e si è formato quando è crollata la Grotta della Luna. L'arco presenta ancoraggi fissi per "l'arrampicata sportiva". Avanzare lungo, o sotto, l'arco non è solo un'esperienza elettrizzante: è estremamente difficile e richiede concentrazione e forza, per non parlare delle abilità ginniche necessarie per arrampicarsi su una roccia di questa forma. Se penzolare dalle pareti rocciose non dovesse essere la vostra specialità, i visitatori possono anche salire i circa 800 gradini di marmo, soprannominati "Gradito sentiero della Luna", che portano in cima alla Collina della Luna.

FOTOGRAFIA DI **KEITH LADZINSKI**

IN SENSO ORARIO DALL'ALTO A SINISTRA: Un *Amphiprion chrysopterus* sbircia fuori dal suo anemone ospite; un sub esplora una barriera corallina nel Parco naturale di Tubbataha; una veduta del lago Toba nella provincia di Sumatra settentrionale, in Indonesia; un surfista cavalca una delle celebri onde di Teahupoo a Tahiti.

CAPITOLO 5

OCEANIA

In questo paradiso oceanico vi aspettano isole verdi, acque cristalline e rigogliose barriere coralline.

NUOVA ZELANDA

AVVENTURE NELL'ISOLA DEL SUD

Esplorate spiagge deserte, fiordi e ghiacciai meravigliosi via terra, mare e aria.

Il 70 per cento degli Neozelandesi (noti anche come Kiwi) vive sulla più urbanizzata Isola del Nord, ma l'Isola del Sud, a circa un'ora di macchina da Queenstown, è piena di posti da esplorare. L'Isola del Sud della Nuova Zelanda è divisa dalla catena montuosa innevata delle Alpi Meridionali, orlata da spiagge deserte e foreste lussureggianti, venata da splendidi fiordi e gelata da ghiacciai. Ogni stagione ha la sua bellezza particolare, dai prati verde brillante della primavera sui pendii montani alla malinconica nebbia mattutina e alle foglie dorate dell'autunno. Indipendentemente dal periodo dell'anno, i residenti e i turisti trovano modi entusiasmanti per ammirare i paesaggi, che sia a piedi, in barca, sugli sci o con un biplano vintage.

Partite per un'indimenticabile avventura multi-sportiva attraverso questa terra incantevole, remando lungo l'incontaminata costa settentrionale durante un'escursione in mare in kayak, camminando nei parchi nazionali punteggiati di laghi scintillanti, e raggiungendo in elicottero un sentiero nelle remote lande desolate. Scoprite il fascino e il carattere di località meno conosciute come Nelson e Wanaka, e osservate il maestoso monte Cook, il sacro Aoraki nella cultura Maori nonché la cima più alta della Nuova Zelanda. Terminate in bellezza la vostra avventura con una crociera sullo straordinario Milford Sound. Durante questo viaggio di 11 giorni, che si ispira al South Island Tour di National Geographic Expeditions, troverete luoghi selvaggi da esplorare e tanti animali da scoprire.

Consigli di viaggio

QUANDO ANDARE: L'estate neozelandese va da dicembre a febbraio, i mesi che nel complesso presentano il clima migliore. Anche in autunno (da marzo ad aprile) e in primavera (da settembre a novembre) si trovano temperature miti.

ORGANIZZAZIONE: I viaggiatori dovrebbero essere in buona forma fisica e allenati per affrontare livelli moderati di attività. Le guide locali offrono informazioni sulla storia naturale dell'Isola del Sud.

SITI WEB: nationalgeographic.com/expeditions; lakewanaka.co.nz; doc.govt.nz/parks-and-recreation

Due chea rannicchiati uno contro l'altro nel Parco nazionale di Arthur's Pass.

ITINERARIO DI 11 GIORNI

Giorni 1 e 2
Cominciate da Nelson, un soleggiato centro di artisti e artigiani sulle coste settentrionali dell'Isola del Sud che si affaccia su Tasman Bay. Poi proseguite verso Kaiteriteri per prendere un taxi acqueo per il Parco nazionale Abel Tasman, istituito nel 1942. Mettetevi in cammino lungo l'Abel Tasman Coast Track, dichiarato uno dei Great Walks della Nuova Zelanda dal Ministero della Conservazione. Attraversate lussureggianti foreste intatte lungo scogliere di granito e calcare, e incontaminate spiagge di sabbia dorata.

Giorno 3
Passate la giornata al mare, girando in kayak la riserva marina di Tonga Island. Istituita nel 1993, questa riserva marina protegge 1835 ettari di isole e paesaggi oceanici vicino a Parco nazionale Abel Tasman. Andate a scoprire le baie e le insenature appartate, tenendo gli occhi aperti per avvistare delfini, otarie orsine e pinguini minori blu. Dalla spiaggia di Onetahuti, un punto in cui può terminare l'escursione in kayak, proseguite a piedi lungo il Coast Track per circa 8 km fino ad Awaroa Bay.

Giorno 4
Lasciate il parco a bordo del taxi acquatico, poi proseguite in macchina attraverso la valle di Motueka punteggiata di frutteti, piantagioni di luppolo e allevamenti di ovini e bovini. Arrivate nella cittadina di Murchison e camminate attraverso una fattoria di cervi privata fino alle "fiamme eterne" di Murchison, ossia un fuoco sempre acceso in mezzo al terreno della foresta, alimentato da gas metano che arriva dal sottosuolo. Secondo il folclore locale, il fuoco fu acceso negli anni Venti dal fiammifero di un cacciatore distratto e da allora non ha più smesso di bruciare. Poi seguite il fiume Buller verso la West Coast. La costa si estende per 804 km, ma non dovrete mai preoccuparvi delle folle di gente, perché in tutta la regione vivono solo 40.000 persone.

Giorno 5
Mettetevi in cammino lungo un sentiero che risale il fiume Pororari attraversando vari paesaggi del Parco nazionale Paparoa. Passate in mezzo alla gola del fiume Pororari, una valle fiancheggiata su ambo i lati da pareti calcaree e promontori a strapiombo, e visitate le famose Pancake Rocks di Punakaiki, bizzarre formazioni geologiche originatesi 30 milioni di anni fa dai resti della flora e della fauna marina.

Giorno 6
Procedete in auto verso sud lungo la spettacolare Great Coast Road prima di proseguire in direzione di Canterbury nell'entroterra. State attenti a vedere i pappagalli endemici chiamati chea mentre fate una piccola escursione nel Parco nazionale Arthur's Pass, situato nel cuore delle Alpi Meridionali. Girate tra le incantevoli formazioni di roccia calcarea di Castle Hill, dove i primi Maori cacciavano e coltivavano la *kumara*, un tipo di patata dolce. Proseguite per Methven, località sciistica in inverno e una base per le avventure all'aperto frequentata durante tutto l'anno.

Giorno 7
Raggiungete il Parco nazionale Aoraki/Mount Cook, seguendo una strada serpeggiante tra colline suggestive, ondeggianti terreni coltivati e laghi glaciali color turchese. Salite lungo il Sealy Tarns Track e ammirate gli splendidi panorami delle maestose Alpi Meridionali, compreso il Monte Cook, la cima più alta della Nuova Zelanda.

Giorno 8
Mettetevi in cammino lungo lo spettacolare Hooker Valley Track, seguendo il fiume Hooker sotto cime innevate e salendo fino a un lago glaciale. Lungo il percorso, ammirate il panorama straordinario di questo territorio in evoluzione, inciso nel ghiaccio. Poi raggiungete l'incantevole cittadina di Wanaka, sul lago, da cui si parte per esplorare il Parco nazionale Mount Aspiring.

Giorno 9
Trascorrete la giornata vivendo un'indimenticabile avventura nel Parco nazionale Mount Aspiring. Proseguite in

A FIANCO: Il gelido lago Hooker riflette le cime innevate del Monte Cook. **A DESTRA:** Un sentiero adatto alle famiglie nel Parco nazionale Abel Tasman.

macchina verso nord, superando i laghi Hawea e Wanaka in direzione di Makarora, un piccolo insediamento sulla strada dell'Haast Pass. Poi salite in elicottero per un volo straordinario tra i monti segnati dal ghiaccio del Parco nazionale Mount Aspiring, il prolungamento meridionale del South Westland, Patrimonio dell'Umanità UNESCO. Atterrate nella remota Siberia Valley e partite per un'escursione lungo un antico sentiero che attraversa una faggeta fino al fiume Wilkin. Poi l'avventura continua con un elettrizzante giro in jet boat, scivolando lungo le calme acque del fiume sotto cime montuose innevate e valli color smeraldo.

Giorno 10

Proseguite in auto lungo l'ampia Crown Range Road fino a Te Anau, una cittadina circondata da montagne, conosciuta anche come la "porta d'accesso ai fiordi". Incamminatevi lungo il Kepler Track, un altro Great Walk, camminando lungo le rive del lago Te Anau e attraversando foreste di faggi della specie *Nothofagus fusca*, contornate da pareti di rocce calcaree. Continuate a camminare sul sentiero quando sale attraverso la foresta fino a un prato da dove si ammira la vista inebriante dei laghi e delle montagne delle lande disabitate del Fiordland.

Giorno 11

Avventuratevi nel Parco nazionale del Fiordland, formato da circa 1,2 milioni di ettari di un verde territorio selvaggio, eroso dal ghiaccio. Partite per una crociera nel Milford Sound, una delle meraviglie naturali più straordinarie della Nuova Zelanda. Scivolate accanto a cascate e pareti scoscese, e tenete gli occhi aperti per avvistare tursiopi, otarie orsine e, durante la stagione degli accoppiamenti, i rari pinguini del Fiordland crestati. Poi percorrete parte del Routeburn Track, un altro Great Walk.

DA NON PERDERE

- **Percorrere tre Great Walk della Nuova Zelanda in un unico viaggio straordinario.**
- **Vedere tutto il Parco nazionale Mount Aspiring in elicottero e jet boat.**
- **Viaggiare attraverso la spettacolare Great Coast Road per ammirare splendidi panorami.**

Gli escursionisti portano a riva i loro kayak per esplorare il territorio del Parco nazionale Abel Tasman.

NUOVA ZELANDA

UNA GIORNATA AVVENTUROSA A QUEENSTOWN

Le migliori esperienze da vivere in 24 ore nella "capitale mondiale dell'avventura".

Queenstown. È un posto che non ha davvero bisogno di presentazioni. Il divertimento è assicurato tutto l'anno. La città ferve costantemente di attività, occupata da un flusso infinito di viaggiatori desiderosi di scoprire la "capitale mondiale dell'avventura". Per via della redditizia industria del turismo e del gran numero di visitatori, Queenstown è spesso soprannominata "la bolla". Queenstown, probabilmente la meta turistica più famosa della Nuova Zelanda, è una piccola città con un'enorme popolazione itinerante che di solito qui trascorre solo pochi giorni. Siccome i visitatori vogliono accumulare tante avventure in un breve lasso di tempo, la città è pervasa da un'energia frenetica. Per sfuggire a quest'atmosfera esaltata andate in montagna o al lago per trovare pace e tranquillità.

La domanda non è perché dovreste andare a Queenstown, piuttosto perché non ci dovreste andare. Questo gioiello ai confini del mondo, circondato da una corona di montagne maestose e situato sulle rive del lago Wakatipu, esercita una grande forza magnetica. Esplorate la piccola città montana per cimentarvi in attività avventurose come escursioni, corse in bob e giri in bici, e scoprite le innumerevoli attività rilassanti, in particolare la degustazione di vini e pietanze. Senza eccezione, chi visita Qeenstown, indipendentemente dai gusti di ognuno, cade vittima dell'incantesimo della bellezza ipnotica della città.

Consigli di viaggio

QUANDO ANDARE: Evitate il periodo in cui in Nuova Zelanda ci sono le vacanze scolastiche, il Capodanno cinese e i mesi di alta stagione in piena estate e in pieno inverno. Optate per la primavera e l'autunno, quando la regione è meno affollata. Per trovare la neve migliore, gli sciatori dovrebbero visitare la zona da luglio a settembre, quando in Nuova Zelanda è inverno.

ORGANIZZAZIONE: Queenstown può essere chic, sofisticata e cosmopolita, ma l'abbigliamento richiesto è casual e adatto alle attività all'aperto, anche di sera.

SITI WEB: arrowtown.com; skyline.co.nz; queenstowntrail.co.nz

La città di Queenstown si illumina di notte.

COSA FARE

Svegliarsi presto
Se siete disposti a fare un po' di esercizio fisico al mattino presto, verrete ricompensati con viste panoramiche dalla cima di Queenstown Hill. Se preferite prendervela comoda, fate un giro in auto al lago Hayes per vedere i riflessi del paesaggio circostante come in uno specchio, oppure passeggiate sul lungolago a Queenstown fino al parcheggio di One Mile per ammirare la catena montuosa dei Remarkables.

Pranzare al Chop Shop
Situato alla fine di una piccolo vicolo e sopra una rampa di scale, il Chop Shop Food Merchants un tempo era il segreto meglio custodito di Arrowtown. Con l'ambiente accogliente, l'arredamento caratteristico (specchi costruiti con catene di biciclette, piante dentro a borse), e la fama di servire sempre prodotti di qualità eccellente, ormai non è più un segreto per nessuno. Il menu di cucina fusion asiatica mescola i sapori con creatività, mentre il caffè è uno dei migliori della regione di Central Otago.

Scoprire la storia di Arrowtown
Una visita ad Arrowtown, con i suoi edifici d'altri tempi ricchi di storia, dà l'impressione di essere tornati indietro nel tempo. La corsa all'oro negli anni Sessanta dell'Ottocento portò 1500 minatori che si accamparono lungo il fiume per poi fondare una città permanente. Oggi, lungo un viale alberato di piccole case di minatori, si susseguono piccoli edifici storici. Fate una passeggiata nello storico Villaggio Cinese: gli abitanti che vivevano qui erano un modello di resilienza.

La Skyline Gondola
È dalla cima di Bob's Peak che si gode il panorama più caratteristico di Queenstown. È una vista senza dubbio straordinaria e non stanca mai, non importa quante volte l'abbiate vista. Il modo facile per salire sulla collina è prendere la Skyline Gondola, una funivia panoramica che sale di 450 m di altitudine (se vi fermerete a lungo a Queenstown, potete acquistare un biglietto annuo per la funivia, che vi dà diritto anche a sconti esclusivi). Il modo più difficile, o più attivo, di salire in cima è percorrere a piedi il Tiki Trail. Raggiungerete la cima in un'ora circa, rendendovi meglio conto di quanto sia ripido il percorso.

Una corsa in bob
Un giro in funivia combinato con alcune corse lungo la pista da bob è un must quando si visita Queenstown. Ha un prezzo ragionevole, una vista super panoramica ed è assolutamente divertente. Lo slogan dell'attrazione, "una volta non è mai abbastanza", è appropriato, perciò è meglio scegliere il biglietto da cinque giri. Anche se non è consentito fare gare nella pista, è difficile che non scatti un po' di competitività.

Mettersi in cammino
Esplorare la regione a piedi o in bicicletta è il miglior modo per vedere panorami incredibili non visibili dalla strada. Noleggiate le biciclette (o le biciclette elettriche) e passate una giornata o settimane a pedalare lungo lo straordinario Queenstown Trail, una rete di 120 km di sentieri che si snoda lungo laghi e fiumi dall'acqua cristallina, attraverso gole profonde, su ponti sospesi elevati, davanti a rovine storiche e in mezzo ai paesaggi de *Il signore degli anelli*.

Vita notturna a Queenstown
Quando dovrete decidere in che locale andare, avrete l'imbarazzo della scelta in uno spazio di 500 m. C'è qualcosa per tutti i gusti, che cerchiate birra artigianale, rum pregiato, vino, cocktail, un ice bar o drink a basso costo. Per la musica dal vivo provate Little Blackwood; per i cocktail serviti in una teiera andate al World Bar; per i drink più a buon mercato della città fate un salto al 1876; e per divertirvi potete andare tranquillamente ovunque. Non dimenticate di passare attraverso i vicoli che collegano Beach Street e Church Street, dove troverete tantissime gemme nascoste da scoprire.

A FIANCO: Un salto di bungee jumping da un ponte sospeso sul fiume Karawu. SOPRA: La Skyline Gondola porta i visitatori al Bob's Peak.

DA NON PERDERE

- Guardare il sole sorgere sulla città da Queenstown Hill.
- Esplorare una città della corsa all'oro con gli edifici storici e le abitazioni dei minatori.
- Fare un giro sulla pista da bob: una corsa entusiasmante, unica nel suo genere.

PROSPETTIVE

Faccia a faccia con il grande squalo bianco

di Carrie Miller

"SQUALO!". MI PRECIPITO FUORI DALLA SALA, rimbalzando sui pilastri di legno della nave che si muove lentamente tra le onde del mare aperto dell'Oceano Indiano meridionale. Su questa nave da ricerca, le grida innescano l'eccitazione, non il panico. Una femmina chiamata Jumbo, lunga più di 5,2 m, sta girando intorno all'imbarcazione. Dal punto in cui mi trovo sul ponte superiore, sembra un aeroplano di bronzo, con le pinne pettorali al posto delle ali. Il grande squalo bianco era il mio animale preferito mentre crescevo nel Minnesota, senza sbocchi sul mare. Il *Carcharodon carcharias*, "quello dai denti aguzzi", è il pesce predatore più grande del mondo. Per me gli squali rappresentano tutto ciò che di selvaggio, incontrollato e imprevedibile c'è nel mondo. Quando avevo 12 anni, mio padre mi comprò un piccolo dente di squalo, abbastanza tagliente da pungere un dito, e lo mise a una collana. "Se lo indossi in mare", mi disse, "gli squali ti riconosceranno come una di loro e non ti faranno del male".

Ora, mentre sono seduta sulla piattaforma posteriore con le gambe penzolanti sul portello aperto della parte superiore della gabbia, penso al dente che porto sotto la muta subacquea. Sono impaziente di entrare nella gabbia, ma percepisco anche il nervosismo che ci fa stare tutti all'erta, soprattutto l'equipaggio, quando gli squali sono nei paraggi.

SOTTO: Gli squali utilizzano i denti, che hanno fino a 15 gradi di flessibilità, per esplorare nello stesso modo in cui fanno le dita. A FIANCO: Un'escursione di più giorni sulla *Princess II* consente ai passeggeri di immergersi nel mondo dei grandi squali bianchi.

La grande pinna dorsale di Jumbo taglia l'acqua a pochi metri dalla gabbia mentre la poppa della nave si solleva tra le onde. "Non guardare la gabbia", mi consiglia il divemaster, stringendo le cinghie della mia cintura zavorrata. "Tieni lo sguardo fisso sull'orizzonte: ti aiuterà a mantenere l'equilibrio". Mi passa uno dei quattro erogatori che si collegano a un tubo dell'aria centrale e scendo lungo la piccola scala a pioli fino al fondo della gabbia. Il mio respiro si fa più veloce quando sento l'acqua fredda che preme contro la mia spessa muta da sub. Mi occorre un momento per abituarmi a respirare attraverso l'erogatore. Girandomi nella gabbia a 2 m sott'acqua (non sono ancora un sub), scruto nel blu per cogliere un lampo bianco, un movimento qualsiasi, ma Jumbo se n'è andata. Sento solo il mio respiro. Poi inizia a venirmi la pelle d'oca sulla parte posteriore del collo. Mi giro lentamente.

Il naso appuntito di Jumbo è a 15 cm dal mio stomaco, quanto più possibile riesce ad avvicinarsi alla finestra di osservazione inferiore della gabbia. Potrei toccarla, se osassi. Sembra prendere in considerazione l'idea di far entrare a forza il suo girovita da balena attraverso la piccola apertura, prima di abbassare una delle sue pinne e allontanarsi di colpo. Scatto indietro al centro della gabbia, tremando sconvolta perché uno squalo di 1,4 tonnellate è riuscito con successo a cogliermi di sorpresa alle spalle. Jumbo fa il giro e torna indietro scivolando di nuovo vicino alla gabbia, a un braccio di distanza da quella finestra inferiore. Il suo occhio non è nero e spento come nei film, ma marrone, con un vivace cerchio azzurro all'esterno. Si gira e mi passa ancora davanti, ruotando sul fianco per vedere meglio. Sono sola nella gabbia, unico oggetto della sua attenzione. Mi inginocchio e mi piego in avanti. Ci guardiamo negli occhi e sento un brivido di ammirazione e terrore.

I critici di tutto il mondo affermano che le immersioni con gli squali e la pratica di adescarli con il cibo li faccia abituare alle barche. Attirare gli squali con esche troppo vicine alla gabbia fa correre loro il rischio di farsi male solo perché i turisti possano scattare le classiche foto con le fauci spalancate. La ricerca scientifica su questo argomento è stata inconcludente. In Australia le immersioni in gabbia con gli squali sono rigidamente regolamentate. La verità è che sono gli squali a doverci temere molto più di quanto noi temiamo loro. Poche persone capiscono l'importanza cruciale del ruolo che hanno gli squali come superpredatori

dell'ambiente marino. Non si sa quanti di questi animali nuotino negli oceani, ma gli scienziati sono sicuri che anche un leggero cambiamento nel loro delicato ecosistema possa avere conseguenze disastrose per la vita marina e per i settori che da essa dipendono.

Durante la nostra ultima sera, mi unisco agli altri per un giro di *shark dice*, un gioco incomprensibile con regole che secondo noi passeggeri i membri dell'equipaggio si sono inventati sul momento. Rifletto su quello che mi dice Rodney Fox, un sub che si immerge con gli squali: "Gli squali sono i nostri mostri: sta a noi proteggerli e amarli. Dopo aver passato giorni e notti là fuori, capisci che sei da solo in un mondo selvaggio, sull'orlo di un oceano immenso, ma per un attimo ti è stata concessa la visione di qualcosa di sovrannaturale". Io ho avuto quella visione, e con la mano cerco il dente-talismano che ho appeso al collo.

A FIANCO: Un sub in una gabbia scatta una foto a Jumbo, una femmina di grande squalo bianco. SOPRA: Gli squali perdono spesso i denti, ma possono sostituirli nel giro di un giorno.

• *Carrie Miller è una giornalista che vive in Nuova Zelanda ed è l'autrice di* Le 100 più belle immersioni del mondo.

STATI UNITI

FARE IMMERSIONI ALLE HAWAII

Paesaggi vulcanici sottomarini in un paradiso polinesiano.

Le cime vulcaniche dell'arcipelago delle Hawaii spuntano in mezzo al Pacifico a più di 3220 km dall'approdo alla terraferma più vicino. L'abisso profondo dell'oceano aperto si trasforma rapidamente in calde acque basse e cristalline, come se le isole bloccassero il percorso del vasto mare. Queste coste isolate sono piene di specie straordinarie, come il *Chaetodon fremblii*, l'ermafrodita *Anampses chrysocephalus*, e il cupo *Dascyllus albisella* che non si trova in nessun altro mare. Circa il 25 per cento dei pesci delle Hawaii e circa il 20 per cento degli invertebrati marini, dalle cipree ai granchi, sono specie endemiche.

Non è insolito che tra dicembre e febbraio le megattere prestino il loro canto come accompagnamento alle immersioni. Ma è la topografia di queste otto isole geologicamente recenti che rende il mondo sottomarino delle Hawaii davvero speciale. Negli ultimi cinque milioni di anni, le colate laviche e l'attività vulcanica si sono lasciati indietro faraglioni, pinnacoli, canyon attraversabili, tunnel di lava e persino enormi crateri sommersi dalla forma a conca, non ancora polverizzati dall'erosione. Spaccature e fessure forniscono un habitat eccezionale a pesci scorpione, antennaridi e variopinte lumache di mare, dette nudibranchi, mentre le discese repentine vicino alla costa consentono un facile accesso al profondo regno oceanico di tonni, squali, globicefali e minuscoli plancton pelagici.

Consigli di viaggio

QUANDO ANDARE: Il mare delle Hawaii è calmo e limpido tutto l'anno; l'acqua è più calda e cristallina all'incirca da maggio a settembre. Durante l'inverno i fenomeni meteorologici al largo creano onde enormi che riducono la visibilità.

ORGANIZZAZIONE: Per le immersioni notturne e in acque più profonde occorre essere in possesso del brevetto da sub. Ricordate che alcune attrazioni turistiche sulla terraferma, soprattutto a Maui e Hawaii, si trovano ad altitudini elevate: può essere rischioso visitarle senza aver fatto prima delle soste prolungate a mano a mano che si sale di livello.

SITI WEB: gohawaii.com; travel.padi.com/d/hawaii

Un giovane blennide nell'acqua buia.

DOVE ANDARE

Immersione notturna con le mante, Hawaii
Nelle acque costiere al largo di Kona sull'isola di Hawaii, si svolge uno spettacolo notturno sotto le onde. Le luci dei sub illuminano inquietanti colonne di acqua blu, attirando nuvole di zooplancton, il cibo delle enormi e leggiadre mante della barriera corallina. Circa 280 di queste mante ampie 3-4 m vivono nelle acque di Kona e non è raro vedere una decina di questi pesci che fanno graziose capriole all'indietro attraverso la colonna d'acqua, nuotano sopra le teste dei sub e dividono turbine di argentei pesci aholehole. Imparate a riconoscere i singoli esemplari, con nomi come Darth Ray-der, Who-Ray e Big Bertha, dalle caratteristiche macchie scure che presentano sulla parte inferiore bianca. Il primo che documenta un nuovo esemplare da inserire nel database della Manta Pacific Research Foundation ottiene il diritto di scegliere il nome.

Immersioni al buio, Hawaii
Nelle profonde acque pelagiche che si trovano ad appena 5-8 km al largo della Big Island avviene la risalita delle scorte di plancton che costituisce la più grande migrazione giornaliera del pianeta. Legatevi alla barca, protetti dall'oscurità, e calatevi per 12 m nell'acqua profonda più di 1524 m. Essere sospesi nell'abisso silenzioso è come guidare di notte in una bufera di neve dai fiocchi grossi e vaporosi. I sub fluttuano in un brodo primordiale, sorprendendo minuscoli animaletti trasparenti con i loro raggi luminosi: meduse pulsanti, larve di pesci che si muovono a scatti, chetognati che si contorcono e catene di salpe simili a tubi. Le ciglia di minuscoli ctenofori rifrangono la luce creando l'arcobaleno, il plancton bioluminescente brilla di luce azzurra a ogni colpo di pinna, e i pirosomidi, tunicati coloniali a forma conica, brillano di luce rosa o verde quando vengono disturbati, spesso delineando il contorno di minuscoli gamberetti che vivono in simbiosi al loro interno. Alcune creature che vedrete devono essere ancora identificate in modo scientifico. Non concentratevi solo su questi animaletti: banchi di calamari, pesci e steni girano normalmente nei dintorni per cibarsi.

Le Cathedrals, Lanai
Archi ed enormi grotte subacquee visitabili attirano i sub al largo della costa meridionale di Lanai, la più piccola e meno visitata delle Isole Hawaii accessibili al pubblico. Due siti di immersione, la First Cathedral e la Second Cathedral, hanno preso il nome dalla luce azzurra che filtra al loro interno attraverso i lucernari delle grotte, luccicando come se passasse attraverso vetrate colorate. Queste formazioni, con aperture ampie circa 9 m, sono in realtà tunnel di lava sommersi formatisi migliaia di anni fa quando la lava fusa ha scavato un tunnel lungo un pendio, lasciandosi dietro una crosta esterna dura. Negli angoli nascosti della diramazione della Second Cathedral, cercate le cicale grandi di mare dalla forma strana e i pesci notturni intenti a fare attività diurne perché ingannati dall'oscurità. Nella barriera corallina che si trova oltre, individuate tartarughe verdi, pesci farfalla piramide e gli iperattivi pesci della specie *Centropyge loriculus* dai colori vivaci. Molti subacquei accedono al sito con charter che partono dal porto di Maalaea a Maui. È una corsa di 32 km attraverso l'Au'au Channel, ma nelle acque costiere di Lanai le barche vengono spesso ricompensate con branchi di stenelle dal lungo rostro che cavalcano le onde che si formano a prua.

Molokini, Maui
Alcune delle immersioni più straordinarie delle Hawaii si svolgono presso un cratere vulcanico sommerso al largo della costa di Maui. Il bordo di mezzaluna di Molokini ripara barriere coralline poco profonde e un'acqua incredibilmente limpida tutto l'anno, mentre la cresta rocciosa che sbuca sopra le onde serve come rifugio per gli uccelli marini e ospita berte cuneate e petrelli di Bulwer. Nove siti d'immersione famosi, dentro e intorno al cratere, presentano diverse forme di vita. Lungo il Reef's End, ossia la parte sommersa del bordo del cratere, lungo 183 m, potrete vedere murene, polpi e pesci palla a punti bianchi, oltre a pesci farfalla e pesci pappagallo. Tre siti di immersione esplorano la parte posteriore del cratere mentre scivola per centinaia di metri quasi in verticale giù fino al fondale fuori dalla portata delle immersioni ricreative. Dentro le sue fessure è possibile trovare lotti protetti del prezioso corallo nero ramificato e vedere grandi specie pelagiche come squali e carangidi nel profondo blu che sta oltre.

Niihau Rock e Lehua Rock, Niihau
Negli anni Sessanta dell'Ottocento una famiglia scozzese comprò Niihau dal re Kamehameha IV delle Hawaii per 10.000 dollari e fino a oggi l'isola scarsamente popolata, a 29 km a sud-ovest di Kauai, continua a essere un mondo a parte.

A FIANCO: **I pesci farfalla procione trovano il loro pasto sulle rocce delle Cathedrals di Lanai.**
A DESTRA: **Una tartaruga verde nuota vicino a un arco di corallo.**

La terraferma è in gran parte vietata ai visitatori, che le hanno dato l'invitante nomignolo di "isola proibita". Niihau, per la posizione remota, l'accesso limitato e un clima più arido rispetto alle isole vicine, presenta acque limpidissime ed ecosistemi corallini tra i più incontaminati dello stato. I charter compiono il viaggio di due ore e mezza attraverso il Kaulakahi Channel spesso agitato, per scoprire il regno di balene, delfini, tonni e persino squali bianchi. Presso i siti, compreso il piccolo affioramento roccioso di Lehua Rock, vagate nelle correnti dell'oceano aperto passando davanti a pinnacoli vicini alla costa, gole, archi e pareti verticali che scendono per centinaia di metri. Alcuni animali, come l'*Hyporthodus quernus* e i banchi di squalo martello, si vedono raramente in altre parti delle Hawaii. Ma l'attrazione principale è la presenza regolare delle curiose foche monache delle Hawaii a rischio di estinzione, la cui popolazione si è ridotta a soli 1400 esemplari: per questo motivo sono tra i mammiferi marini più rari del mondo.

Corsair, Oahu

In un fondale marino sabbioso popolato da affusolati congridi si trova il "Corsair", uno dei pochi relitti davvero accessibili delle Hawaii. Durante la Seconda guerra mondiale, il caccia Vought F4U Corsair si schiantò in mare a circa 5 km al largo di Hawaii Kai nella Maunaloa Bay di Oahu nel corso di un'esercitazione. Il pilota ne uscì illeso, ma l'aereo affondò, atterrando nel verso dritto in acque profonde più di 30 m. I sub possono girare sopra la cabina di pilotaggio, dare un'occhiata agli strumenti di bordo e persino vedere i pedali del timone intatti. Murene verdi e sporadiche tartarughe marine entrano ed escono dall'aereo affondato. Per via della profondità, si può rimanere solo poco tempo a esplorare il relitto, ma l'esperienza surreale di vedere gli squali delle Galápagos nuotare accanto a un aereo merita ogni secondo.

DA NON PERDERE

- Nuotare attraverso tunnel di lava sottomarini e all'interno di crateri vulcanici sommersi.
- Osservare la più grande migrazione giornaliera del mondo nelle acque profonde al largo di Kailua-Kona.
- Esplorare incontaminate barriere coralline polinesiane e incontrare le foche monache a rischio di estinzione.

Alcuni sub arrivano a un'apertura della First Cathedral al largo di Lanai.

FIGI

NELLE FIGI OLTRE LE SPIAGGE

Scoprite le meravigliose zone interne dell'arcipelago.

Le Figi sono sinonimo di uno stile di vita acquatico, tanto che il loro nome è usato per un marchio di acqua in bottiglia. La Repubblica del Pacifico meridionale, formata da più di 300 isole, è un paradiso per gli appassionati di snorkeling e immersioni grazie all'abbondanza di barriere coralline caleidoscopiche. Ma ci sono anche tantissime attività straordinarie da fare sulla terraferma. Infatti, le isole sono famose anche per le verdeggianti cime montuose, le calde acque tropicali e uno dei popoli più ospitali al mondo.

Le 333 isole che formano le Figi nel Pacifico meridionale comprendono spiagge, giardini di corallo e foreste pluviali. La maggior parte delle persone vive sull'isola più grande, Viti Levu, che è anche una famosa località turistica. L'ex colonia inglese ha ottenuto l'indipendenza nel 1970, ma è stato solo dopo il ritorno alla democrazia nel 2001 che la nazione insulare è tornata a essere una gettonata meta di viaggi. Nell'arcipelago ci sono tantissime avventure da vivere, come cercare le famose perle delle Figi, fare un'escursione sul "tetto delle Figi" e rafting lungo le acque del "Grand Canyon" delle isole. Naturalmente, portate con voi l'attrezzatura da snorkeling o da immersione, perché nelle acque cristalline c'è tanto da vedere, dalle meravigliose barriere coralline alle specie di pesci endemiche. Questo è un itinerario di avventure fuori dai sentieri battuti in un luogo poco toccato dall'influenza occidentale, dove la vita è ancora pura e semplice.

Consigli di viaggio

QUANDO ANDARE: Da novembre ad aprile il clima è caldo umido; puntate alla stagione più secca e mite, da maggio a ottobre, per sfruttare al meglio le occasioni di fare attività all'aperto.

ORGANIZZAZIONE: Mettete in valigia qualche indumento sobrio se avete in programma di visitare i villaggi locali. Le donne dovrebbero coprire le spalle e gli uomini dovrebbero portare pantaloncini più lunghi. La maggior parte dei turisti arriva all'Aeroporto Internazionale di Nadi e si sposta da un'isola all'altra in barca o con voli interni.

SITI WEB: fijipearls.com; talanoa-treks-fiji.com; matangiisland.com

Horseshoe Bay protegge una vivace barriera corallina.

COSA FARE

Mettere la testa tra le nuvole

Cominciate l'avventura sopra il livello del mare sul Tomanivi, il "tetto delle Figi", situato sull'isola principale, Viti Levu. Spesso circondato da una copertura di nuvole che danno tregua agli escursionisti dai forti raggi del sole, questo monte alto 1219 m presenta un paesaggio coperto da foresta pluviale con piante di agrumi, fiori selvatici viola e una playlist di richiami di pappagalli. Il sentiero non è una facile camminata in mezzo alla natura. Per metà delle tre ore di salita la pendenza è così ripida che chi vuole arrivare in cima qualche volta deve aiutarsi appoggiandosi ai tronchi degli alberi e alle rocce coperte di muschio. Pochi turisti si avventurano nell'entroterra di Viti Levu, perciò probabilmente condividerete la strada con gli abitanti del villaggio di Navai, che si inerpicano su per lo stretto sentiero per catturare i cinghiali.
I più audaci possono provare a fare l'escursione sulla cima più alta delle Figi da soli, ma il tour operator Talanoa Treks collabora con guide che hanno passato tutta la vita sul Tomanivi e possono aiutare i visitatori a evitare di cadere ripetutamente nel fango durante la discesa.

Camminare per trovare una cura

Il rifugio di 97 ettari di Matangi, un'ex piantagione di cocco, che ora è un resort di lusso completo di case sugli alberi, si trova a 20 minuti di navigazione da Taveuni, l'isola-giardino delle Figi. L'attrattiva più preziosa dell'hotel è Horseshoe Bay, un'insenatura dall'acqua turchese che vanta una barriera corallina incontaminata. Il personale del resort propone passeggiate per scoprire le proprietà curative della flora locale. Lungo il cammino spuntano fuori piante di *noni* usate per curare le ulcere, piante di *tarawaikaka* per combattere le infezioni e alberi di *uthi* che calmano il mal di gola. Percorrendo il sentiero si incontra anche la fauna. Oltre a imbattersi in alcune mucche e capre vaganti, gli escursionisti vedranno probabilmente uccelli autoctoni come colombe frugivore arancio che banchettano con una gran quantità di graviole, spinosi frutti verdi dal cuore denso e polposo.
Il pezzo forte della camminata è la vista della baia blu elettrico dalla cima della dorsale dell'isola, che sembra avere proprietà rivitalizzanti tutte sue.

A FIANCO: Nelle Figi, oltre alle spiagge, gli escursionisti esplorano la gola dell'alto Navua.
SOPRA: L'entroterra delle Figi è fatto di colline lussureggianti e laghi che vale la pena scoprire facendo una gita lontano dalle spiagge.

Scendere lungo un fiume meraviglioso

La gola della Navua attraversa il centro vulcanico di Viti Levu, l'isola più grande dell'arcipelago delle Figi, e ridefinisce il paradiso dell'isola come un Grand Canyon tropicale. L'alto Navua rappresenta una delle cooperative per la conservazione più straordinarie del mondo, ed è uno dei pochi fiumi protetti del Pacifico meridionale. Nel 2000 un'alleanza di nove leader locali, due villaggi, un'impresa forestale e un ente governativo hanno imposto il divieto di tagliare alberi, svolgere attività mineraria e costruire strade entro 200 m da ciascuna riva lambita dalle acque del fiume. Fate una gita in uno dei canyon a fessura navigabili più lunghi del mondo, con una lunghezza di circa 30 km.
Le pareti a strapiombo raggiungono 45 m di altezza, mentre l'acqua delle rapide di II e III grado scorre veloce attraverso canali ampi 6 m. Le cascate e gli zampilli costanti si riversano nel fiume dalla giungla soprastante, mantenendo questa oasi pullulante di vita.

Provare i prodotti dall'orto alla tavola

Il Jean-Michel Cousteau Resort non prende alla leggera la sua associazione ecosostenibile. Molta frutta e verdura usate nel ristorante provengono dai terreni del resort.
Passeggiate in giro per l'orto biologico e la serra della proprietà, pieni di basilico, coriandolo, melanzane, rosmarino, zenzero e molto altro. Sopra la testa, le piante rampicanti dei frutti della passione riparano dal sole insieme ai grandi alberi di mango. Oltre alle piante di varietà commestibili, c'è anche un vivaio dove vengono coltivati fiori e alberi autoctoni che prima o poi vengono inseriti nel territorio naturale.
Le acque che circondano il resort sono protette come riserva marina, perciò non potete prendere pesce fresco dalla barriera corallina, ma se scegliete gli astici o i granchi locali al vicino mercato di Savusavu, lo chef Raymond Lee li cucinerà per voi insieme alle prelibatezze speciali dell'orto.

DA NON PERDERE

- Pernottare in un'ex piantagione di cocco con la vista su Horseshoe Bay.
- Salire al di sopra delle nuvole durante un'escursione sul Tomanivi, il "tetto delle Figi".
- Affrontare rapide di II e III grado nel cuore di Viti Levu.

Il fiume Navua è uno dei canyon
a fessura navigabili più lunghi del mondo.

LE 10 MIGLIORI AVVENTURE PER

LE IMMERSIONI SUBACQUEE

1 BARRIERE CORALLINE DI TUBBATAHA, FILIPPINE

Grazie alle oltre 600 specie di pesci, 11 specie di squali e 13 specie di cetacei, il vostro problema più grande quando farete immersioni a Tubbataha sarà decidere da che parte guardare. Questo sito Patrimonio dell'Umanità UNESCO, nel Triangolo di Corallo, è visitabile solo con imbarcazioni da crociera e si può raggiungere solo da marzo ai primi di giugno. Più di 300 specie di corallo colorano il fondale oceanico tra spettacolari pareti rocciose e gallerie.

2 PORT LINCOLN, AUSTRALIA

La città costiera di Port Lincoln ha ospitato la flotta peschereccia più grande dell'Australia, surfisti, marinai e, nel 1975, l'intero cast di *Lo squalo*. Oggi le isole di Dangerous Reef e Neptune di Port Lincoln sono più famose per l'osservazione degli squali che per gli attacchi degli stessi. Queste barriere coralline sono l'unico posto al mondo dove i sub possono fare immersioni in gabbia nel fondale marino insieme ai grandi squali bianchi.

3 BEQA LAGOON, FIGI

L'arcipelago delle Figi, soprannominato "Capitale mondiale del corallo molle", è un continuo spettacolo sensoriale. La Beqa Lagoon, a sud di Viti Levu, è un sito di 388 km^2 dove i sub a volte possono vedere più di otto specie di squali in un'unica volta. Il Fiji Shark Corridor, una nuova area protetta, apre la strada a incontri ancor più esaltanti.

4 ISOLE SALOMONE

Quasi 1000 isole vulcaniche si estendono attraverso 1609 km di limpida acqua blu nelle Isole Salomone, e tutte nascondono tantissimi relitti che aspettano solo di essere esplorati. I banchi di pesci pelagici sfrecciano vicino a ripide pareti blu. Nuotate attraverso tunnel di lava che ospitano cavallucci marini, polpi, alcionacei e anguille. Le eruzioni di vulcani subacquei agitano enormi banchi di barracuda e di squali. Troverete anche navi affondate della Seconda guerra mondiale, nudibranchi fluorescenti, montagne sottomarine e grotte da esplorare durante le immersioni.

5 ISOLE RAJA AMPAT, INDONESIA

Le isole indonesiane Raja Ampat ospitano più di 500 specie di corallo e 1074 specie di pesci, formando quella che probabilmente è la barriera corallina con maggiore biodiversità dell'oceano. Scegliete tra innumerevoli siti di immersione, come Cape Kri (che detiene il primato per il maggior numero di specie avvistate in una singola immersione), Fabiacet (per vedere i pesci martello e le tartarughe verdi) e Mioskun (dove vivono gli squali tappeto).

6 KONA, HAWAII

Vagando a 15 m di profondità nelle acque aperte al largo di Kona, nelle Hawaii, i sub che partecipano al tour "Pelagic Magic" del Jack's Diving Locker possono vedere meduse dai tentacoli ondeggianti, zooplancton bioluminescente, vermocani, calamari, anguille e piccole lumache marine brillanti, mentre queste creature risalgono durante la loro migrazione verticale notturna.

7 OLWOLGIN CAVE, AUSTRALIA

Nelle Roe Plains dell'Australia, la Olwolgin Cave presenta più di 9,7 km di tunnel allagati attraversabili. Alcuni sono così stretti che bisogna procedere tenendo la bombola davanti a sé. Se con una pinna si spazza il fondale, i sedimenti offuscheranno la visuale per il resto dell'immersione. Se state attenti a non farlo, potrete vedere le radici penzolanti degli alberi che vengono chiamate "Giardini pensili di Babilonia".

8 SIPADAN, MALAYSIA

Al Barracuda Point, al largo dell'isola di Sipadan nella Malaysia, potete osservare gli squali che trapassano banchi di migliaia di barracuda pinna nera e vortici di carangidi. Alle pareti verticali sono ancorati alcionacei, spugne e coralli neri. Nella zona ci sono i pesci pappagallo giganti, i *Cymbacephalus beauforti* e i delicati idoli moreschi. Molti riescono a vedere più di 20 tartarughe verdi ed embricate in una sola immersione.

9 SAMOA AMERICANE

Le Samoa Americane ospitano alcuni dei coralli più grandi e antichi del mondo, tra cui un corallo del genere *Colpophyllia*, ampio 8 m, e la sclerattinia "Big Momma" di Fagatele Bay, ampia 12,8 m. L'arcipelago del Pacifico meridionale è così lontano e difficile da raggiungere che le barriere coralline circostanti sono rimaste intatte: un paradiso per squali, miliobatidi, megattere e più di 950 altre specie di pesci.

10 S.S. *COOLIDGE*, VANUATU

La S.S. *Coolidge* urtò due mine e affondò al largo della costa di Espiritu Santo nel 1945, combattendo nella Seconda guerra mondiale. Oggi la nave lunga 200 m è circondata da pesci leone, barracuda, fucili, *Ctenoides ales*, murene e oggetti di porcellana. Esplorate il relitto di notte per vedere i banchi di pesci bioluminescenti della famiglia degli Anomalopidae e il plancton brillante.

A FIANCO: A Tubbataha, nelle Filippine, un sub fluttua sopra coralli dal colore incredibilmente vivace.
SOPRA: Tim Muscat si fa strada attraverso pareti dalla superficie irregolare nella Olwolgin Cave.

POLINESIA FRANCESE

MOMENTI MAGICI A TAHITI

Alla ricerca dell'essenza della Polinesia Francese.

I primi viaggiatori che attraversarono l'oceano per raggiungere le isole polinesiane probabilmente partirono dal Sud-est asiatico più di mille anni fa. Gli Europei e gli Americani furono attirati nelle coste polinesiane dalle ricchezze delle isole. Il leggendario ammutinamento dell'H.M.S. *Bounty* ebbe luogo dopo una sosta a Tahiti. Un disertore di nome Herman Melville abbandonò la nave alle Isole Marchesi e questa esperienza ispirò il suo primo libro. La lunga lotta coloniale per il controllo della regione terminò ufficialmente nel 1880, quando il re di Tahiti cedette le isole dell'arcipelago alla Francia.
La Polinesia Francese non lascia un'impressione univoca, ma un mosaico di sensazioni da vivere in 118 isolette e atolli, di cui solo 67 sono abitati. Non è una meta turistica di musei o locali alla moda, ma piuttosto un luogo primario fatto di terra, acqua, aria, fuoco e qualcos'altro di ancor più inafferrabile. Le montagne frastagliate, lo scuro suolo vulcanico e le foreste pluviali che crescono su terreni scoscesi esercitano il loro potere. Forse la terra è l'elemento trascurato nel Pacifico meridionale, dove dominano le lagune blu elettrico, ma c'è molto altro da scoprire. Ogni isola della Polinesia Francese è unica, con la propria personalità e appartenenza a uno dei cinque gruppi insulari. Tahiti e le altre Isole della Società sono le più visitate, le isole Marchesi quelle più settentrionali, le Tuamotu le più piane, mentre le isole Australi e Gambier più a sud sono ancora praticamente inesplorate. Lo spirito polinesiano impone ai visitatori di spingersi oltre ogni nuovo orizzonte.

Consigli di viaggio

QUANDO ANDARE: Tahiti presenta un clima temperato tutto l'anno, ma troverete meno umidità e pioggia durante l'inverno dell'emisfero sud, che va da giugno a settembre.

ORGANIZZAZIONE: Per raggiungere Papeete, a Tahiti, la capitale della Polinesia Francese dovete fare diversi scali, di solito passando dagli Stati Uniti. Air Tahiti effettua voli interni che collegano le isole, altrimenti optate per le navi da crociera per raggiungere queste lontane isole più comodamente.

SITI WEB: nationalgeographic.com/expeditions; topdive.com; kamoka.com

Un fiore di vaniglia fecondato a mano.

COSA FARE

Escursioni sugli altopiani

Fate un'escursione sugli altopiani tropicali di Moorea, durante la quale dovrete usare tanto i piedi quanto le mani, per ammirare la vista di Tahiti, l'isola sorella, raggiungibile con un breve viaggio in traghetto. Aggrappandovi a lisce piante rampicanti e saltando ruscelli di montagna, vi farete strada attraverso una foresta pluviale che offre ombra fresca e presenta delicati fiori rossi e arancioni dalle forme così stravaganti da sembrare quasi finti. Gli alberi cavi che vi circondano lungo il sentiero sono *mape*, o *Inocarpus fagifer*, che vennero portati sull'isola dai primi Polinesiani. Il percorso dura più di un'ora fino al filo del coltello della cresta vulcanica di Moorea, una ripida parete di basalto nero. Dallo stretto punto d'osservazione di Trois Cocotiers (Tre noci di cocco), potete vedere tutta Moorea: l'isola a forma di cuore, il turchese brillante della Baia di Opunohu Bay e il tappeto verde ininterrotto che si estende dalla costa alla cima del monte Rotui.

Scrutare sotto la superficie

A 21 m sotto la superficie del mare, sospesi nel limpido spazio vuoto fuori dalla barriera corallina di Moorea, vi troverete faccia a faccia con uno squalo limone, pesci pilota striati e una parata di squali pinna nera del reef. I prati di corallo risplendono di tutti i colori dello zucchero filato. Pesci argentei, anemoni di mare dalla punta viola e tridacne giganti riempiono la cornice della vostra maschera, ricordandovi che sotto la superficie l'acqua pullula di vita.
La ricchezza, l'accessibilità e l'entità della vita marina della zona fa di queste isole un paradiso sottomarino.
Per vivere rari incontri naturali, i sub esperti si dirigono verso l'arcipelago delle isole Tuamotu dove le isole di Rangiroa e di Tikehau presentano una straordinaria biodiversità anche per chi fa semplicemente snorkeling. All'interno della laguna di Fakarava, il mondo blu scuro si trasforma in un vortice di squali: tigre, martello, nutrice fulvo e orlato. La laguna ospita anche la più alta concentrazione di squali grigi del reef del mondo.

Ammirare le ricchezze

Taha'a è un'isola rotonda coperta di piantagioni di vaniglia. Qui la sua fragranza è di casa. La vaniglia è parte del territorio e dell'aria. L'isola è profumata anche dal gelsomino e dallo stuzzicante profumo meraviglioso del fiore nazionale, il tiarè: una fragranza rasserenante e solare, simile al limone. Esplorate i giardini dell'isola e visitate un'autentica piantagione di vaniglia per scoprire la varietà locale. Oppure visitate Kamoka Pearl, un'azienda ecosostenibile a conduzione familiare aperta ai visitatori, che coltiva perle sull'atollo di Ahe, nell'arcipelago delle isole Tuamotu.

Farsi fare un tatuaggio

Il tradizionale tatuaggio *patutiki* delle isole Marchesi ispira versioni contemporanee di questa forma d'arte e i viaggiatori possono ricevere un souvenir permanente, personalizzato dagli artisti che sanno come intrappolare il linguaggio segreto dei simboli nella pelle.

Scoprire la storia della Polinesia

A Hiva Oa, andate sulle montagne sopra il villaggio di Puamau per vedere Ma'ae Lipona, dove si trova una delle antiche statue *tiki* più grandi della Polinesia. Poi visitate il Cimitero del Calvario, il luogo in cui riposano l'artista francese Paul Gauguin e il cantante belga Jacques Brel.

DA NON PERDERE

- Fare escursioni nelle giungle lussureggianti per ammirare panorami che abbracciano più isole della Polinesia Francese.
- Fare immersioni per vedere banchi di squali e prati di coralli dai colori accesi.
- Tornare a casa con un tatuaggio tradizionale che trasferisce il *mana* dall'artista a colui che viene tatuato.

A FIANCO: La Baia di Opunohu di Moorea è un posto di ancoraggio molto frequentato da yacht, barche a vela e navi da crociera. A DESTRA: Perle tahitiane dentro a un guscio di ostrica, che vengono coltivate da un'azienda ecosostenibile nell'atollo di Ahe.

L'opportunità di nuotare tranquillamente con squali e razze attira i turisti nelle acque di Moorea, isola sorella di Tahiti.

PALAU

SNORKELING ED ESCURSIONI IN KAYAK IN MARI INCONTAMINATI

Scoprite le straordinarie meraviglie subacquee delle brillanti barriere coralline di Palau.

Riconosciuto da National Geographic e dal progetto Pristine Seas di Enric Sala come uno degli ecosistemi marini più ricchi del pianeta, l'arcipelago di Palau del Pacifico ospita un paese delle meraviglie sottomarino fatto di più di 1300 specie di pesci e più di 700 specie di coralli.

Questa splendida nazione insulare è leader mondiale nella conservazione marina, con un'antica tradizione nella protezione ambientale che risale a migliaia di anni fa, e un ambizioso programma di conservazione moderno che comprende la creazione di una straordinaria riserva marina di quasi 500.000 km^2, una delle più grandi di questo genere al mondo.

Partite per un'avventura indimenticabile, ispirata da National Geographic Expeditions, per scoprire in prima persona i tesori di Palau. Fate snorkeling ed escursioni in kayak tra le isole smeraldine delle Rock Islands, inserite nella lista del Patrimonio dell'Umanità UNESCO; esplorate il "Serengeti subacqueo" di Ngemelis Island; camminate fino a cascate lucenti; incontrate pesci, tartarughe e squali del reef sott'acqua; perlustrate in kayak grotte adorne di stalattiti e lagune nascoste; e nuotate tra meduse innocue. Poi incontrate gli abitanti di Palau che si impegnano a onorare e proteggere il loro patrimonio naturale risalente a 3000 anni fa. Qualunque cosa cerchiate, questa magica nazione insulare ha qualcosa da offrire a tutti, sulla terraferma, in aria e, in particolare, sott'acqua.

Consigli di viaggio

QUANDO ANDARE: Le immersioni più belle a Palau si fanno tra novembre e aprile, quando arriva il maggior numero di pesci pelagici e la visibilità in acqua è ottima.

ORGANIZZAZIONE: Palau è una riserva della fauna marina, perciò seguite le istruzioni delle guide e le norme per interagire con gli animali marini. A Palau c'è un solo aeroporto, il Romana Tmetuchl International Airport, fuori da Airai, sulla costa meridionale dell'isola di Babeldaob. Voli diretti partono da Guam, Manila, Taiwan e Seul.

SITI WEB: nationalgeographic.com/expeditions

Una medusa emerge in superficie a Risong Bay.

ITINERARIO DI 8 GIORNI

Giorno 1
Fate un breve giro in motoscafo fino a una splendida laguna dove l'avventura inizia facendo snorkeling di riscaldamento in acque calme, animate da coralli e pesci tropicali dai colori vivaci. Tenete gli occhi aperti per vedere stelle marine blu, damigelle verdi e pesci farfalla. Successivamente raggiungete in barca Risong Bay, nascosta tra le isolette calcaree a forma di fungo di Chelbacheb, anche note come Rock Islands, un sito Patrimonio dell'Umanità UNESCO celebre per la bellezza naturale e gli straordinari animali marini. Nuotate in acque poco profonde attraverso stretti passaggi rivestiti di gorgonie verrucose fino all'oasi conosciuta come Lago del Pesce mandarino, che prende il nome dall'omonima e sfuggente specie di pesce che vive qui. Riparati dalle formazioni rocciose, fate snorkeling tra le barriere coralline pullulanti di tante varietà di pesci, tra cui *Papilloculiceps longiceps*, *Sphaeramia nematoptera* e ghiozzi.

Giorno 2
Raggiungete in motoscafo il Palau International Coral Reef Center (PICRC) che ha collaborato con National Geographic durante la spedizione Pristine Seas del 2014 a Palau per documentare la biodiversità dell'ecosistema marino dell'arcipelago. Visitando il centro scoprirete il contributo del PICRC al progetto Pristine Seas ideato da Enric Sala, ecologo marino ed esploratore in loco di National Geographic, che ha lo scopo di studiare e salvaguardare gli ultimi luoghi naturali rimasti nell'oceano. Visitate l'acquario del centro per una presentazione degli habitat marini, degli sforzi per la conservazione e della storia geologica di Palau. Successivamente, proseguite in barca fino a Nikko Bay, dove scoprirete uno studio sulla deposizione delle uova dei coralli, che è stato completato qui, e dove potrete fare un'escursione privata con maschera e boccaglio nella Rembrandt's Cove. Tenete gli occhi aperti per vedere fetontidi e sterne che volano in alto e i reperti della Seconda guerra mondiale presso un vecchio bunker giapponese. Poi partite in kayak per esplorare una splendida grotta adorna di stalattiti e remate attraverso un tunnel fino a un lago pieno di coralli delicati.

Giorno 3
Fate snorkeling nelle lagune riparate di Ulong, una delle più grandi isole delle Rock Islands. Qui al mattino presto si riunisce un'incredibile assembramento di centinaia di *Bolbometopon muricatum* per deporre le uova. Nuotate tra campi di coralli della specie *Acropora florida* e pesci scintillanti, poi raggiungete la riva per fare un'escursione fino a un antico villaggio e scoprire come vivevano un tempo i Palauani in questo paradiso sperduto. Prendete parte a un progetto di conservazione locale mettendo una tridacna gigante in una riserva marina, e osservate i risultati di oltre un decennio di sforzi per la loro riproduzione. Nel pomeriggio esplorate il labirinto di isole che formano Ngeruktabel. Fate snorkeling tra miriadi di variopinti coralli molli e nuotate attraverso un tunnel spazioso che porta a una laguna nascosta.

Giorno 4
Partite presto per l'isola di Mecherchar, dove si trova una delle più famose meraviglie naturali di Palau: il lago delle Meduse. Questo lago di acqua salata è noto perché contiene fino a 20 milioni di innocue meduse dorate che hanno perso la loro capacità urticante quando il bacino è stato separato dal mare centinaia di anni fa ed esse non hanno più corso il pericolo di essere mangiate. Successivamente proseguite in barca lungo la costa per scoprire un tesoro della storia micronesiana: un reperto di 1,8 tonnellate della valuta più grande e pesante del mondo. Esaminate l'enorme denaro di pietra che fu creato dall'antico popolo della vicina Yap, che si spostava in canoa per estrarre la pietra dalle Rock Islands ricche di rocce calcaree. Poi raggiungete le acque tranquille di Ngchus Cove e nuotate con maschera e boccaglio sopra un aereo da combattimento giapponese, affondato dopo essere stato abbattuto nel 1944.

Giorno 5
Quando la marea sale al mattino, fate un giro in kayak sotto una cupola di mangrovie fino a un lago di acqua salata che ospita antiche piante di *Cycas micronesica* e i rari artami pettobianco. Cercate giovani miliobatidi e piante endemiche che non si trovano in nessun'altra parte del mondo. Successivamente, esplorate le acque opache della Milky Way Lagoon, dove potete farvi un bagno di fango bianco con l'argilla di calcare e calcio della laguna, che si ritiene abbia proprietà curative. Terminate la giornata facendo snorkeling tra i coralli variopinti a forma di cervello delle Rock Islands.

A FIANCO: Una persona intenta a fare snorkeling osserva quello che c'è sotto la superficie del mare delle Filippine. SOPRA: La *bai* più antica: una casa di riunione per i capi villaggio di Palau.

Le Rock Islands della
Repubblica di Palau.

Giorno 6

Il primo sito della giornata in cui fare snorkeling ospita decine di "super molluschi", tra cui le tridacne giganti. Poi si passa al Rainbow Reef per nuotare tra le moltitudini di pesci che vagano trasportati da correnti leggere mentre si cibano di plancton. Visitate Ngeanges che, dopo la felice iniziativa di liberare l'isola dai roditori infestanti, brulica di specie aviarie autoctone. Fate una passeggiata nella foresta in cerca di uccelli megapodidi, simili a galline, e dei loro nidi enormi. Rinfrescatevi con una nuotata tonificante, osservando le damigelle che sfrecciano dentro e fuori da una gigantesca formazione di coralli del genere Turbinaria. Esplorate con maschera e boccaglio una grotta dove l'impegno per la conservazione locale ha contribuito a proteggere i coralli dalla distruttiva stella corona di spine.

Giorno 7

Esplorate un "Serengeti subacqueo" in uno dei siti per fare snorkeling più grande del mondo, presso la barriera corallina esterna di Ngemelis, che secondo il team di Pristine Seas è una delle aree marine protette più ricche di vita di Palau. Qui le barriere coralline incontaminate pullulano di pesci, tartarughe, squali pinna bianca del reef, congridi e altri animali. Dopo quasi 20 anni come "zona di divieto di pesca", la Ngemelis Conservation Area consente incontri ravvicinati con pesci Napoleone, *Bolbometopon muricatum* e pesci balestra pagliaccio.

Giorno 8

Iniziate la giornata con una camminata a Babeldaob, l'isola più grande di Palau, nota per i tesori botanici. Fate un'escursione per raggiungere due cascate remote e raramente visitate, e rilassatevi vicino a tranquille pozze d'acqua. Poi raggiungete in macchina un'antica *bai*, o casa di riunione, dove un tempo si incontravano gli anziani della comunità. Osservate gli antichi pittogrammi incisi e dipinti sulle travature, che raffigurano vecchie leggende palauane.

DA NON PERDERE

- Partecipare a gite giornaliere per fare snorkeling nei reef incontaminati che pullulano di pesci e coralli.
- Fare una nuotata tra migliaia di meduse innocue che si trovano solo in questa zona.
- Fare un'escursione in kayak tra le mangrovie e nelle lagune nascoste.

STATI UNITI

ESCURSIONI A PIEDI E IN BICICLETTA NELLE HAWAII

Attraversate sei isole vulcaniche a piedi e in bici.

Forgiato dal fuoco e rimodellato dal vento, dall'acqua e dalle eruzioni vulcanee, l'arcipelago delle Hawaii presenta alcune delle più varie tipologie di terreno del pianeta per fare escursioni a piedi e in bicicletta. Cime frastagliate, valli lussureggianti coperte da foreste pluviali e strade costiere sinuose caratterizzano i territori delle sei isole principali abitate: Hawaii (la Big Island), Kauai, Lanai, Maui, Molokai e Oahu.

Le Hawaii sono note per le onde fragorose, le baie solitarie e le spiagge circondate da palme. Tuttavia, è soprattutto nelle regioni meno visitate dell'entroterra che i viaggiatori potranno apprezzare il valore fondamentale dell'*Aloha 'aina* dei nativi hawaiani, un richiamo ancestrale ad amare e rispettare la terra. Molti sentieri escursionistici dell'entroterra, da percorrere a piedi e in bici, attraversano le foreste pluviali e altre aree naturali incontaminate irraggiungibili in auto e non visibili durante i voli panoramici in elicottero.

Esplorando questi luoghi selvaggi, camminate con passo leggero e rispettate i cancelli e i cartelli per evitare di calpestare le piante autoctone o di sconfinare. Alcune foto di escursioni nelle Hawaii presenti su Instagram sono state scattate apposta vicino all'orlo di scogliere torreggianti o lungo creste affilate in realtà inaccessibili al pubblico. Comportatevi in modo responsabile restando sui percorsi segnalati. Con più di 50 parchi statali, sette parchi nazionali e panorami mozzafiato illimitati lungo le strade o sui sentieri, i percorsi autorizzati da seguire sono più che sufficienti.

Consigli di viaggio

QUANDO ANDARE: Ad aprile, maggio, settembre e ottobre si trovano meno turisti, prezzi più bassi e clima più secco.

ORGANIZZAZIONE: Spostatevi meno ed esplorate di più, scegliendo solo una o due isole da visitare per un soggiorno di una settimana. Mettete in valigia abiti impermeabili, occhiali da sole, crema solare ad alta protezione e scarpe chiuse per le escursioni. Controllate online le condizioni dei sentieri: a volte vengono chiusi per il fango eccessivo, la pioggia o i danni causati dal vento.

SITI WEB: gohawaii.com; bikehawaii .com; alltrails.com/us/hawaii; nps.gov/ state/hi; dlnr.hawaii.gov/dsp

Il paesaggio marziano del Parco nazionale Vulcani delle Hawaii.

DOVE ANDARE

Oahu

Se vi piacciono i film d'avventura, combinate un'escursione in bici e la visita alle location dei film durante un tour del Kualoa Ranch in bicicletta elettrica con pedalata assistita. Situato sulla costa sopravento di Oahu, il ranch di 1619ettari è una riserva naturale privata che spesso compare sul grande schermo. Con la spinta potente di un'ecologica mountain bike elettrica, durante un tour di due ore potrete pedalare e planare lungo un sentiero battuto, che attraversa la Ka'a'awa Valley del Kualoa, per vedere le location di film e spettacoli televisivi come *Jurassic Park, Jurassic World, Godzilla* e *Hawaii Five-0.*

Maui

La corsa in bici in discesa lungo l'Haleakala, che merita di entrare nella lista delle cose da vedere nella vita, permette di vivere un'avventura d'alta quota pedalando il minimo indispensabile. Partite prima dell'alba per raggiungere in pulmino la cima del vulcano dormiente Haleakala a 3055 m di altitudine, situato al centro del Parco nazionale dell'Haleakala di 13.536 ettari. Andate sull'orlo del cratere del vulcano, profondo 914 m per guardare il sole sorgere sopra le nuvole.

Quindi risalite sul pulmino per scendere fino all'ingresso occidentale del parco (1981 m di altitudine), il punto di partenza del giro in bici. Da qui, è una corsa di 37 km in discesa con vedute incredibilmente panoramiche fino ad Haiku. Pedalate al vostro ritmo per ammirare i paesaggi della cittadina di Makawao, i campi di canna da zucchero e di ananas, e le vedute dell'oceano.

Per esplorare le remote regioni costiere del parco, tornate il giorno dopo all'ingresso orientale di Kipahulu, a sud di Hana. Camminate lungo il Pipiwai Trail, un sentiero lungo 6,4 km andata e ritorno, per attraversare una fitta foresta di bambù e una serie di cascate che si trovano sulla via che porta alle Cascate Waimoku, alte 122 m.

Kauai

Cinematografica per natura (pensate alle scene iniziali dei film di *Jurassic Park*), Kauai è famosa per i tour panoramici in elicottero, ma le escursioni a piedi sono un modo più personale per conoscere un'isola che presenta diverse zone senza strade. Andate al Koke'e State Park sul lato ovest dell'isola dove troverete una serie di sentieri misti che non prevedono un biglietto d'ingresso. Percorrete l'Awaawapuhi Trail, un sentiero lungo 10 km andata e ritorno, per ammirare i panorami spettacolari della Na Pali Coast, oppure seguite l'Alakai Swamp Trail (11 km andata e ritorno) abitualmente fangoso, per vedere la versione reale della foresta pluviale di FernGully: nebbia inquietante, alberi ammantati di muschio, paludi poco profonde ed enormi alberi di felci *hapu'u*.

Lanai

Con un'area di 362,5 km^2, Lanai è la più piccola isola abitata delle Hawaii. Le dimensioni ridotte permettono di esplorarla facilmente durante una gita di un giorno dalla vicina Maui, che si trova a est a meno un'ora di traghetto. Partite con la corsa della mattina presto da Lahaina, a Maui, per raggiungere il porto di Manele a Lanai. Noleggiate una mountain bike al vicino Four Seasons Resort Lanai (che si trova a meno di 1,6 km dal porto) per pedalare lungo lo storico Munro Trail di Lanai. Il ripido sentiero di 20,5 km, spesso fangoso, prende il nome dal neozelandese George Munro, un naturalista amatoriale che arrivò a Lanai nel 1890 per collezionare specie aviarie.

Munro, che supervisionò gli allevamenti dei ranch sull'isola tra il 1911 e il 1934, è noto per aver dato a Lanai l'insolito aspetto del Pacifico nordoccidentale, piantando i pini colonna, non endemici della zona, nelle nebbiose regioni montane dell'isola.

Mentre pedalate attraverso i boschi di pini, potrete sentire il profumo degli eucalipti e ammirare i fiori rosso acceso degli alberi autoctoni di *'ohi'a lehua*. Il punto più elevato del sentiero si trova sulla cima di Lana'ihale, a 1027 m, l'unico punto dello stato da cui, quando il cielo è limpido, si possono vedere tutte e sei le isole turistiche hawaiane in una sola volta. Da qui, la strada è tutta in discesa per 11 km fino al punto di arrivo in mezzo ai vecchi campi di ananas del bacino del Palawai.

Molokai

Molokai, un'altra meta raggiungibile in traghetto da Maui per una gita di un giorno, è stata nominata parco storico nazionale nel 1980 ed è nota per Kalaupapa, una remota colonia di lebbrosi (affetti da

A FIANCO: Una veduta aerea dell'Halwa Valley dall'estremità orientale di Molokai.
A DESTRA: I ciclisti possono passare vicino alla chiesa di Siloama, a Kalaupapa.

malattia di Hansen). Lo scarso sviluppo urbano, le strade tortuose con poco traffico e i panorami spettacolari di scogliere a picco sul mare, spiagge di sabbia nera e valli lussureggianti rendono Molokai il posto ideale per fare un bel giro in bici. Rivolgetevi al Molokai Bicycle per farvi dare un passaggio e fare un'escursione di 43,4 km (all'andata) da Kaunakakai fino all'antica Halawa Valley, sull'estremità orientale dell'isola. Al km 40,2 c'è una salita impegnativa di 274 m per arrivare al Pu'u O Hoku Ranch, ma avrete il vento a favore lungo il percorso per tornare a Kaunakakai, perché i predominanti alisei soffiano da est.

Hawai'i (LA Big Island)

Scegliete tra centinaia di chilometri di sentieri escursionistici del Parco nazionale Vulcani delle Hawaii. La Riserva internazionale della Biosfera UNESCO e Patrimonio dell'Umanità UNESCO occupa 1347 km^2 e protegge due vulcani: il Mauna Loa, il più grande del mondo con un volume di 83.359 km^3, che ha eruttato l'ultima volta nel 1984; e il Kilauea, che ha eruttato continuamente dal 1983 al 2018. Le colate di lava del Kilauea sono terminate nel maggio del 2018 e questo significa che la lava fusa e la lava incandescente non sono più visibili. Il ciclo di eruzioni più recente ha chiuso alcuni sentieri del parco, tra cui i tratti principali del Crater Rim, che prima circondava la caldera del Kilauea. Per un'avventura nel territorio selvaggio del parco, lontano dalle aree danneggiate dall'attività vulcanica, seguite l'Hilina Pali Trail, un sentiero costiero che scende lungo il fianco della montagna dal punto panoramico dell'Hilina Pali a Ka'aha. Il percorso di 6 km segue un sentiero pietroso a tornanti e presenta ampie vedute dell'incontaminata area costiera costellata di archi marini. Da Ka'aha, il sentiero prosegue lungo un percorso accidentato di 9,6 km fino a una spiaggia circondata da palme ad Halape, dove potete accamparvi in una zona isolata vicino al mare.

DA NON PERDERE

- **Scendere in bici lungo i pendii del vulcano dormiente Haleakala a Maui.**
- **Fare un'escursione lungo l'Alakai Swamp Trail, attraverso una foresta pluviale nel Koke'e State Park di Kauai.**
- **Vedere tutte e sei le maggiori isole delle Hawaii dalla cima del Lana'ihale.**

I turisti guardano il tramonto dietro
Lanai dalla cima dell'Haleakala

POLINESIA FRANCESE

OLTRE LE CARTOLINE

Fate il giro delle isole per visitare i luoghi meno conosciuti dell'arcipelago della Polinesia Francese.

Scoprite il cuore e l'anima della Polinesia Francese esplorando le culture insulari oltre alle meraviglie naturali sulla terraferma e sott'acqua. Immergetevi in un paradiso tropicale tra alcune delle isole più belle e sperdute del mondo, dalle barriere coralline incontaminate delle isole Tuamotu alle alte cime montuose delle Isole Marchesi. Nuotate nelle lagune turchesi, perlustrate con maschera e boccaglio vasti giardini di corallo e avventuratevi a riva per incontrare le affascinanti culture insulari.

Fate escursioni in mare in kayak e paddleboard, girate in bici i villaggi locali ed entrate a contatto con i popoli e le tradizioni delle isole. A Raiatea, scoprite lo storico sito sacro, chiamato *marae*, dove i navigatori polinesiani iniziarono le loro ardite spedizioni in mare verso l'ignoto: viaggi che alla fine li avrebbero portati a popolare le isole Hawaii e la Nuova Zelanda. Viaggiate in barca a vela tra alcune delle circa 80 isole e atolli dell'arcipelago di Tuamotu, e fate immersioni o snorkeling tra le lussureggianti barriere coralline che si trovano lungo questa serie di isolette. Sbarcate a Huahine, un'isola visitata di rado, un tempo residenza dei reali tahitiani, dove potrete visitate siti antichi. Ammirate i panorami spettacolari di Bora Bora da promontori color smeraldo e tuffatevi da un *motu* privato, ossia un isolotto sulla barriera corallina esterna. Tutte queste cose si possono fare durante un'avventura di otto giorni, girando tra le isole a bordo della nave National Geographic-Lindblad che vi mostrerà davvero quello che la Polinesia Francese ha da offrire ai visitatori.

Consigli di viaggio

QUANDO ANDARE: L'arcipelago si presenta al meglio nel periodo compreso tra giugno e agosto, quando il clima è secco e ci sono temperature gradevoli.

ORGANIZZAZIONE: Siete ai tropici, quindi troverete pioggia quasi tutti i giorni anche durante la stagione più secca. Con il clima tropicale ci sono molti insetti, soprattutto zanzare. Mettete in valigia lo spray anti-insetti e usate le zanzariere quando sono disponibili. Quando si gira sulla terraferma può essere utile sapere un po' di francese.

SITI WEB: nationalgeographic.com/expeditions

Il sito UNESCO del *marae* di Taputapuatea, sull'isola di Raiatea.

ITINERARIO DI 7 GIORNI

Giorni 1 e 2

Arrivate a Papeete, a Tahiti, e fate un breve giro dell'isola prima della traversata notturna in nave per raggiungere Bora Bora nelle Isole della Società. Le spigolose rocce vulcaniche di Bora Bora, che spuntano fuori da una laguna acquamarina circondata da piccole isolette, sono spettacolari. Esplorate i pendii e le coste dell'isola in 4x4 e ammirate panorami ineguagliabili della laguna turchese dell'isola. Poi fate snorkeling, immersioni, escursioni in kayak e in paddleboard partendo da uno dei *motu* della barriera corallina esterna.

Giorno 3

Circondate da un'unica barriera corallina, Raiatea e Taha'a condividono una laguna comune e offrono molto da scoprire. Il *marae* di Taputapuatea, uno dei siti culturali più importanti del mondo polinesiano, fu il luogo da cui partirono i naviganti polinesiani diretti a Rapa Nui (Isola di Pasqua, Cile), alle Hawaii e in Nuova Zelanda. Passate la mattinata a esplorare questo sito di Raiatea, poi fate una nuotata nelle calde acque turchesi dell'isola. La vostra nave attraversa i canali della laguna facendo rotta verso Taha'a, dove potete scendere a riva per visitare una piccola piantagione di vaniglia a conduzione familiare.

Giorno 4

Huahine, uno dei segreti meglio conservati della Polinesia ed ex dimora dei reali tahitiani, conserva la più alta concentrazione di antichi *marae* (siti e templi sacri) della Polinesia Francese. Visitate questi siti con esperti culturali o archeologi che li riporteranno in vita. Seguite in bici il perimetro dell'isola, poi esplorate le coste verdeggianti in kayak o paddleboard. Terminate la giornata nuotando nella laguna dell'isola dalle acque cristalline.

Giorni 5 e 6

Passate due giorni a esplorare alcune delle quasi 80 isole e atolli dell'"Arcipelago pericoloso". Fakarava è uno degli atolli più grandi della Polinesia Francese e fa parte di una Riserva della Biosfera UNESCO. Esplorate con maschera e boccaglio le barriere coralline protette o seguite la corrente nella laguna durante le famose immersioni in cui si viene trasportati alla deriva. L'isola di Makatea, un atollo corallino innalzato, si presenta come una delle formazioni più insolite del Pacifico. Esplorate caverne e grotte o cercate le colombe frugivore e una miriade di altri uccelli. Poi fate snorkeling e immersioni tra i pesci colorati della vicina barriera corallina. Se siete dei sub vi farà piacere sapere che all'estremità meridionale dell'atollo di Fakarava a giugno arrivano migliaia di cernie marmorizzate per riprodursi. A loro volta, centinaia di squali grigi del reef si radunano per cacciare. Nel 2014, quando gli studiosi sono riusciti per la prima volta a fare una stima precisa, i biologi marini hanno calcolato che durante la stagione di riproduzione e caccia nel canale sono arrivati circa 17.000 cernie e 700 squali.

Giorno 7

L'atollo di Rangiroa è un anello di piccole isole, famose per alcuni dei migliori punti di immersione e snorkeling della Polinesia Francese. La laguna turchese al centro dell'atollo è la seconda laguna più grande del mondo. Passate tra le isolette bordate di palme per ancorare all'interno della laguna vicino al villaggio di Tiputa. Visitate questo villaggio tranquillo e passate un po' di tempo con i suoi socievoli abitanti. Fate escursioni in kayak, snorkeling e immersioni subacquee in queste acque che ospitano grandi banchi di pesci pelagici, mante, delfini, tartarughe marine e squali martello.

DA NON PERDERE

- Esplorare paradisi subacquei in cui vivono pesci pelagici, tartarughe marine, mante e squali.
- Fare un giro in kayak o in paddleboard lungo coste verdeggianti.
- Immergersi nella storia, dalle terre dei reali tahitiani ai siti polinesiani di importanza culturale.

A FIANCO: **Alcune palme a Motu Piti A'au incorniciano la laguna di fronte all'isola principale di Bora Bora.** A DESTRA: **Una sterna bianca posata su un ramo al Belvedere di Makatea.**

Un banco di pesci farfalla dalle due selle nuota nelle calde acque del Pacifico.

ESPLORARE IL MARE IN KAYAK

1 ISOLE DI KOMODO, INDONESIA

Fate escursioni in kayak nelle isole di Komodo a maggio per i paesaggi verdi, il clima secco e l'opportunità di vedere la più grande battaglia tra i "draghi" per il diritto di accoppiarsi. Attraversate in kayak i mari trasparenti e i moti ondosi creati da tartarughe marine, mante e danzanti stenelle dal lungo rostro. Non c'è niente di meglio che fare snorkeling all'alba, vedere migliaia di pipistrelli della frutta che si alzano in volo dall'isola di Kaaba e guardare il sole tramontare alle spalle di un vulcano fumante.

2 PARCO NAZIONALE DEL FIORDLAND, NUOVA ZELANDA

Il Parco nazionale del Fiordland in Nuova Zelanda offre una serie di opportunità per fare kayak, come escursioni in acque tumultuose lungo il fiume Hollyford o lungo le coste del lago Te Anau, dove grotte incontaminate, abitate da insetti bioluminescenti, hanno un'atmosfera magica. Nel remoto Doubtful Sound si trova un territorio montano scavato da un ghiacciaio con spiagge e cascate segrete.

3 PARCO NAZIONALE DI NITMILUK, AUSTRALIA

Nel territorio sacro degli Jawoyn, il Parco nazionale di Nitmiluk è una riserva coperta di alberi nel semi-arido territorio del Nord australiano. Remate a bordo dei kayak da una gola all'altra lungo il Katherine River del Nitmiluk per vedere pitture rupestri del "Tempo del Sogno" aborigeno risalenti a 40.000 anni fa, habitat dei cacatuidi e dei coccodrilli, cascate e piscine naturali.

4 HAWAIKI NUI VA'A, POLINESIA FRANCESE

I Polinesiani hanno viaggiato nel Pacifico con le *va'a* (tradizionali canoe a bilanciere) per più di 4000 anni. *Hawaiki nui va'a*, la gara annuale di *va'a* che si svolge a Tahiti, è nota per essere la gara di canoe V6 (a bilanciere) più difficile del mondo, su un percorso di 129 km di acqua blu da compiere in tre giorni senza cambi di equipaggio. Viaggiate in autunno per guardare le squadre che partono, poi noleggiate voi stessi una *va'a* per remare nei dintorni di Teahupoo.

5 ROVINE DI NAN MADOL, MICRONESIA

Costruite con rocce basaltiche e coralline tra il 1200 e il 1500 d.C., le rovine di Nan Madol in Micronesia appartengono all'unica città antica costruita su una barriera corallina. Fate un giro in kayak con l'alta marea tra le oltre 90 isolette del sito UNESCO, per esplorare palazzi di pietra, templi, tombe e case antiche coperte di mangrovie.

6 LAGO TOBA, SUMATRA

Il lago Toba a Sumatra è il lago vulcanico più grande del mondo, dove vive il popolo indigeno dei Batak, molti dei quali abitano ancora nelle case *jabu* costruite su palafitte e finemente intarsiate. Remate tra le cascate di Sipiso Piso e tra le sorgenti termali naturali di Pusuk Buhit.

7 NUOVA IRLANDA, PAPUA NUOVA GUINEA

La zona remota di Tigak nella Provincia della Nuova Irlanda, amata dai surfisti e dai sub, è un posto idilliaco per fare escursioni in kayak e snorkeling con delfini, pesci angelo, squali del reef e *Plectropomus leopardus*. Scivolate lungo immacolate spiagge di sabbia bianca e siti di nidificazione delle tartarughe sull'isola di Nago mentre vi spostate tra gli accoglienti villaggi di pescatori dove la gente del posto pratica ancora l'arte di scolpire e dipingere *malagan*, ossia elaborate maschere funerarie di legno.

8 FIUME NAVUA, FIGI

Raggiungete il fiume Navua alle Figi per spedizioni di rafting attraverso foreste pluviali ricche di muschi, magnifiche cascate e strette pareti di scura roccia vulcanica coperte di felci. Da oltre 15 anni la flora e la fauna autoctone dell'alto Navua sono salvaguardate dalla riduzione dell'habitat dall'Area protetta dell'alto Navua, oggi gestita dalle comunità locali in collaborazione con Rivers Fiji.

9 COSTA DI NA PALI, KAUAI

Kauai vanta 80,5 km di spiagge solitarie di sabbia bianca e una costa talmente bella che compare in più di 70 film. Napali Kayak propone escursioni in kayak di 19 km andata e ritorno, che partono dal Polihale State Park e seguono la costa di Na Pali passando accanto a grotte marine, cascate, branchi di delfini che saltano e verdi scogliere increspate, alte 762 m.

10 ROTTNEST ISLAND, AUSTRALIA OCCIDENTALE

Per raggiungere Rottnest, un'isola di laghi salati e dune di sabbia al largo della costa occidentale dell'Australia, ci vogliono un aereo, un treno, una bicicletta e un traghetto. Ma ne vale la pena per i tour in kayak con il fondo trasparente, unici nel loro genere, che passano sopra una barriera corallina di 100.000 anni, piena di scaridi, astici, paguri e nudibranchi.

A FIANCO: Le cascate appaiono gigantesche a confronto degli escursionisti in kayak nel Milford Sound.
SOPRA: Canoisti avanzano sotto un arco di roccia lungo la costa di NaPali.

AUSTRALIA

AVVENTURE NELL'OUTBACK SUL FIUME MURRAY

Scoprite gemme nascoste seguendo il fiume più lungo dell'Australia.

Il tranquillo fiume Murray nell'Australia meridionale serpeggia attraverso una splendida terra di antiche foreste di eucalipto rosso, spettacolari pareti di dirupi color ocra, placidi ruscelli, lagune a forma di U, animali selvatici, uccelli acquatici e antiche comunità che hanno tante storie da raccontare. È il tipo di regione che invita a esplorare il territorio in modo approfondito: non vedrete l'ora di scoprire cosa c'è al prossimo ruscello o dopo la prossima curva. Situato a un paio di ore di macchina da Adelaide, il Murray è una meta turistica dal 1961, quando un abitante della zona costruì 20 case galleggianti e iniziò a noleggiarle. Alcune di queste case galleggianti originali sono utilizzate ancora oggi, ma altre sono imbarcazioni nuove ad alta tecnologia, con vasche idromassaggio e TV a grande schermo. Noleggiatene una per la vostra famiglia e i vostri amici, e percorrete il fiume al ritmo che desiderate.

Il Murray River Walk offre un modo straordinario per scoprire la ricca fauna dell'Australia meridionale: in giornata si fanno escursioni a piedi per esplorare il territorio e di sera si osserva il fiume che scorre, mentre si pernotta a bordo di una piccola imbarcazione. La casa galleggiante del Murray River Walk è una moderna barca a due piani da 10 cuccette, con la doccia calda e una spa al piano superiore che affaccia sul fiume. Di giorno gli escursionisti percorrono un itinerario che varia da facile a moderato per un totale di 42 km in tre giorni, mentre la barca percorre 69 km. Di notte gli ospiti gustano una cena a base di prodotti e vini locali.

Consigli di viaggio

QUANDO ANDARE: Il periodo migliore per visitare la regione è l'estate, in particolare il mese di gennaio, quando le temperature sono elevate di giorno e miti di notte. Inoltre c'è luce fino alle otto e mezza di sera, così avrete più tempo per esplorare il territorio.

ORGANIZZAZIONE: Aggiungete alcuni giorni ad Adelaide prima o dopo la crociera, oppure una visita all'Isola dei Canguri, situata a breve distanza e raggiungibile in traghetto.

SITI WEB: murrayriverwalk.com.au; murrayriver.com.au; visitthemurray.com.au; visitnsw.com; visitmelbourne.com

Un pellicano atterra sul fiume al tramonto.

COSA FARE

Camminare lungo gli argini

Un'escursione sulle vicine Headings Cliffs svelano spettacolari colonne e speroni di arenaria che prendono i colori dell'alba. Gli altri giorni potete esplorare vari ruscelli e zone di acqua stagnante. Durante il vostro viaggio potreste attraversare un *billabong*, una lanca asciutta a seconda delle stagioni, e il suo mosaico di fango crepato in continua espansione. Osservate le aninghe appollaiate sui ceppi degli alberi ad asciugare le loro piume e i pellicani neri che scorrono lungo le rive del fiume. Il sinuoso Chowilla Creek si presta per un'escursione straordinaria. Quando attraversate il Bunyip Reach per raggiungere le Queens Bend Cliffs, ammirate le paludi piene d'acqua e gli uccelli acquatici che vivono nella zona. Di ritorno sulla casa galleggiante, osservate il tramonto che illumina i territori che avete appena attraversato a piedi.

Avvistare gli animali selvatici

Il paesaggio è punteggiato da venerandi eucalipti rossi. Uno di loro, un enorme esemplare chiamato Madre Teresa, ha molto probabilmente più di 1000 anni. Altri alberi mostrano punti in cui la corteccia è stata rimossa centinaia di anni fa dagli aborigeni per la costruzione delle canoe fatte di corteccia. In un campo di grano mietuto che si trova nelle vicinanze, potrete scorgere un gruppo di emù con i loro piccoli.

Visitare Renmark

Gran parte delle attività che coinvolgono il Murrey si svolge intorno alla città di Renmark, che ha una popolazione di 7500 abitanti. Renmark è diventata una località famosa per gli sport acquatici come lo sci d'acqua e il wakeboard, oltre che per il golf e l'arte. La città ospita anche il roseto più grande dell'Australia. L'attrazione più recente della città, il battello a ruota *Murray River Queen*, che è stato un ostello della gioventù, oggi è un ristorante galleggiante.

A FIANCO: Il Murray risplende di tonalità arancioni e ambra quando il sole tramonta. SOPRA: Un pescatore cerca la sua prossima preda vicino al Big Bend Cliff.

Esplorare i corsi d'acqua e le dune dei dintorni

Oltre al Murray ci sono laghi e altri fiumi serpeggianti. Il fiume Edward, nella città di Deniliquin, merita una deviazione per gli eccellenti sport acquatici e l'annuale *ute muster* della città, un evento che si tiene ogni anno a settembre e dura tutta la giornata, per cui sono previsti musica, luna park, gare automobilistiche e rodei. Per fare escursioni in territori più asciutti, dirigetevi verso le Perry Sandhills dove potrete ammirare le dune di sabbia in continuo movimento.

Degustare e osservare

Il Murray attraversa la seconda regione vinicola più grande dell'Australia. Il bacino del Murray-Darling ospita un certo numero di vigneti a Mildura e dintorni, nel Victoria. Sorseggiate rossi corposi a Rutherglen, una località di ottime aziende vinicole che si trova nel Victoria. Nella zona abbondano anche birrifici che si affacciano sul fiume, tra cui il Mildura Brewery, uno dei migliori microbirrifici dell'Australia.

Scoprire la cultura del Murray

Visitate i musei locali per saperne di più sulla vita degli antichi Aborigeni nei primi tempi del Murray, oltre che sull'uso dei battelli a ruota che affollano le acque del fiume. A Echuca troverete il museo australiano dedicato alle lattine di birra e ai cimeli legati ai produttori di birra, mentre a Swan Hill troverete straordinarie gallerie d'arte regionale che espongono le opere degli artisti locali.

Visitare i parchi nazionali

Il fiume fa parte del Murray Valley National Park, ma le vicine zone paludose protette e le riserve naturali meritano una visita mentre vi trovate in zona. Andate al Parco nazionale di Barmah che, insieme alla Millewa Forest nel Nuovo Galles del Sud, forma la più grande foresta di eucalipti rossi del mondo. È un posto ideale per accamparsi e osservare i vari animali selvatici, oltre che per fare equitazione, pescare, fare escursioni nelle foreste, nuotare e andare in canoa. Un'altra località che vale la pena visitare è il Parco nazionale di Mungo, Patrimonio dell'Umanità UNESCO, famoso perché ospita la Donna di Mungo e l'Uomo di Mungo, che testimoniano rituali di sepoltura risalenti a quasi 42.000 anni fa. Si pensa che la Donna di Mungo sia il più antico caso noto di cremazione al mondo.

DA NON PERDERE

- Passare la giornata a Renmark, un posto famoso per lo sci d'acqua e il wakeboard.
- Osservare gruppi di emù e canguri tra alberi millenari di eucalipto rosso.
- Attraversare le alture e i torrenti lungo il fiume più lungo dell'Australia.

PROSPETTIVE

Racconti, totem e magia nell'Outback

di Cathy Newman

LA GEOGRAFIA DEL CUORE UMANO è formata da luoghi che abbiamo visitato e dalle persone che abbiamo conosciuto. La penisola di Capo York, uno spuntone di terra verde all'estremità settentrionale del Queensland, in Australia, è un angolo sacro del mio paesaggio interiore. E non solo per via della sua bellezza a volte oscura, ma per persone come Arthur e Gladys.

La mia prima notte sulla penisola di Capo York è segnata da strani sogni e un sonno irregolare. Quando parlo della mia insonnia a Gladys Tybingoompa, un'anziana della comunità aborigena di Aurukun, dove sono stata invitata per cena, lei si rivolge al cognato, Arthur Pambegan, e gli chiede di fare una magia per tenermi al sicuro e permettermi di riposare.

L'incantesimo di Arthur, che consiste nel pronunciare una formula magica e toccarmi la spalla con uno strumento per lanciare aste chiamato *woomera*, funziona, almeno per qualche notte. E forse non avrei dovuto sorprendermi della sua temporaneità. C'è un sottofondo di tristezza qui, una storia abbastanza comune che si sente in molte parti del mondo, una storia di lotta per il possesso di terre tra coloro che già vivevano qui e coloro che sono arrivati dopo.

In Australia, questa storia inizia con il capitano James Cook, l'insediamento degli Europei nel XVIII secolo e la rimozione delle popolazioni indigene degli Aborigeni.

Arthur mi viene presentato come un famoso scultore di *bonefish*. Quando Gladys me lo dice, io annuisco. "So cosa sono. Li abbiamo anche noi nel Sud della Florida dove sono cresciuta. Il giorno che mia sorella è nata, mio padre è andato a pescare e ne ha preso uno". Gladys mi fissa con gli occhi neri. "Il totem di Arthur è il *bonefish*", mi dice con solennità. "Questo fa di lui tuo fratello".

SOTTO: I danzatori si esibiscono in una danza aborigena tradizionale durante un festival a Laura, in Australia. A FIANCO: Alberi di confine costeggiano un torrente vicino alla cittadina mineraria di Weipa nell'entroterra australiano.

L'entroterra è naturale e primitivo, un misto di terreni acquitrinosi, foreste pluviali, savana e boscaglia. È un territorio con due stagioni ardue. La stagione umida è inzuppata dai monsoni, mentre la stagione secca è fatta di polvere e massicciate erose che formano percorsi sconnessi che spaccano l'asse anteriore delle macchine. Qui, lontano dai giardini magnificamente curati di Melbourne, dalle corazze sovrapposte del teatro dell'opera di Sydney e dalla vivace città di Cairns da cui si accede alla Grande barriera corallina, si scopre un'Australia diversa.

A Capo York, in particolare, si respira una magia inquieta: alberi che perdono la corteccia al posto delle foglie, piante che mangiano insetti, lucertole senza zampe, gufi che abbaiano. Ci sono boschi di eucalipto e *Corymbia aparrerinja*, cumuli di terra costruiti dalle termiti che sembrano complesse cattedrali gotiche, rettili velenosi come il taipan marrone, ortiche giganti e magnifici volatili, come nuvole di cacatue ciuffogiallo, piccoli meropidi dai colori dell'arcobaleno e pappagalli spalledorate.

La terra è ricca di storie e di canti di anziani come Arthur e Gladys. Qui un fiume non è solo un fiume: è il percorso sinuoso di un serpente arcobaleno. Nei racconti degli antichi una spiaggia è la pancia di una pastinaca, e un saggio sa che se una nettarinia viene catturata e si strofina il suo becco sulle labbra di un neonato, gli farà dono della parola. Essere di questa terra, essere un "sopravvissuto spirituale", come si è autodescritta una persona che ho conosciuto, significa conoscere le storie. Ignorarle o dimenticarle trasforma la terra in un "paese inutile", vuoto, sterile, senz'anima.

Esiste un'altra forma di magia, con cui non bisogna scherzare. Quando è saltato fuori che un politico di Brisbane svendeva gli interessi degli Aborigeni, ha ricevuto un pacchetto marrone da parte di una delle comunità indigene di Capo York. Dentro c'era una pietra nera.

I forestieri possono rimanere perplessi, e a ragione. Quando sono tornata negli Stati Uniti e ho provato a spiegare di Gladys e della maledizione della pietra nera, e ho descritto Arthur e il *bonefish*, era come se tentassi di parlare in una lingua che nessuno capiva. Le parole non si formavano in modo corretto. Qualcuno che ha provato una simile sconnessione mi ha detto che è come se "le nubi fossero sparite all'improvviso e avessi capito che c'è qualcos'altro oltre, ma poi si richiudono velocemente e ti domandi se quello che hai visto era davvero lì".

Diversi giorni dopo, ad Aurukun, Arthur mi regala un *bonefish* che ha fatto per me. È intagliato nel legno e colorato con tre strisce, una nero carbone, una bianca come il gesso e, in mezzo, uno squarcio rosso ocra: un dono potente dal significato profondo. È il mio totem.

Durante quel viaggio, una donna aborigena ha spiegato la connessione tra gli amici e la famiglia in questo modo: "Di un legame molto stretto tra due persone diciamo che 'Quando penso a questa persona, ho il cuore pieno di emozione'".

Ho saputo di recente che Arthur è mancato sette anni fa. Anche Gladys non c'è più. Quando penso a loro, ho il cuore pieno di emozione.

• *Cathy Newman è un'ex cronista di* National Geographic.

A FIANCO: Pitture rupestri aborigene nella penisola di Capo York.
SOPRA: Il fiume Carron e i suoi affluenti circondati da una terra dorata.

FILIPPINE

IL MEGLIO DELLE FILIPPINE

Un'isola che ha qualcosa per tutti i gusti.

In tutte le famiglie c'è sempre quello un po' strano, e nel clan delle nazioni dell'Asia-Pacifico quel posto toccherebbe alle Filippine.
Questa nazione di 7107 isole (circa 2000 abitate) è nata come un raggruppamento allargato di gruppi etnici indo-malesi, che ha sopportato quasi 400 anni di dominio spagnolo, poi 48 come territorio statunitense.
Oggi le Filippine sono un misto di orgoglio etnico, fervore cattolico, astuzia della cultura popolare americana e affabilità tropicale.
Molti visitatori non si fermano a Manila, la capitale umida e afosa, intasata dal traffico, ma voi dovreste visitare almeno una delle chiese spagnole nell'antico centro cinto da mura di Intramuros e passeggiare davanti alla Baia di Manila al tramonto.
Poi partite per alcune delle migliaia di spiagge, dalle sabbie rosa dell'isola Grande Santa Cruz alle sabbie nere di Albay. I sub al largo delle isole di Palawan, Apo e Siargao possono ammirare centinaia di specie di corallo e di pesci. Sull'isola meridionale di Mindanao, più di 1300 specie terrestri, tra cui l'aquila delle Filippine a rischio d'estinzione, vivono nell'Oasi naturalistica della catena del monte Hamiguitan, che di recente è stata dichiarata Patrimonio dell'Umanità come i terrazzamenti di riso che si trovano sulla parte settentrionale di Luzon.
Le Filippine vi accoglieranno con calore facendovi sperimentare la straordinaria cucina fusion locale che mescola sapori salati, aspri e piccanti.

Consigli di viaggio

QUANDO ANDARE: Visitate questo arcipelago da novembre a febbraio, durante la stagione secca.

ORGANIZZAZIONE: Philippine Airlines offre voli per le mete turistiche molto frequentate come Bohol, Boracay e Cebu. Il principale mezzo di trasporto a terra sono i "jeepney" (bus navetta aperti e condivisi, ricavati da vecchie jeep dell'esercito americano), tricicli motorizzati, minivan condivisi e autobus. I mezzi migliori per spostarsi tra le isole sono i traghetti, i catamarani veloci o le tradizionali imbarcazioni a bilanciere.

SITI WEB: naypalad.com; fundacion pacita.ph

Una venditrice di cibo di strada nel quartiere Bonifacio Global City, a Manila.

COSA FARE

Vita da spiaggia a Siargao

Quest'isola dalla forma di lacrima al largo di Mindanao, ricoperta di giungla, circondata da barriera corallina e orlata di palme, è una località famosa per il surf, ma è anche un vero paradiso di sabbia bianca e acqua cristallina. Tra le varie strutture ricettive spicca lo splendido Dedon Island Resort, con le sue sedie sospese sugli alberi.

Viaggiare nel tempo a Vigan

L'architettura di questa città sulla costa occidentale di Luzon, a nord di Manila, vi affascinerà. Questo sito Patrimonio dell'Umanità UNESCO è una delle poche città coloniali spagnole rimaste intatte nelle Filippine. La visita di questa città, che è uno dei pochi luoghi non bombardati dall'esercito giapponese o americano durante la Seconda guerra mondiale, vi farà tornare indietro nel tempo. I visitatori possono pernottare presso abitazioni antiche che sono state trasformate in alberghi, fare un giro su carrozze trainate da cavalli chiamate *kalesas* su strade acciottolate chiuse al traffico, e assaggiare la famosa *empanada* di Vigan, un fagottino ripieno di carne e verdure. Il viaggio di 10 ore da Manila può essere faticoso, anche se affrontato a bordo di comodi autobus con aria condizionata, con molte fermate e con venditori che salgono a bordo per vendere la loro merce. Prendete piuttosto l'autobus notturno diretto o noleggiate un'auto privata.

Perdersi nella provincia di Batanes

Queste isole remote, le più settentrionali dell'arcipelago delle Filippine, comprendono aspre colline verdi che ricordano la campagna inglese. In effetti, dei marinai inglesi approdarono qui nel XVII secolo e diedero ad alcune isole i nomi "Orange", "Grafton" e "Monmouth", anche se non le rivendicarono per la Gran Bretagna e i nomi cambiarono. Le isole conservano tracce della cultura preistorica di Manila, e il popolo indigeno degli Ivatan mantiene le sue tradizioni uniche e la sua lingua. Il posto consigliato per il pernottamento è il Fundacion Pacita Batanes Nature Lodge, un albergo di lusso in cima a una collina con un magnifico panorama dell'isola e del mare.

Visitare la campagna sull'isola di Batan

Con i prati verdi e le ripide scogliere a picco sul mare, Racuh a Payaman sull'isola di Batan sembra essere stata staccata dalle Highlands scozzesi e lasciata cadere nella provincia più settentrionale delle Filippine. I prati lussureggianti sono pascoli pubblici dove vagano cavalli, bovini e bufali d'acqua. Questo scenario da "casa nella prateria" è il motivo per cui Rachu a Payaman spesso viene soprannominato "paese di Marlboro" o "colline di Marlboro" (da Marlboro Man, la figura del cowboy che veniva usata nelle pubblicità delle sigarette).

Dare un'occhiata alle tendenze culinarie di Manila

Oltre che per le chiese spagnole e la Baia di Manila, la città sta diventando molto popolare per le nuove idee nel campo della ristorazione, con locali che servono alcolici (il Bank Bar) e franchising internazionali (Nobu).
Anche qui è arrivata il concetto "dalla fattoria alla tavola" (Grace Park), e ci sono fantastici tapas bar (Las Flores) per assaggiare la classica cucina spagnola settentrionale. Il Mercato Centrale notturno di Manila è un sogno per i buongustai filippini. Ogni venerdì e sabato sera (dalle 18 alle 3) nel Bonifacio Global City, i venditori del mercato preparano una straordinaria varietà di cibi di strada. Provate le strisce di *bagnet* (pancetta) alla filippina, i *burritos di lengua* (lingua di manzo) e il *lechon liempo* (pancetta di maiale arrostita lentamente).

A FIANCO: **Case di pietra caratterizzano un piccolo villaggio sulla remota isola di Sabtang.** SOPRA: **Una donna guada l'acqua bassa per raggiungere la sua barca al largo della costa dell'isola di Siargao.**

DA NON PERDERE

- Fare un tour culinario di Manila, dai ristoranti di alto livello ai venditori ambulanti.
- Viaggiare indietro nel tempo a Vigan, una città coloniale Patrimonio dell'Umanità UNESCO.
- Ritrovarsi in un paradiso di spiagge bianche a Siargao.

EVERICH
ANTIQUE SHOP
OWNER/MANAGER
JOHN & EVER JOVEN
Casa Rica Casa Rica Casa Rica

Vigan, risalente al XVI secolo, è l'esempio meglio conservato di una città coloniale spagnola fondata in Asia.

AUSTRALIA

LUNGO LA CORAL COAST DELL'AUSTRALIA OCCIDENTALE

Fate un viaggio su strada attraverso il lato poco affollato dell'Australia.

L'Australia Occidentale (AO) è la parte più selvaggia, estesa e meno visitata dell'Australia. Degli oltre nove milioni di persone che ogni anno visitano l'Australia, solo un decimo circa va nell'AO, che occupa il terzo occidentale del continente ed è lo stato più grande della nazione. L'AO è talmente lontana dai soliti itinerari che Perth (1,98 milioni di abitanti), la sua capitale, è considerata la metropoli più remota del mondo. La città più vicina, con una popolazione di 1,3 miliardi di abitanti, è Adelaide, 2690 km a est.

Meno gente, più spazio per muoversi e più panorami da ammirare: infiniti cieli azzurri, acque cerulee dell'Oceano Indiano, terra rossa dell'entroterra e formazioni rocciose ultraterrene, più adatte a Marte, fanno dell'AO una meta ideale per un viaggio su strada. I paesaggi sono particolarmente stupendi lungo le coste della regione, che si estendono per 13.000 km dalla lontana costa nordoccidentale del Kimberley alla Grande Baia Australiana, la baia aperta che rientra nella costa meridionale dell'Australia.

Per percorrere in auto l'intera costa dell'AO ci vorrebbero probabilmente un paio di mesi o più. Per un approccio più fattibile è meglio scegliere un tratto da esplorare in una settimana o in un weekend lungo. Uno degli itinerari preferiti è un percorso di quattro giorni a nord di Perth, che offre l'osservazione dei cetacei, tappeti di fiori selvatici e panorami che vanno dalle spiagge all'entroterra.

Consigli di viaggio

QUANDO ANDARE: Da giugno a novembre per l'osservazione dei cetacei. Da settembre a ottobre per i fiori selvatici.

ORGANIZZAZIONE: Noleggiate un veicolo 4x4 all'aeroporto di Perth per guidare sulle dune di Lancelin e su qualsiasi spiaggia fuoristrada o nelle strade dell'outback. Con l'app gratuita Experience Western Australia programmate il vostro itinerario e trovate l'assistenza stradale più vicina in località sperdute. Diversi operatori offrono tour aggiuntivi come giri in elicottero e gite per fare immersioni.

SITI WEB: westernaustralia.com; australiascoralcoast.com; ultimate watersports.com.au

Formazioni rocciose nel deserto dei Pinnacoli.

ITINERARIO DI 4 GIORNI

Giorno 1

Da Perth guidate per circa 90 minuti in direzione nord verso la cittadina di Lancelin, affacciata sul mare, punto di partenza dell'Indian Ocean Drive, una strada costiera panoramica. Fate una leggera deviazione verso l'interno per camminare, guidare o, preferibilmente, noleggiare una tavola per fare surf sui pendii sabbiosi delle dune di sabbia di Lancelin. Le dune bianche, che occupano un'area di circa 202 ettari, sono le più estese dell'Australia Occidentale. Se decidete di affrontare l'enorme distesa di sabbia con un veicolo 4x4, state alla larga dalle creste delle dune a lama di coltello, che potrebbero presentare pericolose discese ripide dall'altro lato.

Dopo esservi divertiti sulla sabbia, proseguite per un'ora verso nord fino al deserto dei Pinnacoli nel Parco nazionale di Nambung. Lungo la strada a senso unico del deserto dei Pinnacoli, osservate le migliaia di colonne di roccia calcarea da cui prende il nome il deserto, alcune delle quali arrivano a 3 m di altezza. Arrampicarsi sui pinnacoli è vietato, ma potete camminare (e farvi selfie) in mezzo a loro. Pernottate nella vicina cittadina di Cervantes, la capitale nazionale dell'aragosta.

Giorno 2

Proseguite lungo l'Indian Ocean Drive verso la città portuale di Geraldton, a 225 km a nord di Cervantes. A sud della città, la via curva verso l'interno dopo Greenough, un villaggio coloniale ben conservato risalente al XIX secolo che ospita gli "alberi piegati", famosi su Instagram. Questi eucalipti rossi piegati e contorti crescono spontaneamente nell'entroterra lungo la Brand Highway. Molto diffusa in Australia, la varietà piegata è tipica delle pianure di Greenough esposte al vento: i venti che arrivano da sud piegano, ma non spezzano i loro tronchi. Per ammirare il panorama migliore parcheggiate alla fermata predisposta per scattare foto.

Passate il pomeriggio a giocare sul lungomare al Geraldton, un centro molto popolare per gli sport acquatici. Oltre ai tipici wakeboard, tubing e stand up paddle, tra le attrezzature disponibili presso i noleggi si trovano flyboard e jet pack ad acqua. Dopo una breve spiegazione, sfrecciate sulla superficie dell'acqua, girando in spirali e cerchi fino all'ammaraggio. Pernottate nelle vicinanze in un hotel affacciato sul porticciolo o sul lungomare.

Giorno 3

Guidate per un'ora a nord di Geraldton fino a Horrocks, dove il fiume Bowes incontra l'Oceano Indiano alla foce del Bowes. La costa rocciosa e la barriera corallina creano onde consistenti alla foce e attraggono i surfisti impavidi. Osservate l'azione lontano dal reef e dalle onde prima di proseguire verso nord per un'altra ora fino al Parco nazionale di Kalbarri. Da luglio a ottobre, le zone del parco sono coperte di fiori selvatici dalle meravigliose tonalità di giallo, arancione, rosso, rosa e viola, e al largo della costa sono visibili le megattere che stanno migrando.

Per tutto l'anno il Kalbarri colpisce per le straordinarie scogliere di arenaria, le gole e altre meraviglie rocciose scolpite dal vento e dalle onde. Lungo la costa, percorrete il sentiero ad anello di 3 km della Rainbow Valley che scende in una gola fino all'oceano per ammirare le onde che si infrangono e la formazione rocciosa chiamata opportunamente Mushroom Rock. Se fate l'escursione all'alba o al tramonto, potreste incontrare anche un canguro al pascolo. Proseguite in auto verso l'interno per vedere uno dei panorami geologici caratteristici del parco: la Nature's Window. L'arco di pietre arenarie strisciate di bianco e rosso crea una cornice naturale per le fotografie della sottostante gola del fiume Murchison. Passate la notte nella cittadina costiera di Kalbarri.

Giorno 4

Ripercorrete la strada per tornare a Perth, facendo una pausa a circa metà percorso a Jurien Bay. Sgranchitevi le gambe camminando fino alla fine del nuovo molo di Jurien Bay di 162 m di lunghezza. Saltate in acqua per esplorare il Percorso esplicativo subacqueo di snorkeling e immersioni di Jurien Bay, dove oltre 70 *reef ball* attraggono una serie di vivaci creature marine, tra cui pesci leoni velenosi, gamberi e polpi. Se avete tempo, volate sopra la baia lanciandovi con il paracadute in tandem.

DA NON PERDERE

- Fare surf sulle dune di Lancelin ed escursioni nell'entroterra intorno a formazioni rocciose.
- Fotografare l'inquietante paesaggio lunare del deserto dei Pinnacoli nel Parco nazionale di Nambung.
- Osservare le fioriture selvatiche e i cetacei che migrano al Parco nazionale Kalbarri.

A FIANCO: Un bambino scivola lungo le dune di sabbia bianca su una tavola a Lancelin, nell'Australia Occidentale. SOPRA: Un arco di arenaria nel Parco nazionale di Kalbarri.

UNO SCATTO MEMORABILE

La Via Lattea forma un arco sopra le scogliere della costa della Great Ocean Road. La strada panoramica segue il litorale a ovest di Melbourne per 243 km attraverso il Victoria, compiendo un percorso leggendario.

La strada presenta un paesaggio aspro, alcuni degli alberi più alti del mondo e faraglioni di rocce torreggianti. A ogni area di sosta, targhe esplicative offrono informazioni sulla storia e la natura della zona. E c'è tanta natura da vedere: oltre 50 specie di orchidee autoctone lungo il fiume Erskine, bandicoot bruni meridionali, echidne dal becco corto, wallabie, maluridi e, naturalmente, canguri. Una delle tappe più maestose del percorso è il Parco nazionale Great Otway, uno dei 16 "paesaggi nazionali" dell'Australia.

La costruzione della Great Ocean Road iniziò nel 1919 come un progetto per i soldati che tornavano a casa dalla Prima guerra mondiale. Ci vollero 13 anni per completarla e si dice che sia il monumento ai caduti più lungo del mondo. Oggi, percorrere questa strada è uno dei modi più belli per scoprire i meravigliosi paesaggi dell'Australia.

FOTOGRAFIA DI **BABAK TAFRESHI**

IN SENSO ORARIO DALL'ALTO A SINISTRA: Una megattera salta fuori dalle acque di Cabo Pulmo, in Messico; il Parco nazionale di Isle Royale nel Michigan; un ciclista in mountain bike affronta il Grand Canyon; escursionisti percorrono i sentieri del Parco nazionale di Olympic.

CAPITOLO 6

AMERICA DEL NORD

Esplorate i parchi nazionali, immergetevi nei cenote del Messico e fate escursioni seguendo alcuni dei percorsi naturalistici più belli del mondo.

STATI UNITI

FARE RAFTING NEL MIDDLE FORK DEL SALMON RIVER

Una delle escursioni di rafting più belle del mondo in uno degli ultimi luoghi selvaggi del pianeta.

Scorrendo libero e impetuoso per 161 km, il Middle Fork del Salmon River è fatto apposta per una delle avventure di rafting migliori del mondo. Il fiume dall'acqua cristallina nasce vicino al confine meridionale del Frank Church-River of No Return Wilderness dell'Idaho, che con i suoi 930.776 ettari è la riserva naturale a sud dell'Alaska più grande degli Stati Uniti. Procedendo a nord fino alla confluenza con il principale Salmon River, il Middle Fork serpeggia e curva attraverso il suo canyon scavato dai ghiacciai, passando lungo campi di fiori selvatici e prati lussureggianti e sotto alte rupi di granito. Grazie all'assenza di strade e allo scarso sviluppo urbano, fare rafting in queste incontaminate zone remote permette davvero di entrare a contatto con la natura. Alcuni permessi sono rilasciati a escursionisti privati, e i tour operator seguono severe regolamentazioni per "non lasciare traccia", contribuendo a preservare il territorio selvaggio e l'atmosfera da luogo sperduto. Dai dirupi frastagliati scendono cascate, mentre le sorgenti termali ribollono lungo le sponde dei fiume. Le pecore delle Montagne Rocciose pascolano lungo le rive. Il mormorio rasserenante del fiume è interrotto solo dalle grida sporadiche degli escursionisti entusiasti. La tipica spedizione lungo il Middle Fork dura sei giorni con rapide che aumentano di intensità e scariche di adrenalina che di giorno in giorno superano le precedenti. Gli escursionisti conquistano rapide di III e IV grado e, nella settimana, il fiume si allarga, diventa più profondo e cresce, rendendo l'avventura più elettrizzante.

Consigli di viaggio

QUANDO ANDARE: Le escursioni vengono fatte da giugno ad agosto. A inizio giugno i livelli dell'acqua possono essere pericolosamente alti nel tratto superiore.

ORGANIZZAZIONE: Per fare escursioni lungo il Middle Fork è necessario ottenere un permesso del servizio forestale. È meglio affrontare la discesa del fiume partecipando a una gita guidata (comprende i pasti, il campeggio e il trasporto al fiume all'andata e al ritorno) con un tour operator specializzato come Mount Travel Sobek, Northwest Rafting Co., o Western River Expeditions.

SITI WEB: mtsobek.com; nwrafting .com; westernriver.com

I campeggiatori puntano al Middle Fork sul Salmon River.

ITINERARIO DI 6 GIORNI

Giorno 1
Come capita spesso durante il viaggio, è la natura a stabilire il punto di partenza della gita. I due principali punti di accesso sono il Boundary Creek, alla base delle cascate Dagger, e l'Indian Creek, una landa desolata dove possono atterrare velivoli. Quando i livelli dell'acqua sono troppo alti o troppo bassi o quando la neve blocca la strada per Boundary Creek, le gite di solito partono dall'Indian Creek a 42 km più a valle. Da qualunque punto inizi la vostra avventura, trascorrete la prima notte in campeggio vicino al luogo di partenza in modo che possiate intraprendere la discesa del fiume al mattino.

Giorno 2
Probabilmente potrete scegliere il mezzo con cui affrontare il fiume: barca a pagaie o a remi. Dovrete remare in ogni caso, ma la seconda opzione offre maggiore energia: una guida spinge due grandi remi nella parte posteriore del gommone. Se partite da Boundary Creek, l'attività adrenalinica sulle rapide inizia prima. Solo nei primi 34 km attraverserete una serie di rapide di II e IV grado, tra cui la Sulphur Side (III), le Velvet Falls (IV), le Chutes (III), la Powerhouse (IV) e la Pistol Creek (IV). Fate delle pause per dare sollievo ai muscoli indolenziti alla Trail Flat Hot Spring (km 11,7) e alle Sheepeater Hot Springs (km 21), due delle tante sorgenti termali del Middle Fork. Accampatevi vicino al fiume all'Indian Creek (km 42) o al Pungo Creek (km 44).

Giorno 3
Al mattino presto, dopo colazione, salite di nuovo sul gommone e affrontate altre acque impetuose alle rapide Marble Creek (III) al km 51. Da qui, il Middle Fork scorre calmo per diversi chilometri, perciò riposate le braccia o, a seconda del tour operator, scegliete di nuotare o pescare con la mosca nelle acque calme le endemiche trote "tagliagola" e le trote iridee. Riprendete in mano i remi prima di arrivare alle rapide Jackass (III) al km 60. Trascorrete la notte in tenda al Big Loon Camp (km 79,3), così potrete immergervi nelle vicine sorgenti termali di Loon Creek.

A FIANCO: **Un gommone si gira di lato mentre attraversa le rapide del Salmon River.** SOPRA: **Un pescatore a mosca prende la sua preda.**

Giorno 4
L'itinerario di questa giornata è una montagna russa di rapide. Ammassate in un tratto lungo circa 1,6 km del Tappan Canyon ci solo Tappan I (III), Tappan Falls (IV), Cove Creek (II/III) e Tappan (III/IV). Alla fine della corsa tra le rapide, osservate il cielo per avvistare le aquile calve, il fiume per vedere le lontre, e le rive alberate per vedere le pecore delle Montagne Rocciose e gli orsi neri. Attraversate le rapide Aparejo Point (II) al km 101, prima di montare le tende al Sheep Creek (km 106). Chi desidera una meritata birra o un gelato, può fare una breve camminata fino al piccolo negozio Flying B Ranch (km 107).

Giorno 5
L'ultima giornata intera di rafting è probabilmente la più spettacolare. Imponenti pareti di granito si alzano dalle sponde rocciose del fiume mentre remate attraverso lo stretto Impassable Canyon. Tenetevi forte per il divertimento travolgente attraverso rapide impegnative come l'Haystack (III), la Jack Creek (III) e la Waterfall Creek (III). Al km 130 fermatevi per fare un'escursione fino alle caratteristiche Veil Falls. Rinfrescatevi alla base delle cascate nebulose, che cadono sull'apertura di una grotta nascosta nella parete rocciosa. Passate la notte sulla spiaggia sabbiosa del Parrot Placer Camp (km 139).

Giorno 6
Il Middle Fork lascia il meglio alla fine. Remate con energia nell'ultimo tratto prima del punto d'arrivo che si percorre in mezza giornata: una serie di elettrizzanti rapide di IV grado come la Rubber (km 146,6), la Hancock (km 148,3) e la Cramer Creek (km 159,3). L'ultima grande rapida si trova a meno di 1,6 km dall'arrivo, poi uscite al Cache Bar sul corso principale del Salmon River.

DA NON PERDERE

- Esplorare la riserva naturale più grande degli Stati Uniti a sud dell'Alaska.
- Affrontare rapide continue di III e IV grado.
- Provare a pescare trote "tagliagola" e trote iridee nei tratti dove l'acqua è più calma.

STATI UNITI

IL GRAND CANYON

Un'icona americana e una leggendaria meraviglia mondiale, da esplorare da un crinale all'altro.

Vedere per credere. Pochi luoghi sono all'altezza di questo slogan quanto lo spettacolare Grand Canyon. Con una profondità di circa 1829 m, un'ampiezza di 29 km e una lunghezza di 446 km, non è la fenditura più profonda, stretta o lunga del pianeta, ma è senza dubbio la più straordinaria. La sua eccezionale immensità è valsa a questa formazione geologica la fama mondiale come una delle sette meraviglie del mondo naturale. Ogni anno circa cinque milioni di visitatori vanno in Arizona per ammirare questo territorio incredibile che è diventato parco nazionale.

Dire che il Grand Canyon è una "torta a strati", come viene spesso definito per le pile di rocce colorate, sminuisce la sua storia affascinante. Per i principianti, quei livelli stratigrafici abbracciano più di un miliardo di anni di geologia, dalle cime calcaree sul crinale risalenti a 258 milioni di anni fa, al primordiale scisto di Vishnu 1,6 km sotto. L'effetto visivo è assolutamente affascinante mentre si scende fino al fondo del canyon.

Solo il 10 per cento dei visitatori del parco si avventurano nel remoto North Rim, raggiungibile con un'escursione di 34 km attraverso il canyon o un viaggio in auto di 354 km dal South Rim. E solo l'1 per cento circa arriva alla base del canyon, che offre agli audaci avventurieri molte opportunità di vivere almeno per un momento l'atmosfera da "terra prima dell'esistenza del tempo" mentre camminano lontano dalle folle di turisti, o da qualsiasi cosa che indichi cosa sia un millennio.

Consigli di viaggio

QUANDO ANDARE: Il parco nazionale è aperto tutto l'anno, ma il North Rim è chiuso in inverno. Il periodo più affollato coincide con le vacanze scolastiche degli Stati Uniti. Da metà a fine settembre e a maggio ci sono le temperature più miti per fare escursioni da un crinale all'altro.

ORGANIZZAZIONE: Richiedete in anticipo i permessi e le prenotazioni per visitare le zone dell'entroterra. Si consigliano 13 mesi di anticipo per i giri a dorso di mulo e per pernottare al Phantom Ranch. Rivolgetevi ai centri visitatori per le visite guidate con le guardie forestali.

SITI WEB: nps.gov/grca; visitarizona.com; grandcanyon.com

I muli procedono lungo il South Kaibab.

COSA FARE

Escursioni da un crinale all'altro

Dal South Rim, salite su un bus navetta per raggiungere il punto dove parte il sentiero ben tenuto del South Kaibab Trail. Mettetevi in cammino e osservate le pitture rupestri risalenti a 2000 anni fa e i fossili risalenti a 250 milioni di anni fa mentre il percorso di 10 km scende più in profondità nel canyon (state da parte quando passano file di muli). Alla base del canyon, attraversate il caratteristico ponte sospeso nero che valica il fangoso Colorado circa 20 m sotto.
Chiedete in anticipo il permesso di passare la notte al campeggio Bright Angel sulle sponde del fiume.
Il giorno successivo proseguite l'escursione da un crinale all'altro attraverso il North Kaibab Trail lungo 30 km, con il rustico accampamento Cottonwood a circa metà della strada in salita. In alternativa fate tutto il percorso al contrario, partendo dal North Rim e seguendo il popolare Bright Angel Trail di 12,6 km risalite fino al crinale, passando per il campeggio riparato dell'Indian Garden.
Gli escursionisti del Grand Canyon che vogliono conquistarsi il diritto di vantarsi, affrontano fino al fondo del canyon l'itinerario più difficile del parco: il Nankoweap Trail che attraversa zone remote. Il sentiero scende per 22,5 km scoperti e 1829 m in verticale dall'inizio del sentiero al West Nankoweap del North Rim, senza una singola fonte di acqua o segnavia lungo il percorso. Indipendentemente da quale strada scegliate, preparatevi a grandi differenze di temperatura dalla cima al fondo.

Rafting nel fiume Colorado

Spostatevi sulle acque torbide del Colorado come fece lo scienziato esploratore John Wesley Powell nel 1869, quando si inoltrò nell'inesplorato Grand Canyon. Partecipate a una gita di rafting di più giorni, affrontando rapide di IV grado lungo un tratto di 451 km del fiume, suddiviso in 309 km del Lower Canyon e 142 km dell'Upper Canyon. Esplorate i canyon secondari e scoprite meraviglie come l'anfiteatro naturale del Red Wall Cavern e il Vasey's Paradise, una cascata scrosciante che fuoriesce da una parete rocciosa rossa. Mentre scendete lungo tratti tranquilli del fiume, osservate gli aironi azzurri maggiori e le pecore delle Montagne Rocciose. Montate le tende vicino al fiume e addormentatevi sotto le stelle. I permessi per le escursioni di rafting in autonomia sono distribuiti dal parco in base a una lotteria.

Andare in bici sul crinale

Uno dei modi più rilassanti per godersi il panorama dal crinale del canyon è senza dubbio sulle due ruote. Noleggiate una bici (o portate la vostra) e percorrete la Hermit Road del South Rim, punteggiata da nove punti d'osservazione predisposti lungo un tratto di 11,3 km tra il Grand Canyon Village e lo storico Hermit's Rest. Tra i punti d'osservazione dell'Abyss e dell'Hermit's Rest, una cintura verde di 4,5 km consente un accesso più da vicino al bordo del crinale, e una tregua dal traffico motorizzato. Partite prima del sorgere del sole a Hopi Point, dove ampie vedute preparano ad albe spettacolari; poi completate l'itinerario prima che arrivi il calore del giorno. Nel frattempo i ciclisti in mountain bike possono percorrere il facile sentiero a un'unica corsia del Rainbow Rim Trail del North Rim, lungo 29 km, per ammirare gli straordinari panorami del canyon.

Raggiungere il fondo del Grand Canyon a dorso di mulo

A partire dal XIX secolo, i muli dal passo sicuro sono gli animali da soma preferiti del Grand Canyon e percorrono i sentieri a tornanti dalla cima del South Rim al fondo del canyon, trasportando provviste, lettere e turisti. Rispettate la tradizione radicata nel tempo e provate questo rito di passaggio accidentato. Percorrete 16 km in discesa nel canyon lungo il Bright Angel Trail, fermandovi per il pranzo al sacco e altri tipi di pause lungo la via. Raggiungete i leggendari chalet e dormitori per escursionisti del Phantom Ranch per pernottare in fondo al canyon; poi la mattina dopo tornate in sella per il viaggio di ritorno. Al parco nazionale sono proposte anche gite a dorso di mulo più brevi da fare in giornata lungo il South Rim o il North Rim.

Un giro a cavallo nella foresta

Montate in sella, questa volta su un cavallo, e godetevi il giro tranquillo lungo un sentiero che passa attraverso i pini gialli della vicina Foresta nazionale di Kaibab, nei pressi del South Rim. Scoprite petroglifi incisi mille anni fa e incontrate wapiti, cervi, aquile e altri animali in questo grande territorio naturale.

A FIANCO: Il tramonto crea calde tonalità di rosso e mette in risalto l'aspetto caratteristico delle pareti del Grand Canyon scavate dai fiumi.
A DESTRA: I visitatori ammirano il panorama dalla passerella dal pavimento trasparente.

Una ciaspolata nel North Rim

Da dicembre a metà maggio, le strade del North Rim sono chiuse ai veicoli, ma permettono l'accesso agli appassionati di sport invernali. Indossate un paio di ciaspole o di sci da fondo per un'incantevole passeggiata attraverso questo straordinario paesaggio innevato. Richiedete in anticipo il permesso per visitare le zone remote.

Raggiungere le Havasu Falls

Oltre i confini del parco nazionale, i visitatori sono richiamati dall'oasi desertica delle Havasu Falls, nella Havasupai Indian Reservation. Fate un'escursione in questo celebre paradiso, dove le acque di una cascata scrosciante si tuffano da rocce di travertino riversandosi in una pozza d'acqua color acquamarina, una delle piscine naturali più suggestive del mondo. Scendete per 16 km e 1067 m di dislivello per raggiungere l'area di campeggio e le cascate. Addormentatevi al suono dell'acqua che scorre lungo l'Havasu Creek. Una volta che avete esplorato a sufficienza il canyon, tornate indietro, o prendete un passaggio in elicottero fino alla cima dal villaggio di Supai, a 3,2 km dalle cascate (è possibile prendere accordi anche per raggiungere il sito in elicottero). Organizzate l'escursione per tempo: gli escursionisti e i campeggiatori sono tenuto ad avere una prenotazione, e ci sono numerosi posti di controllo delle guardie forestali lungo il percorso.

Camminare sopra l'abisso

Osservate dall'altezza vertiginosa di 1219 m il fondo del canyon sottostante mentre camminate sullo Skywalk a forma di ferro di cavallo dell'Eagle Point, una passerella dal pavimento trasparente che fa venire le vertigini, inaugurata nel 2007 nella parte occidentale del Grand Canyon.

DA NON PERDERE

- **Partire per un'emozionante gita di rafting lungo l'impetuoso fiume Colorado.**
- **Avventurarsi nel canyon per fare escursioni lungo il fiume con lo zaino in spalla.**
- **Ammirare panorami fantastici in bicicletta o in groppa a un mulo.**

Una delle tante gemme preziose del Grand Canyon: le Havasu Falls nel remoto Havasupai.

STATI UNITI E MESSICO

BASSA CALIFORNIA DEL SUD

Un weekend di tacos appetitosi, ceviche fresco e vino locale.

Durante un'escursione sulla costa da San Diego a Città del Messico, esplorate le tranquille città di confine, famose nel mondo per il vino e le prelibatezze culinarie, le città d'altri tempi e una strada aperta che passa davanti a surfisti e cetacei che punteggiano l'oceano. Avventuratevi tra acque pullulanti di vita, scogliere, grotte e isole deserte.

Visitando la regione nel periodo giusto, potrete assistere dal finestrino della vostra auto alla migrazione delle magnifiche balene grigie e sbarcare su isole remote per esplorare spiagge incontaminate, punteggiate di uccelli marini e cactus. Visitate diverse riserve naturali, tra cui le coste rocciose battute dal vento del Parco nazionale delle Channel Islands, il Whale Sanctuary di El Vizcaíno inserito nella lista dell'UNESCO, e l'area marina protetta del Parco nazionale di Cabo Pulmo; e ascoltate gli ambientalisti e i membri delle comunità che lavorano per proteggere questi ecosistemi incontaminati. Scoprite la cultura della Bassa California nelle cittadine costiere, sonnolente e solitarie, e incontrate l'incredibile fauna per cui la penisola è tanto famosa.

Scegliete di visitare il mare in primavera, la stagione migliore per vedere i branchi di megattere, capodogli e balenottere azzurre, o fate una crociera all'insegna del benessere in qualsiasi periodo dell'anno fino alla remota Isla Espíritu Santo. Potreste passare settimane a esplorare la regione della Bassa California del Sud, ma ecco come iniziare.

Consigli di viaggio

QUANDO ANDARE: Il periodo per osservare i cetacei va da febbraio ad aprile, quando vicino alla costa della Bassa California arrivano balene grigie, capodogli, balenottere azzurre e megattere.

ORGANIZZAZIONE: Potete fare il viaggio dalla California del Sud in auto o in barca. È facile viaggiare in modo autonomo, ma potete anche prenotare il viaggio tramite un tour operator. National Geographic Expeditions offre una crociera di più giorni con partenza da Los Angeles.

SITI WEB: nationalgeographic.com/expeditions; nps.gov/chis/index.htm; baronbalche.com; cantinahussongs.com; laguerrerense.com

Una venditrice serve *tostade* di gamberetti freschi.

COSA FARE

Visitare le Channel Islands

Le Channel Islands, un aspro arcipelago al largo della costa della California del Sud, presenta un caratteristico ecosistema dove vive una straordinaria varietà di flora e fauna. Percorrete alcuni dei tanti sentieri escursionistici di questo parco nazionale che si estende lungo le scogliere delle coste e nel selvaggio entroterra delle isole. Prestate attenzione per riuscire a vedere alcune delle 145 specie endemiche che abitano nell'arcipelago.

Gustare un ceviche eccellente

Proseguite lungo la costa fino a Ensenada per trovare ceviche e *tostadas* eccellenti a La Guerrerense. Dopo aver gestito un chiosco per trent'anni, la proprietaria, Sabina Bandera, ha aperto un ristorante in fondo all'isolato. Non mancate di fermarvi se avete finito le provviste, o anche solo per vedere il suo ritratto con una parrucca a forma di polpo.

Si dice che il margarita sia stato inventato al Bar Andaluz o all'Hussong's Cantina, a poca distanza l'uno dall'altra, nel vivace panorama notturno di Ensanada. Provatelo in entrambi i locali e decidete qual è il vostro preferito. Il Bar Andaluz si trova in una bella piazza con storici vicoli nascosti. Dopo aver bevuto un margarita, fate una passeggiata fino all'Hussong's Cantina per chiudere la serata con la musica mariachi suonata dal vivo e un pavimento pieno di gusci di arachidi. L'atmosfera pervasa di energia è contagiosa.

Un giro in barca nella baia e sorseggiare del buon vino

Svegliatevi il più presto possibile per trascorrere una tranquilla mattinata in barca nella Baia di Todos los Santos. Durante la stagione giusta (da febbraio ad aprile), potete avvistare balene grigie e megattere in movimento. La costa della Bassa California è un ottimo posto per osservare i cetacei senza essere sommersi da troppe barche turistiche, molte delle quali sono gestite da pescatori locali. Prima del viaggio in macchina per la regione del vino, rifocillatevi al Taquería El Trailero, proprio sulla Carretera Federal 3 a El Sauzal, con i migliori *tacos al pastor* e *tacos de cabeza*, preparati al momento con la carne ricavata dalla testa di una mucca.

La Valle de Guadalupe è la prospera regione vinicola del Messico. Alcune aziende vinicole sono molto famose, mentre altre non esportano i loro prodotti fuori dal Paese, ma meritano una visita. Visitate l'azienda vinicola Baron Balche per scoprire i processi di produzione e acquistare alcune bottiglie da portare a casa.

A FIANCO: **Un gruppo di turisti scatta fotografie mentre una megattera emerge in superficie.**
SOPRA: **Un vigneto nella Valle de Guadalupe è illuminato dalla luce dorata del tramonto.**

Esplorare un santuario dei cetacei

Salite a bordo di una piccola barca panga per esplorare la Laguna Ojo de Liebre, o Scammon's Lagoon, all'interno del Whale Sanctuary di El Vizcaíno, un sito Patrimonio dell'Umanità UNESCO. Le balene grigie migrano in questa zona ogni dicembre e, con un po' di fortuna, potreste assistere ai primi arrivi. Nella laguna sono state identificate anche più di 200 specie aviarie, tra cui pellicani, chiurli piccoli e falchi pescatori. Successivamente visitate Guerrero Negro, dove si trovano le saline più grandi del mondo, che producono circa 6,4 milioni di tonnellate di sale all'anno. Osservate le surreali pianure di sale e scoprite l'impegno della comunità per portare avanti la sua industria in forte crescita pur rispettando la fragilità dei paesaggi circostanti.

Visitare Tecate

Per il viaggio di ritorno in California potete scegliere una scorciatoia se avete fretta, ma è meglio prendere la strada tranquilla che attraversa Tecate appena prima del confine. Fermatevi per fare una pausa e gustare un rinfrescante ghiacciolo di frutta fresca o, se avete tempo, visitate l'azienda produttrice della birra che prende il nome dalla città. Attraversare il confine richiede pazienza, ma la gente del posto che vende splendidi arazzi e cappelli messicani vi intratterrà.

DA NON PERDERE

- Visitare la regione vinicola della Bassa California per scoprire vigneti eccezionali.
- Gustare prelibatezze locali in una bella piazza con vicoli storici.
- Osservare i cetacei lungo la costa e passare del tempo in un santuario dei cetacei all'interno di una laguna.

ESPLORARE PARCHI NAZIONALI

1 PARCO NAZIONALE DI DENALI, ALASKA

Il Denali è il monte più alto dell'America del Nord. Il parco nazionale che lo circonda protegge circa 2,4 milioni di ettari di entroterra dell'Alaska che ospita orsi grizzly, alci, orsi neri e lupi. Fate un giro panoramico in aereo o un volo in zip-line attraverso le chiome degli alberi nel Talkeetna.

2 PARCO NAZIONALE DEL CANYON DEL SUMIDERO, MESSICO

Le pareti ricoperte di muschio del Canyon del Sumidero si elevano sopra la foresta pluviale per quasi 914 m. Grotte, coccodrilli, cascate, scimmie ragno e l'hocco maggiore a rischio di estinzione catturano l'attenzione dei visitatori che si spostano in barca, mentre gli yaguarondi, gli ocelotti, gli aguti e i formichieri attraversano i sentieri escursionistici a terra.

3 PARCO NAZIONALE DELLE EVERGLADES, FLORIDA

Tra i cipressi e nelle paludi piene di mangrovie delle Everglades della Florida, un sistema unico che sta rapidamente scomparendo con l'innalzamento dei livelli del mare, si possono trovare pantere della Florida, alligatori, coccodrilli, lamantini, orsi neri, armadilli e oltre 300 specie di uccelli. Percorrete in bici lo Snake Bight Trail, trascorrete un pomeriggio camminando attraverso i terreni paludosi, oppure osservate le alghe bioluminescenti durante un tour notturno in idroscivolante.

4 PARCO NAZIONALE DI ZION, UTAH

Scivolare a zigzag attraverso fiammeggianti canyon stretti o fare un'escursione di più giorni in kayak lungo un corso d'acqua impetuoso con rapide di V grado: sembra che non si possano fare passi falsi al Parco nazionale di Zion, tanto più se state facendo un'escursione all'Angels Landing. L'Angels Landing Trail sale lungo un tracciato con 21 ripidi tornanti, poi si restringe fino a una cresta larga appena 0,6 m e alta 305 m dove delle catene imbullonate sono l'unica cosa che vi impedisce di volare giù da un lato. La vista panoramica dalla cima vale ogni passo mozzafiato.

5 PARCO NAZIONALE DI MAMMOTH CAVE, KENTUCKY

I tunnel calcarei della Mammoth Cave, ossia il sistema di grotte più lungo del mondo, comprendono una buca molto profonda, colonie di pipistrelli a rischio d'estinzione, più di 1000 siti archeologici ed enormi depositi di minerali di calcio soprannominati "Niagara impietrito". Visitate il parco in estate per partecipare a gite in canoa lungo il Green River e percorrere a cavallo 97 km di sentieri.

6 PARCO NAZIONALE DI HALEAKALA, HAWAII

Iniziate la giornata guardando l'alba dal punto più elevato del Parco nazionale di Haleakala, un cratere alto 3055 m scavato nella cima del vulcano dormiente più grande del mondo. Poi seguite i sentieri escursionistici del parco da percorrere a piedi o a cavallo fino a sette pozze sacre di 'Ohe'o, antiche colate laviche, fitte foreste nebulose e campeggi vicini a cascate.

7 PARCO MARINO NAZIONALE CABO PULMO, MESSICO

A 97 km a nord di Los Cabos, le barriere coralline del Parco marino nazionale Cabo Pulmo risalgono a circa 20.000 anni fa. Grazie a 24 anni di protezione, l'ecosistema del reef riconosciuto dall'UNESCO pullula di flora marina ricca di colori, 226 specie di pesci, 154 specie di invertebrati, tartarughe marine, uccelli acquatici, delfini e balene.

8 PARCO NAZIONALE DI ISLE ROYALE, MICHIGAN

Il Parco nazionale di Isle Royale è raggiungibile solo in traghetto o in idrovolante e in un anno è visitato da un numero inferiore di persone rispetto a quelle che a volte visitano lo Yellowstone in un giorno. Il Greenstone Ridge Trail, un sentiero del parco lungo 69 km, si estende da est a ovest attraverso foreste, terreni dove cresce il *Rubus parviflorus* selvatico, punti panoramici elevati e il territorio coperto di arbusti in cui vive il lupo.

9 NEW RIVER GORGE NATIONAL RIVER, VIRGINIA OCCIDENTALE

Il New River Gorge National River è un territorio di 28.328 ettari di fiumi impetuosi, cascate e canyon sinuosi di roccia calcarea. Lungo il fiume si fanno rafting con rapide di V grado, pesca col galleggiante, arrampicata, discesa in corda doppia, escursioni in fatbike o in zip-line e speleologia.

10 PARCO NAZIONALE DI JASPER, ALBERTA

Fate un salto da una rupe di 24 m nel lago Horseshoe di Jasper, e risalirete per farne un altro. Non solo: il Parco provinciale di Jasper offre più di 966 km di percorsi escursionistici, la seconda riserva del cielo buio più grande del mondo, cascate, arrampicata sui ghiacci nei canyon, sorgenti termali e un sovrappassaggio dal pavimento trasparente sopra un ghiacciaio.

A FIANCO: Le 'Ohe'o Gulch, o Sette pozze sacre, del Parco nazionale di Haleakala a Maui.
SOPRA: Due caribù brucano l'erba su un'altura del Parco nazionale di Denali.

STATI UNITI

DALLA PACIFIC COAST HIGHWAY ALL'ALTA SIERRA

Andate incontro all'avventura sulla strada, guidando da San Diego al Parco nazionale di Yosemite.

Non capita spesso di voler passare settimane sulla strada, ma con questo itinerario, che parte da San Diego e termina al Parco nazionale di Yosemite, sarete tentati di prendervela comoda. Vi verrà voglia di trattenervi a lungo a San Diego. La città vanta spiagge, attrazioni varie e quartieri vivaci che si crogiolano sotto i cieli soleggiati. È sempre difficile lasciare questa città famosa, ma vale la pena fare questo sforzo quando la prossima meta è una delle straordinarie strade litoranee americane: la Pacific Coast Highway (PCH). L'itinerario di 483 km da San Diego a Pismo Beach prima di tutto abbraccia una costa meravigliosa e unica, con innumerevoli panorami mozzafiato. La Route 1 è di per sé un'attrazione, ma presenta anche un numero sufficiente di tappe affascinanti e di deviazioni per fare gite extra da riempire molte vacanze, compresa la tappa a Big Bear Lake.

La prossima tappa del viaggio è Santa Barbara, a circa 354 km a nord di San Diego sulla Route 1. La classica architettura spagnola della città, il clima piacevole e la posizione tra le colline e il mare, ricorda molte città del Mediterraneo ed è valsa a Santa Barbara il soprannome di "Riviera americana".

L'ultimo gioiello della costa è Pismo Beach, la classica città di mare californiana, situata a 134 km a nord di Santa Barbara. Anche se il Parco nazionale di Yosemite è invitante, ci sono molte attrazioni che vi tratterranno qui almeno per qualche giorno prima di ripartire per l'Alta Sierra.

Consigli di viaggio

QUANDO ANDARE: Guidate lungo la Pacific Coast Highway (PCH) dalla tarda primaversa fino all'inizio dell'autunno. A luglio e agosto troverete un clima praticamente perfetto, ma anche le strade più affollate.

ORGANIZZAZIONE: Tratti della PCH presentano tornanti e curve cieche, perciò prestate attenzione quando guidate lungo la costa e suonate il clacson.

SITI WEB: balboapark.org; torreypine .org; stearnswharf.org/; lotusland.org; yosemiteziptours.com/; nps.gov/yose/ index.htm

I limnodromi attraversano la riva nella Torrey Pines Nature Reserve.

COSA FARE

Esplorare il Balboa Park

Il parco ospita il famoso zoo di San Diego e molto altro. Le piante amano il clima piacevole della città, com'è dimostrato dalle oltre 130 varietà di rosa che si trovano all'Inez Grant Parker Memorial Rose Garden. C'è molto da fare anche al chiuso, e qualcuno ha soprannominato "Smithsonian dell'Ovest" la splendida collezione di musei del parco. Trascorrete ore e ore a visitare il San Diego Museum of Art, il San Diego Natural History Museum, il Reuben H. Fleet Science Center o il San Diego Air and Space Museum.

Vedere la SoCal selvaggia

La Torrey Pines State Natural Reserve di San Diego è una rara parte di regione naturale intatta della costa della Southern California. L'albero che dà il nome al parco, il pino di Torrey, non è presente da altre parti sul continente, e le paludi salmastre piene di uccelli che si trovano qui sono scomparse dal resto della SoCal. Camminare lungo le spiagge della riserva o girare per i suoi promontori spalanca una finestra sul passato della California, quando la regione era molto meno popolata.

Girare per il molo

Santa Barbara non è sempre stata una località costiera affascinante. Lo Stearns Wharf, il pontile funzionante più antico della California (1872 circa), è un'eco dei tempi passati. Vale la pena percorrerlo e passeggiare sopra le onde. Il pontile è ancora molto animato, ma gran parte delle attività commerciali odierne riguardano negozi, ristoranti e musei che soddisfano i bisogni dei turisti.

Visitare la Terra del fior di loto

Le creazioni dell'uomo e della natura si mescolano magnificamente a Santa Barbara. Il Ganna Walska Lotusland è un primo esempio. Questa tenuta storica è oggi un'attrazione botanica che richiama i turisti che possono girare al suo interno attraverso giardini pieni di una straordinaria varietà di piante provenienti da tutto il mondo. Uno stimato orticoltore di recente ha definito il Lotusland uno dei 10 giardini più belli del nostro pianeta.

Cercare la sabbia e il sole

Le spiagge sono la caratteristica principale della città, e molti visitatori passano almeno un po' di tempo sull'orlo dell'oceano. Le spiagge di East, West e Leadbetter hanno il loro fascino e solitamente fervono di attività. Provate a dirigervi a nord lungo la costa fino a Goleta, dove studenti universitari davvero fortunati, si godono spiagge, birrifici e la bella vita che a Santa Barbara sembra essere sempre a portata di mano.

Fermarsi a sentire il profumo dei fiori

Perché fare un'escursione fuori dallo Yosemite? *Flower power!* Sessanta varietà di magnifici fiori selvatici dai colori brillanti crescono dappertutto lungo i primi 3,2 km circa dell'Hite Cove Trail, che scende attraverso un canyon fino alle sponde della biforcazione del Merced River. Da aprile a maggio troverete probabilmente un gran numero di fiori, mentre i campi alle quote più elevate dello Yosemite sono ancora coperti di neve. Proseguite per alcuni chilometri dopo che i fiori si sono diradati per visitare Hite Cove, una città mineraria fantasma.

Volare nel cielo

Teddy Roosevelt disse che i cittadini degli Stati Uniti dovrebbero salvaguardare le meraviglie naturali dello Yosemite "con le loro bellezze maestose tutte intatte". Dunque, niente zip-line. Per fortuna, a circa un'ora a sud-ovest della Yosemite Valley, le zip-line sono permesse. Presso lo Yosemite Ziplines and Adventure Ranch, potete volare lungo una serie di cavi costruiti per un tour guidato di due ore e compiere un percorso avventura sospesi per aria.

A FIANCO: Lo scalatore esperto Jimmy Chin è appeso all'Half Dome nel Parco nazionale di Yosemite. SOPRA: Le macchine proseguono il loro viaggio dopo aver passato il Bixby Creed Bridge lungo la Pacific Coast Highway.

L'Half Dome si riflette nel Merced River, nel Parco nazionale di Yosemite.

Scalare la cupola

Dovrete ottenere un permesso per provare a fare l'escursione di un giorno dell'Half Dome, un percorso così popolare che deve essere tutelato dal sovraffollamento. Ma non è un'escursione adatta a tutti. L'itinerario di 23 km prevede un dislivello di 1463 m, con gli ultimi 122 m circa affrontati con l'aiuto di cavi fissi. Tenete conto dei pericoli dell'escursione, in particolare la minaccia di brutto tempo, e date retta ai consigli delle guardie forestali. Ma se avete i nervi saldi e la fortuna è dalla vostra, aspettatevi una grande ricompensa che spesso viene riservata agli alpinisti dove l'aria è rarefatta.

Vedere gli alberi

Il Mariposa Grove, un bosco di sequoie giganti, è stato sottoposto a un progetto di restaurazione per creare più esperienze naturali tra i grandi alberi, senza asfalto. Nel frattempo, per visitare le sequoie è necessario fare qualche sforzo ben ripagato. Per visitare le due dozzine di alberi secolari del Tuolumne Grove bisogna compiere un percorso di circa 3,2 km andata e ritorno, mentre per il Merced Grove un percorso di 4,8 km andata e ritorno. Entrambi gli itinerari scendono ripidamente dai rispettivi punti di partenza per circa 152 m di dislivello.

Ammirare le cascate

Non perdetevi la Bridalveil Fall, una cascata alta 189 m formata da delicata acqua bianca che scorre lungo una parete di granito sotto le Cathedral Rocks. Proseguite lungo la Southside Drive fino al Merced River, il posto adatto per nuotare, fare tubing, rafting e pescare. Cathedral Beach è un posto perfetto per fare un bagno e osservare l'alto El Capitan che incombe sulla valle.

DA NON PERDERE

- **Passare da un museo all'altro nel celebre Balboa Park di San Diego, lo "Smithsonian dell'Ovest".**
- **Odorare gli innumerevoli fiori nello storico Ganna Walska Lotusland o lungo l'Hite Cove Trail, coperto di fiori selvatici.**
- **Sfrecciare nel cielo attraverso cavi sospesi in aria a sud della Yosemite Valley.**

PROSPETTIVE

Immergersi nei cenote dello Yucatán

di Kate Siber

SOTTO LA VEGETAZIONE LUSSUREGGIANTE, la penisola dello Yucatán in Messico è come una groviera. Il sostrato roccioso è segnato da più di 6000 doline: alcune sono grandi piscine naturali aperte, ma molte altre sono aperture coperte più piccole, con pareti a strapiombo, che si formano quando la roccia calcarea crolla del tutto o in parte e la fredda acqua di falda filtra all'interno.

Nei secoli passati, i Maya dipendevano dai cenote per l'acqua dolce e credevano che fossero portali per il mondo degli dèi. In molti regna in effetti un'atmosfera da luogo sacro. Oggi, i sub esplorano le profondità e si avventurano nella scura rete subacquea di cenote, ma voi non avete bisogno di attestati particolari per godervi le piscine naturali in superficie.

In fondo a una strada sterrata circondata da giungla, a nord di Tulum sulla costa caraibica, il cenote Dos Ojos sta quasi chiudendo quando arriviamo. Sub in muta subacquea e bambini in costume da bagno camminano nel parcheggio, ancora emozionati dalla giornata. Per fortuna, l'addetto ci fa entrare. In fondo agli scricchiolanti gradini di legno che portano alla piscina naturale, scopriamo di essere soli. Ci immergiamo nell'acqua a una temperatura di 24 °C, illuminata dalla luce del tardo pomeriggio dalle sfumature verdi e blu che ricordano pietre preziose, e così limpida che riusciamo a vedere tutto fino al fondale (il filtraggio naturale dell'acqua piovana operato dal calcare rimuove le impurità e lascia l'acqua fresca e brillante). Le nostre voci sommesse riecheggiano sul soffitto della grotta, che si allarga in modo spettacolare sopra di noi come un teatro dell'opera.

Sotto, le formazioni rocciose sono immerse in una piscina profonda 9 m, mentre i passaggi si addentrano nella caverna sommersa per metà. Galleggiamo e nuotiamo a rana ammirando a lungo la delicata quiete di questa particolare finestra che si affaccia dentro la Terra.

Un paio di giorni dopo visitiamo il Gran Cenote, lungo la strada principale che proviene da Dos Ojos. È uno dei cenote più famosi del Messico, con un'atmosfera vivace. Famiglie e coppie stanno facendo picnic su un piccolo prato mentre scendiamo le scale che portano alla grande piscina naturale illuminata dal sole e piena di persone che fanno snorkeling. Attraverso le nostre maschere osserviamo pesci e tartarughe che girano intorno a stalattiti e stalagmiti. Circa 9 m in basso si accendono le lampade dei sub che illuminano le profondità rocciose. Nuotiamo avanti e indietro, poi ci riscaldiamo in superficie insieme alle altre persone, godendo della gioia luminosa e delle meraviglie naturali di questa piscina bordata da rocce in mezzo alla giungla.

• *Kate Siber, collaboratrice della rivista* National Geographic Traveler, *è una giornalista freelance e autrice di* 100 Hikes of a Lifetime. *Vive a Durango, nel Colorado.*

A SINISTRA: I visitatori si preparano a scendere nel Dos Ojos Cenote (Cenote dai due occhi). A FIANCO: I sub esplorano le profondità rocciose di un cenote illuminato dal sole.

Appassionati di snorkeling nuotano a Dos Ojos, un cenote vicino a Tulum, nella penisola dello Yucatán.

STATI UNITI

IN CANOA NELLE EVERGLADES

Scivolate attraverso il "fiume d'erba" della Florida in cerca di coccodrilli e alligatori.

Al mondo non esiste un posto simile al Parco nazionale delle Everglades. Istituito nel 1947 per salvaguardare la diversità e le risorse biologiche dell'ecosistema delle Everglades, il parco tutela 607.028 ettari dell'estremità meridionale della Florida. Descritta in modo appropriato dalla scrittrice e attivista ambientale Marjory Stoneman Douglas come un "fiume d'erba", la vasta landa selvaggia subtropicale è un misto d'acqua dolce e prateria costiera, mangrovie, terreni paludosi, boschi di pini e di cipressi, e acque e isole della Baia della Florida.

Le escursioni in canoa e in kayak, in autonomia o guidate da guardie forestali, consentono di esplorare le onnipresenti foreste di mangrovie e di spostarsi lungo la fonte di vita delle Everglades: le paludi d'acqua dolce, o fiumi paludosi, che ogni giorno incanalano l'acqua attraverso il parco. I percorsi delle canoe solcano l'area, e gli escursionisti possono accamparsi (è necessario un permesso) nei primitivi siti delle zone remote vicino o sopra l'acqua.

Le Everglades sono un enorme e complesso mosaico di habitat: la visione di questa regione dipenderà dall'itinerario scelto. Se possibile, provate due esperienze diverse: una che parte da o vicino all'Everglades City Visitor Center sul lato occidentale della Costa del Golfo a sud di Naples, e l'altra che parte da o vicino al Flamingo Visitor Center all'estremità sudorientale della Baia della Florida a sud di Homestead. Altrimenti, fate una lunga escursione faticosa attraverso il Wilderness Waterway.

Consigli di viaggio

QUANDO ANDARE: Da dicembre ad aprile è il periodo migliore per temperature più basse, clima secco e meno zanzare.

ORGANIZZAZIONE: Il maltempo, le maree, i venti forti e le zone di acqua bassa rendono difficile remare. Programmate un itinerario usando carte nautiche e mappe, e condividetelo con altre persone.
Per accamparsi nelle zone isolate quando si fanno escursioni in canoa di più giorni, occorre un permesso.

SITI WEB: nps.gov/ever; flamingoeverglades.com; evergladesnationalparkboattoursgulfcoast.com; floridapaddlingtrails.com; kayakfloridakeys.com

Una spatola rosata si alza in volo.

DOVE ANDARE

Baia della Florida

Noleggiate le canoe e i kayak alla Flamingo Marina, vicino al Flamingo Visitor Center. Per un'escursione facile, seguite sull'acqua dolce il sentiero per canoe Nine Mile Pond. Il giro panoramico di 8 km dà una visione completa dell'ecosistema delle Everglades in una gita di mezza giornata. Remate in una bassa palude piena di piante erbacee, procedendo lungo curve strette e intorno a isole di mangrovie, e attraverso stretti tunnel di alberi. Tenete gli occhi aperti per vedere i piccioni capobianco, che negli Stati Uniti si trovano solo nella parte più meridionale della Florida e principalmente nelle mangrovie; alligatori e coccodrilli, che coesistono solo nelle Everglades; e naturalmente i segnavia dei tubi bianchi di PVC che vi indicano il percorso.

Per saperne di più sull'ecologia del Nine Mile Pond, iscrivetevi in anticipo a una delle escursioni gratuite, guidate dalle guardie forestali.

La Flamingo Marina è anche il punto di partenza dell'Hell's Bay Canoe Trail, un percorso descritto benissimo come "un inferno entrarci e un inferno uscirne fuori" per via del suo labirinto di mangrovie. Questo itinerario è un'ottima scelta per fare un'escursione in canoa pernottando una notte in una zona isolata. Andate a prendere un permesso di campeggio (disponibile il giorno prima) al Flamingo Visitor Center per stare sul *chickee* (una piattaforma di legno coperta, costruita sull'acqua) di Hell's Bay, la vostra meta per la notte (avviso: sul *chickee* i lati sono aperti, perciò sdraiatevi al centro per evitare di rotolare in acqua). Dal punto di partenza delle escursioni in canoa, remate per circa 9,6 km fino al rifugio, attraversando corsi d'acqua circondati da mangrovie e passando in mezzo a canali più ampi e laghi d'acqua bassa.

La Costa del Golfo

L'Everglades National Park Boat Tours a Everglades City noleggia canoe e kayak per gite in giornata o che prevedono una notte fuori (accampatevi nelle spiagge, sul suolo e nei *chickee* dei siti remoti accessibili solo via acqua) sul lato del parco che si affaccia sulla Costa del Golfo. Se non avete molto tempo, noleggiate una canoa per un paio d'ore per girare intorno alla Chokoloskee Bay prima della bassa marea. Oltre a vedere i tursiopi e qualche sporadico lamantino, godrete della vista a livello dell'acqua di spatole rosate, pellicani, becchi a cesoie americani, pellicani bruni, ibis bianchi, gavine americane e altri uccelli acquatici che cacciano nelle acque basse, nelle piane di fango e nei banchi di sabbia.

A FIANCO: Un visitatore si è accampato su un *chickee* in una zona isolata del Parco nazionale delle Everglades. SOPRA: Il Parco nazionale delle Everglades tutela 607.028 ettari di paludi.

Wilderness Waterway

Se siete esperti a remare nelle zone isolate, la Wilderness Waterway di 159 km è l'escursione per eccellenza nelle Everglades. Per completare il percorso di endurance degno dell'Ironman da Everglades City verso sud-est fino al Flamingo ci vogliono circa 10 giorni, a seconda del vostro ritmo. Gli escursionisti pronti per la sfida scivolano lungo i fiumi e i ruscelli stretti, e intorno a migliaia di isole di mangrovie. Trascorrerete la maggior parte del tempo in completa solitudine, salvo per i regolari avvistamenti di animali acquatici sia negli ambienti d'acqua salata sia di acqua dolce, tra cui alligatori e coccodrilli.

Per affrontare il viaggio bisogna prepararsi seriamente. Cominciate studiando la *Wilderness Waterway Guide* del parco che, se non vi fate spaventare, vi offre consigli pratici e avvertenze di sicurezza che potenzialmente possono salvarvi la vita. Lungo l'itinerario non ci sono servizi, perciò dovrete portare con voi tutto il cibo e l'acqua (4 litri al giorno a persona è la quantità standard consigliata) necessari e chiedere a una guardia forestale di autorizzare il vostro itinerario prima di partire. I permessi per accedere alle zone isolate e le prenotazioni sono necessari per accamparsi sulle spiagge e sui *chickee* che si trovano lungo il percorso.

Per un'escursione meno impegnativa lungo la Wilderness Waterway, fate un giro di quattro giorni che parte e arriva a Everglades City. Con questo itinerario attraverserete la Chokoloskee Bay e il Turner River per cominciare con la prima tappa, un percorso di circa 14,5 km lungo il fiume e i ruscelli che lo collegano al *chickee* Crooked Creek.

Il giorno seguente percorrete altri 14,5 km circa fino a Opossum Key per accamparvi al Darwin's Place, un pezzo di terreno rialzato e in parte riparato, dotato di servizi igienici. Da qui bisogna percorrere 13,7 km fino al Golfo del Messico dove potrete accamparvi sotto le stelle su una spiaggia a Mormon Key. Terminate la gita con un'escursione di 27 km lungo la Costa del Golfo per tornare al punto di partenza a Everglades City.

DA NON PERDERE

- **Esplorare fiumi circondati da mangrovie e paludi piene di piante erbacee.**
- **Accamparsi su spiagge primitive e su *chickee* di legno costruiti sull'acqua.**
- **Tenere gli occhi aperti per scorgere alligatori e coccodrilli nella straordinaria Wilderness Waterway.**

LE 10 MIGLIORI AVVENTURE PER

LE ESCURSIONI A CAVALLO

1 PARCO NAZIONALE BANFF, CANADA

Cavalcate in un territorio rimasto in gran parte inalterato da quando i primi pionieri raggiunsero le sponde dei fiumi Bow e Spray. Un'escursione di un'ora vi porta attraverso i paesaggi meravigliosi del Parco nazionale Banff che comprende anche sorgenti naturali di acqua sulfurea. D'inverno sono disponibili giri in slitte da 15 passeggeri.

2 RISERVA DELLA BIOSEFERA DELLE FARFALLE MONARCA, MESSICO

Milioni di farfalle monarca migrano nelle foreste di abete sacro a poche ore di distanza a ovest di Città del Messico. La Riserva della Biosfera delle farfalle monarca offre escursioni a cavallo fino all'area protetta di Cerro Pelón. Salite dal territorio collinare della Sierra Madre alle foreste nebulose ad altitudini elevate dove le farfalle si ammassano sugli alberi per riscaldarsi. Il momento migliore per visitare la riserva è a mezzogiorno durante un soleggiato giorno infrasettimanale di gennaio o febbraio.

3 PARCO NAZIONALE E RISERVA DI WRANGELL-ST. ELIAS, ALASKA

Il Parco nazionale e riserva è grande quanto lo Yellowstone, lo Yosemite e la Svizzera messi insieme. La gita estiva di 12 giorni a cavallo con bagagli, organizzata da Wrangell Outfitters, insegna ai viaggiatori a sistemare i bagagli sul cavallo e allestire accampamenti nello stile dei tempi della corsa all'oro, mentre si esplorano frontiere remote in cerca di alci, caribù, orsi neri, grizzly, timallini e decine di uccelli canori di montagna.

4 FIUME SNAKE, IDAHO

Lo Snake scorre attraverso l'Hell's Canyon, l'Hagerman Fossil Beds National Monument, il McGarry Ranch, ai margini del Parco nazionale di Yellowstone, e le Montagne Rocciose dell'Idhao. La famiglia McGarry accoglie gli ospiti che passeranno alcuni giorni in sella ai Quarter Horse per condurre le mandrie al pascolo, attraverso torrenti di montagna e sentieri che passano per boschi di pioppi tremuli, avvistando alci, wapiti e cavalli selvatici.

5 PARCO NAZIONALE DI KINGS CANYON, CALIFORNIA

Cedar Grove è l'unica stazione di animali da soma autorizzata a offrire escursioni a cavallo di mezza o più giornate entro i confini dei parchi nazionali Sequoia e Kings Canyon. Lungo il percorso Rae Lakes di 67 km gli escursionisti vedono bacini lacustri, cascate nebbiose, pini coda di volpe, ponti sospesi, canyon dai colori del tramonto e accampamenti lungo i fiumi.

6 GREEN MOUNTAINS, VERMONT

I calmi e robusti cavalli islandesi, una delle razze più antiche, sono anche gli unici cavalli al mondo a cinque andature naturali, perfettamente adatti per energiche escursioni ricreative sulle montagne. Ammirate i colori delle foglie al culmine della stagione autunnale mentre viaggiate a cavallo da una locanda all'altra, partendo dalla Vermont Icelandic Horse Farm nella valle del Mad River nel Vermont.

7 PARCO NAZIONALE DI BIG BEND, TEXAS

Il Parco nazionale di Big Bend salvaguarda scavi dove sono stati trovati fossili di dinosauro, 1200 specie vegetali, 75 specie di mammiferi, 56 specie di rettili, canyon di roccia calcarea, l'intera catena dei Monti Chisos e 190 km del Rio Grande. Montate in sella per scoprire rive costeggiate da tamerici, rupi coperte di fiori selvatici, i papa della Louisiana e i *Piranga rubra*.

8 CASCADE LOOP, WASHINGTON

Seguite a cavallo un tratto del Cascade Loop dello stato di Washington per esplorare la straordinaria varietà di paesaggi: canyon, vulcani, foreste pluviali, coste del Pacifico, deserti, foreste ricoperte di muschio, meleti, vigneti, laghi turchesi, paesini affascinanti, cime montane frastagliate e più cascate di quante se ne possano contare.

9 VALLE DI VIÑALES, CUBA

La tranquilla Valle di Viñales di Cuba è un paesaggio senza tempo di casette colorate, giardini botanici pieni di orchidee, campi di tabacco e cupole carsiche di calcare, amate dagli appassionati di arrampicata. È anche una delle zone di Cuba più belle da esplorare a cavallo. Le escursioni di mezza giornata permettono di visitare le strade polverose, le piscine naturali nascoste all'interno di grotte e gli enormi murales all'aperto di questo sito Patrimonio dell'Umanità.

10 VANCOUVER, COLUMBIA BRITANNICA

Per chi desidera affinare il proprio stile di cavalcata, l'Academie Duello Centre for Swordplay di Vancouver, una scuola di arti marziali occidentali, offre lezioni di tiro con l'arco a cavallo, un corso intensivo di una settimana di combattimento equestre e due ore di equitazione, oltre a un programma di arte della scherma.

A FIANCO: Un visitatore a cavallo attraversa lo Stoney Creek nel Parco nazionale Banff. SOPRA: Cavalli avanzano attraverso le montagne del Parco nazionale di King's Canyon.

STATI UNITI

UN'ESCURSIONE SULLA PENISOLA OLIMPICA

Scoprite l'angolo più selvaggio dello stato di Washington.

Sull'angolo più nordoccidentale degli Stati Uniti continentali, la Penisola Olimpica dello stato di Washington sembra un mondo lontano dalla civiltà. L'area di 9324 km^2 è delimitata dall'oceano Pacifico a ovest, dallo stretto di Juan de Fuca a nord, e dal canale di Hood a est. Gran parte del territorio fa parte del Parco nazionale di Olympic, che comprende quasi 404.685 ettari di riserva naturale con tre ecosistemi distinti: i monti Olympic sormontati dai ghiacciai; le lussureggianti foreste pluviali dal clima temperato; e 118 km di costa disabitata, che è la costa non sviluppata più lunga degli Stati Uniti al di fuori dell'Alaska.

La straordinaria diversità, per la quale il Parco nazionale di Olympic è stato dichiarato Riserva internazionale della Biosfera e Patrimonio dell'Umanità UNESCO, offre una grande varietà di esperienze di trekking su circa 966 km di sentieri del parco.

Nel corso di un weekend, potrete camminare attraverso una foresta pluviale avvolta nella nebbia, passare in mezzo ad alcuni degli alberi più grandi del pianeta, procedere lungo stretti sentieri a tornanti attraverso un'area naturale isolata, ed esplorare un tratto selvaggio di costa scolpita dal vento e dalle onde impetuose. I sentieri del parco si collegano normalmente anche ad altri percorsi escursionistici e ricreativi, aumentando le possibilità di vivere nuove avventure.

Per aiutarvi a scegliere il vostro itinerario, abbiamo curato una serie di sei escursioni, ciascuna delle quali mette in risalto un aspetto diverso di questa penisola selvaggia ed estremamente varia.

Consigli di viaggio

QUANDO ANDARE: Visitate la penisola da giugno a settembre, quando la maggior parte dei sentieri, campeggi e servizi sono aperti. C'è sempre probabilità di pioggia, mentre la neve può iniziare a cadere a settembre e durare fino a giugno.

ORGANIZZAZIONE: Portate abiti e scarponi da trekking impermeabili. Controllate le previsioni meteo e le condizioni dei sentieri. Da maggio a settembre, l'Olympic Hiking Co. offre escursioni guidate per piccoli gruppi e un bus navetta per raggiungere l'inizio dei sentieri.

SITI WEB: nps.gov/olym; hikeolympic.com; olympicdiscoverytrail.org; olympicpeninsula.org

La lussureggiante Quinault Rain Forest nell'Olympic National Forest.

COSA FARE

Un'escursione con la bassa marea all'Hole-in-the-Wall

La costa del Pacifico della Penisola Olimpica è una galleria di surreali opere d'arte scolpite nella roccia dalla natura. Faraglioni verticali, massi enormi e archi di pietra si ergono sulla sabbia e sul mare lungo le spiagge del Parco nazionale di Olympic come quella di Rialto, a nord di La Push. Quando c'è la bassa marea, fate un'escursione a nord lungo la spiaggia di Rialto percorrendo circa 2,4 km fino all'arco di roccia chiamato Hole-in-the-Wall. Osservate il mare al largo per avvistare lontre di mare, leoni marini e cetacei. Guardate in basso per esaminare le pozze di marea che pullulano di animali mesolitorali come cirripedi, granchi, mitili e stelle marine multicolori. Fate attenzione a evitare i massi esposti sulla spiaggia e di inciampare nel legname portato dal mare. Oltre l'Hole-in-the-Wall, il sentiero lungo la costa si trasforma rapidamente in una faticosa escursione nella natura con zaino in spalla. Perciò, se non siete equipaggiati per scalare massi coperti di alghe scivolose e procedere lungo percorsi sul promontorio con l'aiuto di corde, chiedete a qualcuno di scattarvi una foto degna di Instagram mentre siete sotto l'arco dell'Hole-in-the-Wall e poi ritornate alla spiaggia.

Raggiungere il punto più nordoccidentale degli Stati Uniti continentali

Capo Flattery, la punta più nordoccidentale degli Stati Uniti continentali, si trova nella Riserva Makah sulla Neah Bay, dimora ancestrale del popolo Makah. Fermatevi al Washburn's General Store, sulla via per raggiungere il punto da cui parte il sentiero, per comprare il Makah Recreation Pass (cifra simbolica) richiesto per esplorare il territorio di questa etnia. Il sentiero per la punta di Capo Flattery è breve (meno di 1,6 km), ma tenete conto del tempo per ammirare il panorama sconfinato del Pacifico da quattro piattaforme d'osservazione. Scendete alla piattaforma più bassa per vedere lo storico faro di Capo Flattery, costruito nel 1857 al largo dell'isola Tatoosh.

A FIANCO: Un'escursionista ammira il panorama lungo un sentiero del Parco nazionale di Olympic. SOPRA: Il faro di Capo Flattery si trova nel punto più nordoccidentale degli Stati Uniti continentali.

Esplorare la natura seguendo l'Olympic Adventure Route

L'Olympic Discovery Trail (ODT) è un sentiero che permette di fare escursioni nella Penisola Olimpica settentrionale da Port Townsend verso ovest fino al Pacifico attraverso 87 km di strada condivisa e 129 km di sentiero asfaltato e sterrato. Per un'esperienza più selvaggia e molto più breve dell'ODT, camminate lungo un tratto di 40 km dell'Olympic Adventure Route (OAR), che va dalla State Route 112 al lago Crescent a ovest. Il sentiero in mezzo alla natura dell'OAR è un'alternativa al tratto asfaltato dell'ODT che si trova tra l'Elwha River e il lago Crescent ed è aperto a escursionisti a piedi, in mountain bike e a cavallo, che cercano la solitudine e gli scenari delle aree remote. Nelle zone del sentiero che presentano fitti boschi, probabilmente vedrete più specie di muschi che persone. Non ci sono servizi disponibili lungo l'itinerario fisicamente impegnativo e isolato dell'OAR, che serpeggia e sale attraverso le foreste vergini e l'habitat dei puma per un sentiero ampio circa 1 m. Dal momento che il percorso è aperto solo durante le ore diurne, fate un'escursione in giornata su uno dei quattro tratti dell'OAR. Il tratto lungo 8,3 km dell'Olympic Skyline offre la vista dei monti Olympic, dell'isola di Vancouver e dello stretto di Juan de Fuca.

Vedere wapiti e cedri secolari sulla via per Five Mile Island

L'Hoh River Trail è un sentiero che segue in parallelo il fiume omonimo per 28 km di un tortuoso percorso lungo 80 km che va dal monte Olympus al Pacifico. I primi 8 km (e ritorno) del percorso sono per lo più una facile camminata in piano all'interno del parco. Attraversate una foresta pluviale ricoperta di muschio e felci per vedere il fiume Hoh dal colore blu ardesia e i secolari cedri rossi occidentali del Cougar Grove. Il punto in cui si fa marcia indietro, Five Mile Island, è un banco di ghiaia lasciato da un ghiacciaio e un punto di ritrovo popolare per i wapiti di Roosevelt, la varietà più grande di wapiti dell'America del Nord, che girano liberamente nel parco.

Un'escursione dalla montagna al lago partendo dall'Hurricane Ridge

In una giornata limpida, dall'Hurricane Ridge, che prende il nome dalle raffiche di vento intense come uragani che possono colpire la cima, potete vedere all'infinito, o almeno fino allo stretto di Juan de Fuca e ai monti Olympic sormontati dai ghiacciai. Nonostante il nome, la catena è una delle zone di montagna più accessibili del parco grazie a una strada panoramica lunga

L'Hurricane Ridge è una meta turistica aperta tutto l'anno a escursionisti, sciatori e snowboardisti, che si trova nel Parco nazionale di Olympic, nello stato di Washington.

27 km che porta all'Hurricane Ridge Visitor Center, a 1598 m di altitudine. In quest'area ci sono sentieri per vari livelli di forma fisica. Senza dubbio quello che presenta i panorami migliori (e meno traffico di gente) è il Klahhan Ridge Trail, un percorso di 20 km andata e ritorno dalla dorsale al lago, che parte dal Visitor Center e arriva al lago Angeles. L'itinerario è considerato di difficoltà moderata, ma presenta un ripido tratto a tornanti piuttosto impegnativo. State alla larga dalle capre delle nevi non autoctone e a volte aggressive che percorrono regolarmente questo sentiero. Fermatevi per una pausa presso i numerosi punti panoramici per osservare nelle giornate limpide l'emblematico monte Rainier, sormontato dai ghiacciai, che è la cima più alta dello stato di Washington con un'elevazione di 4392 m.

Una passeggiata tra i giganti nella Quinault Valley

Soprannominata "Valle dei giganti della foresta pluviale", la Quinault Valley vanta un autentico albo d'onore di alberi alti. Tra i torreggianti abeti di Douglas, tsughe, pecci di Sitka e cedri rossi occidentali, ci sono sei conifere da record. Quattro sono gli esemplari più grandi della loro specie esistenti al mondo, mentre due sono le più grandi del loro genere negli Stati Uniti. Il cedro rosso occidentale più grande del mondo (con un tronco cavo dentro cui potete salire), che si trova nella valle e raggiunge 53 m di altezza, è il più grande albero vivente al mondo fuori dalla California. Per vedere il colosso e un peccio di Sitka che secondo le stime ha più di 1000 anni, fate un'escursione lungo i sentieri meridionali della valle, a cominciare dal Quinault Rain Forest Nature Loop di 0,8 km, che si trovano vicino e intorno al lago Quinault, situato al confine tra la Quinault Indian Nation e il Parco nazionale di Olympic.

DA NON PERDERE

- **Camminare in mezzo ad alcuni dei cedri rossi occidentali più grandi del mondo nella "Valle dei giganti della foresta pluviale".**
- **Visitare la Riserva Makah e Capo Flattery, il punto più nordoccidentale degli Stati Uniti continentali.**
- **Fare un'escursione lungo un tratto della remota e accidentata Olympic Adventure Route.**

CANADA

IL BANFF A CAVALLO

Montate in sella per vedere il meglio del primo parco nazionale del Canada.

La cultura dell'equitazione, tipica del Canada occidentale, rivive nel Banff, il primo parco nazionale del Canada che fa parte del sito Patrimonio dell'Umanità UNESCO delle Montagne Rocciose Canadesi. Istituito nel 1883, il Banff è un'aspra area disabitata che tutela 6640 km² di montagne innevate dalla bellezza eccezionale.

I nativi e gli esploratori europei tracciarono i sentieri originali che circondano i laghi alimentati da ghiacciai, tagliano alti passi montani e attraversano valli, prati e fiumi. Nel 1892, gli intraprendenti fratelli Brewster, fondatori della Brewster Mountain Pack Trains, una compagnia che ha raggiunto la sesta generazione, introdussero le escursioni guidate del parco a cavallo. Al giorno d'oggi, la famiglia Brewster, Timberline Tours e Banff Trail Riders organizzano gite fuori dalle scuderie che hanno sede nei due paesi principali del parco: Banff, la cittadina più elevata del Canada a 1384 m di altitudine, e il villaggio di Lake Louise, l'insediamento permanente più elevato del Canada a 1540 m di altitudine. Quale che sia la località elevata da cui sceglieste di partire, viaggiare a cavallo vi permette di arrivare più in alto, coprire più terreno e addentrarvi più a fondo nelle terre isolate di quanto potreste fare a piedi. Inoltre, stando seduti in sella, potrete avere una visuale migliore di tutto quello splendore montano. Scegliete l'escursione in base alle vostre capacità e al vostro desiderio di avventura. Le opzioni variano da visite di mezza giornata a gite di sei notti con bagagli al seguito.

Consigli di viaggio

QUANDO ANDARE: Da maggio a ottobre per escursioni sui sentieri, da giugno a settembre per gite nelle zone isolate con bagaglio al seguito.

ORGANIZZAZIONE: Quando non siete in sella, spostatevi con delle alternative all'auto, come il Parks Canada Shuttle, Roam Public Transit e le quattro funivie Banff-Lake Louise. Per le escursioni a cavallo nelle zone isolate i posti sono limitati: prenotate con anticipo. Portate con voi stivali da equitazione, indumenti impermeabili e un cappello aderente.

SITI WEB: bannfflakelouise.com; pc.gc.ca/en/pn-np/ab/banff; timberlinetours.ca; brewsteradventures.com

Bisonti americani pascolano nel Parco nazionale Banff.

COSA FARE

Vedere picchi innevati e cascate scroscianti in tre ore

L'escursione del monte Sulphur condensa in un giro a cavallo di tre ore la vista di paesaggi del Parco nazionale Banff che andrebbero visti in una settimana. Dall'inizio alla fine potrete ammirare foreste alpine a quote elevate e le Montagne Rocciose Canadesi coperte di neve. Montate in sella a Banff e percorrete due terzi del sentiero che sale sul monte Sulphur, superando lo storico Rimrock Resort Hotel, fondato negli anni Cinquanta dell'Ottocento; procedete lentamente sotto l'altissima funivia Banff. Da lì continuate nella valle e seguite lo Spray River Loop Trail, una vecchia via tagliafuoco che segue il percorso del fiume. Fate uscire il cowboy che è in voi e conducete il vostro destriero attraverso il fiume per proseguire l'escursione ai piedi del monte Rundle, la fotogenica cima appuntita e inclinata a sud di Banff. Attraversate il fiume Spray una seconda volta proprio sotto le Bow Falls, le cascate scroscianti rese famose da *La magnifica preda*, il film del 1953 diretto da Otto Preminger, con Robert Mitchum e Marilyn Monroe.

Scoprire la fauna selvatica durante un'escursione di mezza giornata

Per una mezza giornata a cavallo un po' più selvaggia, scegliete l'escursione della Bow Valley. L'itinerario classico segue il fiume Bow ricco di fauna (tenete gli occhi ben aperti per avvistare aquile calve e topi muschiati) a nord prima di dirigersi a ovest dopo il Cave and Basin, sito storico nazionale considerato il luogo di nascita del sistema dei parchi nazionali del Canada. Il sito tutela le sorgenti termali di Banff scoperte dagli operai della Canadian Pacific Railway nel 1883 e a lungo considerate acque sacre dal popolo dei nativi Stoney (Assiniboine). Proseguite a ovest lungo il fiume Bow fino al Sundance Canyon Trail. Mentre passate attraverso le pareti ricoperte di muschio del canyon, osservate i fiori selvatici, i wapiti, i coyote e gli sporadici orsi neri. Il canyon riparato cede il posto al ripido e accidentato Windy Knoll, un punto panoramico che prende il nome dalle abituali raffiche di vento (tenete stretto il vostro cappello) che soffiano sopra il crinale. Continuate la salita sul monte Sulphur per ammirare l'ampio panorama della Bow Valley prima di tornare in paese.

Vedere dieci cime di 3000 m in un giorno

Partite dalle scuderie Brewster Lake Louise per un'escursione a cavallo di una giornata in alta montagna, sconsigliata ai principianti per via di alcuni tratti ripidi e rocciosi. Si procede lungo il lato est del monte Fairview, attraverso foreste montane, fino al lago Annette dal colore verde-azzurro, situato sotto la parete settentrionale del monte Temple, alto 3353 m. Dopo aver pranzato sul lago, riprendete il cammino che sale attraverso una distesa rocciosa fino all'Highline Trail e scende passando davanti ai Giant Steps (a 2127 m di altitudine), una scala fatta di ripiani rocciosi su cui scorre l'acqua formando delle cascate. Da qui cavalcate sopra la linea degli alberi per ammirare il grandioso splendore delle montagne della Valley of the Ten Peaks, una fila di 10 cime montane che superano i 3048 m.

Esplorare le zone isolate durante una gita di sei giorni

Alle scuderie Warner, che si trovano dall'altra parte del fiume Bow rispetto al centro di Banff, incontrerete le vostre guide cowboy, il gruppo e, soprattutto, il vostro cavallo. La gita comincia con un viaggio in pullmino fino al lago Minnewanka dall'acqua cristallina. Circondato da alberi sempreverdi e da cime frastagliate, il lago di 21 km, alimentato da un ghiacciaio, è il bacino più grande del Parco nazionale Banff. Sotto la superficie del lago azzurro è nascosta una città fantasma sommersa: i resti inquietanti di una località di villeggiatura allagata dalla costruzione di una diga nel 1941. Montate in sella al recinto vicino all'inizio del sentiero per l'escursione di 13 km dal lago all'entroterra del Banff.

A FIANCO: Escursionisti a cavallo, provenienti dal lago Louise, proseguono lungo un sentiero. A DESTRA: I monti Rundle e Sulphur "in posa" sopra i laghi Vermillion.

L'itinerario segue inizialmente il fiume Cascade e il torrente Stoney in parallelo. Trascorrete la notte sotto la catena montuosa del Palliser presso lo storico Stoney Creek Camp, famoso per i nativi Stoney (Assiniboine) che un tempo vivevano e cacciavano in questo luogo.
Il percorso di 16 km del secondo giorno presenta ampie vedute delle Montagne Rocciose Canadesi e, forse, di alcuni membri della mandria di bisonti delle pianure che sono stati liberati nell'entroterra del Banff nel 2018. Vedere i bisonti selvatici che girano liberamente è un privilegio raro, dal momento che nell'America del Nord sono rimaste poche popolazioni di questo animale. Attraversate le fertili valli fluviali dove i bisonti vagano regolarmente e fermatevi per pranzo sulle rive del fiume Cascade. Montate le tende nel Flint's Park Campsite, uno degli originali avamposti dei guardiani del parco. L'area di campeggio di questa zona remota si trova su prati subalpini ai piedi del Flints Peak.
Il Flint's Park sarà la vostra base per due giorni interi, dandovi l'opportunità di esplorare a fondo l'entroterra remoto del Banff in sella a un cavallo. Fate escursioni di giorno circondati da pendii ricoperti di fitte foreste e cime montane frastagliate. Salite in alto sopra il lago Cuthead per ammirare il panorama dalle Montagne Rocciose. Durante una pausa per riposarvi lungo il sentiero, ammirate le cascate scroscianti. Passate le serate a scambiarvi storie con gli altri compagni di viaggio intorno a un falò.
Il quinto giorno caricate le vostre cose e percorrete un diverso sentiero fluviale di 16 km per tornare allo Stoney Creek Camp. Il mattino seguente rimontate in sella al vostro cavallo per quello che è senza dubbio l'itinerario più panoramico del viaggio. Il percorso di 21 km supera piccoli laghi alpini e attraversa coste erbose mentre sale fino al remoto campeggio Elk Lake Summit. La cima suggestiva è il posto perfetto per un picnic prima di iniziare l'ultimo percorso fino al recinto della stazione sciistica di Mount Norquay.

DA NON PERDERE

- **Esplorare le isolate lande selvagge durante una gita di sei giorni con bagaglio al seguito.**
- **Cavalcare sopra la linea degli alberi per vedere 10 cime che superano 3048 m di altitudine.**
- **Attraversare un fiume e percorrere un sentiero di montagna durante un'escursione a cavallo di mezza giornata.**

Un visitatore riposa su un'amaca che si affaccia sul lago Moraine e sulla Valley of the Ten Peaks.

MESSICO

I VULCANI DELLA VALLE CENTRALE DEL MESSICO

Affrontate scalate straordinarie all'interno del "Cerchio di fuoco".

La Fascia Vulcanica Trasversale occupa la sezione centrale del Messico compiendo un arco di 1000 km che presenta oltre 20 vulcani attivi e dormienti, compreso il Popocatépetl ("montagna che fuma"), uno dei vulcani più attivi del mondo. Le cime della valle centrale tengono davvero questo territorio in uno stato di equilibrio dinamico, con la costante minaccia di farlo saltare se uno dovesse improvvisamente esplodere.

Lontani dal trambusto di Città del Messico, se non geograficamente, almeno nello spirito, qui potrete raggiungere altezze così vertiginose da togliervi il fiato, per non parlare dei panorami strabilianti visibili dalla cima: pendii coperti da giungle e foreste che si trasformano in ghiaccio e neve quando l'altitudine sale, surreali laghi vulcanici e segni della venerazione dei nativi per queste montagne sacre.

Negli ultimi decenni, l'aria più pulita e il miglioramento delle strade hanno fatto conoscere queste cime un tempo dimenticate a escursionisti e scalatori, con il conseguente aumento di tour operator e guide per aiutare i visitatori a esplorare la regione in modo sicuro. Anche così, fare trekking sui vulcani del Messico sembra un'avventura remota e audace, aspra e imprevedibile in modo invitante.

Questo itinerario ambizioso delinea un piano per affrontare alcune cime eccezionali del Messico. Scegliete i picchi che trovate più affascinanti e assicuratevi di affidarvi a guide locali e di aggiungere tutti i giorni di riposo di cui il vostro corpo ha bisogno.

Consigli di viaggio

QUANDO ANDARE: La stagione secca tra fine ottobre e maggio presenta le condizioni ideali per escursioni e scalate. In inverno la neve copre il ghiaccio alle altitudini più elevate e rende più facile attraversare i pendii. Le condizioni climatiche sui vulcani possono cambiare all'improvviso e diventare pericolose. Monitorate il clima scrupolosamente.

ORGANIZZAZIONE: Mantenetevi idratati e dedicate tempo a sufficienza per acclimatarvi all'altitudine, anche per le escursioni di riscaldamento, per evitare gli effetti del *mal de montaña*.

SITI WEB: visitmexico.com

Un'escursionista ammira il panorama da Tepoztlán.

ITINERARIO DI 11 GIORNI

Giorno 1
Fate base a Città del Messico, a più di 2134 m sul livello del mare. Il processo di acclimatamento, che si rivelerà fondamentale per i giorni che vi aspettano, comincia semplicemente camminando per le strade trafficate di questa capitale d'alta quota. Avventuratevi fuori dai sentieri più battuti per visitare il Museo Anahuacallí, uno straordinario deposito per gli oggetti d'arte preispanica di Diego Rivera, costruito con roccia vulcanica nera.

Giorno 2
Cominciate le vostre escursioni avventurose per gradi, con una gita di un giorno al monte e alla piramide di El Tepozteco. Situato a un'ora di distanza a sud di Città del Messico, il villaggio di Tepoztlán, caratterizzato da una cultura vivace, è l'accogliente punto di partenza del sentiero. Assorbite un po' della presunta energia curativa del paese mentre vi mettete in cammino lungo la strada principale acciottolata, che diventa un sentiero escursionistico mentre si snoda lungo i pendii della montagna ricoperti di giungla. Inerpicatevi lungo il percorso roccioso, guadagnando 366 m di dislivello in meno di 1,6 km e fortificando i vostri polmoni per abituarli allo sforzo in condizioni di aria più rarefatta. In cima vi aspetta una curiosità archeologica: una piramide alta 9 m e risalente al XII secolo che si dice ospitasse un tempo la statua di Tepoztécatl, il dio azteco della fertilità e del *pulque*, una lattiginosa bevanda fermentata.

Giorno 3
Partite per un'altra giornata di trekking, questa volta nell'innevato Ajusco, a circa un'ora e mezza a sud-ovest dal centro di Città del Messico e tecnicamente situato entro i suoi confini. Questo vulcano a duomo di lava raggiunge un'altezza di quasi 3962 m e premia i suoi visitatori con ampie vedute della Valle del Messico, che comprende l'estesa capitale. Scegliete fra tre percorsi, che variano per grado di difficoltà, e camminate attraverso foreste di *Quercus berberidifolia* e pinete durante un percorso in salita a spirale che conduce alla prima di due cime: il Picco delle Aquile, che un tempo era un sacro luogo di culto per gli Aztechi. Se vi va, proseguite fino al punto più alto, coronato da una croce bianca. Una volta discesi dalla montagna, gustate una cena in uno dei locali *cabañas* lungo la strada.

Giorno 4
La sfida di oggi è il quarto picco più alto del Messico: il Nevado de Toluca, un vulcano estinto che raggiunge 4679 m di altitudine. Nevado significa innevato e prende il nome dalla polvere bianca che gela la cima per tutta la stagione umida. Di solito, però, qui l'attrezzatura per il ghiaccio non è necessaria.
Risalite il fianco della montagna per entrare nel paesaggio incantevole della sua caldera di 4206 m, dove sullo sfondo di rocce polverose brillano due laghi turchesi: il Lago del Sole e il Lago della Luna. Gli escursionisti ambiziosi possono proseguire per qualche altra ora fino alla cima più elevata del Pico de Fraile. In alternativa, girate intorno ai laghi vulcanici.

Giorni 5 e 6
Se il vostro corpo si sta ancora adattando al trekking d'alta quota, organizzate un'altra escursione per acclimatarvi prima di affrontare i vulcani più alti della nazione. Da Città del Messico raggiungete a est la base del dormiente La Malinche, il quinto monte più alto del Messico e una popolare meta escursionistica. Seguite le orme degli atleti olimpici messicani che hanno usato questa cima vulcanica per allenarsi. Attraversate una pineta lungo i vasti pendii, puntando a raggiungere la linea degli alberi soprastante. Fermatevi per riprendere fiato in mezzo a un prato alpino d'alta quota o proseguite fino alla cima a 4462 m di altitudine. Nelle giornate limpide potete vedere gli altri vulcani più grandi della valle.

Giorni 7 e 8
Dal villaggio di Amecameca, da cui parte l'escursione, puntate lo sguardo sul Paso de Cortés. Il passo a 3658 m di altitudine oltrepassa la sella tra i vulcani gemelli del Massico: l'Iztaccíhuatl e il Popocatépetl (estremamente attivo e chiuso agli escursionisti), Izta e Popo in breve.
È qui che il conquistatore spagnolo Hernán Cortés mise gli occhi per la prima volta sulla Valle del Messico.

A FIANCO: La cima di La Malinche, un vulcano inattivo, si trova a 4461 m di altitudine.
A DESTRA: Lo Zócalo e la Parroquia de San Pedro a Cholula sotto la luna piena.

Degli scalatori procedono lungo l'innevato Pico de Orizaba, uno stratovulcano che è il monte più alto del Messico.

Per salire in cima all'Izta, che sfiora il cielo a oltre 5182 m sopra il livello del mare, ci vogliono due giorni di cammino. Per questa scalata impegnativa portate con voi una piccozza e i ramponi, e scegliete tra la splendida Cresta del Sole - che rappresenta le "ginocchia" della montagna e si dice assomigli a una figura femminile sdraiata -, oppure il glaciale sentiero più tecnico dell'Ayoloco, che attraversa zone con crepacci e pareti ghiacciate. Dalla cima ammirate il panorama spettacolare di Popo e del territorio messicano circostante.

Giorno 9

Concedete al vostro corpo una pausa e passate la giornata a esplorare Puebla, una città ricca di atmosfera, e il suo centro di epoca coloniale, un sito Patrimonio dell'Umanità UNESCO. Passeggiate davanti a edifici eleganti e chiese decorate con le vivaci piastrelle di Talavera dipinte a mano.

Giorni 10 e 11

Gli scalatori esperti possono provare a raggiungere la cima del monte più alto del Messico: il Pico de Orizaba, uno stratovulcano dormiente che conquista anche la corona di vulcano più alto dell'America del Nord. A più di 5608 m sul livello del mare, il Monte della Stella, Citlaltépetl secondo il suo nome in lingua nahuatl, si erge maestoso fuori Puebla. Il terreno può variare da neve compatta a ghiaccio pericoloso, a seconda delle condizioni climatiche, e richiede esperienza tecnica e attrezzature per l'arrampicata su ghiaccio. Fatevi accompagnare da una guida alpina locale e salite sulla montagna intorno a mezzanotte, in modo da ammirare straordinari panorami all'alba e ritornare al campo prima della nebbia pomeridiana o dell'arrivo di bufere.

DA NON PERDERE

- Seguire le orme di Hernán Cortés sul Paso de Cortés.
- Ammirare la bellezza dei laghi vulcanici gemelli sul Nevado de Toluca.
- Provare a raggiungere la cima del vulcano più alto dell'America del Nord: il Pico de Orizaba.

MESSICO

IN KAYAK SUL MARE DI CORTEZ

Esplorate in kayak la penisola messicana di Bassa California.

Giustamente soprannominato "acquario del mondo" dal celebre oceanografo e ambientalista Jacques Cousteau, il mare di Cortez al largo della costa della penisola messicana di Bassa California pullula di grandi animali acquatici. Nelle acque ricche di plancton, costeggiate da alte scogliere e paesaggi desertici, prosperano balenottere azzurre, mante e squali balena.

Miriadi di mammiferi più piccoli, pesci, uccelli acquatici, coralli, crostacei, rettili e altri animali marini e desertici vivono nelle acque turchesi e nei dintorni di quello che viene chiamato mare di Cortez o golfo di California. Il soprannome dato da Cousteau è appropriato per l'abbondanza di creature marine, ma l'immagine dell'acquario è in contraddizione con la natura agitata delle acque di questo mare. Le escursioni in kayak, piuttosto impegnative, sono il modo migliore per esplorare il mare e le isole rocciose, muoversi tra i delfini e i leoni marini, e raggiungere spiagge remote.

Le gite in kayak, con l'assistenza di una barca e il pernottamento in tenda, offrono l'opportunità di girare le isole senza lottare contro enormi onde lunghe. Gli skiff motorizzati chiamati *panga* trasportano i piccoli gruppi e le attrezzature da un'isola all'altra. I campeggi notturni sulla spiaggia sono punti di partenza per escursioni guidate in kayak o per fare snorkeling. Questo viaggio di cinque giorni inizia a La Paz, principale porta d'accesso al mare di Cortez (o golfo di California), e procede verso nord lungo 145 km di costa frastagliata fino al Parque nacional Bahía de Loreto.

Consigli di viaggio

QUANDO ANDARE: Da gennaio ad aprile per l'osservazione di cetacei e squali balena, e per le temperature miti; da ottobre a dicembre per le balene, l'acqua e le temperature calde, e il paesaggio fiorito del deserto della Baja.

ORGANIZZAZIONE: Rivolgetevi a un tour operator, come National Geographic Expeditions, OARS o Sea Kayak Adventures, per un tour con l'assistenza di una barca che prevede escursioni in kayak e campeggio. Mettete in valigia indumenti in tessuto sintetico che si asciugano in fretta.

SITI WEB: kayakbaja.com; nationalgeographic.com/expeditions; seakayakadventures.com; oars.com

Un ferocactus gigante e un *Pachycereus pringlei* sull'isola di Santa Catalina.

ITINERARIO DI 5 GIORNI

Giorno 1
Avvistate tursiopi, pellicani e fino a nove specie di cetacei durante un giro in skiff da La Paz a Isla Espírito Santo. L'isola è uno dei luoghi più spettacolari del viaggio con le pareti delle scogliere increspate che si innalzano dalle acque azzurre. Allenatevi un po' a remare al largo dell'isola per prepararvi alle acque potenzialmente agitate del mare di Cortez che incontrerete nei prossimi giorni. Nuotate e fate snorkeling per osservare sotto la superficie il caleidoscopio di pesci di barriera. Osservate il cielo notturno e accampatevi sulla spiaggia di sabbia zuccherina.

Giorno 2
Risalite sullo skiff per raggiungere a nord Los Islotes, la colonia di otarie della California che vive più a sud. Si possono vedere regolarmente alcune centinaia di leoni marini che fanno versi, si crogiolano sulle isolette rocciose e nuotano nelle sottostanti acque vorticose. Per vivere un raro incontro ravvicinato (senza toccarle), salite a bordo per andare a nuotare tra questi mammiferi giocosi.
Raggiungete a nord l'Isla San Francisco dalla forma di una virgola. Gettate l'ancora nell'insenatura riparata e fate un'escursione sulle colline di arenaria sul lato occidentale. Quando sarete in cima, guardate a ovest verso la costa della Bassa California dove le scogliere della costa striate di grigio, rosa e bianco si ergono dritte sul mare. Tornate allo skiff e proseguite verso nord fino alla remota Isla San José, una delle più grandi isole deserte del mare di Cortez. Montate le tende su una spiaggia di sabbia dorata dove dormirete per due notti.

Giorno 3
Trascorrete l'intera giornata esplorando Isla San José sulla terraferma e in mare. Remate verso l'estremità meridionale dell'isola e tirate i kayak a riva per esplorare una miniera di sale abbandonata.

A FIANCO: Un escursionista in kayak rema vicino alle formazioni rocciose al largo della costa dell'isola di Espíritu Santo. **SOPRA:** Una curiosa otaria della California nuota spensierata a Los Islotes.

Camminate sulle saline rossastre cercando fossili marini e i resti arrugginiti delle saline. Proseguite l'escursione lungo la spiaggia per raggiungere la foresta di enormi cactus *Pachycereus pringlei* che stanno di guardia sui pendii sabbiosi. Questa appuntita pianta verde è il cactus più grande del mondo e arriva a un'altezza di 18 m o più. Ritornate ai kayak per remare attraverso il labirinto di canali costeggiati da mangrovie all'estremità meridionale. Proseguite in kayak lungo coste orientali vicino alle scogliere formate dal fondale marino rialzato.
Scendete a riva per risalire lungo lo stretto *arroyo* (torrente) che attraversa i pendii di arenaria. Osservate le rocce soprastanti in cerca di capre selvatiche. Terminate l'escursione della giornata sulla remota punta settentrionale dell'isola. Passate in kayak attraverso gli archi e intorno e lungo le enormi formazioni rocciose scolpite dal vento, dall'acqua e dal maltempo. Ritornate all'accampamento con lo skiff.

Giorno 4
Partite da Isla San José per esplorare le acque ricche di sostanze nutrienti che circondano Isla Monserrate, Isla Danzante e Isla Santa Catalina nel Parque nacional Bahía de Loreto. A seconda del periodo dell'anno (di solito da febbraio ai primi di marzo) potreste vedere le balenottere azzurre, oltre a branchi di stenelle maculate, tartarughe marine e mante che saltano fuori dall'acqua. Scendete dallo skiff alla remota Isla Catalina (un'isola oceanica, che non faceva parte della terraferma in precedenza) per fare snorkeling nelle acque sotto lo Scoglio dell'Elefante. Proseguite per trascorrere la notte sull'Isla Carmen, l'isola più grande del parco nazionale. Se avete tempo, fate un'escursione nell'entroterra per cercare pecore delle Montagne Rocciose e iguana.

Giorno 5
L'ultimo giorno dedicatelo tutto all'acqua. Nuotate e praticate stand up paddle vicino alla spiaggia di Isla Carmen. Esplorate in kayak la zona lungo la costa, fermandovi per fare snorkeling nelle insenature con i ciottoli e ammirate le pareti a strapiombo delle scogliere e le cime color ruggine. Ritornate sulla terraferma per cenare a Loreto, a circa 5 km a sud-ovest di Isla Carmen.

DA NON PERDERE

- Fare un'escursione in kayak tra branchi di delfini, nuotare con i leoni marini e vedere mante che volano.
- Avvistare la balenottera azzurra, l'animale più grande del pianeta.
- Fare un'escursione su remote isole deserte dove si trovano i cactus più grandi del mondo.

CANADA

IN KAYAK A NORD DELL'ISOLA DI VANCOUVER

Visitate la dimora delle orche e remate vicino a loro.

Dense colonie di animali prosperano negli stretti che separano l'isola di Vancouver, la più grande isola nella costa del Pacifico dell'America del Nord, dalla Columbia Britannica continentale. I riflussi e le inondazioni delle maree attraverso i canali aumentano i nutrienti e ossigenano l'acqua temperata, creando un cocktail ricco di sostanze nutritive per i magnifici mammiferi marini. Nell'assembramento di animali che si nutrono in questa zona ci sono leoni marini, balene grigie, megattere, balenottere minori e branchi di orche.

Uno dei posti migliori dell'emisfero boreale per vedere le orche in natura si trova nelle acque protette dello stretto di Johnstone, al largo della costa nordorientale dell'isola di Vancouver. Le escursioni in kayak per osservare balene e orche di solito passano attraverso lo stretto, e intorno a piccole isole e isolotti nelle estremità meridionali del Broughton Archipelago Park, il parco marino più grande della Columbia Britannica. Gli escursionisti scivolano in un calmo silenzio accanto a foreste vergini, solitarie spiagge di pietre e resti di un antico insediamento costruito dal popolo Kwakwaka'wakw.

Spostarsi in kayak offre un punto di vista a livello dell'acqua per un'osservazione responsabile delle orche e delle balene. Anche mantenendosi alla distanza richiesta (almeno 90 m), gli escursionisti proveranno il raro brivido di vedere da vicino la pinna di un'orca e sentire le onde create dalle acrobazie di una megattera.

Consigli di viaggio

QUANDO ANDARE: Le escursioni per osservare le balene e le orche al largo dell'isola di Vancouver di solito sono organizzate da giugno a metà settembre.

ORGANIZZAZIONE: Prenotate una gita in kayak di più giorni nello stretto di Johnstone e nell'arcipelago di Broughton presso operatori come North Island Kayak, ROW Sea Kayak Adventures e Spirit of the West Adventures. Preparatevi a stare sul kayak per cinque o sei ore al giorno e a passare la notte in tenda su piccole isole.

SITI WEB: kayakbc.ca; kayakingtours .com; seakayakadventures.com

Un'aquila calva scende in picchiata per afferrare la sua preda.

ITINERARIO DI 6 GIORNI

Giorno 1

Passate il primo giorno a terra a Telegraph Cove, il vostro punto di partenza per le escursioni in kayak nella zona settentrionale dell'isola di Vancouver. Al Whale Interpretive Centre (WIC) potete vedere lo scheletro di 18 m di una balenottera comune appeso al soffitto e scoprire informazioni sulla biologia, sull'habitat e sulle minacce che deve affrontare il celebre visitatore estivo dello stretto di Johnstone: l'orca residente nelle zone settentrionali. Circa 300 di questi predatori - comunemente chiamati in inglese "balene assassine" anche se in realtà sono i delfinidi più grandi - ritornano ogni anno in questa zona per cacciare nelle acque caratterizzate da una ricca fauna. Pernottate sull'acqua in un cottage rustico o in una moderna suite del Telegraph Cove Resort che affaccia sulla banchina del porto.

Giorno 2

Alcune gite in kayak partono dallo scalo di Telegraph Cove, mentre altre usano il taxi acqueo per trasportare kayak, attrezzatura ed escursionisti in un sito di lancio su un isola del Broughton Archipelago Provincial Marine Park. Scegliere una gita che parte da Telegraph Cove vi permette di entrare in acqua più velocemente, di solito prima delle 9.30. Da qui attraversate lo stretto di Johnstone verso l'isola di Hanson coperta di vegetazione, guardando le megattere che fanno immersioni mentre remate. I venti, le correnti delle maree e il traffico marittimo della giornata dettano il vostro itinerario fino al Blackfish Sound, all'estremità settentrionale dello stretto di Johnstone. Che arriviate al canale passando per Blackney o per Weynton, scivolerete senza far rumore attraverso territori frequentati da una varietà impressionante di animali, tra cui aquile, uccelli marini, foche e focene. Rimontate le forti correnti nel Blackfish Sound per accamparvi su una spiaggia solitaria. Da qui, agli escursionisti piace andare a cercare lontre e orche, salmoni reali, ricci di mare e altri frutti di mare nella prateria di alghe sottomarina vicina alla costa.

Giorno 3

Dopo colazione, raggiungete in kayak il Blackfish Sound, restando vicini alla costa di Swanson Island, all'estremità meridionale dell'arcipelago di Broughton. I flussi di alta marea della zona creano concentrazioni di krill simili a gamberetti, che costituiscono l'alimento principale per centinaia di animali diversi, dai pesci e dagli uccelli ai cetacei. Grazie all'umile krill, l'itinerario in kayak di questa giornata probabilmente vi offrirà l'occasione di vedere e fotografare animali acquatici a caccia di cibo, come megattere, orche e leoni marini, accompagnati da stormi di uccelli marini che si tuffano in acqua. Durante alcuni tour, come le escursioni per osservare le orche di North Island Kayak, i visitatori possono usare un idrofono da ricerca per ascoltare i canti dei maschi di megattera e i suoni che le orche usano per comunicare all'interno del branco. Lo strumento per ascoltare sott'acqua è dotato di un amplificatore esterno, così è possibile registrare contemporaneamente sul vostro telefonino i suoni sott'acqua e quello che si vede in superficie. Continuate a remare intorno alla punta di Swanson Island e verso l'estremità occidentale dell'arcipelago, terra ancestrale del popolo nativo dei Kwakwaka'wakw.

Giorno 4

Svegliatevi presto per vedere l'alba, poi partite per una giornata in kayak attraverso diversi canali che circondano le centinaia di piccole isole dell'arcipelago. Remare vicino alla costa offre un po' di riparo dai venti, così è più facile ammirare la bellezza strabiliante della foresta costiera. Scivolate nelle insenature solitarie e davanti a isole disabitate, avvolte nella nebbia mattutina. Osservate le aquile che volano nei luminosi cieli azzurri pomeridiani. Mentre scorrete lungo le acque lisce come uno specchio, osservate le coste delle isole per scorgere ogni sorta di animali selvatici, come aironi azzurri, cervi dalla coda nera e leoni marini.

A FIANCO: **Dei visitatori ammirano il panorama durante una gita attraverso lo stretto di Johnstone.**
A DESTRA: **Un'orca salta fuori dall'acqua sovrastando il suo branco nello stretto di Johnstone.**

Giorno 5

L'itinerario in kayak di oggi serpeggia a sud verso gli stretti canali che circondano Hanson Island, che ospita OrcaLab, una stazione di ricerca sulle orche fondata nel 1970 con sede a terra. Dalla loro postazione a Blackney Pass, i ricercatori e i volontari osservano i movimenti e i comportamenti delle orche attraverso avvistamenti, segnali radio e suoni raccolti con una rete di idrofoni collocati intorno all'habitat centrale di questi mammiferi, nello stretto di Johnstone e nel Blackfish Sound.

Tenete gli occhi aperti per avvistare orche, megattere e leoni marini mentre remate nelle acque immobili, e fermatevi a pranzare sulla spiaggia di un'isola. Ripartite per l'escursione del pomeriggio vicino ai margini della Robson Bight Ecological Reserve, dichiarata habitat essenziale per le orche residenti nelle zone settentrionali. Affinché l'area continui a essere una riserva dove i delfini possono trovare cibo, socializzare e usare "spiagge da massaggio" (coste dall'acqua bassa con rocce contro cui gli animali si sfregano), il Robson Bight è chiuso al pubblico. Girate in kayak solo all'esterno dei confini per vedere quanto più possibile da vicino la riserva marina incontaminata e i suoi abitanti estremamente intelligenti e sociali.

Giorno 6

Trascorrete un'ultima mattinata a remare tra i mammiferi marini della parte settentrionale dell'isola di Vancouver prima di ritornare in kayak a Telegraph Cove o, se partecipate a un tour con taxi acqueo, al punto di partenza nel Broughton Archipelago Provincial Marine Park. Il percorso per ritornare al Telegraph Cove segue la costa dello stretto di Johnstone Strait. Mentre procedete lungo spiagge con ciottoli, potreste vedere orsi neri che girano le pietre in cerca di granchi, mitili e altri gustosi spuntini delle pozze di marea.

DA NON PERDERE

- Attraversare in kayak lo stretto di Johnstone Strait, il Blackfish Sound e l'arcipelago di Broughton.
- Incontrare da vicino orche, balene e altri animali.
- Remare tra isole sperdute, coperte di vegetazione, e insenature solitarie.

La nebbia mattutina circonda un escursionista in kayak sullo stretto di Johnstone.

STATI UNITI

TREKKING LUNGO IL JOHN MUIR TRAIL

Fate trekking lungo la spettacolare dorsale della Sierra Nevada della California.

Nel numero di agosto del 1899 dell'Atlantic, John Muir, il leggendario ambientalista fondatore del Sierra Club, scrisse: "Di tutte le catene montuose che ho scalato, la Sierra Nevada è quella che mi è piaciuta di più". È probabile che anche voi la penserete allo stesso modo, dopo che avrete percorso tutto o parte dell'itinerario di 340 km che prende il nome da Muir. Il John Muir Trail (JMT) si snoda lungo la dorsale dei monti della Sierra Nevada della California attraverso alcune delle più spettacolari e incontaminate zone di natura selvaggia degli Stati Uniti. Gli escursionisti preparati ai sentieri d'alta quota (quasi interamente sopra i 2438 m) potranno ammirare panorami ineguagliabili di picchi giganteschi, cascate, dirupi, canyon e laghi. Di solito ci vogliono circa tre settimane per percorrere tutto l'itinerario che comincia nel Parco nazionale di Yosemite e termina sulla cima del monte Whitney. Per gran parte della sua lunghezza, il JMT si sovrappone al Pacific Crest Trail, un altro straordinario sentiero a lunga percorrenza. Molti escursionisti si spostano da nord a sud per acclimatarsi gradualmente alle altitudini in costante aumento del JMT. La metà meridionale del percorso è la più elevata e più remota, cosa che rende ancora più arduo fare rifornimento in questa zona durante un'escursione completa. Si può anche provare questa avventura d'alta quota del JMT percorrendo solo un tratto del sentiero. I due itinerari illustrati di seguito toccano diversi punti di interesse della parte settentrionale e della parte meridionale di questo sentiero.

Consigli di viaggio

QUANDO ANDARE: Da luglio a settembre per evitare le abbondanti nevicate e l'attraversamento dei torrenti.

ORGANIZZAZIONE: Occorre un permesso per fare escursioni nelle zone remote in tutte le sezioni del John Muir Trail. I permessi per l'escursione completa sono limitati a 45 al giorno e vengono emessi tramite estrazione alla lotteria e secondo il principio per cui "il primo arrivato è il primo servito". Portate con voi un contenitore per le scorte di cibo. Non ci sono rifugi, perciò portate una tenda.

SITI WEB: pcta.org; nps.gov/yose; yosemiteconservancy.org

Due escursionisti si rilassano bevendo una birra lungo il John Muir Trail.

DOVE ANDARE

Nord: da Tuolumne Meadows al Devils Postpile National Monument

Anche se questa escursione di 50 km della durata di tre giorni salta i primi 32 km del JMT, di solito è più semplice ottenere un permesso per iniziare da qui (dalla testa del sentiero del Lyell Canyon) piuttosto che dal km 0 (dalla testa del sentiero dell'Happy Isle).

Il punto di partenza è il Tuolumne Meadows del Parco nazionale di Yosemite, uno dei prati ad alta quota (2629 m) più grandi della Sierra Nevada.

Il primo giorno ammirate il panorama di cime innevate e cupole scolpite dai ghiacciai, mentre vi incamminate verso il paesaggio lunare fatto di massi di granito del Lyell Canyon, e la vista del ghiacciaio Lyell. Camminate al di sopra della linea degli alberi fino al passo di Donohue, a 3370 m di altitudine. Il passo collega lo Yosemite all'Ansel Adams Wilderness nell'Inyo National Forest. Dal passo scendete fino a un'area di campeggio in piano e ammirate le stelle del cielo senza inquinamento luminoso.

L'escursione del secondo giorno vi porta nel paesaggio di rocce vulcaniche reso famoso dalla stampa fotografica del 1927 di Ansel Adams intitolata "Banner Peak - Lago Thousand Island". Il paesaggio che sta davanti a voi, dell'alto Banner Peak di 3943 m e della sua immagine riflessa sulla superficie del lago, è tra i più maestosi del JMT. Montate le tende lungo la riva settentrionale per ammirare la vista al tramonto e all'alba, o al lago Garnet che trovate più avanti lungo il sentiero.

Concludete l'escursione al Devils Postpile National Monument, che prende il nome dalle colonne scheletriche di roccia basaltica esagonale che raggiungono 18 m di altezza. Osservate da vicino il "mucchio di pali" dal basso, prima di percorrere 4 km fino al belvedere panoramico che si affaccia sulle Rainbow Falls alte 30 m.

A FIANCO: **La Via Lattea offre uno splendido spettacolo a un'escursionista lungo il sentiero.**
SOPRA: **Il Banner Peak, situato nell'Ansel Adams Wilderness, si riflette sul lago Thousand Island.**

Sud: dal passo di Kearsarge al monte Whitney

Questo impegnativo itinerario di quattro giorni copre circa 80 km, salendo lungo il ripido tratto più meridionale del JMT fino alla cima di 4269 m del monte Whitney. Se siete preparati al trekking d'alta quota, su questo percorso del JMT potrete attraversare il punto più alto (Forester Pass, 4009 m) del Pacific Crest Trail, camminare attraverso i parchi nazionali Sequoia e Kings Canyon, e guardare l'alba dal monte Whitney, la cima più alta degli Stati Uniti continentali. Trascorrete la notte all'area di campeggio dell'Onion Valley per partire presto il giorno dopo. Incamminatevi lungo il Kearsarge Pass Trail per collegarvi con il JMT al km 289. Il sentiero di 7,5 km sale attraverso il John Muir Wilderness fino alla cima del passo Kearsarge a 3566 m.

Dal passo potete vedere una parata di cime capeggiata dalle guglie seghettate dei Kearsarge Pinnacles nel Kings Canyon. Montate le tende nell'Upper Vidette Meadow.

La cima dell'East Vidette a forma di piramide domina il panorama, mentre il secondo giorno vi mettete in marcia sul sentiero che sale costante fino al passo Forester, il confine naturale tra il Kings Canyon e il Sequoia. Mentre camminate nel vasto e brullo Bighorn Plateau, vedete il traguardo: il monte Whitney. Se il vento è calmo e il cielo è sereno, accampatevi sul terreno lunare dell'altopiano per un pernottamento extraterrestre.

Lasciando l'altopiano il terzo giorno, il sentiero porta al Crabtree Meadow, una delle principali aree di campeggio per gli escursionisti che percorrono tutto il JMT. Seguite il sentiero attraverso e lungo torrenti, in mezzo a prati e campi di rocce, e osservate i pesci che saltano fuori dall'acqua del lago Timberline. Accampatevi oltre il lago Guitar alla base della Sierra orientale in modo che possiate iniziare l'ascesa al monte Whitney prima dell'alba.

Per il vostro ultimo giorno, mettetevi in cammino per le 2.30 e indossate una lampada frontale per procedere al buio lungo la serie di ripidi tornanti pietrosi che troverete lungo il cammino fino alla vetta. In cima al monte Whitney, il capolinea meridionale del JMT, ammirate l'alba sulla Death Valley. Il JMT termina al monte Whitney, ma non il vostro cammino: la strada più vicina, Whitney Portal, si trova a 17,7 km di distanza.

DA NON PERDERE

- **Ammirare il paesaggio lunare del Lyell Canyon.**
- **Guardare l'alba dalla vetta del monte Whitney a 4269 m di altitudine, la cima più alta degli Stati Uniti continentali.**
- **Accamparsi in una zona remota, sulle sponde di laghi alpini incontaminati.**

STATI UNITI

IL PAESE DELLE MERAVIGLIE INVERNALI A JACKSON HOLE

Una fuga per un weekend all'insegna del movimento nel cuore avventuroso del Wyoming.

Grazie alla vicinanza a due parchi nazionali stupendi (Grand Teton e Yellowstone), alla presenza di un gran numero di tour operator e al facile accesso a montagne enormi adatte allo sci e allo snowboard, Jackson, nel Wyoming, è un eccellente campo base per un'avventura invernale, anche solo per un weekend.

Iniziate il vostro viaggio nel modo giusto, accettando uno dei cocktail mimosa che vengono offerti in omaggio all'aeroporto di Jackson Hole dalla camera di commercio locale, poi in 10 minuti di auto raggiungete la caratteristica piazza centrale di Jackson. Una volta lasciati i bagagli in albergo, tornate all'aperto, dove si svolgono le attività, e iniziate una delle esperienze straordinarie che avete messo in programma per il vostro weekend.

Jackson Hole è una città estremamente dinamica, dove le persone si alzano all'alba per fare qualche giro fuori pista o qualche chilometro sui sentieri prima di andare al lavoro. I residenti apprezzano anche particolari gare atletiche, come la tradizione primaverile multisportiva del "Pole, Pedal, Paddle" durante la quale le squadre, solitamente in costume, combinano sci alpino, sci nordico, corsa, ciclismo e nautica da diporto. Tutto questo per dire che Jackson è il posto giusto se state cercando sport e avventura.

Per aiutarvi a programmare il viaggio, abbiamo elencato cinque avventure straordinarie che potete vivere in questa regione durante un weekend lungo.

Consigli di viaggio

QUANDO ANDARE: Le attività invernali iniziano a fine novembre e la neve dura fino ai primi di aprile.

ORGANIZZAZIONE: Le temperature possono scendere fino a -29 °C e oltre, perciò mettete in valigia molti indumenti per vestirvi a strati. A Jackson Hole c'è una vivace comunità artistica: lasciate spazio in valigia per un paio di souvenir.

SITI WEB: jacksonhole.com; fs.usda.gov/btnf; tetonpinesnordiccenter.com; jhsleddog.com; nps.gov/yell; anvilhotel.com; togwoteelodge.com; jhecotouradventures.com; fws.gov/refuge/national_elk_refuge/

Dei turisti fanno un giro a bordo di una slitta trainata da cavalli.

COSA FARE

Sci e snowboard

Passate una mattinata al Jackson Hole Mountain Resort, la principale meta invernale per lo sci e lo snowboard di Jackson Hole. Con oltre 1011 ettari nella Foresta nazionale di Bridger-Teton, il comprensorio sciistico vanta la pista in discesa continua più lunga tra le località sciistiche degli Stati Uniti; inoltre quasi metà delle sue piste sono per sciatori esperti. Ci sono anche molte piste di livello intermedio, e le guide del resort sono preparate a insegnare ai principianti come perfezionare le curve ed esplorare nuovi terreni. Con le lezioni private potete avere anche la priorità alla fila per gli ski-lift e l'accesso anticipato per le funivie.
Per le migliori piste di sci di fondo di Jackson, visitate il Teton Pines Nordic Center di Wilson, nel Wyoming, a soli 6 km a sud del Jackson Hole Mountain Resort. I sentieri, accessibili a tutti i livelli di preparazione, comprendono quasi 16 km di piste, battute ogni giorno sia per il pattinaggio sia per il classico sci di fondo.

Un giro su una slitta trainata da cani

Con Jackson Hole Iditarod Sled Dog Tours, siete nelle ottime mani del *musher* esperto Frank Teasley, che ha partecipato otto volte all'Iditarod. Percorrete 48 km a sud-est di Jackson per imparare i pro e i contro del mestiere di condurre una muta di cani da slitta, con le squadre di oltre 170 cani da corsa dell'Alaska, tutti addestrati a livello professionale per gareggiare in squadre di cani da slitta.
Durante un tour di mezza giornata o di una giornata intera, avventuratevi nella Foresta nazionale di Bridger-Teton, parte del Greater Yellowstone Ecosystem che comprende oltre 4828 km di strade e sentieri, e migliaia di chilometri di fiumi e ruscelli incontaminati. Durante una gita di un giorno coprirete una distanza di 32 km in questa riserva naturale con i cani da slitta alla guida. La vostra meta sono le Granite Hot Springs, dove potrete immergervi e rilassarvi in acque termali a 40,6 °C.

A FIANCO: **Degli sciatori salgono in seggiovia, pronti a conquistate le 116 piste famose di Jackson Hole.** SOPRA: **Un *musher* viene trainato da Alaskan husky.**

Un giro in motoslitta

Ammirate la meraviglia dell'inverno durante un giro in motoslitta al Parco nazionale di Yellowstone con l'esclusivo Explorer Program dell'Anvil Hotel. Prima di partire da Jackson e viaggiare attraverso il Parco nazionale del Grand Teton fino al Flagg Ranch, Togwotee Adventures provvederà a fornirvi l'attrezzatura adatta, compresi guanti impermeabili e ciaspole. Una volta arrivati, sfrecciate nella neve con uno dei due tour di 160 km andata e ritorno. Raggiungete il gayser Old Faithful e le Moose Falls, o visitate il Grand Canyon dello Yellowstone, una formazione lunga quasi 32 km, ampia 1219 m e profonda 366 m. Il panorama più suggestivo del canyon si vede dalle cascate Yellowstone superiori e inferiori, che sono racchiuse in una crosta di ghiaccio durante l'inverno.

Osservare la fauna

Durante un'escursione con Jackson Hole Eco Tour Adventures osservate bene l'abbondante fauna invernale di Jackson Hole: bisonti, wapiti, cervi, alci, volpi, coyote, aquile calve, cigni trombettieri e lupi. Visitate il National Elk Refuge, dove vivono migliaia di wapiti e centinaia di bisonti che qui trascorrono l'inverno, prima di arrivare al Parco nazionale del Grand Teton per avvistare gli animali selvatici all'ora del tramonto. La maggior parte delle guide sono fotografi, perciò possono aiutarvi a inquadrare con la giusta angolazione le pecore delle Montagne Rocciose che riposano sulle sporgenze rocciose, o i lupi che si accoppiano nei pascoli vicini a una mandria di wapiti.

Un giro in slitta

Il branco di 11.000 wapiti di Jackson migra al National Elk Refuge durante l'inverno, occupando un'area naturale di 9996 ettari delimitata da Jackson a sud, dalla Foresta nazionale di Bridger-Teton a est e dal Parco nazionale del Grand Teton a nord.
Dopo un dinamico weekend di avventure elettrizzanti, rilassatevi durante un giro su una slitta trainata da cavalli attraverso la riserva innevata. Correte in carrozza attraverso i suggestivi prati erbosi e le paludi del fondovalle dell'area per vedere da vicino i wapiti al pascolo. La corsa dura circa un'ora, compreso il passaggio in pulmino, andata e ritorno, al punto da cui parte il giro in slitta a circa 5 km a nord di Jackson.

DA NON PERDERE

- Sciare lungo alcune delle migliori piste degli Stati Uniti continentali.
- Andare in motoslitta passando vicino a wapiti, bisonti e geyser in due parchi nazionali.
- Correre come all'Iditarod, trainati da cani da slitta addestrati in modo professionale.

Un branco di wapiti si raduna nei campi innevati del National Elk Refuge.

PROSPETTIVE

Benvenuti al Burning Man

di Don George

IL DRESS CODE migliore potrebbe essere "Vieni come vorresti essere". Nello spoglio deserto del Nevada vengono esibiti gli stili più disparati, dagli outfit da spiaggia a quelli da boudoir, dagli abiti da bazar marocchino alle bizzarrie intergalattiche. Immaginate bikini e grandi stivali pelosi, toghe medievali e veli mediorientali: Victoria's Secret incontra gli Star Wars Cantina che incontrano Priscilla, la Regina del Deserto. Vestiti con abiti da pellegrini giapponesi, monotoni in confronto agli altri, mia moglie Kuniko e io saltiamo in sella alle nostre biciclette per esplorare la Playa. Siamo in una distesa straordinaria di 1780 ettari di arida piana alcalina, a circa 177 km a nord di Reno. Per anni ho sentito parlare del Burning Man, un festival che sfugge alle categorizzazioni. Alcuni miei amici hanno partecipato al festival molte volte da quando nel 1986 Larry Harvey e Jerry James hanno dato fuoco per la prima volta a un uomo di legno durante una cerimonia spontanea sulla Baker Beach di San Francisco. A me, tuttavia, il Burning Man è sempre sembrato un po' troppo da fanatici e primitivo. Una settimana di giorni ardenti e notti gelide, con cibi liofilizzati da campeggio, maleodoranti toilette portatili e niente docce? No, grazie.

Eppure, eccoci qui. Su questa distesa, dove un mese fa non c'era nulla, ha preso forma un reticolo urbano a forma di "C", completo di strade disposte in ordine alfabetico, da Arno a Lorenzo, e quartieri, ciascuno pieno di tende, roulotte, camper, tendoni e veicoli artistici lenti.

SOTTO: **Una festa danzante con luci laser attira circa 70.000 partecipanti al Burning Man.** A FIANCO: **Una partecipante al Burning Man proveniente da Seattle, che si fa chiamare Playa Maya, indossa degli occhiali a maschera per proteggere gli occhi dalla polvere.**

SCOTT

Una piana color cachi cosparsa di gigantesche opere d'arte si estende fino a una catena di montagne dolcemente dentellate. C'è una megattera col suo cucciolo fatta di minuscoli pezzi di vetri colorati, due gorilla di legno seduti nella polvere con aria pensierosa, un infuriato cinghiale di metallo, sui cui lati muniti di puntoni si arrampicano degli avventurosi partecipanti al Burning Man. La Playa è costellata di oltre 200 simili installazioni, ognuna delle quali, apparentemente collocata a caso, invita all'interazione, quasi la esige.

Una strada improvvisata collega la piazza centrale all'Uomo, che in accordo con il tema di quest'anno, "la Bottega di Da Vinci", è progettato per sembrare l'Uomo vitruviano. La strada prosegue oltre l'Uomo verso il Tempio, che verrà bruciato la notte dopo l'Uomo: il contrappunto contemplativo alla festa sfrenata che accompagna il falò dell'Uomo. Fatto di legno e decorato con oltre cento lanterne di legno, il Tempio a più livelli in stile buddhista si innalza terminando con una guglia.

Col passare della settimana, veniamo sferzati dal vento, battuti dal sole, coperti dalla polvere e travolti dalle dimensioni e dalla spettacolarità del luogo, eppure ci ritroviamo ad arrenderci all'alchimia del Burning Man.

Dal momento che è vietato usare denaro contante, tranne che per comprare caffè, tè, limonate e ghiaccio, la città è pervasa dalla cultura dell'offrire. Ovunque andiamo, veniamo invitati a fermarci a bere vino fresco e birra ghiacciata, mojito, mimosa e margarita, *s'more*, hot dog e sandwich al formaggio grigliati, bacon, pancake e pizza. E non si tratta solo di cibo e bevande. Ogni cosa è regalata: i rave che durano tutta la notte e i jazz set al tramonto, le sessioni di yoga e le meditazioni sui chakra, le conferenze sulla mindfulness e sulla fisica dello spazio-tempo, e persino le sessioni di introduzione al bondage. Guardare una città di 70.000 persone che funziona senza l'uso di denaro è stupefacente: Black Rock City sembra una versione socioeconomica delle Galápagos.

Sono restio a fare il mio primo tentativo di regalare qualcosa. Mi sembra strano fermare persone che non conosco e imporre un dono. Ma quando vedo una donna trascinarsi stanca per la Playa in un abito da sera di pizzo nero e guanti di raso lunghi, d'impulso tiro fuori dallo zaino uno dei mappamondi gonfiabili che ho portato con me. "Mi scusi, vorrei darle il mondo", dico. Le si illumina il volto e mi fa un sorriso smagliante: "Ho tutto il mondo nelle mie mani!".

Inizio a capire come questa esperienza possa davvero cambiare la vita. Mi appare chiaro in un piccolo momento cruciale quando capitiamo in una sessione all'aperto di Meditazione attraverso il movimento. La musica orientale riempie uno spazio coperto e una donna dalla voce soave incoraggia una trentina di persone a muoversi nel modo in cui si sentono a proprio agio. Ai balli, di solito io sono quello dietro la zuppiera del punch, ma in questo contesto metto da parte la mia paura di ballare. In un attimo mi ritrovo a ondeggiare nello spazio, a flettermi e a volteggiare, sentendomi libero e accolto da tutte le altre persone che danzano intorno a me e in tutta Black Rock City.

Non sono ancora pronto a farmi coprire il torso nudo con un luccicante gel per il corpo al Glitter Camp o a farmi una doccia di gruppo per lavarlo via allo Human Carcass Wash. Ma il prossimo anno chissà.

• *Don George è un collaboratore di* National Geographic Traveler.

A FIANCO: I membri di una famiglia che partecipa al Burning Man si arrampicano su un'opera d'arte voluminosa. SOPRA: Al festival, un uomo distribuisce gratuitamente sandwich grigliati al burro di arachidi e marmellata.

STATI UNITI

ATTRAVERSO I "MIGHTY FIVE"

Scoprite le strade che portano ai cinque parchi nazionali dello Utah: Zion, Bryce Canyon, Capitol Reef, Arches e Canyonlands.

Questa avventura di più giorni su remote strade secondarie è un viaggio attraverso il cuore di roccia liscia dell'Ovest americano che collega i "Mighty Five", i cinque grandi parchi nazionali dello Utah: Zion, Bryce Canyon, Capitol Reef, Arches e Canyonlands. Ciascun parco mostra il caratteristico paesaggio dell'Altopiano del Colorado, che in gran parte è un antico Sahara oggi trasformato in pietra. Il quadro surreale di archi, nicchie, camini delle fate e incredibili canyon è talmente irreale che vi verrà da chiedervi su che pianeta siete.

Anche se le escursioni riguardano lo Utah, il vostro viaggio parte da Las Vegas, il punto da cui si raggiunge più velocemente la prima tappa, ossia il Parco nazionale di Zion. Oltre ai parchi ci sono altre cose da vedere e da fare lungo il percorso. Sulla strada per Zion, sgranchite le gambe facendo giro a piedi nell'Historic District di St. George. Per un'anteprima di quello che vi aspetta a Bryce, fermatevi per fare una breve gita seguendo il percorso illustrativo del Pink Ledges Trail nel Red Canyon. Prima di arrivare al Capitol Reef fermatevi a Boulder per visitare l'Anasazi State Park Museum e scoprire com'era la vita di un'antica cultura. Al John Wesley Powell River History Museum, sulla strada per gli Arches, scoprite la storia di una creatura con un solo arto che fu la prima a contemplare il fiume Colorado. Sulla via per le Canyonlands, andate a vedere il Moab Giants, un museo sulle tracce dei dinosauri. Ora che avete visto le attrazioni secondarie, è il momento degli spettacoli principali.

Consigli di viaggio

QUANDO ANDARE: Gli acquazzoni di marzo portano i fiori di aprile che sono al culmine della fioritura a maggio e tra metà e fine giugno, a seconda della zona del parco. Visitate Capitol Reef la seconda settimana di giugno e a ottobre per raccogliere la frutta nei frutteti. Tra luglio e agosto possono verificarsi inondazioni improvvise negli Arches, perciò state attenti.

ORGANIZZAZIONE: Vestitevi a strati: le temperature possono scendere o salire di 16,7 °C nel giro di poche ore.

SITI WEB: nps.gov/zion; nps.gov/brca; nps.gov/care; nps.gov/arch; nps.gov/cany

Un escursionista raggiunge la cima dello stretto Angels Landing nel Parco nazionale di Zion.

DOVE ANDARE

Zion

Un pulmino gratuito del parco segue il fiume Virgin, che scorre all'ombra di alcune delle pareti di arenaria più alte del mondo, creando un santuario cinto da mura adornato con giardini pensili e piscine naturali color smeraldo. Fuggite dalle folle di turisti a Kolob Canyons e Kolob Terrace, le sezioni più remote del parco, accessibili solo con veicoli privati.

Il Canyon Overlook è davvero magnetico, con una vista vertiginosa del Lower Pine Creek Canyon che scende nello Zion Canyon. Dal Timber Creek Overlook nel Kolob Canyons, la vista nelle giornate limpide spazia per 161 km fino al monte Trumbull, che evidenzia il North Rim del Grand Canyon.

Seguite il Virgin sul Kayenta Trail lungo 3,2 km fino a Emerald Pools, un'oasi di bacini pieni d'acqua e di goccioline nebulizzate. Avete nervi d'acciaio? Provate a camminare lungo lo stretto crinale roccioso che porta a Angels Landing, passando per il West Rim Trail, per ammirare i panorami mozzafiato dello Zion Canyon.

Bryce Canyon

Se credete che le rocce abbiano un solo colore, sarete travolti dallo spettacolo policromatico degli *hoodoos,* i caratteristici pinnacoli popolarmente noti come camini delle fate. Non perdetevi l'alba da qui. Potete guardarla da Sunrise Point, Sunset Point, o da qualunque altro punto nel mezzo. Preparatevi a rimanere folgorati quando le rocce scateneranno i loro colori accesi, come se risplendessero dall'interno. È forse l'alba più bella del pianeta. Tra i 14 belvedere del parco, Paria View è uno dei pochi a cogliere gli ultimi raggi del sole al tramonto, inoltre da qui potreste vedere i falchi pellegrini che nidificano nella zona. Per una ripresa in movimento dei famosi camini delle fate sottostanti (e per lasciare indietro le folle di turisti ammassati sui punti d'osservazione più famosi), percorrete il Rim Trail lungo il ciglio dell'anfiteatro, dal Sunrise Point all'inspiration Point. Lungo il percorso, rondini della specie *Petrochelidon pyrrhonota* e rondoni bianchi intrattengono gli escursionisti con le loro acrobazie.

Parco nazionale di Capitol Reef

Questo è il meno conosciuto e il più remoto dei cinque parchi nazionali dello Utah e comprende il Waterpocket Fold che si estende per 161 km, ossia una spaccatura della roccia sulla superficie terreste, simile a un muro, che ha tenuto lontano tutti tranne i pionieri più audaci. Coloro che non si sono arresi hanno trovato un'oasi idilliaca situata in mezzo alle monumentali cupole di Capitol Reef simili a quella del Campidoglio, ponti naturali, guglie e canyon a fessura, che scoprirete anche voi.

Proseguite per meno di 20 minuti fino a una panchina solitaria posta alla fine del Sunset Point Trail per vedere il panorama più primitivo del parco: torri Moenkopi rosso mattone, cupole di arenaria Navajo bianco osso e le lontane Henry Mountains. Il tutto è tenuto insieme dalla fascia verde degli alberi che costeggiano il Sulphur Creek mentre si unisce al fiume Fremont.

Non perdetevi la Gifford Homestead, costruita nel parco nel 1908, per un assaggio dell'autentico stile di vita dei pionieri mormoni. Non solo per le esposizioni simili a un museo, ma anche per le mini *apple pie* sfornate nella zona che si trovano presso il negozio di souvenir.

Parco nazionale degli Arches

Questi 310 km² contengono la più alta concentrazione di archi di pietra del mondo (2000 e passa). Alcuni sono emblematici, come il Delicate Arch (quello rappresentato sulle targhe automobilistiche dello Utah), mentre altri sono da record, compreso il Landscape Arch sottile come una matita che è uno degli archi autoportanti più lunghi del mondo. Alcuni archi, invece, dovrete cercarli da soli lungo i sentieri che vi

A FIANCO: Il sole risplende dietro il Mesa Arch nel Parco nazionale di Canyonlands.
SOPRA: Lo straordinario panorama del Parco nazionale di Zion.

portano a scoprire un mondo di arenaria che risale a 300 milioni di anni fa. Andare agli Arches senza vedere il Delicate Arch è come andare al Louvre senza vedere la *Gioconda*. Per arrivare a questo arco ci vuole circa un'ora di cammino, in gran parte in salita, perciò portate con voi molta acqua. Per visitare nel modo più sicuro il Fiery Furnace, ossia un labirinto di formazioni geologiche di arenaria che disorienta il visitatore, è meglio partecipare alla visita guidata di tre ore con i ranger del parco (offerta almeno una volta al giorno in estate). Al Fiery Furnace, chiedete al ranger di indicarvi il *Lomatium* delle Canyonlands che fiorisce da febbraio ad aprile. Potrebbe essere l'unica volta che vedete questa pianta in vita vostra, perché gran parte degli esemplari esistenti al mondo si trova solo nelle Entrada Fins del parco.

Parco nazionale di Canyonlands

Questo territorio è selvaggio al massimo. Il Canyonlands è il più grande e il meno sfruttato dei parchi nazionali dello Utah. È talmente vasto da essere diviso in quattro sezioni. Una è formata dai fiumi, ossia il Colorado, il Green e i loro tributari. Il Maze è irregolare, remoto e raramente visitato. Island in the Sky (I-SKY) fluttua in alto, sopra il fondo del canyon, formando una mesa contornata da panorami vertiginosi. I Needles offrono chilometri di escursioni stupende. Se avete problemi di tempo, rimanete nell'I-SKY. Altrimenti, visitate anche i Needles. Raggiungete in auto il belvedere Grand View Point di I-SKY per ammirare il panorama davvero incredibile di una successione infinita di canyon di roccia rossa, senza alcuna presenza umana visibile, che si estende a perdita d'occhio. Per il miglior effetto possibile, rimanete per il tramonto. Nella sezione dei Needles, il Cave Springs Trail offre di tutto: un antico accampamento di cowboy, una sorgente naturale, ancestrali pitture dei Pueblo, giardini pensili e scale a pioli di legno con cui salire sulle rocce lisce per ammirare splendide vedute delle guglie striate dei Needles.

DA NON PERDERE

- **Visitare cinque magnifici parchi nazionali durante uno straordinario viaggio su strada.**
- **Guardare il sole sorgere e tramontare sui camini delle fate e sugli archi di arenaria.**
- **Fare escursioni sui monti che sovrastano le immense distese della frontiera selvaggia.**

L'*hoodoo* chiamato Martello di Thor è un sito famoso del Parco nazionale di Bryce Canyon.

UNO SCATTO **MEMORABILE**

Un surfista sfida un'onda enorme nello *spot* di Mavericks ad Half Moon Bay, in California. Mavericks è considerato da tempo un posto ideale per i surfisti che provano a cavalcare le grandi onde da 15 m che mettono a dura prova anche i surfisti più esperti. Mavericks, al largo del promontorio del porto di Pillar Point, ospita una gara annuale di surf che viene organizzata con un preavviso di sole 48 ore, quando a un certo punto tra novembre e marzo si verifica la giusta combinazione di onde e condizioni climatiche. I surfisti devono essere pronti ad affrontare la sfida suprema da un momento all'altro. Le tempeste invernali sull'oceano Pacifico creano un fronte di bassa pressione a nord che si scontra con un fronte di alta pressione proveniente da sud, generando forti venti veloci che creano le grandi onde di Mavericks. Le onde aumentano di dimensione anche per la caratteristica forma del fondale di Half Moon Bay che sale bruscamente e scende ripidamente, permettendo alle onde di crescere in fretta in altezza.

FOTOGRAFIA DI FRANS LANTING

IN SENSO ORARIO DALL'ALTO A SINISTRA: Un orso polare sulla costa di Churchill Bay; il fiordo di Kangerlussuaq vicino alla calotta di ghiaccio della Groenlandia; la chiesa di Zion sulla costa della baia di Disko; l'aurora boreale nel Parco nazionale Wapusk.

CAPITOLO 7

LE REGIONI POLARI

Seguite l'aurora boreale, osservate gli animali polari e sciate lungo i pendii e le piste.

GROENLANDIA

UN'ODISSEA IN GROENLANDIA

Ghiaccio, dolci colline, coste rocciose e molto altro in un centro per le avventure all'aperto.

In Groenlandia ogni escursione è una grande avventura. Sull'isola più grande del mondo, tre volte la dimensione del Texas, non ci sono strade tra le città e si trova più ghiaccio che erba. La calotta di ghiaccio della Groenlandia, che insieme alla calotta di ghiaccio dell'Antartide contiene più del 99 per cento dell'acqua dolce ghiacciata del pianeta, occupa circa l'80 per cento dell'isola. Il fatto che gli spostamenti avvengano principalmente in aereo, via acqua, in motoslitta e con slitte trainate da cani rafforza la sensazione che questa sia una terra per esploratori tenaci alla ricerca di luoghi straordinari.

Le fredde tonalità di azzurro e bianco dei ghiacci, del mare e del cielo dominano un paesaggio illuminato quasi 24 ore su 24 dalla luce del giorno in piena estate e immerso nell'oscurità polare al principio dell'inverno. Anche se i Groenlandesi accolgono bene entrambe le stagioni, il sole estivo di mezzanotte offre più ore per fare escursioni come quelle in kayak attraverso stretti fiordi incorniciati da monoliti di granito sormontati da ghiacciai, e per osservare gli orsi polari e le balene durante una spedizione a bordo di uno Zodiac lungo le coste del parco nazionale più grande del mondo.

Tracciate il vostro itinerario per un'odissea groenlandese provando un assaggio delle sei regioni turistiche del paese durante un viaggio di una o due settimane. Per visitare la Groenlandia ci vogliono organizzazione e pazienza, per via delle condizioni climatiche che cambiano rapidamente, ma vale la pena fare degli sforzi extra per scoprire un luogo selvaggio, spesso trascurato, adatto agli spiriti avventurosi.

Consigli di viaggio

QUANDO ANDARE: Visitate il paese da giugno ad agosto per il maggior numero di ore di luce e il clima più mite, e da settembre ai primi di aprile per l'aurora boreale.

ORGANIZZAZIONE: Il modo più semplice per visitare più regioni è partecipare a un'avventura per esplorare la Groenlandia via aria e via mare con tour operator esperti dell'Alto Artico, come Quark Expeditions o National Geographic Expeditions. Mettete in valigia giacche a vento impermeabili, indumenti termici, stivali isolanti e occhiali da sole.

SITI WEB: visitgreenland.com; nationalgeographic.com/expeditions; quarkexpeditions.com/en

I visitatori fanno un tour su una slitta trainata da cani a Ilulissat.

DOVE ANDARE

Destinazione Circolo polare artico

Cominciate la vostra avventura artica a Kangerlussuaq, porta d'accesso alla parte occidentale della calotta di ghiaccio della Groenlandia (a soli 19 km dall'aeroporto più grande del Paese). Il Circolo polare artico attraversa il centro del fiordo di Kangerlussuaq e la zona gode di bel tempo per la maggior parte dell'anno, perciò probabilmente potrete ammirare lo straordinario spettacolo dell'aurora boreale da ottobre ad aprile. Kangerlussuaq è anche il punto da cui parte il lungo Arctic Circle Trail di 164 km, un sentiero escursionistico che attraversa lande desolate e segue lo storico itinerario percorso dai cani da slitta da Kangerlussuaq a Sisimiut e allo stretto di Davis. Circa metà del percorso è all'interno dei confini del sito Patrimonio dell'Umanità UNESCO Aasivissuit-Nipisat, e tutto il sentiero si trova a nord del Circolo polare artico, perciò avrete la luce solare durante tutto il giorno per le escursioni in piena estate. Se non disponete di una settimana o più per percorrere l'impegnativo trekking per la sola andata, scegliete un'avventura più breve come accamparsi sulla calotta di ghiaccio, fare escursioni e giri in kayak per osservare i buoi muschiati o, in inverno, fare eliscì lungo le mostruose discese dalla cima al mare (fino a 1372 m) al margine dell'incontaminato fiordo dell'Eternità.

La regione capitale

Nuuk, la capitale della Groenlandia grande quanto un paese (ospita circa 16.000 dei 56.000 abitanti dell'isola), fa parlare di sé per il suo eccellente Centro culturale Katuaq (bacchetta di tamburo) e per il panorama culinario che ruota intorno alla gastronomia nordica (pensate alla vodka glaciale e al pesce fresco dei fiordi). Ma la capitale si trova anche all'imboccatura dell'enorme fiordo di Nuuk, uno dei più grandi del mondo, cosa che permette di combinare facilmente cultura e avventura. Esplorate le insenature, i canali e le isole del sistema dei fiordi in gite in barca o in kayak. In estate, fate un giro in barca di un'ora da Nuuk al fiordo di Qooqqut, che ospita uno dei ristoranti più isolati del mondo, il Qooqqut Nuan, in una vecchia stazione di allevamento di ovini. Pescate il vostro pesce, che al ristorante vi cucineranno con il contorno, oppure ordinate dal menù. Il ristorante affitta anche delle tende e cottage rustici per un pernottamento con vista sul fiordo. Esplorate a piedi la valle circostante per visitare le storiche rovine vichinghe e avvistare aquile di mare coda bianca e renne.

Groenlandia meridionale

L'estremità meridionale dell'isola giustifica il nome della Groenlandia che in lingua danese significa "terra verde". In estate il paesaggio è punteggiato di prati color smeraldo, fiori dai colori vivaci e laghi color cobalto. Camminate lungo le dolci colline e le valli verdeggianti dentro e fuori la zona di Qassiarsuk per vedere rovine norrene, iceberg azzurri, fiordi, cascate, aquile calve, pecore al pascolo e, di tanto in tanto, pony selvatici. La Groenlandia meridionale è il paese delle pecore, e molte famiglie hanno convertito le fattorie originarie, per la maggior parte costruite negli anni Cinquanta e Sessanta, in ostelli per escursionisti. Pernottate in un ostello o una pensione presso una fattoria che alleva ovini che potete usare come base per escursioni in giornata e altre avventure, come gite in barca nel fiordo di Ikerssuaq per vedere da vicino gli effetti dei cambiamenti climatici sulla calotta di ghiaccio della Groenlandia. Fate un'escursione a terra per toccare la calotta di ghiaccio e vedere le rocce recentemente esposte a causa del ritiro dei ghiacciai. Sull'isola disabitata di Uunartoq, guardate gli iceberg galleggiare nelle vicinanze, mentre siete immersi nell'unica piscina geotermale all'aria aperta della Groenlandia.

Groenlandia orientale

Anche se è meglio esplorare la vasta costa orientale venata di fiordi della Groenlandia in kayak o con un barca Zodiac, cominciate la vostra visita con un'escursione da Kulusuk, il piccolo aeroporto d'ingresso. Seguite la strada dall'aeroporto attraverso l'isola di Kulusuk fino al monte Isikajia. Nelle giornate limpide il belvedere panoramico dell'Isikajia offre ampie vedute dei fiordi, delle coste rocciose e degli iceberg che galleggiano nello stretto di Danimarca. Da Kulusuk salite su una barca per raggiungere Tasiilaq, la cittadina più grande della Groenlandia orientale e il centro delle attività della regione. Noleggiate un kayak o partecipate a un tour guidato per remare attraverso un labirinto di fiordi ripidi e rocciosi. Osservate gli animali marini, come le foche dalle selle e le rare balene franche della Groenlandia a rischio di estinzione. Ascoltate il boato assordante dei blocchi di ghiaccio che si staccano dai

A FIANCO: Il villaggio di Sisimiut è punteggiato di case dai colori vivaci. A DESTRA: Due trichechi sbucano fuori dall'acqua per controllare il circostante ambiente artico.

ghiacciai mentre scivolate silenziosamente accanto agli iceberg e alle montagne che si innalzano direttamente dall'acqua.

Parco nazionale della Groenlandia nordorientale

Il Parco nazionale della Groenlandia nordorientale con 971.246 km^2 è il parco più grande del suo genere al mondo. L'unico modo per visitare il parco, che non presenta servizi per i visitatori e nemmeno abitanti permanenti, è partecipare a una spedizione guidata, usando veloci Zodiac e kayak per esplorare la costa dell'Alto Artico. Affrontate il viaggio faticoso e verrete ricompensati con meravigliosi spettacoli dell'aurora boreale, frequenti occasioni di avvistare renne, buoi muschiati, orsi polari, trichechi e balene, e il privilegio di far parte del gruppo ristretto di persone che hanno visitato questo angolo di mondo incontaminato.

Groenlandia settentrionale

La Groenlandia settentrionale, dove si trova il fiordo di ghiaccio d'Ilulissat, dichiarato Patrimonio dell'Umanità UNESCO, è un'area artica per tutte le stagioni che occupa la parte occidentale dell'isola dalla baia di Disko all'estremo nord. Ascoltate il boato sommesso e gli schianti degli enormi iceberg dell'Ilulissat mentre fate un'escursione lungo le sponde del fiordo di ghiaccio. Attraversate la baia di Disko fino a Qeqertarsuaq, una città sorprendentemente verdeggiante, per il trekking, l'osservazione di balene e volatili e le corse in slitte trainate da cani sul ghiacciaio Lyngmark che vengono effettuate tutto l'anno. Andate a nord per esplorare le migliaia di isole e iceberg dell'arcipelago di Upernavik durante una gita estiva in kayak. Oppure in inverno girate tra le isole attraverso il mare ghiacciato a bordo di una slitta trainata da cani o di una motoslitta sotto le luci colorate dell'aurora boreale. Fate giri in kayak in capo al mondo nei pressi della cittadina più settentrionale della Groenlandia, Qaanaaq, una comunità Inuit a meno di 32 km dal Canada.

DA NON PERDERE

- Camminare in mezzo a lande desolate seguendo l'Arctic Circle Trail sotto il sole di mezzanotte.
- Fare elisci al margine di uno splendido fiordo lungo piste glaciali che vanno dalla vetta al mare.
- Fare un giro in mare in kayak in capo al mondo, nei pressi di una cittadina abitata da una comunità Inuit.

Kayak da mare a riva,
nel fiordo di Angmassalik.

LE 10 MIGLIORI AVVENTURE PER

AVVISTARE ANIMALI POLARI

1 GEORGIA DEL SUD, ANTARTIDE

Il percorso escursionistico di Ernest Shackleton nella Georgia del Sud attraversa spiagge di sabbia nera affollate di migliaia di pinguini reali, eudipti ciuffodorato, pigoscelidi comuni e pigoscelidi antartici. Visitate la Georgia del Sud da dicembre a metà febbraio per vedere pulcini di pinguino, balenottere comuni, elefanti marini e otarie orsine. Altrimenti, visitate la zona da fine febbraio a marzo quando sia i pulcini sia i piccoli di otarie iniziano a fare la muta, e le uova degli albatri urlatori cominciano a schiudersi.

2 ISOLA MACQUARIE, TASMANIA, AUSTRALIA

L'isola Macquarie è scossa da terremoti ogni giorno, ma questo non sembra disturbare la più grande colonia al mondo di eudipti della Nuova Zelanda che ritornano qui a milioni ogni settembre per riprodursi. Le coste vulcaniche di Macquarie, l'unico posto in cui il mantello terrestre è visibile sopra il livello del mare, ospitano anche elefanti marini, otarie orsine, albatri, leoni marini di Hooker, pinguini reali, pigoscelidi comuni e pinguini saltarocce.

3 ISOLA DI WRANGEL, RUSSIA

Sulle spiagge rocciose e sulle montagne di carbone di Wrangel, dove un tempo ha vissuto l'ultima famiglia di mammut lanosi del mondo, oggi si trovano volpi artiche, buoi muschiati, renne, oche delle nevi, la più numerosa popolazione di trichechi del Pacifico del mondo e la maggiore concentrazione di tane di orsi polari del mondo.

4 DANGER ISLANDS, ANTARTIDE

Non si pensava che le Danger Island, nascoste dietro gli enormi frammenti di ghiaccio della punta della Penisola Antartica, fossero un habitat fondamentale per i pinguini, almeno fino al 2015, quando gli scienziati hanno seguito tracce di guano via satellite fino a una prospera supercolonia di oltre 1,5 milioni di pigoscelidi di Adelia. Le isole sono difficilmente accessibili, come suggerisce il loro nome, e vengono raggiunte solo dai capitani più esperti quando ci sono le condizioni ottimali.

5 ISOLE SVALBARD, NORVEGIA

Nelle Svalbard troverete orsi polari, trichechi, renne, balene, un deposito di semi in previsione di eventi catastrofici, l'aurora boreale e il ristorante thailandese più settentrionale del mondo. L'arcipelago del Mar Glaciale Artico vanta una popolazione in crescita di 3500 orsi polari. L'estate è il periodo migliore per vedere gli orsi.

6 CHURCHILL, MANITOBA, CANADA

In autunno, Churchill, nel Manitoba, ospita la più alta concentrazione di orsi popolari selvatici del mondo. I tour che partono dal Churchill Wild's Nanuk Lodge esplorano il territorio degli orsi polari della baia di Hudson, che ospita anche lupi, alci, caribù, orsi neri e ghiottoni. Le guide hanno escogitato modi sicuri per avvicinarsi agli orsi a piedi, che senza dubbio è un'esperienza elettrizzante.

7 ISOLA BOUVET, TERRITORI NORVEGESI

L'unica stazione sul campo di Bouvet è andata distrutta durante un terremoto nel 2006 ed è stata ricostruita solo nel 2014. Il vulcano inattivo che si trova al centro dell'isola è congelato. In sostanza, è uno Shangri-La per pinguini: migliaia di eudipti ciuffodorato banchettano con crostacei al largo delle fredde coste. Si vede anche un gran numero di otarie orsine. Il modo migliore per raggiungere l'isola è in nave e poi in elicottero fino alla costa.

8 ATKA BAY E IL POLO SUD, ANTARTIDE

Saltate le isole e dirigetevi al Polo Sud per fare trekking in tunnel di ghiaccio, arrampicata su roccia, calate in corda doppia e voli in zip-line, sempre se riuscite ad affrontare 3962 m di altitudine e temperature sottozero. White Desert offre tutte le attività citate, oltre a gite in giornata per vedere la colonia di oltre 6000 pinguini imperatore di Atka Bay, e al campeggio in capsule tra una parete di ghiaccio alta 61 m e un lago ghiacciato.

9 OCEANO ANTARTICO, ANTARTIDE

Perché camminare con i pinguini quando potete nuotare con loro? I sub esperti possono dare un'occhiata scoprendo un nuovo lato dell'Antartide sotto i ghiacci, dove surreali paesaggi di ghiaccio e fantastiche tonalità di azzurro fanno da sfondo spettacolare a pinguini, gigli di mare, foche di Weddel, ascidie arancioni e polpi. I viaggiatori con meno esperienza possono provare ad avvistare i pinguini facendo snorkeling polare.

10 NUNAVUT, CANADA

Tra maggio e luglio visitale Nunavut, la regione più settentrionale del Canada, per osservare gli orsi polari sotto il cielo estivo di mezzanotte. L'isola di Baffin di Nunavut ospita anche milioni di uccelli acquatici migratori e il Monte Thor, alto 1250 m, ossia la parete verticale più alta del mondo.

A FIANCO: Una colonia di pinguini reali si raduna sulla spiaggia delle Isole Sandwich Australi. SOPRA: I passeggeri di una nave si sporgono per riuscire a vedere un orso polare che passeggia sull'isola di Baffin.

CANADA

NOTTI SELVAGGE E AURORA BOREALE

Ammirate il cielo danzante nella "capitale mondiale degli orsi polari".

Churchill si autodefinisce "capitale mondiale degli orsi polari". Porta d'accesso all'Artico, questa piccola cittadina del Manitoba a 966 km a nord di Winnipeg, il capoluogo di provincia, si trova sulla remota costa occidentale della baia di Hudson del Canada. Questa regione, dove si incontrano la tundra, la foresta boreale e le acque dell'Hudson, è stata un tradizionale territorio di caccia per i popoli delle Prime Nazioni, la cui eredità culturale è onorata all'Itsanitaq Museum (in precedenza Eskimo Museum) di Churchill. Oggi la regione attrae visitatori da tutto il mondo offrendo l'opportunità di osservare la fauna e ammirare l'aurora boreale.

I 110.000 laghi e corsi d'acqua, l'abbondante fauna e le varie esperienze artistiche e culturali che offre Manitoba attirano i viaggiatori in cerca di avventure fuori dagli itinerari battuti. Qui si possono vivere emozioni, come fare un'escursione in kayak con i beluga, pranzare sopra un fiume ghiacciato, e osservare gli orsi della zona. Negli anni Settanta, Len Smith, un abitante di Churchill, creò il Tundra Buggy, permettendo ai visitatori di avvicinarsi agli habitat degli orsi polari come mai era stato fatto prima. Un reportage sulla regione, realizzato da una squadra di National Geographic che si è unita a Smith, ha indotto gli appassionati di fauna selvatica a fare un salto a vedere gli orsi e i beluga.

Potete essere certi che, quando deciderete di venire a scoprire questo paradiso polare, vedrete uno degli spettacoli più belli della natura.

Consigli di viaggio

QUANDO ANDARE: L'estate (per i beluga), l'autunno (per gli orsi polari) e l'inverno (per l'aurora boreale) sono i periodi migliori per visitare la regione.

ORGANIZZAZIONE: Prenotate i voli in anticipo. Churchill è accessibile solo in aereo e questa località, sempre più popolare, può riempirsi in fretta. Preparatevi per affrontare la neve e un clima molto freddo. Mettete in valigia indumenti per vestirvi a strati, pantaloni e scarponi da neve, occhiali da sole e un passamontagna per il vento.

SITI WEB: churchillwild.com; nationalgeographiclodges.com

Un beluga nuota nel fiume Churchill.

COSA FARE

Sguazzare con i beluga

Circa 60.000 beluga abitano all'estremità occidentale della baia di Hudson. Ogni estate migliaia di questi cetacei si dirigono verso la foce del fiume Churchill in cerca di acque più calde per partorire, crescere i cuccioli e cacciare capelin e altri pesci. I beluga, dei cetacei molto socievoli e curiosi, sono soprannominati "canarini di mare" per i loro versi simili ai canti degli uccellini.
I tour portano i visitatori nelle acque spesso frequentate dai beluga. Molte barche sono dotate di idrofoni, così i passeggeri possono ascoltare i cetacei sott'acqua. Chi desidera vedere questi animali più da vicino può fare giri in kayak e in paddleboard o snorkeling.
Curiosità: a differenza di molti altri cetacei, i beluga non hanno le vertebre del collo fuse insieme, perciò possono girare la testa per guardarvi.

Incontrare gli orsi polari

Uno dei modi migliori per osservare l'*Ursus maritimus* (l'orso polare) è partecipare a un tour a bordo di un veicolo adatto alla tundra, attraverso la Churchill Wildlife Management Area e oltre. I veicoli robusti trasportano i visitatori in questo regno di ghiaccio degli orsi per osservare i maschi che combattono, i cuccioli che giocano e le madri che sonnecchiano.
I tour in elicottero offrono una prospettiva dall'alto dei luminosi paesaggi di neve, ghiaccio e acqua, insieme a numerosi avvistamenti di orsi. Camminare tra gli orsi è imprudente, ma Churchill Wild offre escursioni a piedi presso remoti ecolodge dov'è possibile vederli in sicurezza.
L'autunno è il periodo ideale per vedere questi magnifici animali, perché gli orsi iniziano a raggrupparsi lungo la baia di Hudson, aspettando che si formi il ghiaccio, così possono cacciare le foche.

Guardare l'aurora boreale

Churchill è uno dei posti migliori al mondo per guardare l'aurora boreale che forma una cortina di luce brillante in questa zona circa 300 notti all'anno. Febbraio e marzo, con i loro cieli serali bui e limpidi, offrono le condizioni di osservazione ideali.
Le luci verdi dell'aurora boreale sono le più comuni, mentre quelle rosse e azzurre sono più rare.
In questa regione così a nord le temperature sono di solito gelide in pieno inverno, ma le persone in attesa che lo spettacolo dell'aurora si apra a ventaglio nel cielo stanno al caldo all'interno di Aurora Dome grandi come tende, un'Aurora Pod a ruote e persino un'Aurora Lounge.
I tour fotografici offrono ai visitatori le indicazioni per catturare le immagini di questo fenomeno effimero fornendo consigli su come sfruttare al meglio le impostazioni della fotocamera.

Provare lo stile di vita di Clear Lake

Il Clear Lake è il gioiello del Parco nazionale di Riding Mountain del Manitoba meridionale. Questo parco incontaminato, situato lungo il Manitoba Escarpment, un ripiano roccioso inclinato formatosi più di 65 milioni di anni fa, è il territorio tradizionale del popolo Anishinaabe.
Noleggiate una barca, un kayak o un paddleboard per esplorare il Clear Lake. Camminate lungo il tranquillo Clear Lake South Shore Trail, un percorso che fa parte di una rete di oltre 402 km di sentieri per escursioni a piedi e in mountain bike e che attraversa il parco. Nuotate e fate snorkeling al largo della spiaggia sabbiosa di Wasagaming, un'accogliente località turistica del Clear Lake. Da metà maggio a metà ottobre passate la notte al Wasagaming Campground, poco lontano dal lago e dal paese. Portate la vostra tenda o, meglio ancora, prenotate una iurta, un MicroCube simile a una casa minuscola, o una capanna A-frame oTENTik.

Tirare su col mulinello un pesce da trofeo

Lanciate la lenza e prendete pesci enormi nel Manitoba, dove si trovano 110.000 laghi e corsi d'acqua e 30 specie di pesci, come salmerini di lago, lucci, *walleye* e temoli artici. Nella remota Manitoba settentrionale, il Big Sand Lake Lodge e il Gangler's North Seal River Lodge organizzano gite per pescare o spedizioni negli avamposti con trasporto aereo, in un'area di milioni di ettari di acque incontaminate. Più vicino a Winnipeg, all'Aikens Lake Wilderness Lodge, nel Atikaki Provincial Wilderness Park, vi aspettano eccellenti posti per pescare e un pranzo in spiaggia a base di pesce fresco.

DA NON PERDERE

- Remare vicino ai beluga e ascoltare il loro canto simile a quello degli uccellini.
- Guardare l'aurora boreale che danza nel cielo dall'interno di un'Aurora Dome.
- Avvicinarsi agli orsi polari durante un'escursione a piedi con una guida.

A FIANCO: **La verde aurora boreale esegue la sua danza notturna sopra Manitoba.**
SOPRA: **Un escursionista in kayak avanza nelle acque del Clear Lake.**

Alcuni fortunati turisti si godono l'inizio dello spettacolo dell'aurora boreale al Churchill Northern Studies Center.

PROSPETTIVE

L'immersione più profonda sotto l'Antartide

di Laurent Ballesta

QUANDO ARRIVIAMO A PIEDI da Dumont d'Urville, la base scientifica francese sull'Antartide Orientale, dobbiamo rompere un sottile strato di ghiaccio che si è formato sul buco che abbiamo forato il giorno prima. Il buco attraversa il pavimento di ghiaccio spesso 3 m. È abbastanza largo perché ci passi una persona e sotto c'è il mare. Non abbiamo mai provato a immergerci attraverso un'apertura così piccola. Vado io per primo.

Ondeggio attraverso il buco, spingendo e premendo con le mani, le ginocchia, i talloni e le punte delle pinne. Quando sono immerso nell'acqua gelata, mi guardo indietro e vedo con orrore che il buco ha già iniziato a richiudersi dietro di me. Afferro la corda di sicurezza e mi isso su, centimetro dopo centimetro, ma le mie spalle rimangono bloccate. A un tratto sono stordito da un colpo sulla testa: uno dei miei compagni d'immersione sta cercando di scavare per tirarmi fuori e la sua pala mi ha colpito il cranio. Alla fine qualcuno mi afferra la mano e mi tira fuori. L'immersione di oggi è terminata, ma è solo la prima di 32.

Questa spedizione nell'Antartide è diversa da tutte le altre. Qui ci immergeremo più a fondo di quanto sia mai arrivato chiunque altro sotto il ghiaccio dell'Antartide, e le condizioni saranno oltremodo difficili.

Quando finalmente siamo pronti per ritornare nelle acque gelide, indossiamo e trasportiamo 90 kg ciascuno. Muoversi è un'impresa, nuotare è quasi impossibile. Il freddo ben presto anestetizza i pochi centimetri di pelle esposta delle nostre guance e, mentre l'immersione prosegue, si insinua nelle mute e nei guanti, con una morsa sempre più stretta. È insopportabile, ma dobbiamo sopportarlo per forza.

Perché vale la pena fare tutto questo? Per la luce, innanzi tutto. È una vista che esalterebbe qualunque fotografo. Proprio al principio della primavera, dopo la lunga notte polare, il microscopico plancton non ha ancora iniziato a fiorire e a intorbidire l'acqua. Sotto la superficie, l'acqua è straordinariamente limpida, perché ci sono pochissime particelle a disperdere la luce. Quel poco di luce che c'è passa attraverso le crepe o le buche delle foche, come se arrivasse

SOTTO: Riccioli di acqua salata coperta di ghiaccio, o *brinicle*, fuoriusciti dal ghiaccio marino vicino alla base permanente Dumont d'Urville dell'Antartide Orientale. A FIANCO: Una curiosa foca di Weddell, di qualche settimana, entra in acqua per un incontro ravvicinato.

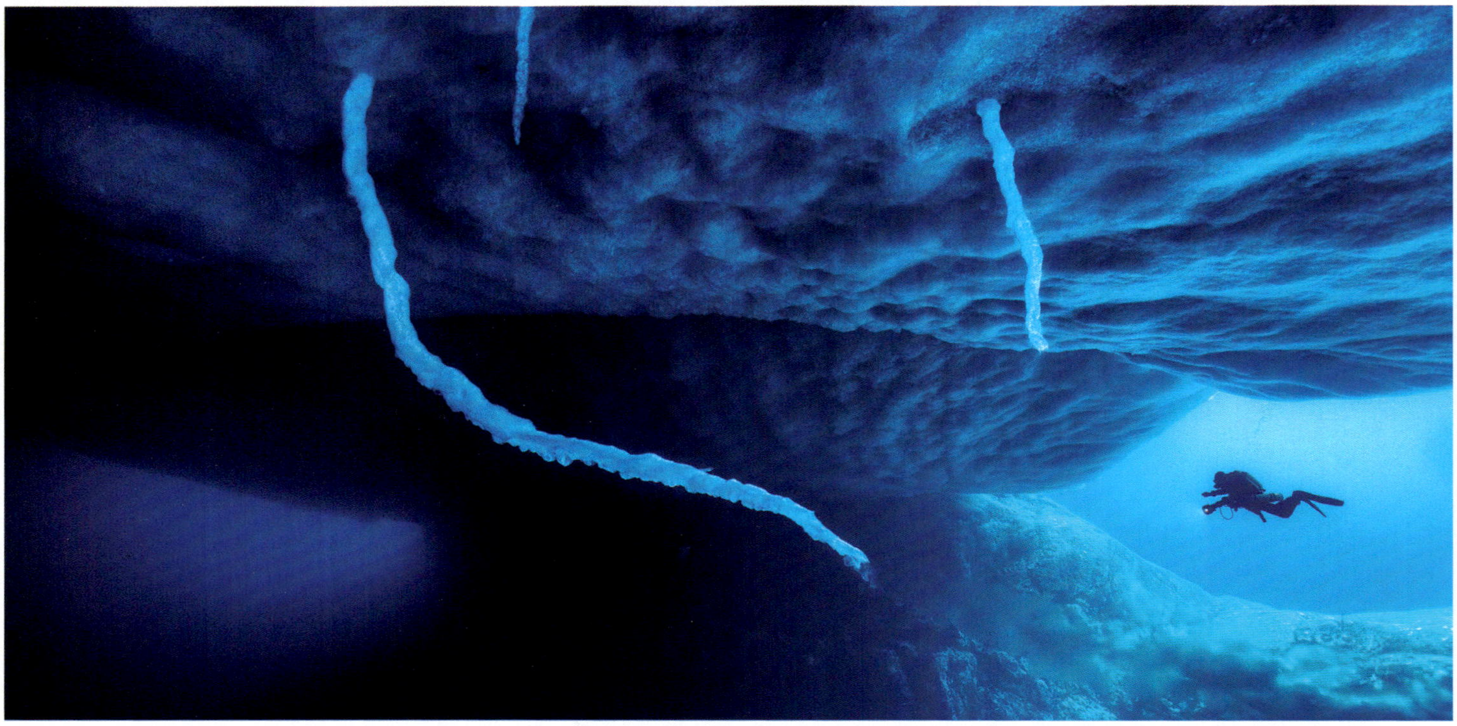

dai lampioni di una strada, diffondendo un bagliore soffuso sul paesaggio sottomarino.
E che paesaggio! Alle profondità dai 9 ai 15 m, le praterie di alghe con fili d'erba lunghi più di 38 cm creano uno scenario grandioso. Più in basso incontriamo stelle marine giganti. Con un diametro di 38 cm, sono molto più grandi di quelle che vivono nei mari più caldi. Sotto i 50 m la luce si affievolisce e non vediamo alghe o altre piante. Invece, il fondale è coperto da uno spesso tappeto di idrozoi (animali coloniali collegati ai coralli) e da migliaia di pettini di mare. I pettini di mare sono ampi 10 cm, ma potrebbero avere 40 anni o più: le cose crescono lentamente nell'Antartide.
A queste profondità notiamo anche gigli di mare, parenti stretti delle stelle di mare che afferrano particelle di cibo vagante usando fino a 20 braccia ondulate. Tra loro strisciano e nuotano isopodi giganti che assomigliano a coleotteri.
A 70 m, il limite delle nostre immersioni, c'è la maggiore diversità. Vediamo alcionacei, crostacei, coralli molli, spugne e piccoli pesci, che per colore e vitalità ricordano quelli delle barriere coralline tropicali. Gli invertebrati sul fondale sono enormi. Ben adattati a un ambiente stabile, questi animali simili a piante crescono piano, ma apparentemente senza limiti, a meno che qualcosa non li disturbi. Come reagiranno quando i cambiamenti climatici riscalderanno il loro mondo?
Mentre risaliamo in superficie, la biodiversità diminuisce. Le acque meno profonde sono un ambiente meno stabile. Gli iceberg alla deriva e la banchisa strofinano il fondale marino, mentre il gelo e il disgelo stagionale della superficie del mare, che rimuove l'acqua dolce dall'oceano e poi la restituisce, provocano forti variazioni di salinità.
Ma c'è ancora molto da vedere. Le microalghe si attaccano al soffitto di ghiaccio, trasformandosi in uno sgargiante arcobaleno arancione, giallo e verde. Il soffitto in realtà assomiglia più a un labirinto caotico, con strati di ghiaccio a livelli diversi, e noi passiamo tra lentamente loro con cautela. Un giorno, mentre mi avvicino al buco, vedo una madre di foca con il suo cucciolo che si immergono attraverso di esso. Li osservo per un bel pezzo con invidia mentre si muovono senza sforzo in questo paesaggio fiabesco.
Le acque sotto il ghiaccio dell'Antartide sono come l'Everest: magiche, ma così ostili che devi essere convinto delle tue intenzioni prima di partire. Non puoi avere tentennamenti, non puoi simulare la passione. Viene richiesto molto, ma è questo che rende le nostre esperienze e le fotografie che scattiamo tanto straordinarie.

• *Laurent Ballesta è un biologo e fotografo subacqueo francese.*

A FIANCO: Un sub esplora cosa c'è sotto il ghiaccio dell'Antartide. SOPRA: Un giglio di mare agita le braccia simili a foglie, cercando di trovare particelle di cibo.

CANADA E GROENLANDIA

ESPLORARE LA GROENLANDIA E L'ARCIPELAGO ARTICO

Dagli iceberg altissimi all'isola di Baffin, passaggi storici, territori ricchi e fauna selvatica.

Spingetevi fino ai remoti confini dell'Artico, una terra dove vagano gli orsi polari e dove le resistenti comunità inuit conservano il loro stile di vita tradizionale. A bordo della *National Geographic Explorer*, seguite gli aspri fiordi della Groenlandia e fatevi strada per raggiungere l'estremità settentrionale della leggendaria isola di Baffin del Canada. Avvistate gli orsi polari sulla banchisa, avvicinatevi a ghiacciai enormi e fate escursioni sulle isole che punteggiano le coste del Canada.

L'isola di Baffin, costituita da una massa continentale di 507.451 km^2 nel Mar Glaciale Artico del Canada settentrionale, è estremamente remota. Ma un viaggio qui offre agli esploratori intrepidi l'opportunità di vedere l'aurora boreale, avvistare un orso polare, fare una corsa su una slitta trainata da cani e kayak tra i banchi di ghiaccio. Una crociera intorno all'isola permette di ammirare vedute spettacolari dalla nave e di fare escursioni a terra.

Dalla nave vedrete uno spettacolo grandioso, mentre passerete accanto agli altissimi iceberg vicino alla bocca del fiordo di ghiaccio di Ilulissat, un sito Patrimonio dell'Umanità UNESCO. Sbarcati sull'isola di Baffin, cercate foche dagli anelli, volpi artiche, trichechi e orsi polari, o remate tra i beluga e le balene franche della Groenlandia. Incontrerete anche le comunità inuit e scoprirete la loro ricca cultura. Ammirate i fiordi per cui è famosa la Groenlandia, mentre attraversate a bordo del kayak i calmi corsi d'acqua, tra panorami splendidi e paesaggi lussureggianti.

Consigli di viaggio

QUANDO ANDARE: In primavera, inverno e autunno è possibile fare diversi incontri con vari animali, mentre d'estate si trovano le temperature più miti (anche se sono sempre gelide di notte). A metà luglio splende il sole di mezzanotte e il mare è libero dai ghiacci. Il territorio ricomincia a ghiacciare a ottobre e novembre, inoltre i mesi invernali possono essere bui.

ORGANIZZAZIONE: Aggiungete alcuni giorni alla fine del viaggio per esplorare meglio Reykjavík, in Islanda, e per fare una gita extra a Oslo, in Norvegia.

SITI WEB: nationalgeographic.com/expeditions

Una targa automobilistica per Nunavut, in Canada.

ITINERARIO DI 11 GIORNI

Giorno 1

Il viaggio inizia a Reykjavík, in Islanda, dove potete immergervi nella Laguna Blu o visitare una sorgente termale, una centrale geotermica o un allevamento di cavalli. Da qui con un breve volo si raggiunge la Groenlandia, dove salirete a bordo della nave di National Geographic Expeditions e comincerete l'avventura vera e propria. La costa occidentale della Groenlandia è scavata da decine di fiordi profondi, molti dei quali presentano ghiacciai alimentati dalla calotta di ghiaccio che ricopre circa l'80 per cento del Paese. Scoprite questa splendida costa irregolare a bordo di Zodiac, stando attenti per riuscire ad avvistare megattere e balenottere minori. A Sisimiut, un ex porto per baleniere, visitate il museo locale e girovagate tra pittoreschi edifici di legno storici e moderni.

Dal giorno 2 al giorno 8

Cominciate trascorrendo una giornata rilassante in mare, dove potrete osservare le balene dal ponte, godervi una sauna distensiva o scoprire la storia delle esplorazioni polari ascoltando le guide presenti a bordo o consultando l'esauriente biblioteca della nave. La prossima tappa è l'alto artico canadese, dove avrete molto tempo per esplorare il territorio a terra: passerete qui sei giorni.
L'esplorazione dell'alto artico canadese inizia con una visita alla piccola comunità inuit di Pond Inlet, a Nunavut. I 34.000 abitanti di Nunavut vivono in un territorio più grande del Messico (116 milioni di abitanti). Nunavut, che in passato apparteneva ai Territori del Nord-Ovest, è diventato un terrirorio autonomo canadese solo nel 1999. Esplorate alcune delle splendide baie e insenature lungo lo stretto di Lancaster dell'isola di Baffin, da centinaia di anni uno dei posti preferiti dagli Inuit per cacciare e pescare. Lo stretto di Lancaster, scavato dai ghiacciai dell'era glaciale, è anche la porta d'accesso all'arcipelago artico, dove esploratori europei come William Baffin si avventurarono per la prima volta nel XVII secolo per cercare il passaggio a nord-ovest. Trascorrerete le giornate in questa zona cercando foche dagli anelli, volpi artiche, trichechi e orsi polari, oltre a beluga e balene franche della Groenlandia. Potreste anche avvistare lo sfuggente narvalo, un cetaceo artico, noto per la lunga zanna a spirale.
Visitate l'isola di Devon e fate una passeggiata con l'archeologo della nave per scoprire informazioni sui Thule, gli antenati dei moderni Inuit, che un tempo abitavano in questa regione. Poi avventuratevi più a nord fino ai confini meridionali dell'isola di Ellesmere. Potreste fare un giro in Zodiac nell'insenatura di Makinson, dove i ghiacciai di marea cadono in mare.

A FIANCO: Dei narvali emergono in superficie per respirare, passando attraverso le buche fatte dalle foche e il ghiaccio sciolto. SOPRA: Il Broad Peak incombe sul Sam Ford Fiord e Walker Arm, sull'isola di Baffin.

Dal giorno 9 al giorno 10

Attraversate la baia di Baffin fino alla baia di Disko per esplorare il sito Patrimonio dell'Umanità UNESCO del fiordo di ghiaccio di Ilulissat, ossia una lingua della calotta di ghiaccio della Groenlandia che si estende nella baia. Fate una crociera straordinaria alla bocca del fiordo tra gli iceberg altissimi, poi visitate il villaggio di Ilulissat e fate un'escursione nella valle di Sermermiut.

Giorno 11

Trascorrerete l'ultimo giorno nelle splendide terre dei fiordi della Groenlandia occidentale, esplorando suggestive vie d'acqua in Zodiac o in kayak. Gli specialisti fanno partire veicoli azionati a distanza per vedere gli animali marini che abitano i fondali dei fiordi. Osservate i monitor per vedere che cosa hanno scoperto.

DA NON PERDERE

- Osservare orsi polari, volpi artiche, foche dagli anelli, beluga e narvali.
- Esplorare lo stretto di Lancaster, la porta d'accesso al passaggio a nord-ovest.
- Avvistare i caribù durante un'escursione nei territorio dell'isola di Baffin.

Le ripide pareti rocciose del fiordo di Gibbs si riflettono sulle gelide acque blu dell'Artico.

STATI UNITI

LE PORTE DELL'ARTICO

Attraversate questo parco e riserva naturale a bordo di una slitta trainata da cani.

Il mantra dei piloti dei *bush plane*, che recita "Dove finisce la strada, inizia la vera Alaska", coglie l'essenza del Parco nazionale e riserva Gates of the Arctic. Con i suoi 34.287 km^2 incontaminati tutti a nord del Circolo polare artico, il Gates of the Arctic è il parco nazionale più settentrionale degli Stati Uniti. Non ci sono strade o sentieri che portano all'interno o intorno alla vasta distesa formata da tundra artica, foresta boreale e cime frastagliate dei monti Brooks. L'unico punto di riferimento segnato sulla cartina del parco sono i sei National Wild and Scenic Rivers. Non è facile essere tra i pochi fortunati ad ammirare la solitudine e l a grandiosità di uno dei luoghi naturali più selvaggi rimasti sulla Terra. C'è un motivo se Gates of the Arctic è tra i parchi nazionali meno visitati: la maggior parte dei visitatori arriva in volo a bordo di *bush plane* (l'altra opzione è arrivare a piedi dalla Dalton Highway o dal villaggio di Anaktuvuk) in estate. Per attraversare i territori impervi della riserva occorre avere le capacità e le conoscenze adatte ad affrontare l'entroterra isolato. Nei mesi freddi, tuttavia, esplorare la regione a bordo di una slitta trainata da cani vi permette di coprire più terreno. È anche una delle esperienze più rare tra le avventure particolari che si possono vivere nei parchi nazionali. L'unico tour operator che si trova all'interno del parco è Arctic Winter Adventures, gestito dal musher Sven Haltmann, un veterano dell'Iditarod. A partire dal marzo 2020, Haltmann offrirà cinque gite di tre giorni per viaggiare all'interno del parco a bordo di una slitta trainata da cani (una persona o due persone per gita).

Consigli di viaggio

QUANDO ANDARE: Le gite di tre giorni in slitta trainata da cani partono dal 2020 e saranno disponibili da fine marzo a metà aprile.

ORGANIZZAZIONE: Prenotate il prima possibile, perché sono in programma solo cinque gite per stagione. Arctic Winter Adventures vi fornirà una lista delle cose da mettere in valigia e può procurarvi l'attrezzatura invernale adatta. Le temperature di marzo e aprile di solito vanno da -17,8° a 1,7 °C. Nel parco nazionale non c'è rete telefonica.

SITI WEB: nps.gov/gaar; arcticwinter adventures.com

Gli Arrigetch Peaks nei monti Brooks.

ITINERARIO DI 3 GIORNI

Giorno 1

Arrivate nel parco con un *bush plane*, atterrando nella superficie ghiacciata del celeste lago Takahula. Situato ai piedi del monte Takahula, il lago è un'abituale pista d'atterraggio per idrovolanti. D'estate, è la prima tappa per gli scalatori di livello mondiale che tentano le salite tecniche nelle cime frastagliate del gruppo degli Arrigetch Peaks, un National Natural Landmark. A differenza degli scalatori, che affrontano un'escursione di più giorni per arrivare alla base delle montagne, voi dovete fare solo pochi passi dall'aereo alla capanna solitaria che si trova sulla riva del lago. La capanna rustica, che sarà il vostro campo base per i prossimi tre giorni, offre due lussi inaspettati: il riscaldamento e una sauna.

Dal momento che il Gates of the Arctic non presenta aree di campeggio o rifugi riconosciuti, poter stare in una qualsiasi capanna all'interno del parco è un privilegio raro. Questa in particolare, acquistata da Haltmann nel 2018, è ancor più straordinaria perché la struttura in origine apparteneva a Harmon "Bud" Helmericks, un esploratore artico, pilota e scrittore, che è mancato nel 2010. Helmericks, uno dei primi e più famosi piloti di *bush plane* dell'Alaska, costruì la capanna dopo la Seconda guerra mondiale, quasi 35 anni prima che il Gates of the Arctic diventasse parco nazionale. Dopo aver sistemato la vostra attrezzatura, provate la pesca sul ghiaccio e aiutate, nella misura in cui lo desiderate, con lavori di routine come dare da mangiare agli husky, spaccare la legna da ardere e scavare buche d'acqua nel lago ghiacciato.

Giorno 2

La giornata inizia con una breve presentazione dell'arte di condurre mute di cani da slitta, uno sport in cui i capobranco, campioni dell'Iditarod percorrono circa 1609 km in soli otto giorni. Successivamente, incontrerete un gruppo di quattro o sei atleti canini veterani dell'Iditarod, tutti impazienti di cominciare l'avventura. Seguendo Haltmann in testa, condurrete la vostra squadra da soli attraverso chilometri di laghi e fiumi ghiacciati. Alzatevi in piedi sui pattini della slitta, col vento gelido che vi sferza il volto, e scivolate attraverso la vasta landa deserta nel silenzio pressoché assoluto, rotto solo dallo scricchiolio della neve.

Dopo aver condotto la muta per qualche ora, ritornate al campo base per riscaldarvi al fuoco del camino. Alla fine della giornata, mettete le ciaspole e camminate verso il belvedere panoramico del monte Takahula per ammirare in tutto il suo splendore l'aurora boreale, che è visibile la maggior parte delle notti buie e limpide di marzo e aprile, quando si svolge questo viaggio.

Giorno 3

Con una giornata intera sulla slitta alle spalle, siete pronti per spingere la muta di cani da slitta in territori ancora più selvaggi verso gli Arrigetch Peaks. Elevandosi per migliaia di metri sopra le circostanti valli glaciali, gli Arrigetch (dal nome in lingua Nunamiut "Arigaruitch" che significa "dita di una mano tesa") sono uno degli iconici punti di riferimento del Gates of the Arctic. Quando si iniziano a vedere sempre più nitidamente le ripide pareti rocciose e le vette appuntite, dividetevi tra guardare le cime montuose e osservare davanti e intorno a voi il paesaggio per avvistare i caribù. Il Gates of the Arctic protegge gran parte dell'habitat naturale dei caribù dell'Artico occidentale, membri color marrone della famiglia dei cervidi, famosi per le loro straordinarie capacità natatorie (aiutati dal pelo che galleggia e dagli zoccoli larghi) e per essere l'unica specie in cui cresce il palco sia ai maschi sia alle femmine. Il parco ospita anche altri grandi animali, tra cui bighorn bianchi, linci, alci, volpi e ghiottoni. Dopo una lunga pausa pranzo presso un fuoco all'aperto, conducete la muta di nuovo alla capanna. Alla sera, fate un giro intorno al lago su uno dei "cani di ferro" di Haltmann (le motoslitte, chiamate *snow machines* in Alaska e *snowmobiles* negli Stati Uniti continentali), prima di prepararvi per l'ultima notte sotto l'aurora boreale. Ve ne andrete nello stesso modo in cui siete arrivati: in *bush plane*.

A FIANCO: Trainato da una muta di cani da slitta, un musher attraversa il passo di Anaktuvuk nel Parco nazionale Gates of the Arctic. SOPRA: Un campeggiatore osserva le spettacolari luci verdi dell'aurora boreale dall'interno di una tenda.

DA NON PERDERE

- Condurre una muta di cani da slitta al di sopra del Circolo polare artico.
- Stare in una storica capanna immersa nella natura costruita da un leggendario esploratore dell'Artico.
- Vedere l'aurora australe dal parco nazionale situato più a nord.

UNO SCATTO **MEMORABILE**

La Georgia del Sud, un'isola dell'oceano Atlantico meridionale, non è cambiata molto da quando Ernest Shackleton sbarcò a riva nel 1916 per organizzare una delle più incredibili operazioni di salvataggio della storia dell'esplorazione. Le montagne scoscese dell'isola, sormontate da ghiacciai, sono aspre e minacciose, ma le sue coste ospitano una spettacolare serie di creature che attirano alcuni dei più grandi avventurieri polari del mondo. Non è semplice arrivare sull'isola, perché è praticamente disabitata, ed è tormentata dal clima irriverente del freddo Atlantico meridionale, ma coloro che si avventurano in questa regione assistono a uno spettacolo che solo pochi altri potranno vedere: tramonti non inquinati, colonie di migliaia di foche, aguzze montagne nere che si innalzano dal mare e vaste baie che dai tempi di Shackleton hanno visto solo una manciata di visitatori.

FOTOGRAFIA DI MACDUFF EVERTON

COLLABORATORI

George Stone (prefazione) è direttore di National Geographic Travel e direttore responsabile della rivista *National Geographic Traveler*. Stone ha lavorato per 18 anni come autore e direttore di *Traveler*, anche in qualità di collaboratore inviato a Singapore. È autore di due libri National Geographic: *From Mist and Stone: The Folklore of the Celts* e *Vikings and Raging Forces: Life on a Violent Planet*. Giornalista e direttore pluripremiato, Stone ha anche creato iniziative di viaggi culturali per la United Nations Foundation ed è un giudice dei National Geographic World Legacy Awards.

Karen Carmichael è scrittrice di libri di viaggio, fotografa e collaboratrice della rivista *National Geographic Traveler*. I suoi articoli sono stati pubblicati su *Traveler* e in più di una decina di libri National Geographic, oltre che su *Budget Travel* e sul *Los Angeles Times*. La Carmichael è cresciuta alle Bahamas a bordo di una barca, un'esperienza che ha suscitato in lei la passione per i viaggi in tutti e sette i continenti. Leader di spedizioni per National Geographic Expeditions e Los Angeles Times Expeditions, Carmichael ha condotto viaggi in Spagna, a Cuba, in Ecuador e nelle isole Galápagos, in Messico, in Myanmar e in Mongolia. Vive a Washington.

Maryellen Kennedy Duckett ha collaborato spesso ai progetti editoriali di *National Geographic Traveler* a partire dal 1999. Reporter veterana, autrice e ricercatrice editoriale, è specializzata in viaggi e salute. È laureata alla School of Public Communication dell'Università di Boston ed è presidentessa di Media Development Group, una piccola agenzia di comunicazioni del Tennessee orientale cofondata dal marito, Randall Duckett, e dall'ex caporedattore di *National Geographic Traveler* Keith Bellows. Ha l'abitudine di passare l'ora della pausa pranzo a fare kayak sul fiume Tennessee o a fare escursioni nel Parco nazionale delle Great Smoky Mountains.

Caitlin Etherton è una poetessa e saggista che ha iniziato a fare ricerca e a scrivere per National Geographic nel 2008. Nel 2010 si è laureata in lingua inglese all'Università Emory. Dopo essersi dedicata per cinque anni all'agricoltura biologica, la Etherton ha ottenuto il master in scrittura creativa presso la Virginia Commonwealth University. Attualmente viaggia e scrive a tempo pieno, concentrandosi su sostenibilità, botanica, agricoltura e arte. Quando non scrive, alla Etherton piace dedicarsi all'agricoltura, fare escursioni in kayak ed esplorare a piedi posti nuovi.

Katie Knorovsky svolge l'attività di giornalista e redattrice a Asheville, nella Carolina del Nord. Quando lavorava come redattrice per la rivista *National Geographic Traveler*, promuoveva le località emergenti, dalle meraviglie naturali dimenticate ai quartieri alla moda che si trovano in luoghi inaspettati. Ha scritto riguardo argomenti che vanno dai ghiacciai di tutto il mondo al fascino crescente di Greenville nella Carolina del Sud, in servizi speciali della rivista, pubblicazioni editoriali per National Geographic Expeditions e contributi ai libri National Geographic. Da sempre appassionata di viaggi e attività all'aperto, la Knorovsky ha fatto escursioni nel Grand Canyon da un crinale all'altro, ha esplorato in kayak il delta del Tigre in Argentina, e ha sorvolato Pirenei spagnoli in mongolfiera.

Meghan Miner Murray è giornalista freelance e guida subacquea che vive sull'isola di Hawaii. Ha visto le cerimonie tribali nelle giungle della Cambogia settentrionale, ha cercato gli oranghi a Sabah, pescato piraña nell'Amazzonia ecuadoriana e nuotato con grandi squali bianchi al largo di Città del Capo; è rimasta bloccata sia nel deserto del Namib sia nel deserto del golfo di Oman, ha incontrato ex cacciatori di teste nel Nagaland e ha urlato quando si è imbattuta nel Mar Glaciale Artico. Ha scritto centinaia di articoli che parlano di scienza e viaggi per pubblicazioni online e stampate, e collabora come giornalista e ricercatrice per *National Geographic* da quasi un decennio. Questo è il sesto libro National Geographic in cui compaiono i suoi lavori.

Norie Quintos è collaboratrice della rivista *National Geographic Traveler* e giornalista freelance per pubblicazioni come *AARP The Magazine*, *Washingtonian* e Frommer's. È consulente indipendente per il settore turistico riguardo a presentazioni editoriali, comunicazioni, relazioni con i media, contenuti personalizzati e narrazione di storie. La Quintos è la precedente caporedattrice di *National Geographic Traveler* ed è stata redattrice presso *U.S. News & World Report* e *Caribbean Travel & Life*. Ha vissuto all'estero, parla diverse lingue ed è nei comitati consultivi di varie compagnie e organizzazioni di viaggio. Ama andare in bicicletta, fare escursioni e twittare @noriecicerone. Risiede ad Alexandria, in Virginia. Visitate la sua pagina web su noriequintos.com.

RINGRAZIAMENTI

Questo libro non avrebbe potuto essere realizzato senza il tempo e il talento di molte persone. Ringraziamo in particolare la vice direttrice Hilary Black; la redattrice capo del progetto Allyson Johnson; la direttrice grafica Elisa Gibson; le curatrici delle fotografie Jill Foley, Maria Zanaganeh e Moira Haney; la capo curatrice delle fotografie Meredith Wilcox; la direttrice della fotografia Susan Blair; la direttrice creativa Melissa Farris; e la senior editor del progetto Judith Klein.

FONTI

Questo libro è strato creato in parte usando contenuti che sono già stati pubblicati su *National Geographic Traveler*, *National Geographic* e online.

pp. 10-13: "Riding Nicaragua's Hot Spot" di Ashley Harrell, *National Geographic Traveler*, ottobre 2014; "Top 5 Adventures to Have in Nicaragua" di Jess Mandia, nationalgeographic.com, 18 dicembre 2017.

pp. 18-21: "Hiking the Inca Trail" di Boyd Matson, nationalgeographic.com, 8 aprile 2013.

pp. 30-33: "Don't Miss These Amazing Side Trips from Machu Picchu" di Mark Adams, nationalgeographic.com, 6 febbraio 2017.

pp. 42-45: "Beginning at the End" di Norie Quintos, *National Geographic Traveler*, novembre-dicembre 2010, p. 54.

pp. 54-57: "Hike the Trek of the Condor in Ecuador" di Kate Siber, nationalgeographic.com, 1 febbraio 2018.

pp. 58-59: "Peru's World Apart" di Emma Marris, *National Geographic*, giugno 2016.

pp. 68-71: "Not So Easy Rider" di Andrew McCarthy, *National Geographic Traveler*, aprile-maggio 2018, p. 103.

pp. 82-85: "10 Insider Tips for Your Trip to Marrakech" di Amanda Ponzio-Mouttaki, nationalgeographic.com, 28 agosto 2018; "Read This Before Your Next Trip to Marrakech" di Amanda Ponzio-Mouttaki, nationalgeographic.com, 25 luglio 2018.

pp. 86-87: "Nine Great Botswana Experiences-National Geographic Traveler" di Costas Christ, nationalgeographic.com, 19 gennaio 2016.

pp. 92-95: "Drive Yourself Wild" di J. Maarten Troost, *National Geographic Traveler*, agosto-settembre 2017, pp. 58-68.

pp. 104-105: "How to Visit Victoria Falls" di Norie Quintos, nationalgeographic.com, 24 luglio 2015.

pp. 110-111: "How the Ultimate Shark Photo Went Viral" di Alexa Keefe, nationalgeographic.com, 8 novembre 2018.

pp. 114-115: "The Burren, Ireland" di Serena Renner, *National Geographic Traveler*, dicembre 2018-gennaio 2019.

pp. 122-125: "Discover the Secret Side of Venice" di Tara Isabella Burton, nationalgeographic.com, 9 agosto 2017.

pp. 138-139: "10 Surprising Places to Find Saunas in Finland" di Frank Heuer, nationalgeographic.com, 10 gennaio 2019.

pp. 144-147: "Ride the Cable Car to the Top of Mont Blanc in France" di Mary Anne Potts, nationalgeographic.com, 2 ottobre 2017.

pp. 160-163: "Obsessions Swimming" di Neil King, *National Geographic Traveler*, aprile-maggio 2018.

pp. 164-165: "Take a Road Trip Through Tuscany's Breathtaking Countryside" di Vicky Hallett, nationalgeographic.com, 2 gennaio 2019.

pp. 182-183: "Seven Tailored Trips for the Modern Family: Our Big Fat Greek Sailing" di Rachel Howard, *National Geographic Traveler*, aprile 2015, p. 75.

pp. 198-201: "Once upon a Time in Mongolia" di Erin Craig, *National Geographic Traveler*, ottobre-novembre 2018, pp. 85+.

pp. 212-215: "Oman: A True Arabian Tale" di Peter Gwin, *National Geographic Traveler*, dicembre 2018-gennaio 2019, pp. 114-129, 224-227; "An Adventure Lover's Guide to Spelunking in Tokyo's Hidden Caves" di Tamashima.Tokyo, nationalgeographic.com, 1 dicembre 2018; "An Adventure Lover's Guide to Tokyo's Mountain Hikes" di Tamashima.Tokyo, nationalgeographic.com, 9 ottobre 2018.

pp. 228-231: "Off the Beaten Path" di Jessica Flint, *National Geographic Traveler*, febbraio-marzo 2019; "Discover the Best of Kyoto" di Nano Betts, nationalgeographic.com, 10 gennaio 2019; "From Imperial Shrines to Manga Comics in Kyoto" redatto da Stephanie Robichaux, nationalgeographic.com, 24 maggio 2010.

pp. 236-239: "Wild About India" di Stephanie Pearson, *National Geographic Traveler*, febbraio-marzo 2019, pp. 84-91; "6 Sensational Places to See Wildlife in India" di Maryellen Kennedy Duckett, nationalgeographic.com, 31 gennaio 2019.

pp. 244-247: "Kitchen Confidential" di Paul Kvinta, *National Geographic Traveler*, marzo-aprile 2012, p. 45.

pp. 258-259: "See Hong Kong Like a Nat Geo Explorer" di Laurel Chor, nationalgeographic.com, 14 gennaio 2019.

pp. 260-263: "Ski the Caucasus Mountains in Russia" di Kate Siber, nationalgeographic.com, 31 gennaio 2018; "Sochi Olympics: Russia Builds a Mountain" di Christian Camerota, nationalgeographic.com, 5 febbraio 2014.

pp. 268-271: "Pull of the Peaks" di Carrie Miller, *National Geographic Traveler*, dicembre 2018-gennaio 2019, pp. 42-43.

pp. 272-273: "An Adventurer's Perfect Day in Queenstown" di Kyle Mulinder, nationalgeographic.com, 26 ottobre 2018; "Everything to Know About Queenstown" di Justine Tyerman, nationalgeographic.com, 1 luglio 2018.

pp. 274-277: "Down Under" di Carrie Miller, *National Geographic Traveler*, ottobre 2014, pp. 76+.

pp. 282-285: "Beyond the Beach in Fiji" di Hannah Sheinberg, nationalgeographic.com, 8 dicembre 2015; "Exploring Fiji's Gorge-ous Interior" di Peter McBride, *National Geographic Traveler*, ottobre 2014.

pp. 288-291: "Tahiti Moments of Mana" di Andrew Evens, *National Geographic Traveler*, dicembre 2018-gennaio 2019, pp. 76+.

pp. 306-307: "Outback Adventures on South Australia's Murray River" di South Australia Tourism, nationalgeographic.com, 12 febbraio 2018.

pp. 308-311: "Outback Magic" di Cathy Newman, *National Geographic Traveler*, giugno-luglio 2018, pp. 104-105.

pp. 312-315: "Family Finds in the Philippines" di Norie Quintos, nationalgeographic.com, 4 febbraio 2016; "Best of the World: An Island for Every Taste" di Erik R. Trinidad, *National Geographic Traveler*, dicembre 2015-gennaio 2016, p. 28.

pp. 318-319: "Boomerang Road: Australia's Great Ocean Road" di Johnathan B. Tourtellot, *National Geographic Traveler*, agosto-settembre 2015, pp. 76+.

pp. 328-329: "Road Trip: Baja California Sur" di Jenny Peters, *National Geographic Traveler*, febbraio-marzo 2019; "Baja California Is the Ultimate Road Trip" di Marie McGregory, nationalgeograpic.com, 28 aprile 2017.

pp. 332-335: "California Road Trip: San Diego to Yosemite" di Brian Handwerk, nationalgeographic.com, 13 settembre 2016.

pp. 336-339: "Take the Plunge" di Kate Siber, *National Geographic Traveler*, ottobre-novembre 2017, pp. 42-43.

pp. 364-367: "Escape to Wyoming for an ActionPacked Weekend" di Michaela Trimble, nationalgeographic.com, 15 febbraio 2018; "Discover the Best of Jackson Hole" di Kristen Pope, nationalgeographic.com, 1 luglio 2018.

pp. 368-371: "Feel the Burn" di Don George, *National Geographic Traveler*, febbraio-marzo 2017, pp. 72-91.

pp. 372-375: "National Parks Road Trip: Utah" di Charles Kulander, nationalgeographic.com, 29 febbraio 2016.

pp. 380-381: "Learn to Heli-Ski in These Magnificent Mountain Ranges" di Brian Handwerk, nationalgeographic.com, 19 ottobre 2017; "The Skier's Bucket List" di Kelley McMillian, nationalgeographic.com, 19 febbraio 2015.

pp. 388-391: "Wild Nights & Northern Lights" di Kristen Pope, *National Geographic Traveler*, agosto-settembre 2018, pp. 28-29; "10 MustHave Experiences in Manitoba" di Maryellen Kennedy Duckett, nationalgeographic.com, 12 ottobre 2018.

pp. 392-395: "The Beauty Below the Ice" di Laurent Ballesta, *National Geographic*, luglio 2017, pp. 50-73.

pp. 402-403: "Meet Wildlife in South Georgia and the South Sandwich Islands" di Kate Siber, nationalgeographic.com, 31 gennaio 2018.

CREDITI FOTOGRAFICI

2-3, Keith Ladzinski/ NGIC; 4-5, Ira Block/NGIC; 7, Katie Orlinsky/NGIC; 8 (in alto), Adam Barker/ TandemStock.com; 8 (in basso), Karine Aigner/ TandemStock.com; 8-9 (in alto), Martha Barreno/VW Pics/UIG via Getty Images; 8-9 (in basso), Matthew Williams-Ellis/robertharding.com; 10 (in alto), Luca Zanetti/laif/Redux; 10 (in basso), Al Argueta/Alamy Stock Photo; 11, cnicbc/Getty Images; 12-13, Malgorzata Drewniak/Getty Images; 14 (in alto), Joel Sartore/NGIC; 14 (in basso), Pete Oxford/ Minden Pictures; 15, Cindy Hopkins/Alamy Stock Photo; 16-17, Michael Nolan/robertharding.com; 18, Aaron Huey/NGIC; 19, Christian Declercq/ Getty Images; 20, Bernd Jonkmanns/laif/Redux; 21, Jordi Busque/NGIC; 22 (in alto), Jean Claude Moschetti/REA/Redux; 22 (in basso), Marco Simoni/robertharding.com; 23, Kike Calvo/NGIC; 24-5, Matthew Williams-Ellis/robertharding.com; 26 (in alto), Karine Aigner/TandemStock.com; 26 (in basso), Michael Nolan/ robertharding/NGIC; 27, Gavin Hellier/robertharding.com; 28, Karol Kozlowski/age fotostock; 29, Karol Kozlowski/imageBROKER/Alamy Stock Photo; 30 (in alto), Charlie Hamilton James/NGIC; 30 (in basso), Westend61/ Getty Images; 31, Dan Barham/Getty Images; 32-3, Robert Clark/NGIC; 34 (in alto), Alex Treadway/robertharding.com; 34 (in basso), garytog/Getty Images; 35, Tomas Kotouc/National Geographic Your Shot; 36, Guaxinim/ Shutterstock; 37, Jad Davenport/NGIC; 38 (in alto), Al Argueta/Alamy Stock Photo; 38 (in basso), Steve Winter/NGIC; 39, Danièle Schneider/Getty Images; 40 (in alto), Babak Tafreshi/NGIC; 40 (in basso), Courtesy Tierra Hotels; 41, Fernando Tatay/ Shutterstock; 42, Boomer Jerritt/All Canada Photos/age fotostock; 43, Wolfgang Kaehler/age fotostock; 44, Beth Wald/ NGIC; 45, Somira Sao/ robertharding.com; 46 (in alto), Harald von Radebrecht/imageBROKER/age fotostock; 46 (in basso), Medford Taylor/ NGIC; 47, Michael Breitung/Huber Images/eStock Photo; 48-9, Andy Kerry/ Axiom/Cavan Images; 50 (in alto), Stuart Westmorland/Getty Images; 50 (in basso), Stephen Alvarez/NGIC; 51, CampPhoto/Getty Images; 52-3, Gerry Ellis/Minden Pictures; 54 (in alto), Tui De Roy/Minden Pictures/NGIC; 54 (in basso), Tui De Roy/NPL//Minden Pictures; 55, Alejo Miranda/Shutterstock; 56-7, Pete Oxford/Minden Pictures/NGIC; 58-9, Charlie Hamilton James/ NGIC; 60 (in alto), Lutz Jaekel/laif/Redux; 60 (in basso), Marc Guitard/Getty Images; 60-61 (in alto), Nigel Francis/robertharding.com; 60-61 (in basso), Edwin Remsberg/VWPics/Redux; 62 (in alto), Pascal Boegli/Alamy Stock Photo; 62 (in basso), Andrew Peacock/Getty Images; 63, David Else/Getty Images; 64 (in alto), Remsberg Inc/Design Pics Inc/NGIC; 64 (in basso), Atlantide Phototravel/Getty Images; 65, Nigel Pavitt/Getty Images; 66-7, Jason Edwards/NGIC; 68, Michael Fay/NGIC; 69, James Reeve/Getty Images; 70, Volanthevist/Getty Images; 71, Tim Graham/robertharding/NGIC; 72 (in alto), HomoCosmicos/Getty Images; 72 (in basso), Buena Vista Images/ Getty Images; 73, Paul Strawson/Alamy Stock Photo; 74-5, Martin Zwick/ VISUM/Redux; 76 (in alto), Richard Nowitz/NGIC; 76 (in basso), Joel Carillet/ Getty Images; 77, WitR/ Getty Images; 78-9, Peter Barritt/Alamy Stock Photo; 80, Michael Melford/ NGIC; 81, Wolfgang Stahr/laif/Redux; 82 (in alto), Jason Langley/Cavan Images; 82 (in basso), Matthew Williams-Ellis/ robertharding/NGIC; 83, Jochen Schlenker/ robertharding/NGIC; 84-5, Visions Of Our Land/Getty Images; 86 (in alto), Edwin Remsberg/VWPics/ Redux; 86 (in basso), J.D. Dallet/robertharding.com; 87, Frank Heuer/laif/ Redux; 88 (in alto), Sarij/Shutterstock; 88 (in basso), Kenneth Whitten/ Design Pics Inc/NGIC; 89, Bertrand Rieger/hemis.fr/Getty Images; 90-91, James Hager/robertharding/NGIC; 92, Keith Ladzinski/NGIC; 93, Christian Kober/robertharding/NGIC; 94, Richard Taylor/SIME/eStock Photo; 95, Kenneth Geiger/NGIC; 96 (in alto), Ann & Steve Toon/robertharding.com; 96 (in basso), Vincent Boisvert, all right reserved/Getty Images; 97, MaximBabenko/Shutterstock; 98-9, Sergey Orlov/Design Pics Inc/NGIC; 100 (in alto), Christophe Courteau/NPL/Minden Pictures; 100 (in basso), Wolfgang Kaehler/ age fotostock; 101, Ronan Donovan/NGIC; 102-103, Ronan Donovan/NGIC; 104 (in alto), Annie Griffiths/NGIC; 104 (in basso), Krista Rossow/NGIC; 105, Roger de la Harpe/Getty Images; 106-107, Edwin Remsberg/VWPics/Redux; 108, Ben Pipe/robertharding.com; 109, Ariadne Van Zandbergen/Alamy Stock Photo; 110-11, Thomas Peschak/NGIC; 112 (in alto), Matteo Carassale/SIME/eStock Photo; 112 (in basso), Michael Neumann/Getty Images; 112-13 (in alto), Ben Horton/ NGIC; 112-13 (in basso), Lizzie Shepherd/robertharding/NGIC; 114 (in alto), MNStudio/Getty Images; 114 (in basso), Walter Bibikow/Getty Images; 115, Brad Mitchell/ Alamy Stock Photo; 116 (in alto), James Lawman/Design Pics Inc/NGIC; 116 (in basso), Amanda Rivkin; 117, Frank Heuer/laif/Redux; 118 (in alto), Stanislas Fautre/ Figarophoto/Redux; 118 (in basso), Pisit Rapitpunt/Getty Images; 119, Pierre Lepretre/Getty Images; 120-21, Lee Frost/robertharding.com; 122, Olivier Renck/Cavan Images; 123, Olivier Renck/Cavan Images; 124-5, Michael Neumann/Getty Images; 126 (in alto), Cavan Images/Getty Images; 126 (in basso), Karl-Heinz Raach/laif/Redux; 127, Helmut Jacob/Alamy Stock Photo; 128-9, porojnicu/Getty Images; 130, David Robertson/Alamy Stock Photo; 131, Yoko Aziz/robertharding.com; 132 (in alto), Gérard Labriet/Getty Images; 132 (in basso), Thomas Hinsche/BIA/Minden Pictures; 133, robertharding/NGIC; 134 (in alto), Franck Charton/hemis.fr/Alamy Stock Photo; 134 (in basso), Pierre Adenis/laif/ Redux; 135, Brian Summers/Design Pics Inc/NGIC; 136-7, Jean-Paul Azam/ hemis.fr/Getty Images; 138 (in alto), Frank Heuer/laif/Redux; 138 (in basso), Courtesy Visit Ylläs; 139, Courtesy SkyWheel Helsinki; 140 (in alto), Mikhail Dudarev/ Shutterstock; 140 (in basso), Anzhela Grinchenkova/Shutterstock; 141, Reinhard Schmid/Huber Images/eStock Photo; 142-3, Kenan Olgun/Getty Images; 144, David Madison/Getty Images; 145, Christian Kober/Getty Images; 146-7, Christian Aslund/Getty Images; 148, scenicireland.com/Christopher Hill Photographic/Alamy Stock Photo; 149, Richard Taylor/SIME/eStock Photo; 150 (in alto), Adam Burton/Cavan Images; 150 (in basso), Wayne Hutchinson/Design Pics Inc/NGIC; 151, John Eveson/FLPA/Minden Pictures; 152 (in alto), Richard Baker/In Pictures via Getty Images; 152 (in basso), Livio Piatta/SIME/eStock Photo; 153, Robert Haasmann/Getty Images; 154-5, Matthew Williams-Ellis/ robertharding.com; 156 (in alto), robertharding/ NGIC; 156 (in basso), Lola Akinmade Akerstrom/NGIC; 157, Frank Fell/ robertharding/NGIC; 158-9, Ben Pipe Photography/Getty Images; 160, De Agostini/G. Roli/age fotostock; 161, Cody Duncan/Cavan Images; 162, republica/Getty Images; 163, Daria Medvedeva/Shutterstock; 164 (in alto), ProCip/robertharding.com; 164 (in basso), Tim Graham/robertharding.com; 165, Frank Heuer/laif/Redux; 166 (in alto), Lubos Chlubny/Alamy Stock Photo; 166 (in basso), ClickAlps/mauritius images GmbH/Alamy Stock Photo; 167, Rolf E. Staerk/Shutterstock; 168-9, Gabriele Rodriquez/Getty Images; 170 (in alto), rusm/Getty Images; 170 (in basso), Scott S. Warren/ NGIC; 171, Carlos Sánchez Pereyra/age fotostock; 172-3, Jonathan Irish/NGIC; 174 (in alto), Reinhard Schmid/Huber Images/eStock Photo; 174 (in basso), imantsu/Getty Images; 175, Andrew Bain/Alamy Stock Photo; 176-7, F. Scholz/robertharding.com; 178 (in alto), Jon Ingall/Alamy Stock Photo; 178 (in basso), Franck Guiziou/hemis.fr/Getty Images; 179, Aurélien Brusini/ hemis.fr/Alamy Stock Photo; 180-81, Franck Guiziou/hemis.fr/Alamy Stock Photo; 182 (in alto), Ian Woolcock/Shutterstock; 182 (in basso), Eleanor Scriven/robertharding.com; 183, Yiannis Panagiotakopoulos/Alamy Stock Photo; 184 (in alto), Jim Richardson/NGIC; 184 (in basso), Paul Williams—FunkyStock/Getty Images; 185, Henrik Karlsson/NIS/Minden Pictures; 186-7, Ben Horton/NGIC; 188 (in alto), Andy Rouse/NPL/Minden Pictures; 188 (in basso), SammyVision/Getty Images; 188-9 (in alto), Keith Ladzinski/NGIC; 188-9 (in basso), Sean Pavone/Shutterstock; 190 (in alto), Hachi888/ Shutterstock; 190 (in basso), Nopasorn Kowathanakul/Getty Images; 191, Gonzalo Azumendi/laif/Redux; 192-3, Karen Kasmauski/Getty Images; 194 (in alto), EQRoy/Shutterstock.com; 194 (in basso), Michael McCann/Alamy Stock Photo; 195, spreephoto.de/Getty Images; 196 (in alto), Matteo Colombo/Getty Images; 196 (in basso), Feng Wei Photography/Getty

Images; 197, Alison Wright/ Getty Images; 198, Colin Monteath/Hedgehog House/Minden Pictures; 199, Colin Monteath/Hedgehog House/Minden Pictures; 200, Kertu Saarits/ Alamy Stock Photo; 201, Katiekk2/Getty Images; 202, Massimo Ripani/SIME/ eStock Photo; 203, CSP_imstocks/age fotostock; 204 (in alto), Martin Puddy/ Getty Images; 204 (in basso), Gunter Grafenhain/Huber Images/eStock Photo; 205, NGUYENTHANHTUNG/ Getty Images; 206-207, Jose Fuste Raga/ mauritius images GmbH/Alamy Stock Photo; 208 (in alto), Julian Love/Getty Images; 208 (in basso), CR Shelare/Getty Images; 209, Mazur Travel/Shutterstock; 210-11, Steve Winter/NGIC; 212-15, Anastasia Taylor-Lind; 216 (in alto), Konstantin Trubavin/Cavan Images; 216 (in basso), Reinhard Dirscherl/robertharding.com; 217, Reinhard Dirscherl/robertharding.com; 218 (in alto), John Borthwick/Getty Images; 218 (in basso), Mario Weigt/Anzenberger/Redux; 219, Stephane Lemaire/ hemis.fr/Alamy Stock Photo; 220-21, Mongkol Chuewong/Getty Images; 222, Alan Copson/robertharding/NGIC; 223, Sergey Gorshkov/Minden Pictures; 224-7, Jeremy Piper; 228 (in alto), Prasit photo/Getty Images; 228 (in basso), Henn Photography/Cavan Images; 229, Mint Images/robertharding.com; 230-31, Nathalie Cuvelier/robertharding.com; 232 (in alto), Courtesy Golden Eagle Luxury Trains; 232 (in basso), Vostok/Getty Images; 233, Pathompat Meelarp/ Getty Images; 234-5, Courtesy Golden Eagle Luxury Trains; 236 (in alto), Don Mammoser/ Shutterstock.com; 236 (in basso), Indranil Basu Mallick/National Geographic Your Shot; 237, Giri Cavale/NPL/Minden Pictures; 238-9, Jak Wonderly/NGIC; 240 (in alto), Frans Lanting/NGIC; 240 (in basso), Alberto Carrera/ robertharding.com; 241, Thomas Marent/Minden Pictures; 242-3, Robbie Shone; 244, dimakig/Getty Images; 245, Alex Treadway/NGIC; 246, Birgit Ryningen/VW Pics/UIG via Getty Images; 247, Stephane Victor/Getty Images; 248 (in alto), guenterguni/Getty Images; 248 (in basso), Alvaro Leiva/age fotostock; 249, Lucas Vallecillos/VWPics/Redux; 250 (in alto), Saman Weeratunga/Shutterstock.com; 250 (in basso), Bruno Morandi/SIME/ eStock Photo; 251, Malgorzata Drewniak/Getty Images; 252-3, Gerckens-Photo-Hamburg/ Shutterstock; 254 (in alto), Zzvet/Shutterstock; 254 (in basso), John Seaton Callahan/ Getty Images; 255, Andy Lerner/ TandemStock.com; 256-7, Ben Pipe/SIME/ eStock Photo; 258 (in alto), dcylai/ Getty Images; 258 (in basso), Photo Escapes/ robertharding.com; 259, xPACIFICA/NGIC; 260 (in alto), Nikolay Sivenkov/Alamy Stock Photo; 260 (in basso), Bertrand Rieger/hemis.fr/Alamy Stock Photo; 261, Walter Bibikow/ mauritius images GmbH/Alamy Stock Photo; 262-3, Serjio74/Shutterstock; 264-5, Keith Ladzinski/NGIC; 266 (in alto), Stocktrek Images/NGIC; 266 (in basso), Ryan Moss; 266-7 (in alto), Lill Haugen; 266-7 (in basso), Matthew Williams-Ellis/robertharding/NGIC; 268 (in alto), Matteo Colombo/ Getty Images; 268 (in basso), Shaun Jeffers/Shutterstock; 269, David Wall/Alamy Stock Photo; 270-71, Jiri Foltyn/Shutterstock; 272 (in alto), Karl Johaentges/ LOOK-foto/Getty Images; 272 (in basso), Stuart Black/robertharding.com; 273, Christian Mueringer/Alamy Stock Photo; 274-6, Michael Melford/NGIC; 277, Doc White/NPL/Minden Pictures; 278 (in alto), Reinhard Dirscherl/ ullstein bild; 278 (in basso), Thomas Kline/Design Pics/Getty Images; 279, David Fleetham/ Alamy Stock Photo; 280-81, David Fleetham/Alamy Stock Photo; 282 (in alto), Macduff Everton/Getty Images; 282 (in basso), Greg Vaughn/VWPics/Redux; 283, David Wall/Alamy Stock Photo; 284-5, Pete McBride/NGIC; 286, Steve De Neef/VWPics/Redux; 287, Liz Rogers; 288 (in alto), Michael Nolan/robertharding.com; 288 (in basso), Antoine Boureau/ Biosphoto/Minden Pictures; 289, Andy Bardon/NGIC; 290-91, Ryan Moss; 292 (in alto), Pascal Kobeh/NPL/ Minden Pictures; 292 (in basso), Reinhard Dirscherl/robertharding.com; 293, Michael Runkel/robertharding.com; 294-5, Tan Yilmaz/Getty Images; 296 (in alto), Richard A. Cooke III/NGIC; 296 (in basso), Srongkrod Kuakoon/Alamy Stock Photo; 297, Richard A. Cooke III/ NGIC; 298-9, Michael Runkel/robertharding. com; 300 (in alto), Chris Murer/ Shutterstock; 300 (in basso), izanbar/Getty Images; 301, Michael Nolan/ robertharding.com; 302-303, Damocean/Getty Images; 304, Michael Melford/NGIC; 305, Douglas Peebles/age fotostock; 306 (in alto), Creative_Curve/Getty Images; 306 (in basso), hypedesk/Getty Images; 307, Marc Dozier/Getty Images; 308, Mark Kolbe/Getty Images; 309, Don Fuchs/ robertharding.com; 310, Ingo Oeland/Alamy Stock Photo; 311, Shannon Wild/ NGIC; 312 (in alto), Jeremy Villasis, Philippines/Getty Images; 312 (in basso), Marcus Lindstrom/Getty Images; 313, John Seaton Callahan/Getty Images; 314-15, Christian Kober/John Warburton-Lee Photography/Alamy Stock Photo; 316 (in alto), EAGiven/Getty Images; 316 (in basso), Gavin Hellier/robertharding.com; 317, Jean-Philippe Delobelle/Biosphoto/Minden Pictures; 318-19, Babak Tafreshi/ NGIC; 320 (in alto), Michael S. Nolan/age fotostock; 320 (in basso), Lidija Kamansky/ Getty Images; 320-21 (in alto), Larry Michael/NPL/Minden Pictures; 320-21 (in basso), Norbert Eisele-Hein/ imageBROKER/Alamy Stock Photo; 322 (in alto), Justin Bailie/TandemStock.com; 322 (in basso), Douglas Peebles/robertharding.com; 323, Drew Rush/ NGIC; 324 (in alto), Matt Anderson Photography/Getty Images; 324 (in basso), HagePhoto/robertharding.com; 325, Richard Nowitz/NGIC; 326-7, John Burcham/NGIC; 328 (in alto), Suzi Eszterhas/Minden Pictures; 328 (in basso), Rafael Vázquez; 329, Jorge Malo Photography/Getty Images; 330, Ron Niebrugge/Alamy Stock Photo; 331, Barrett Hedges/NGIC; 332 (in alto), Mikey Schaefer/NGIC; 332 (in basso), Kent Kobersteen/NGIC; 333, Toms Auzins/ robertharding.com; 334-5, Mimi Ditchie Photography/Getty Images; 336, Jan Wlodarczyk/Alamy Stock Photo; 337, Ken Kiefer 2/Getty Images; 338-9, Dmitri Alexander/NGIC; 340 (in alto), Ian Shive/ TandemStock.com; 340 (in basso), Robert C Nunnington/Getty Images; 341, Jupiterimages/Getty Images; 342, H. Mark Weidman Photography/Alamy Stock Photo; 343, Joel Sartore/NGIC; 344 (in alto), Jordan Siemens/Getty Images; 344 (in basso), Cameron Davidson/ Getty Images; 345, Max Lowe/ NGIC; 346-7, Danita Delimont/Getty Images; 348 (in alto), John Elk III/Getty Images; 348 (in basso), G. Kopp/age fotostock; 349, Gordon Wiltsie/NGIC; 350-51, Jenn Ackerman and Tim Gruber; 352 (in alto), Cristobal Garciaferro/500px/Getty Images; 352 (in basso), MStudioImages/Getty Images; 353, Christian Heeb/laif/Redux; 354-5, Christian Kober/ robertharding.com; 356 (in alto), Stuart Westmorland/robertharding.com; 356 (in basso), Ralph Lee Hopkins/NGIC; 357, Michael Nolan/robertharding/ NGIC; 358 (in alto), Darren Robinson/All Canada Photos/Alamy Stock Photo; 358 (in basso), Rolf Hicker/All Canada Photos/Alamy Stock Photo; 359, T. Schaeffer/robertharding.com; 360-61, Grant Faint/Getty Images; 362 (in alto), Dmitri Alexander; 362 (in basso), Dmitri Alexander/NGIC; 363, Jaynes Gallery/DanitaDelimont/Alamy Stock Photo; 364 (in alto), Charlie Hamilton James/NGIC; 364 (in basso), Breck P. Kent/Animals Animals/NGIC; 365, Kate Thompson/NGIC; 366-7, Charlie Hamilton James/NGIC; 368-71, Aaron Huey/ NGIC; 372 (in alto), Tetra Images/ Alamy Stock Photo; 372 (in basso), Matt Andrew/robertharding.com; 373, Henk Meijer/Alamy Stock Photo; 374-5, Jonathan Irish/NGIC; 376-7, Frans Lanting/ NGIC; 378 (in alto), Alberto Ghizzi Panizza/robertharding.com; 378 (in basso), Norbert Rosing; 378-9 (in alto), Raven Eye Photography; 378-9 (in basso), REDA&CO/ Getty Images; 380 (in alto), Scott Markewitz/Cavan Images; 380 (in basso), Udo Bernhart/mauritius images GmbH/Alamy Stock Photo; 381, Dick Durrance II/ NGIC; 382 (in alto), Keren Su/Getty Images; 382 (in basso), Norbert Eisele-Hein/ Getty Images; 383, Paul Nicklen/NGIC; 384-5, Jean-François Hagenmuller/ hemis.fr/Alamy Stock Photo; 386, Macduff Everton/NGIC; 387, Michael Nolan/robertharding/ Alamy Stock Photo; 388 (in alto), Robert Postma/Design Pics/NGIC; 388 (in basso), Paul Souders/Getty Images; 389, Dave Reede/Getty Images; 390-91, VWPics/Alamy Stock Photo; 392-5, Laurent Ballesta; 396 (in alto), Paul Nicklen/NGIC; 396 (in basso), Bloomberg/Getty Images; 397, John Dunn/ Arctic Light/NGIC; 398-9, Tony Beck/500px/Getty Images; 400 (in alto), Kevin Smith/age fotostock; 400 (in basso), Corey Rich/Cavan Images; 401, Floris van Breugel/NPL/Minden Pictures; 402-403, Macduff Everton/NGIC.

INDICE

Il **grassetto** indica le illustrazioni.

Fondata nel 1888, la National Geographic Society ha finanziato più di 13.000 progetti di ricerca, di esplorazione e di conservazione in tutto il mondo. La National Geographic Society è finanziata da National Geographic Partners, LLC, e quindi in parte dal vostro supporto. Parte dei ricavi derivanti dall'acquisto di questo libro sono infatti destinati a sostenere l'importante missione della National Geographic Society.
Per saperne di più visitate il sito **natgeo.com/info**
Dal 2001 National Geographic ha legato il proprio nome a Edizioni White Star, che cura e distribuisce l'edizione italiana delle guide e delle opere più prestigiose.

Titolo originale: *Epic Journeys*

Pubblicato da National Geographic Partners, LLC.

Traduzione ed editing: Rossotto Editing, Torino
(traduzione: Alessia Borin)

Pubblicato in Italia da:

EDIZIONI WHITE STAR

WS Edizioni White Star® è un marchio depositato e registrato di proprietà di White Star s.r.l.

White Star s.r.l.
Piazzale Luigi Cadorna, 6
20123 Milano, Italia
www.whitestar.it

ISBN 978-88-540-4342-8
1 2 3 4 5 6 23 22 21 20 19

Stampato in Italia

Copertina: La cascata Gullfoss lungo il fiume Hvítá, Islanda, *Andrew Mayovskyy/Shutterstock*.

Retrocopertina: da sinistra a destra: Parco nazionale dei laghi di Plitvice, Croazia, *Jonathan Irish/ National Geographic Image Collection*; giovane esemplare di tigre reale del Bengala (*Panthera tigris tigris*) su un albero, *guenterguni/iStock/Getty Images*; rafting sul Río Cahabón in Guatemala, *Al Argueta/Alamy Stock Photo*; Mesa Arch, Parco nazionale delle Canyonlands, Utah, *Tetra Images/Alamy Stock Photo*.

Sfondo del retrocopertina: Castello di Matsumoto, Nagano, Giappone, *Nopasorn Kowathanakul/Moment/Getty Images*.

QUALE SARÀ LA TUA
PROSSIMA META?
NATIONAL GEOGRAPHIC
ITINERARI DA SOGNO
i 500 viaggi più spettacolari
I VIAGGI DELLA VITA
NATIONAL GEOGRAPHIC
LE 225 METE PIÙ EMOZIONANTI DEL MONDO
NATIONAL GEOGRAPHIC
VIAGGI SENZA TEMPO
ALLA SCOPERTA DEI LUOGHI PIÙ STRAORDINARI DEL MONDO
NATIONAL GEOGRAPHIC
100 PARCHI 5000 IDEE
I PIÙ BEI PARCHI AMERICANI
DISPONIBILI IN LIBRERIA E SUL SITO
www.whitestar.it
NATIONAL GEOGRAPHIC
© 2019 National Geographic Partners, LLC